HISTOIRE POPULAIRE DU QUÉBEC

Jacques Lacoursière

HISTOIRE POPULAIRE DU QUÉBEC

IV

1896 À 1960

septentrion

Nous remercions le Conseil des Arts du Canada de l'aide accordée à notre programme de publication ainsi que la SODEC.

Illustration de la page couverture : Adrien Hébert, *Rue Saint-Denis, 1927*, huile sur toile, Musée du Québec, 74.239. Photographie : Patrick Altman

Chargés de projet : Marcelle Cinq-Mars, Andrée Laprise, Denis Vaugeois

Corrections d'épreuve : Andrée Laprise

Mise en pages : Folio infographie

Si vous désirez être tenu au courant des publications
des ÉDITIONS DU SEPTENTRION
vous pouvez nous écrire au
1300, av. Maguire, Sillery (Québec) G1T 1Z3
ou par télécopieur (418) 527-4978
ou consulter notre catalogue sur Internet :
http://www.ixmedia.com/septentrion

Diffusion Dimedia
539, boul. Lebeau
Saint-Laurent (Québec)
H4N 1S2

Dépôt légal – 3ᵉ trimestre 1997

Bibliothèque nationale du Québec

ISBN 2-89448-084-9

PRÉFACE

C E QUATRIÈME TOME clôt la monumentale *Histoire populaire du Québec* de Jacques Lacoursière. Il commence avec l'installation au pouvoir, tant à Ottawa qu'à Québec, du parti libéral de Wilfrid Laurier. Il se termine avec la mort de Maurice Duplessis, à l'aube de ce qu'on appelle la Révolution tranquille. Entre ces deux dates, après bien des avatars, les diverses sociétés canadiennes sont entrées dans la modernité.

Le grand public cultivé connaît bien les forces à l'œuvre dans cette première moitié du XXᵉ siècle. D'abord, une seconde révolution industrielle basée sur une nouvelle énergie : l'hydro-électricité, et un nouveau métal : l'amiante, et l'application de nouveaux procédés industriels. Puis, en corollaire à l'industrialisation, l'expansion de l'urbanisation qui se traduit par l'émergence de petites villes dominées par des compagnies, la croissance spectaculaire de Montréal, Toronto, Winnipeg, et la transformation du monde rural. Enfin, l'afflux massif des immigrants dans les plaines de l'Ouest et les centres manufacturiers qui introduit un pluralisme ethnique et culturel. Ces forces servent bien le Québec qui peut enfin tirer tout le parti possible de ses ressources hydrauliques, de ses réserves forestières et minières, de sa main-d'œuvre à bon marché. Le secteur primaire, jadis dominé par l'agriculture, recule au profit du secteur manufacturier et de celui des services.

La société est soumise à forte pression. Le Québec devient en majorité urbain durant la Première Guerre mondiale. Les nouveaux professionnels : ingénieurs, agronomes, diplômés des écoles de commerce commencent à disputer leur place au soleil aux élites traditionnelles. Les travailleurs regroupés en syndicats donnent une voix aux masses urbaines. L'économie de marché qui sape les solidarités familiales et paroissiales remet en cause les arrangements entre l'Église et l'État. Celui-ci s'arroge l'enseignement technique et s'immisce de plus en plus dans ce qu'on appelle l'aide aux malades et aux indigents.

Ces transformations remettent en cause la représentation identitaire ou la représentation qu'on se fait d'appartenir à une même communauté, sur laquelle, disons-le, il n'y a encore jamais eu de consensus depuis la mise en place de la confédération canadienne. L'affirmation de l'identité canadienne et sa quête de souveraineté dans les affaires internationales continue d'en nourrir une autre : l'identité canadienne-française. Ces deux nationalismes, parce que tous deux basés sur une société définie en termes ethniques et culturels, sont exclusifs. L'un est centré sur l'idée d'une « race » anglo-saxonne et protestante répandue dans tout l'Empire britannique ; l'autre, sur une race issue de la colonisation française en Amérique du Nord et qui se perçoit comme catholique et française. Un nouveau contexte politique se met en place après la Première Guerre mondiale. L'Empire britannique entre en déclin. Le Canada accède à la souveraineté dans les affaires internationales (statut de Westminster, 1931). Le système capitaliste connaît des ratés dans les années 1930 qui conduisent à l'émergence de l'État-providence. Les politicologues Bourque et Duchastel dans *L'identité fragmentée* montrent comment ces événements engendrent la concentration et la centralisation du pouvoir dans les institutions fédérales et affectent le discours identitaire canadien désormais centré sur les notions de citoyen, de peuple et de national, sans pour autant affecter le discours identitaire canadien-français. Plus que jamais entre 1940 et 1960, l'autonomie provinciale est perçue comme le rempart qui protège les Canadiens français du Québec contre les assauts assimilateurs des institutions fédérales.

Fidèle à lui-même, Jacques Lacoursière ne se perd pas en longues considérations sur ces transformations du pays réel et du pays symbolique. Il les évoque, y réfère, sans plus. Son projet est tout autre. Il préfère décrire comment ces transformations sont perçues et vécues au jour le jour, tant par les individus que par les groupes sociaux. Il utilise une technique qu'il a bien rodée au fil des ans. Son récit, qui met en scène des personnages et des événements, s'appuie sur une trame rigoureusement chronologique. Il est entrelacé de textes (extraits de discours, de lettres, de mémoires, d'articles de journaux) dans un souci évident de donner le plus possible la parole aux acteurs. Autant de petites touches impressionnistes qui transportent le lecteur dans une autre époque et le font participer et vibrer à des événements, des conflits, des rêves qui ont façonné son présent.

L'ouvrage s'arrête au moment où « l'équipe du tonnerre » de Jean Lesage s'apprête à prendre le pouvoir. L'auteur relèvera-t-il le défi d'un cinquième tome qui raconterait la modernisation des institutions politiques québécoises, la mutation des Canadiens français en Québécois, l'affermissement de l'État québécois, l'impact des nouvelles technologies et de la mondialisation des marchés sur la société ? Ce serait beaucoup lui demander.

Souhaitons, cependant, que l'équipe du Septentrion ait l'initiative de publier une chronologie détaillée de la période contemporaine, qui serait une sorte d'annales de la mutation de la société québécoise.

JEAN HAMELIN

LA QUESTION SCOLAIRE : DU MANITOBA AU QUÉBEC

LAURIER ET LE PARTI LIBÉRAL prennent le pouvoir en juin 1896, surtout grâce à la promesse formelle de régler de façon définitive le problème scolaire du Manitoba. Une entente intervient dès novembre, entre le gouvernement fédéral et celui du Manitoba. Le « règlement Laurier-Greenway » est rendu public le 19. La veille, le premier ministre du Canada, dans une lettre à son ami Ernest Pacaud, du journal l'*Électeur* de Québec, explique en quoi consiste l'entente :

> Pour bien comprendre ce règlement, il y a deux choses à observer : l'organisation scolaire au Manitoba est placée entre les mains des municipalités ; les commissaires sont élus directement par les contribuables dans chaque municipalité. Le règlement a deux dispositions différentes : une pour les municipalités où les catholiques sont en majorité et l'autre pour les municipalités où ils sont en minorité. Dans les municipalités où les catholiques sont en majorité, les commissaires (*trustees*) seront naturellement catholiques ; et dans ces municipalités-là, il suffira d'une simple résolution pour avoir l'enseignement religieux dans les écoles. Cela revient à dire que, dans tout le comté de Provencher, les catholiques auront leurs écoles comme ils l'entendront. Au contraire, dans les municipalités où les catholiques sont en minorité, les écoles ne peuvent pas être sous le contrôle des commissaires catholiques ; mais, en ce cas, la loi agira d'une autre façon : sur une pétition présentée par un certain nombre de familles, les commissaires seront obligés de donner aux élèves l'enseignement religieux. S'il n'y a pas le nombre d'enfants fixé par la loi, le prêtre aura le droit d'aller lui-même dans l'école et de donner cet enseignement ; il aura

le droit également de se faire remplacer par qui il voudra. S'il y a le nombre d'enfants requis par la loi, les commissaires seront obligés de faire appel à un instituteur catholique.

Le recensement de 1901 indique qu'au Manitoba, les catholiques forment moins de 14 pour cent de la population et que le tiers de ceux-ci habitent le district de Provencher. Une partie du règlement Laurier-Greenway précise les modalités de l'entente :

> Maintenant, ajoute Laurier, combien faut-il d'enfants pour obliger les commissaires à engager un instituteur catholique? Nous avons cru qu'il était impossible d'ouvrir une école à moins d'avoir vingt-cinq enfants dans les campagnes et quarante dans les villes. Ces chiffres ont été fixés d'après l'étude minutieuse de statistiques de la population du Manitoba. Si donc il y a vingt-cinq enfants catholiques dans une école rurale et quarante dans une école de ville, les commissaires seront obligés de donner à ces enfants-là un instituteur catholique, non seulement pour les matières religieuses, mais aussi pour les matières profanes. L'instruction religieuse sera donnée à trois heures et demie de l'après-midi. Quant à la nature de l'enseignement religieux et au choix des livres pour cette matière, la chose est laissée entièrement à la discrétion des parents et des autorités ecclésiastiques ; l'État ne prétend exercer là aucun contrôle. Une autre disposition importante est celle-ci : dans toutes les écoles où il y aura dix enfants de langue française, l'instruction française sera un privilège indiscutable. [...] Je suis en mesure de dire que ces dispositions seront acceptées par les principaux catholiques du Manitoba, sauf l'archevêque, qui reste intransigeant.

Et non sans quelques raisons. Le règlement Laurier-Greenway ne redonne pas aux catholiques les droits constitutionnels que leur garantissait l'article 22 de la loi du Manitoba. De surcroît, loin d'être neutres, les écoles publiques manitobaines, par leurs programmes, leurs manuels, leurs exercices religieux toujours en vigueur, prolongent les anciennes écoles protestantes.

En somme, tout enseignement religieux sera dispensé entre quinze heures trente et seize heures chaque après-midi. L'article 8 de l'entente précise : « Aucune séparation des élèves, par dénominations religieuses, n'aura lieu durant les heures de travail scolaire régulier. » Quant à la question du français, cette langue est ramenée sur le même pied que les autres : « Dans toute école où dix élèves parleront le français ou dont la langue maternelle sera tout autre que l'anglais, lit-on à l'article 10, l'enseignement donné à ces élèves se fera en français ou dans leur langue maternelle, et en anglais, d'après le système d'enseignement bilingue. »

Comme il était à prévoir, on crie à la trahison dans les milieux francophones. Thomas Chapais, dans le *Courrier du Canada*, ne cache pas son indignation : « Nous sommes bel et bien trahis. De tout ce que nous avions en 1890, de tout ce que le jugement du Conseil privé reconnaissait comme nos droits, il ne nous reste plus qu'une demi-heure de catéchisme par jour. Pas d'écoles catholiques, pas de bureau catholique, pas de surintendant catholique, pas de livres catholiques, pas d'inspecteurs catholiques, rien. [...] C'est dire que la minorité catholique reste à la merci de la majorité protestante du Manitoba. » L'archevêque de Saint-Boniface, Adélard Langevin, dénonce l'entente, lors de son sermon du 22 novembre : « C'est aujourd'hui le plus triste jour de ma carrière épiscopale. C'est le cœur brisé que je me présente devant vous. [...] Je proteste de toutes mes forces contre l'emploi de ce mot : règlement. [...] Au lieu de traiter avec nous, on a traité avec ceux qui nous opprimaient et, au moment de conclure, on a montré le projet de règlement non pas à nous, mais à nos pires ennemis pour avoir leur approbation. [...] N'oubliez pas, mes frères, que les écoles communes comme les écoles neutres sont condamnées par l'Église. »

Ernest Pacaud, dans l'*Électeur* du 27, attaque à son tour Langevin :

> Certes, nous ne contestons pas à Mgr Langevin sa juridiction. Il avait le droit, comme archevêque, d'exiger l'enseignement religieux pour les enfants dont il a la garde et la responsabilité devant Dieu. Mais du moment que cet enseignement était concédé, il n'avait plus que le droit d'aviser et non de commander sur les moyens de rendre cet enseignement le plus efficace possible. [...] Mgr Langevin a-t-il le droit de dire à ses paroissiens de Saint-Boniface : « On vous offre le privilège d'envoyer vos enfants à des écoles publiques où l'enseignement sera donné par un prêtre catholique sans qu'il vous en coûte un centin extra, mais je vous le défends, parce qu'il y a là des enfants protestants et je vous oblige de les envoyer à des écoles séparées que je vais ouvrir, dussé-je pour cela mettre mes bijoux en gage » ? Nous contestons ce droit à Mgr Langevin, avec tout le respect que nous lui devons comme journaliste catholique. [...] Sa Grandeur peut bien ouvrir des écoles où Elle voudra, mais Elle n'a pas le droit de commander les catholiques de le suivre s'ils peuvent trouver ailleurs et dans des conditions plus acceptables pour eux, l'enseignement catholique obligatoire.

L'article de l'organe quasi officiel du parti libéral est étudié dans la plupart des évêchés et l'on trouve, cette fois-ci, que Pacaud est allé trop loin et qu'il est temps de sévir. Par ailleurs, Laurier recommande la prudence à son ami. Il lui écrit le 30 novembre : « Je suis très satisfait de l'*Électeur* ces temps-ci ; mais il faut être très circonspect. Par tactique autant que par principe, il faut être respectueux envers le clergé. » Le premier ministre du

Canada est conséquent avec lui-même. Il ne veut pas l'isolement des francophones catholiques. Il déclare à Auguste-Réal Angers :

> Vous désirez maintenir la dignité de la race française et la suprématie de la religion catholique dans les sphères où elles existent. Qu'il en soit ainsi. Je suis d'accord avec vous. [...] Nous vivons dans une ambiance et dans un lieu où une éducation pratique est absolument indispensable. N'en sommes-nous pas au point où vous regrettez vous-même de ne pas parler l'anglais aussi bien que vous parlez le français ? Pour moi, le salut de la race française n'est pas dans l'isolement, mais dans la lutte. Donnons à nos enfants la meilleure instruction possible, plaçons-les sur un pied d'égalité avec ceux de l'autre race. Là est la sécurité, là est l'autonomie.

La naissance du Soleil

Laurent-Olivier David, un ami de Laurier, venait de publier une brochure intitulée *Le Clergé canadien, sa mission, son œuvre*. L'ouvrage prend immédiatement le chemin de Rome, parce qu'on le juge irrévérencieux pour certains membres du clergé, entre autres à l'endroit de l'évêque Laflèche dont la conduite et les prises de position n'ont pas plu à l'auteur. L'*Électeur* s'empresse de publier le texte de David par tranches dans ses colonnes.

Le 19 décembre 1896, David voit sa brochure mise à l'index par les autorités romaines. À Québec, Pacaud sent la soupe chaude. Le samedi 26, il publie dans son journal l'entrefilet suivant :

> Les Bleus font circuler en ville, depuis hier, une rumeur très grave. Ils se vantent d'avoir obtenu de NN. SS. les évêques un mandement collectif, interdisant la lecture de l'*Électeur*. Ils vont jusqu'à donner les raisons qui justifieraient cette démarche de l'épiscopat : 1er L'article du 28 janvier à l'occasion de l'élection de Charlevoix ; 2e La publication du livre de M. David, *Le Clergé canadien, sa mission, son œuvre* ; 3e L'approbation donnée par l'*Électeur* au règlement scolaire. Inutile de dire que les conservateurs sont dans la jubilation. On peut les voir groupés, se vantant d'avoir maintenant le champ libre pour les prochaines élections provinciales. Ils ont bien tort de se réjouir si tôt. S'ils sont réellement bien renseignés, il est vrai que notre ruine sera complète. On aura réussi enfin à mettre le propriétaire de l'*Électeur* sur le pavé. Mais nous espérons que le parti libéral avisera à fonder sur nos ruines un nouveau journal pour la prochaine campagne.

Comme à l'accoutumée, le lendemain, dimanche 27 décembre 1896, Ernest Pacaud assiste à la messe à son église paroissiale. Au prône, il entend le prêtre déclarer :

Nos très chers frères, les évêques catholiques, préposés par Jésus-Christ lui-même à la garde des saines doctrines et de la morale chrétienne, n'ont pas seulement le droit, mais aussi le devoir de prémunir les fidèles contre toute publication dangereuse et d'interdire même la lecture des journaux qu'ils jugent dommageables aux intérêts de la foi de l'Église. C'est pourquoi Nous venons aujourd'hui dénoncer publiquement aux fidèles confiés à notre charge pastorale le journal l'*Électeur*, publié à Québec, dont les idées malsaines et les articles perfides, surtout depuis quelque temps, constituent un vrai péril religieux et social. [...] C'est pourquoi, le Saint Nom de Dieu invoqué, et usant des pouvoirs formellement reconnus à Notre autorité épiscopale par la dixième des règles de l'Index publiées par ordre du Concile de Trente, Nous, archevêques et évêques de la province ecclésiastique de Québec, interdisons formellement et sous peine de faute grave et de refus des sacrements de lire le journal l'*Électeur*, de s'y abonner, d'y collaborer, de le vendre ou de l'encourager d'une manière quelconque. Nous faisons les mêmes défenses à tous les ecclésiastiques sans exception, même ceux ayant une permission de l'Index, sous peine de suspense *ipso facto*. Et parce que, par cette condamnation, Nous désirons atteindre non pas oralement le titre de l'*Électeur*, mais surtout les doctrines pernicieuses que ce journal répand dans l'esprit de nos populations, Nous conjurons en même temps les fidèles de cesser de recevoir tout journal qui osera émettre les mêmes idées malsaines et manifester le même esprit d'insoumission à l'autorité religieuse.

La lettre pastorale est lue dans toutes les églises des diocèses de Québec, Trois-Rivières, Nicolet, Rimouski et Chicoutimi.

Au cours de la journée du dimanche 27 décembre, un groupe de libéraux influents se réunit à la demeure de Pacaud pour décider de l'attitude à prendre. Il est impensable de songer à publier l'*Électeur*, après une telle condamnation. Le souvenir de la triste fin de *Canada-Revue*, défenseur de l'enseignement laïque et obligatoire dont l'évêque Fabre avait interdit la lecture en septembre 1892, est la preuve qu'une publication condamnée par le clergé ne peut survivre dans la province de Québec. Avec son tirage de 12 000 exemplaires dans une ville de 70 000 habitants, le journal est une réussite. Il faut le sauver, croit-on, surtout dans les cercles libéraux. N'a-t-il pas largement contribué à la toute récente victoire de Laurier. Le samedi 26 décembre, l'*Électeur* aura paru pour la dernière fois. Le lundi suivant, 28, un nouveau journal fait son apparition : *Le Soleil*, dont Pacaud occupe aussitôt « le fauteuil éditorial ». Le nouveau journal est imprimé sur les mêmes presses que l'*Électeur* et par les mêmes employés. Les journalistes demeurent à leur poste et les abonnés de la publication défunte reçoivent automatiquement le nouveau-né. L'évêque de Chicoutimi, Michel-Thomas Labrecque, n'est pas dupe du tour de passe-passe et il interdit la lecture du *Soleil* à tous les catholiques de son diocèse. Laurier écrit à ce sujet à Pacaud, le 4 janvier 1897 : « Il ne serait pas opportun de faire quoi que ce soit dans le moment, en ce qui concerne l'interdiction du *Soleil* dans le diocèse de Chicoutimi. J'attends toujours une solution. Je ne doute pas que nous finissions par l'avoir et qu'elle soit satisfaisante. Le succès final est certain, mais il faut attendre et surtout attendre dans le silence. »

Quelques jours auparavant, soit le 30 décembre 1897, Laurier était à Montréal où il assistait à un banquet organisé en son honneur et pour rendre hommage au premier ministre du Manitoba, Thomas Greenway. Il profita de son discours pour préciser sa position face aux évêques catholiques, en particulier à celui du diocèse de Québec qui avait interdit la lecture de *l'Électeur* :

> J'ai consacré ma carrière à la réalisation d'une idée. J'ai repris le travail de la Confédération là où je l'avais trouvé quand je suis entré en politique et que j'ai décidé d'y vouer mon existence. Rien ne m'empêchera de travailler jusqu'au bout pour préserver à tout prix notre liberté civile. Rien ne m'empêchera de poursuivre mes efforts pour préserver l'état de société qu'ont conquis nos ancêtres au prix de tant d'années et de tant de sang. Il se peut que mes efforts me mènent à la roche Tarpéienne ; mais si cela doit être le cas, je tomberai sans un murmure, sans récrimination ni plainte, convaincu que de mon tombeau s'élèvera l'idée immortelle pour laquelle je me suis toujours battu.

Le point final

Conservateurs et libéraux comptent sur l'intervention du pape Léon XIII pour mettre un point final à la question scolaire du Manitoba. Le 31 mars 1897 arrive à Québec Rafaelo Merry del Val, délégué apostolique chargé par le Souverain pontife de l'éclairer sur la situation politique et religieuse du Canada. Les évêques Laflèche et Langevin le rencontrent pour faire valoir leur point de vue. Les libéraux font de même. En juillet, l'enquêteur pontifical reprend le chemin de Rome. L'avocat anglais Charles Russell, qui a prêté son aide et ses relations au gouvernement Laurier, séjourne à Rome où il rencontre Merry del Val qui lui confie :

> Le pire, c'est que les arguments de ces braves évêques sont parfaitement fondés, les catholiques du Manitoba ont été privés de leurs droits. Le Parlement central possède le pouvoir, aux termes de la constitution, de voter des lois d'accommodement. L'Église n'approuve pas les écoles mixtes lorsque les enfants y sont exposés à perdre la foi. Mais les évêques semblent incapables de comprendre la situation telle qu'elle existe : de fait

le Parlement central ne peut (quel que soit le parti au pouvoir) voter la loi d'accommodement et l'Église ne peut permettre à des générations d'enfants d'être privés de tout enseignement dans l'attente d'une majorité au Manitoba, laquelle n'existera peut-être jamais.

Le 9 décembre 1897, Léon XIII rend publique son encyclique *Affari Vos* sur la question des écoles du Manitoba. Le chef suprême de l'Église catholique affirme que les évêques canadiens ont bien fait de condamner le règlement Laurier-Greenway qui est une loi « défectueuse, imparfaite, insuffisante ».

Par cette loi, écrit le pape, une grave injustice a été commise. [...] Il n'est pas juste que nos enfants soient contraints de rechercher les bienfaits de l'éducation dans des écoles où la religion catholique est ignorée, voire délibérément combattue, dans des écoles où sa doctrine est méprisée et ses principes fondamentaux répudiés. Si l'Église a permis cela en aucun lieu, elle l'a fait à regret et à contrecœur, et après avoir pris de nombreuses précautions, lesquelles trop souvent se sont révélées insuffisantes pour parer au danger. [...] Partout où la loi, ou le fait, ou les bonnes dispositions des personnes leur [les catholiques] offrent quelque moyen d'atténuer le mal et d'en éloigner davantage les dangers, il convient tout à fait, et il est utile, qu'ils en usent et qu'ils en tirent le meilleur parti possible.

Comme « la bonne entente » devient le mot d'ordre lancé par le pape lui-même, la question scolaire manitobaine passe au second plan et chacun essaie de tirer le meilleur parti possible de la situation.

Un Québec libéral

La huitième Législature de la province de Québec, dont l'existence légale avait débuté le 15 mars 1892, arrive à sa fin. La durée maximale étant de cinq ans, il faut donc songer à des élections générales. Le lieutenant-gouverneur prononce la dissolution de la Législature le 27 février 1897 et le scrutin est fixé au 11 mai suivant. L'historien Jean-Louis Roy résume ainsi le programme du premier ministre Edmund J. Flynn : « Respect des usages constitutionnels, aide accrue à l'éducation, à l'agriculture, développement et utilisation plus rationnelle des ressources naturelles, revalorisation du service civil provincial, réorganisation des départements, diminution des taxes, nouvelle répartition des revenus entre le fédéral et le provincial, subsides aux chemins de fer. » Quant au parti libéral provincial, dirigé par Félix-Gabriel Marchand, vieux routier de la politique, élu sans interruption (et souvent sans opposition) depuis 1867, il insiste moins sur son programme que sur la « politique d'expédients et d'opportunisme » de l'ancien gouvernement conservateur. Il s'efforce de projeter l'image d'un parti conservateur en plein désarroi et toujours empêtré dans le scandale McGreevy. Il se contente surtout de dénoncer la mauvaise gestion financière des conservateurs en soulignant que la dette de la province de Québec est passée de 25 millions en 1892 à 34 millions de dollars en 1897. Le jour fixé pour la votation, sur les 338 800 électeurs inscrits, seulement 225 179 se présentent. Les libéraux remportent 51 des 74 sièges, alors que les « conservateurs, avec 45,7 pour cent des suffrages, n'en obtiennent que 23, soit 31 pour cent du nombre total.

Une des premières mesures que le premier ministre Marchand, notaire de profession et homme de lettres, voulait mettre de l'avant était le rétablissement d'un ministère de l'Éducation. Ce projet faisait partie du programme de son parti lors des élections. Le Conseil de l'instruction publique conserverait une large domination sur tout ce qui n'est pas l'administration matérielle. Celle-ci serait remise entre les mains d'un ministre. Marchand voulait améliorer la qualité de l'instruction de quatre façons : « 1er Création d'un ministère de l'Instruction publique ; 2e Uniformité des livres scolaires ; 3e Amélioration du sort des instituteurs ; 4e Répartition plus équitable des subsides alloués aux diverses institutions de la province. » De plus, le projet gouvernemental voulait obliger le personnel religieux enseignant à passer l'examen du brevet de capacité « devant le bureau central des examinateurs ».

Paul Bruchési, consacré archevêque de Montréal le 8 août 1897, voit d'un très mauvais œil ce projet. Il entend profiter de son séjour à Rome pour inciter les autorités pontificales à prendre position pour le maintien du système en place. Voulant contrer son action, le 19 novembre 1897, Marchand écrit au cardinal Mariano Rampolla, secrétaire d'État du Vatican. Il lui souligne qu'il y a encore des évêques qui ne cachent pas leur hostilité face au parti libéral. « Une certaine défiance, écrit-il, éloigne de nous quelques évêques dont nous avons à cœur, dans l'accomplissement consciencieux de nos devoirs publics, de faciliter la mission divine, en contenant l'opinion populaire dans les bornes de l'orthodoxie, sans contrarier ses aspirations vers les progrès utiles et les réformes légitimes. » Le premier ministre suggère « l'envoi d'un délégué qui prolongerait son séjour dans notre pays, assez longtemps pour y établir des rapports amicaux entre le Gouvernement et l'Épiscopat. Lui seul pourrait mettre fin au malaise et produire entre les représentants des deux pouvoirs la confiance mutuelle si désirable. »

À Rome, Bruchési frappe à toutes les portes dans l'espoir d'empêcher l'établissement d'un ministère de l'Éducation. Le 22 novembre, il expédie au premier ministre le télégramme suivant : « Pape vous demande surseoir pour bill instruction publique. Lettre partie aujourd'hui par ordre. » Le lendemain, le texte du discours du Trône contenait l'annonce du projet de loi. Le lieutenant-gouverneur Joseph-Adolphe Chapleau, qui avait reçu lui aussi le texte du télégramme de Bruchési, sent le besoin de répondre à ce dernier en lui rappelant la bonne volonté du gouvernement. Il souligne que le gouvernement peut difficilement rejeter son projet et, s'il le faisait, de graves conséquences pourraient en découler.

> Je ne crois pas me tromper, lui écrit-il le 24 novembre, en disant qu'il y aurait, dans l'opinion, un sentiment marqué de désapprobation, si le Gouvernement revenait sur la décision qu'il a proclamée partout, de donner un concours efficace et une impulsion encore plus vigoureuse aux choses de l'éducation ; et c'est là absolument le sens du bill que propose le Gouvernement. [...] Je n'insiste pas sur les dangers qui pourraient naître d'un conflit entre catholiques et protestants dans ces matières.

Le 7 décembre, Marchand reçoit la lettre écrite par Bruchési le 22 du mois précédent. Cette dernière semblait confirmer la volonté du pape de voir le projet de loi retiré. Quelques ministres manifestent alors leur volonté de démissionner si on se soumet aux pressions romaines. Le premier ministre lui-même considère qu'il ne pourra plus diriger le gouvernement. Toujours le 7, il fait part des réactions au lieutenant-gouverneur : « Permettez-moi de vous déclarer que l'abandon de notre loi scolaire, dans les circonstances actuelles, provoquerait une agitation profonde dans la population de cette province, entraînerait la démission de plusieurs membres du Cabinet et produirait des conséquences si graves que je ne puis en prendre la responsabilité. » Chapleau télégraphie immédiatement au cardinal Rampolla pour lui dire que, si la demande du pape constitue un ordre formel pour le premier ministre, ce dernier, comme catholique, sera obligé de démissionner de son poste.

Le 11, le cardinal Rampolla expédie à Chapleau un câblogramme qui précise que « le Saint-Père a voulu exprimer désir d'éviter toute innovation qui pût troubler la paix et les bons rapports entre l'Église et l'État. Il n'a pas eu l'intention d'exercer de telles pressions qui puissent amener ministre à donner démission. » Rome est vraiment ennuyé par toute cette affaire et on se rend compte que Bruchési a peut-être exagéré autant la situation que la volonté du pape. Le 17 décembre 1897, le cardinal Rafaelo Merry del Val, dans une lettre à Chapleau, formule un certain blâme sur la conduite de l'archevêque de Montréal. « J'ai eu connaissance de la lettre et de la dépêche de Sa Grandeur Mgr Bruchési, quand elles étaient déjà lancées, écrit-il, et j'avoue que cette manière d'interpréter la pensée du Saint-Père m'a paru bien étrange. Faut-il l'attribuer à un manque de connaissances suffisantes du système du gouvernement dans les provinces de la Confédération ou à un défaut d'appréciation des conditions locales des hommes et des choses ? Je ne sais. »

L'Assemblée législative passa à l'étude du projet de loi qui fut approuvé, le 5 janvier 1898 par 44 voix contre 19. Le même jour, Bruchési, appuyé par Louis-Nazaire Bégin, archevêque de Québec, et par Joseph-Thomas Duhamel, archevêque d'Ottawa, renouvela sa demande de retirer le projet de loi. Ce que refusa à nouveau Marchand. Le projet de loi devait recevoir l'approbation du Conseil législatif à majorité conservatrice. Le 10 janvier, les conseillers rejetèrent le projet par 13 voix contre 9. Au mois de mars 1900, Marchand propose à l'Assemblée d'adopter une motion pour abolir le Conseil législatif. Les députés votèrent majoritairement en sa faveur. Mais, c'était à prévoir, les conseillers législatifs rejetèrent le projet par 17 voix contre 6.

Au secours
de l'Empire

E N 1897, le gouvernement fédéral et tous les gouvernements provinciaux du Canada sont entre les mains du parti libéral. Wilfrid Laurier est vraiment l'homme du jour. Il partage la vedette avec la reine Victoria qui fête, cette année-là, son jubilé. Depuis cinquante ans déjà, elle règne sur la Grande-Bretagne dont l'empire s'est élargi.

Le 5 juin 1897, Laurier se rend à Londres pour assister aux fêtes du jubilé et aussi participer à une conférence impériale avec les autorités de la Grande-Bretagne et les premiers ministres des dix autres colonies. Au cours des délibérations, Joseph Chamberlain, ministre aux Colonies, tentera de prouver que les colonies doivent contribuer financièrement à l'entretien de la marine et de l'armée anglaises, puisqu'elles sont aussi au service des colonies ! Laurier, qui est devenu sir Wilfrid dès le début du jubilé, en plus d'être nommé «membre du Conseil privé et Grand-Croix de l'Ordre de Saint-Michel et de Saint-Georges», n'est pas enthousiasmé par l'idée d'une fédération impériale. Pour lui, «les colonies sont nées pour devenir des nations» et «dans quelques années, la terre sera encerclée par une série de nations indépendantes reconnaissant toutefois la suzeraineté de l'Angleterre». Le premier ministre du Canada indique sa position à Paris, le 31 juillet, devant les membres de la Chambre de Commerce britannique : «Si, comme prix de la représentation impériale, déclare-t-il, nous devons renoncer à notre autonomie, à notre indépendance législative, nous n'en voulons à aucun prix. Mais si la représentation impériale doit être la solution, elle ne saurait l'être que comme complément et non comme la destruction de ce qui existe aujourd'hui.» Si l'idée d'un resserrement des liens entre les colonies et la mère patrie réjouit la plupart des Canadiens anglophones, bon nombre de francophones ne prisent pas trop l'orientation que semblent prendre les relations avec la Grande-Bretagne. L'hebdomadaire de Saint-Jérôme, *L'Avenir du Nord*, craint que le Canada soit obligé de participer aux guerres de l'Empire : « Le Canada, et surtout la province de Québec, n'ont que faire d'épouser les querelles de l'Angleterre avec la Russie, la France, l'Allemagne ou les États-Unis. Nous élevons nos enfants pour autre chose que pour les envoyer se faire casser les os au service de John Bull, au Soudan, en Égypte, aux Indes, au Transvaal, et un peu partout, sur les océans et les cinq parties du monde. » *Le Signal*, un hebdomadaire libéral publié à Montréal, va encore plus loin :

> Un fort vent d'impérialisme souffle sur notre pays. Soyons Canadiens, très bien. Mais ne soyons pas Anglais. Nos intérêts ne sont pas communs avec ceux que défend et surveille Downing Street ; en outre, ils sont absolument étrangers à ceux que l'Angleterre peut avoir dans les Indes, en Égypte, au Transvaal, dans la Méditerranée ou au Vénézuéla et ailleurs, et il serait antipatriotique de notre part d'épouser ses querelles et ses différends ou même ses aventures. Nous avons autre chose à accomplir. Que les Anglais du Canada chantent le *God Save the Queen* après avoir bu une tasse de thé, après avoir joué un match de crosse ou devant un régiment qui passe, c'est pour galvaniser leur loyalisme, c'est pour fouetter le sang anglais, c'est pour faire vibrer la corde anglaise, c'est pour se fanatiser.

Que boire ?

Une nouvelle opposition entre francophones et anglophones naîtra, non pas au sujet du plan de fédération impériale, mais sur la question de la vente des spiritueux. Dans plusieurs provinces, des groupes religieux demandent la prohibition complète de tout alcool et des pressions s'exercent pour que le gouvernement fédéral adopte une loi interdisant la vente des spiritueux. Laurier décrète donc, pour le 29 septembre 1898, un référendum sur la question. À peine le tiers des votants inscrits se rend aux urnes. « Ça ne marche guère ? se demande *La Presse* du 29. [...] En effet, il y a peu d'excitation ; si peu que la chose vaut la peine d'être notée. Dans un des polls du quartier Saint-Jacques, il n'y avait pas un seul vote d'enregistré à 10 heures de l'avant-midi. [...] En somme, tout est parfaitement tranquille. On a rarement vu un jour de votation produire aussi peu de bruit. » À Halifax, la situation est à peu près identique. À Toronto, selon le journaliste de *La Presse*, « tous les hôtels sont fermés et le vote sera très considérable. Les hôteliers travaillent avec autant d'ardeur que les prohibitionnistes. »

La province de Québec se prononce majoritairement contre « les buveurs d'eau », alors que, dans le reste du Canada, on favorise la prohibition. Sans prendre parti ouvertement dans le débat, l'Épiscopat québécois autorise ses porte-parole, dont Thomas Chapais, à faire campagne contre la prohibition. « Une utopie » selon le *Courrier du Canada*. Tout indique que la population ne pensait pas autrement. Sur les 151 299 électeurs québécois qui votèrent, 81 % se prononcèrent contre la prohibition. Dans l'ensemble du Canada, une légère majorité de 13 687 favorisait cependant la prohibition ! « Sous peine de dresser une fois de plus le Québec contre l'Ontario, note l'historien Joseph Schull, on ne pouvait adopter qu'une position : la majorité était trop faible pour déterminer la volonté du pays. Laurier adopta cette position et n'en démordit pas ; mais à l'avenir, il verrait à ce qu'on ne fasse plus de référendums improvisés. » Il pouvait alléguer également que seulement 25 pour cent des électeurs inscrits avaient exercé leur droit de vote face à la question : « Êtes-vous en faveur de l'adoption d'un acte prohibant l'importation, la fabrication ou la vente des spiritueux, vins, ale, bière, cidre et toutes autres liqueurs alcooliques servant de boisson ? »

Aux armes !

Une nouvelle occasion de heurts entre les deux groupes ethniques sera la participation du Canada à une guerre qui vient d'éclater en Afrique du Sud, dans la région du Transvaal, où la découverte de mines d'or excite la convoitise anglaise. Il faudra donc mater les Boers, des immigrants d'origine hollandaise qui se sont établis sur ce coin de terre et ont bâti un pays.

Au mois de mars 1899, lord Minto, gouverneur général du Canada depuis l'année précédente, demande à Laurier quelle serait la position de son gouvernement advenant une guerre en Afrique du Sud. Il veut aussi savoir si « les troupes canadiennes étaient tenues, aux termes de la loi de la Milice, de servir outre-mer ». La réponse est simple : les troupes canadiennes peuvent servir n'importe où « dès qu'il était démontré qu'il s'agissait de défendre le Canada ».

En fait, la Grande-Bretagne n'a pas besoin de soldats canadiens pour conquérir le pays des Boers, mais elle veut une participation pour cimenter les liens impériaux. Chamberlain est clair à ce sujet. Il écrit à lord Minto : « Une telle preuve de l'unité de l'Empire aurait un grand effet moral et pourrait aider beaucoup pour assurer un règlement pacifique. Cette offre [d'un régiment canadien] est-elle probable ? Si oui, elle devrait être faite bientôt, mais je ne désire pas qu'elle soit le résultat d'une pression ou d'une suggestion extérieure. » L'idée que se fait le major général Edward Hutton de la valeur du soldat canadien vient confirmer le but réel visé par Chamberlain. « Vous, Canadiens, déclare le commandant de la milice canadienne, pourriez aussi bien tenter de grimper jusqu'à la lune que de faire campagne avec des réguliers anglais, à moins que vous n'eussiez un entraînement d'une durée de trois ans, et encore à condition d'être commandés par des officiers impériaux. » Une telle remarque refroidit quelque peu les ardeurs de Sam Hugues qui voulait lever un régiment de volontaires pour aller se battre en Afrique du Sud.

Le 31 août 1899, la Chambre des Communes du Canada adopte une résolution de sympathie à l'égard des sujets de Sa Majesté qui résident au Transvaal pour qu'ils obtiennent « les mesures de justice et la reconnaissance politique qui seront trouvées nécessaires pour leur garantir la pleine possession de droits égaux et les libertés publiques ». Laurier ne semble pas prêt à aller plus loin dans son appui. Il le précise, quelques semaines plus tard, à lord Minto : « Il ne semble pas que, dans le cas présent, l'Angleterre, s'il y a guerre, devrait nous demander ni même attendre de nous que nous y prenions part et je ne crois pas, non plus, que cela serait renforcer le sentiment impérial que d'affirmer, en cette conjoncture, que les colonies devraient assumer le fardeau de dépenses militaires, excepté — que Dieu nous en garde — dans le cas de danger pressant. » Le gouverneur général comprend Laurier car, pour plusieurs, la cause anglaise en Afrique du Sud n'est peut-être pas des plus justes ! Lord Minto écrit à Arthur Elliott, le 28 septembre : « Du point de vue d'un homme d'État canadien, je ne vois pas pourquoi ils engageraient leur pays à une dépense de vies et d'argent pour une querelle qui ne menace pas la sécurité impériale et qui est directement contraire à l'opinion d'un gouvernement colonial au Cap. [...] Moi-même, tout en reconnaissant les possibilités impériales, je vois aussi l'iniquité de la guerre et que le temps d'une participation coloniale n'est guère arrivé. »

Pourtant, les impérialistes canadiens font de plus en plus pression pour que le gouvernement d'Ottawa mette sur pied un bataillon. Chamberlain tient à ce que le Canada prenne officiellement position. Il l'écrit à lord Minto le 4 octobre : « Nous n'avons l'intention d'accepter aucune offre de volontaires. Nous n'avons pas besoin des hommes et la raison même de l'offre disparaîtrait si elle n'était pas faite par le gouvernement de la colonie. »

Pressé de définir sa position, Laurier fait une déclaration publiée dans le *Globe* de Toronto, le 4 octobre :

> Je comprends que, selon la loi de la Milice — et je puis dire que je l'ai étudiée avec assez d'attention ces derniers temps — nos volontaires doivent servir à la défense du Dominion. Ce sont des troupes canadiennes devant servir à la défense du Canada. [...] Le cas de la République d'Afrique du Sud n'est pas analogue. Le Canada n'est pas menacé, et même si nous voulons apporter une contribution militaire, je ne vois pas comment le faire. Et encore, comment le faire sans que le Parlement nous fournisse l'argent ? Nous ne pourrions, en un mot, faire quoi que ce soit. En d'autres mots, il nous faudrait convoquer le Parlement.

La journée même où la guerre est déclarée en Afrique du Sud, soit le 12 octobre 1899, se tient un caucus de députés et ministres libéraux chez Israël Tarte. Laurier explique aux participants : « Notre ami Tarte nous a convoqués pour examiner la situation. [...] Un certain nombre de gens veulent nous faire enrôler 10 000 hommes, organiser une armée pour aller en Afrique. D'autres, comme notre ami Tarte, ne veulent rien. Alors il s'agit de trouver une voie moyenne. » Henri Bourassa, qui représente la circonscription électorale de Labelle à la Chambre des Communes, rappelle à Laurier ses prises de position antérieures : « Avant de chercher une voie moyenne, tâchons de savoir qui a tort ou raison. Vous m'avez dit deux fois en trois semaines que vous n'enverriez pas de soldats en Afrique, et vous l'avez dit à Chamberlain, et il y a bien des raisons d'ordre constitutionnel ; il y a aussi votre déclaration dans le *Globe* qui a paru il y a 7 jours. Comment allez-vous expliquer votre volte-face ? » Le jeune député de 31 ans tient tête à son chef et lui demande : « M. Laurier, avez-vous tenu compte de l'opinion de la province de Québec ? » Ce à quoi Laurier répond : « Mon cher Henri, la province de Québec n'a pas d'opinions, elle n'a que des sentiments. »

Le lendemain, 13 octobre, le Conseil des ministres adopte un arrêté en conseil qui insiste sur le fait que la décision qu'il prend ne crée pas de précédent :

> Le premier ministre, vu le désir bien connu d'un grand nombre de Canadiens désireux de s'enrôler dans ces conditions, est d'avis que les dépenses modérées que comporteraient ainsi l'équipement et le transport de ces volontaires peuvent être immédiatement assumées par le gouvernement du Canada sans convocation du Parlement, vu surtout qu'une semblable dépense, dans les circonstances, ne peut être considérée comme constituant un abandon des principes bien connus du gouvernement constitutionnel et de la coutume coloniale, ni interprétée comme établissant un précédent pour l'avenir.

On autorise donc la levée d'un contingent de 1000 volontaires qui seront équipés et transportés en Afrique du Sud aux frais des contribuables canadiens. La mesure déplaît à plusieurs francophones qui voient dans cette décision un pas définitif vers une participation automatique du Canada à toutes les guerres de l'Empire. « Nous, Canadiens français, lit-on dans *La Presse* du 14 octobre, nous n'appartenons qu'à un pays. [...] Le Canada est, pour nous, le monde entier. Mais les Anglais ont deux patries : celle d'ici et celle d'outre-mer. »

À Toronto, entre autres, on dénonce le peu d'enthousiasme des francophones à se porter à la défense de l'Empire menacé par les 200 000 Boers !

Le *News* se fait même virulent :

Tandis que les Canadiens d'origine anglaise, d'un océan à l'autre, sont remplis d'enthousiasme, la province de Québec se met dans le chemin, et les représentants de ce peuple auquel la mère patrie a accordé des privilèges et des concessions spéciales nous couvrent de honte devant le monde entier. [...] Jamais le cœur canadien n'a battu si fortement à l'unisson du cœur anglais ; mais les palpitations de ce cœur sont comprimées par l'apathie canadienne-française ; c'est la main du Québec qui arrête ces palpitations. Le sentiment de la Puissance ne tolérera pas cette indolence. [...] Un désastre pour les armes anglaises en Afrique encouragerait deux millions de Canadiens français à suivre l'exemple des Boers.

Comme Laurier n'a pas convoqué le Parlement canadien avant d'autoriser l'envoi d'un contingent, Henri Bourassa démissionne de son poste de député libéral, le 18 octobre. Sa lettre adressée à Laurier justifie son geste :

L'arrêté ministériel qui décrète l'enrôlement et l'expédition de nos troupes réserve, paraît-il, l'avenir et empêche cette action d'être considérée comme un précédent. Le précédent, monsieur le ministre, c'est le fait accompli. [...] Il s'agit de décider si le peuple canadien sera appelé à prendre part à toutes les guerres de l'Empire sans que les portes du cabinet ou du Parlement impérial lui soient ouvertes, sans même que ses représentants et son gouvernement soient consultés sur l'opportunité de ces luttes sanglantes. Je ne consentirai jamais à appuyer cette politique rétrograde.

Le départ des 1000 volontaires est prévu pour le 31 octobre. Le recrutement va bon train. Plusieurs francophones de la province de Québec répondent à l'appel.

Tous les volontaires du premier contingent sont à Québec, le lundi 30 octobre 1899, pour leur embarquement à bord du *Sardinian*. Dans la capitale provinciale, on évalue à 2000 le nombre d'excursionnistes de l'extérieur venus assister au départ. L'agitation est grande en ville, d'autant plus que les employés civils jouissent, pour la circonstance, d'un congé civique. Lors de la dernière inspection, le lieutenant-colonel Foster fait sortir des rangs des volontaires une vingtaine d'hommes « et leur donna congé, sous prétexte qu'ils ont de mauvaises dents ». Dans son discours d'adieu, lord Minto rend hommage à la population du Canada : « Par cet acte, déclare-t-il, elle a ouvert un nouveau chapitre dans l'histoire de l'Empire. C'est un cadeau militaire fait librement à la cause impériale. On a voulu donner du corps à l'idée de l'unité de l'Empire et peut-être que ce mouvement aura plus d'effet que n'importe quelle constitution écrite. »

La participation du Canada à la guerre de l'Afrique du Sud va contribuer à développer chez les Canadiens de langue anglaise l'idée d'appartenance à un empire, idée à laquelle sera réticente une bonne partie de la population francophone. Cette dernière arrive à l'heure du choix, selon Laurier qui écrit à Bourassa, le 2 novembre : « Dites-moi, quelle attitude voulez-vous que prennent les Canadiens français au sein de la Confédération ? Qu'ils s'isolent ou qu'ils marchent à la tête de la Confédération ? Ils doivent choisir entre l'impérialisme anglais et l'impérialisme américain. » Deux jours plus tard, le jeune député, qui se représente dans sa circonscription sous la bannière libérale, dénonce le genre d'impérialisme qu'il condamne :

> Où et quand ai-je jamais parlé d'isoler la province de Québec, demande-t-il à Laurier, et en quoi mon attitude s'oriente-t-elle dans cette direction ? J'ai dit et je répéterai que mon opposition se situe sur le terrain constitutionnel. Je ne m'objecte pas, comme vous semblez le croire, à ce que le gouvernement dépense quelques centaines de mille dollars pour envoyer ces soldats en Afrique. Ceci est un problème purement concret, dans son optique la plus étroite. Je m'oppose à cette dépense et à cet envoi de troupes parce que je vois dans cette action le premier pas sur la voie de l'impérialisme militaire et le gouvernement ne possède pas le droit de nous engager dans cette voie sans consulter le parlement et le peuple. [...] Je n'ai jamais été et je ne suis pas en faveur de l'indépendance, du moins pour le moment, et pour longtemps encore. Il me semble que nous pouvons demeurer quelque temps dans l'état de transition qui existe maintenant. Chamberlain veut nous faire quitter cet état de transition. Ce mégalomane possède une idée fixe : passer à l'histoire comme le bâtisseur de l'empire. Il peut fort bien devenir le destructeur de l'empire. [...] Mais si, comme vous le dites, il faut choisir entre impérialisme anglais et impérialisme américain, je suis prêt à faire beaucoup pour préserver le lien britannique.

En Afrique, les Boers offrent plus de résistance que prévu. On lève donc un nouveau contingent. Au total, le Canada enverra 7368 militaires en Afrique. On connaît l'origine de 5825 d'entre eux. Sur ce nombre, seulement 484 sont nés dans la province de Québec.

La guerre des drapeaux

Partout au Canada, on suit le déroulement des événements en Afrique du Sud. Le 1er mars 1900, on apprend la victoire remportée par les soldats de l'Empire à Ladysmith. À Montréal, les étudiants de l'Université McGill décident de souligner l'événement à leur façon. Ils défilent dans les rues de la ville, assiègent l'hôtel de ville, puis se rendent à l'édifice de l'Université Laval de Montréal, rue Saint-Denis (qui deviendra l'Université de Montréal à partir de 1920). Ils hissent au mât le drapeau anglais. Un étudiant de Laval le descend aussitôt. « Les McGill, rapporte la *Presse* du lendemain, revinrent à la charge et, comme ils étaient aussi nombreux que les soldats de Roberts autour de Cronje, ils parvinrent à hisser le drapeau anglais de nouveau. » L'étudiant de Laval répète son geste et les McGill, en guise de protestations, envahissent les salles de cours de Laval. « Les McGill, continue la *Presse*, faisaient appel aux plus violents préjugés de race et de nationalité pour inciter leurs compagnons à se livrer à toutes sortes d'excès. Ne trouvant personne pour assouvir leur fureur, les étudiants s'acharnèrent sur le drapeau français. Tous les tricolores visibles furent déchirés et foulés aux pieds. Déjà, sur la rue Saint-Jacques, une insulte semblable au drapeau de la France avait été perpétrée. »

Les étudiants de Laval (Montréal) décident d'organiser une contre-manifestation. Vers seize heures trente, le même jour, ils se mettent en marche vers les bureaux du journal *La Presse*, situés rue Saint-Jacques. À l'un des balcons de l'édifice, ils remarquent un drapeau anglais. Une cinquantaine d'étudiants prennent la place d'assaut, se rendent à l'étage supérieur, dans les bureaux d'une entreprise anglophone et font disparaître le drapeau anglais. Au chant de *La Marseillaise*, ils s'emparent de tous les drapeaux « ennemis ». Les gens de McGill font alors leur apparition au chant du *God Save the Queen*. La bagarre éclate, ponctuée de coups de poing et de coups de canne. « Un Anglais s'étant emparé d'un drapeau tricolore le déchira avec rage. Il fut aussitôt entouré par des Canadiens français qui le forcèrent à s'agenouiller et à embrasser le drapeau qu'il venait de souiller. »

L'intervention du corps policier rétablit un calme précaire. Au cours de la soirée, les étudiants de McGill reforment leurs rangs et marchent à nouveau sur l'Université Laval où ils sont attendus de pied ferme. Ils sont repoussés par des jets d'eau, mais ils réussissent quand même à briser plusieurs carreaux. On entend tirer cinq coups de revolver et un étudiant de Laval est blessé d'un coup de couteau au bras.

Le lendemain, 2 mars, une violente tempête de neige ramène le calme. Quelques défilés s'organisent quand même, mais l'intervention des autorités des deux institutions qui lancent des appels à la paix et à la concorde produit l'effet désiré. Heureusement, car les étudiants de Québec venaient d'offrir leur « aide » à leurs confrères francophones de Montréal, alors que ceux de Kingston et de Toronto se disaient prêts à prendre le chemin de Montréal pour venir prêter main-forte aux anglophones. La guerre n'a pas lieu, mais l'affaire soulève toutes sortes de commentaires à travers le Canada. On retient surtout le fait que des drapeaux anglais ont été déchirés et foulés aux pieds et l'on oublie les gestes faits envers le tricolore, qui est, de fait, l'emblème d'une puissance étrangère. Le 13 mars, Laurier télégraphie à l'archevêque Paul Bruchési : « Permettez-moi de vous suggérer que les autorités de Laval fassent des excuses pour les actes de violence commis. On dit ici que les étudiants ont abattu le drapeau britannique. Si c'est vrai, c'est une raison de plus pour agir promptement. »

Le *Star* et la *Gazette* de Montréal ne retiennent que l'insulte au drapeau et l'antibritannisme des francophones. Par contre, le *Montreal Herald* est beaucoup plus nuancé.

> Nous sommes convaincus, lit-on dans l'édition du 5 mars, que la masse des Canadiens français est contente de son sort, qu'elle apprécie les libertés dont elle jouit sous le drapeau britannique, qu'elle n'a aucun désir de resserrer davantage ses relations avec la France, et qu'elle est d'une loyauté à toute épreuve à l'égard du Canada. Que les Canadiens français n'aient pas encore embrassé l'idée de l'impérialisme, il n'y a rien là d'étrange ni de répréhensible. Pour la solution de ce problème, c'est plus leur tête que leur cœur qui est appelée à décider. Si nous voulons que les Canadiens français ne fassent qu'un avec nous, pour préparer l'avenir national, nous devons en bons citoyens en appeler à leur raison et non recourir aux violences.

Laurier s'est convaincu que la guerre des Boers, loin de désunir les Canadiens, finira par les unir plus fortement. Le 13 mars, à la Chambre des Communes, lors du débat sur une motion présentée par Bourassa, il affirme :

> En ce moment, dans le Sud-Africain, des hommes représentant les deux éléments de la famille canadienne se battent pour le même drapeau. Déjà plusieurs sont tombés au poste d'honneur en payant le suprême tribut à leur patrie commune. Leurs dépouilles reposent dans la même fosse, pour y dormir jusqu'à la fin des temps, dans un embrassement fraternel. Ne nous est-il pas permis d'espérer [...] que dans ce tombeau ont été ensevelis jusqu'aux derniers vestiges de notre antagonisme passé ? Si ce résultat devait se produire, s'il nous est permis d'entretenir cet espoir, l'envoi de ces régiments aurait été le plus grand service qu'on eût jamais rendu au Canada, depuis la Confédération.

La guerre du Transvaal se terminera le 31 mai 1902. Elle aura coûté aux Canadiens 3 millions de dollars et 224 pertes de vie, soit 89 au combat même et le reste à la suite de blessures ou de maladie. Pour l'historien militaire George F. G. Stanley,

> la participation du Canada à la guerre des Boers n'entraîne pas, à la longue, le resserrement des liens avec l'Empire britannique que désirent si ardemment Chamberlain et lord Minto, et auquel s'opposent, avec tant d'éloquence, Henri Bourassa et Olivar Asselin. Comme vont bientôt le

découvrir les impérialistes, le fait que les Canadiens se soient battus aux côtés des Britanniques contre les Afrikanders ne signifie pas qu'ils soient prêts à accepter la centralisation impérialiste, tant politique que militaire ; cela veut tout simplement dire que le Canada a atteint une nouvelle stature dans le concert des nations.

Trop ou pas assez ?

Le 9 octobre 1900, le Parlement du Canada est dissous et les élections générales fixées au 7 novembre. La campagne électorale est marquée par des explosions de violence verbale. Au Québec, les conservateurs accusent Laurier d'être un traître à sa race et leur chef, Charles Tupper, affirme même : « Sir Wilfrid est trop anglais pour moi. » Ailleurs au Canada, ils font valoir que Laurier incarne le *French Power* à Ottawa. Quant aux libéraux, ils misent sur la prospérité économique qui règne alors dans les sept provinces.

La veille des élections, libéraux et conservateurs sont convaincus de remporter la victoire. La *Gazette* de Montréal, dans ses prévisions, accorde 113 sièges au parti conservateur et 100 seulement aux libéraux, alors que *La Patrie* en donne 130 à ces derniers et 74 à leurs adversaires.

La Presse invite ses lecteurs à venir prendre connaissance des résultats du scrutin à son édifice, sur le toit duquel on a installé un système remarquable.

> D'après ce système, on pourra lire de toutes les parties élevées de la ville les rapports des élections à mesure que nous les recevrons à nos bureaux. Ce nouveau système est un ensemble de lettres formées par des lampes électriques que l'ont fait jouer à volonté selon la phrase que l'on veut écrire. De plus, sur la rue Saint-Jacques, nous avons fait préparer une grande toile pour représenter, au moyen de la lanterne magique, tous les portraits des heureux candidats de la province de Québec avec le résultat détaillé de leurs élections. Nous avons fait placer un immense tableau noir sur la façade de notre édifice et là nous donnerons tous les détails possibles des élections avec de nombreuses caricatures. Enfin, le résultat final pour chaque comté dans tout le pays sera annoncé sur des bulletins spéciaux fait expressément pour la circonstance. [...] Les citoyens pourront, sans crainte, se rendre en foule aux alentours de nos bureaux, vu que grâce à la condescendance de la Compagnie des Tramways, la circulation des chars urbains, de même que toute autre voiture, sera temporairement suspendue, ce soir.

L'Île-du-Prince-Édouard élit 3 libéraux et 2 conservateurs ; la Nouvelle-Écosse, 15 libéraux et 5 conservateurs ; le Nouveau-Brunswick, 9 libéraux et 5 conservateurs ; l'Ontario, 37 libéraux et 55 conservateurs ; le

Manitoba, 2 libéraux, 3 conservateurs, 1 travailliste et 1 indépendant; les Territoires du Nord-Ouest, 4 libéraux; la Colombie-Britannique, 3 libéraux, 2 conservateurs et 1 travailliste. Quant au Québec, comme prévu, la victoire de Laurier est éclatante: son parti remporte 57 des 65 sièges, ne laissant aux conservateurs que 8 circonscriptions. Laurier est donc reporté au pouvoir avec 130 députés contre 80 pour les conservateurs dont le chef Tupper venait de subir la défaite. Si l'on ne tient pas compte des résultats de la province de Québec, libéraux et conservateurs sont nez à nez, les premiers détenant 73 sièges et les seconds 72. Il est clair que ce sont les francophones qui ont assuré la victoire de Laurier!

La plupart des journaux ontariens dénoncent le *French Power*. «C'est une situation intolérable pour les Canadiens anglophones, lit-on dans le *News* de Toronto, de vivre sous la domination des Français. [...] Il est infiniment déplorable que le gouvernement se maintienne au pouvoir par le vote massif d'une section du peuple canadien parlant une langue étrangère et entretenant un idéal étranger à la race dominante en ce pays.» Le *World* de Toronto insiste lui aussi sur le cri de race:

> Le gouvernement ne peut retirer que peu de confort de sa victoire. Au lieu d'élever et de cimenter la nation par une politique d'union, de paix, d'amitié et de fraternité, sir Wilfrid sème actuellement la chicane et la discorde. [...] Sir Wilfrid Laurier est responsable de cette politique qui a rangé la province de Québec presque comme une unité solide contre tout le reste du Canada. Il ne peut se plaindre si les autres provinces suivent l'exemple donné par Québec et se rangent ensemble contre cette province. [...] Sir Wilfrid Laurier a plus divisé les deux races qu'elles ne l'ont jamais été auparavant. Québec s'est encore rallié en une phalange contre le reste du Canada. L'Ontario a été forcé de se ranger contre le premier ministre français.

Le gouverneur général trouve que la presse anglophone exagère et, dans une lettre à son ami Arthur Elliott, il analyse ainsi la situation:

> Les articles des principaux journaux de l'opposition en Ontario ont été odieusement malveillants, ne visant qu'à susciter la haine à l'égard du Canada français. C'est parfaitement monstrueux. [...] Je crois moi-même que les Canadiens français sont très calomniés au sujet de leur déloyauté. Le Canada français ne veut pas être mêlé aux guerres de l'Empire et il est tiède à cet égard, mais, dans la métropole, vous n'appelez pas déloyal un homme qui n'approuve pas la guerre. Ici, s'il n'est que tiède et Canadien français, il faut qu'il soit un rebelle.

Le premier ministre Parent semble vouloir profiter de la vague libérale qui a déferlé sur le Québec. À la réunion du Conseil des ministres, le 14 novembre, une semaine après la victoire de Laurier, décision est prise de tenir des élections provinciales sans délai. La neuvième Législature est donc immédiatement dissoute et la votation est fixée au 7 décembre. Le premier ministre Félix-Gabriel Marchand était décédé le 25 septembre précédent, après une impressionnante carrière politique, et Simon-Napoléon Parent, maire de Québec, avait été appelé à lui succéder. Le chef de l'opposition conservatrice, Edmund James Flynn, fait de l'autonomie provinciale un des principaux thèmes de sa campagne. Selon lui, le parti libéral provincial est à la remorque de Laurier. Le choix de Parent, à la place de Joseph-Émery Robidoux qui avait assuré l'intérim durant la maladie de Marchand, semblait fortement lui donner raison. Dans une lettre adressée aux électeurs de la province de Québec, en date du 20 novembre, Flynn écrit :

> Une conséquence qui découle nécessairement de l'action du gouvernement est l'amoindrissement de notre législature, et, à courte échéance, la destruction même du principe fédératif. La Législature de Québec devient ainsi l'accessoire d'Ottawa, et cette Législature de Québec, que les Pères de la Confédération ont voulu si fièrement indépendante, se trouve convertie en réalité en simple succursale du pouvoir central. Le peuple de cette province se posera sans doute cette question-ci : « Que devient, dans ces circonstances, l'autonomie provinciale ? »

La réponse du peuple est claire : les libéraux remportent 67 sièges et les conservateurs 7 seulement, alors qu'ils en avaient obtenu 23 aux élections précédentes. En raison de la saison, la participation a été restreinte, seulement 103 422 électeurs se prévalant de leur droit sur un total possible de 350 517. Avec 56 pour cent du vote exprimé, les libéraux obtiennent 90 pour cent des sièges. La mise en nomination avait été fixée au 30 novembre. Trente-cinq candidats ministériels seront d'ailleurs élus par acclamation. Piètre orateur, mais dangereux stratège, Parent avait joué dur.

En décembre 1900, le parti libéral vient de s'installer pour de bon au pouvoir et il faudra attendre l'arrivée de Maurice Duplessis pour l'en déloger.

LES DEUX PATRIES

L'INSTALLATION AU POUVOIR DES LIBÉRAUX avait coïncidé en 1896-1897 avec une reprise à long terme du commerce international. Depuis lors, l'économie canadienne se développe rapidement, grâce à la forte demande du marché anglais en produits agricoles et grâce aussi à celle du marché américain en quête « de bois scié pour construire leurs villes, de pâtes et papiers pour produire leurs journaux populaires, de foin pour nourrir leur cheptel ». Le Québec est en situation de profiter à plein de cette conjoncture économique. Il a une main-d'œuvre abondante, des ressources naturelles diversifiées et surtout des cours d'eau qui se prêtent bien à la production de l'hydro-électricité, cette énergie nouvelle en train de supplanter la vapeur. L'inauguration, le 9 juin 1897, de la centrale de Saint-Narcisse de Champlain, par la North Shore Power Company, avait marqué une étape importante dans l'utilisation de l'hydro-électricité. Son originalité n'était pas d'être la première centrale au Québec, mais de posséder la ligne de transmission la plus longue au Canada (17 milles) et surtout la première ligne de transmission dans toute l'Empire britannique à transmettre du courant à haute tension (12 000 volts) sur une distance appréciable.

L'intérêt des investisseurs pour l'hydro-électricité s'en trouve décuplé. Le 9 juillet 1897, les chutes de Shawinigan sont vendues aux enchères au bureau du ministre des Terres de la Couronne à Québec.

> Plusieurs personnes, notamment des marchands de bois, lit-on dans *La Presse* du même jour, y assistaient, venues de toutes les parties de la province de Québec. La mise à prix avait été fixée à 50 000 $ par le commissaire lui-même, obligeant tout enchérisseur à faire un dépôt de 1000 $ comme garantie de sa bonne foi. L'officier du département a mis le pouvoir d'eau à l'enchère de 50 000 $ et une seule enchère a été faite par M. David Russell, de Montréal, ci-devant du Nouveau-Brunswick, soit 50 100 $ et les chutes lui ont été adjugées. L'acquéreur s'engage à dépenser

2 000 000 $ dans les premiers 18 mois de son achat, au pouvoir d'eau lui-même.

Quelques mois plus tard, soit le 15 janvier 1898, la Shawinigan Water & Power Company est incorporée. On commence par construire un embranchement reliant la chute au chemin de fer du Grand Nord. La construction du barrage et de l'usine va bon train et, en juillet 1901, la production d'électricité débute.

Le gouvernement cède d'autres pouvoirs d'eau dans les régions de Chicoutimi et de Sherbrooke. En 1900, la capacité des différentes usines hydro-électriques est de 83 000 chevaux-vapeur.

Un des premiers secteurs à profiter de la nouvelle source d'énergie est celui des pâtes et papiers. La Laurentide Pulp Mills Company, dont l'usine se trouve à Grand-Mère, commence donc à produire du papier, suivie, peu de temps après, par la Belgo-Canadian Pulp & Paper Company qui s'installe à Shawinigan. Un journaliste du quotidien *Le Nouvelliste* de Trois-Rivières, partant d'entrevues avec les pionniers de l'entreprise, raconte ainsi les débuts de l'opération :

> C'est après avoir pris connaissance d'un rapport de M. Van Bruyssel, consul de Belgique à Québec, recommandant l'installation d'une usine de pulpe à Shawinigan, que la Banque d'Outremer de Bruxelles décida d'investir des capitaux dans cette entreprise. Van Bruyssel ne s'était pas trompé en recommandant le site, mais du côté technique son rapport n'était pas parfait car, au bout de quelque temps, tous les capitaux étaient engloutis et la construction était à peine commencée. C'est pour liquider cette affaire que la Banque d'Outremer envoya M. [Hubert] Biermans au Canada. Rendu à Shawinigan Falls, il réalisa que c'était une bonne affaire. On manquait de capital tout simplement. Il parvint à convaincre les financiers belges de remettre d'autres capitaux dans l'entreprise. Et c'est ainsi qu'au lieu de la liquider, il l'acheva. Les débuts furent assez modestes et le personnel de l'usine n'était pas considérable. Le site de Shawinigan avait été recommandé à cause du voisinage de la chute et du pouvoir d'eau. Il s'agissait au début d'un moulin à pulpe seulement, comprenant 24 meules actionnées par des turbines mues par l'eau qui, de la rivière Saint-Maurice, descendait à l'usine dans un large conduit. Plus tard, ces meules furent actionnées à l'électricité.

Plus haut sur la rivière Saint-Maurice, à La Tuque, la Brown Corporation ouvre ses portes. À Chicoutimi, J.-E. Alfred Dubuc fonde la Compagnie de Pulpe de Chicoutimi. La Compagnie Price se lance, elle aussi, dans la fabrication de la pulpe et du papier. Une bonne partie de la production de papier est acheminée vers les États-Unis pour alimenter les imprimeries des grands quotidiens américains.

La production de l'électricité amène bientôt l'établissement, à Shawinigan, de la première aluminerie canadienne. En 1898, Joseph Edward Aldred, un des fondateurs de la Shawinigan Water & Power Company, rencontre des dirigeants de la Pittsburgh Reduction Company, une entreprise américaine, pour les convaincre d'ouvrir une succursale à Shawinigan, « où il était à mesure de leur vendre de l'électricité à bon marché ». « Le contrat signé entre la Pittsburgh Reduction et la Shawinigan Water & Power, le 14 août 1899, rapporte Fabien LaRochelle, spécifiait que cette dernière s'engageait à fournir l'énergie hydraulique et qu'elle se chargeait de la construction d'amenée à la centrale que la Pittsburgh devait ériger. La Shawinigan s'engageait également à installer ses propres turbines et génératrices pour développer le courant direct nécessaire au fonctionnement des creusets. [...] En fin d'année 1901, la production de l'aluminium débutait. » Plus tard, l'entreprise prendra le nom d'Aluminium Company of America, puis d'Alcan.

En 1902, Shawinigan s'enrichit d'une nouvelle usine, la Shawinigan Carbide Company qui fabriquera du carbure de calcium. La nouvelle ville va se développer rapidement et devenir un des centres industriels les plus importants de la province de Québec.

Est-ce pour nous ?

Le développement industriel et commercial s'effectue surtout avec des capitaux américains ou avec ceux des Canadiens anglophones. Cette absence notée des francophones, dans plusieurs secteurs de l'économie, inquiète les esprits les plus éveillés. Le 21 mai 1901, Benjamin Sulte lit devant les membres de la Société royale du Canada une étude de son confrère, l'avocat et économiste Errol Bouchette. Ce dernier tente de répondre à la question suivante : « Les Canadiens français sont-ils aptes au haut commerce et à la grande industrie ? »

Bouchette commence par dénoncer les idées reçues sur le sujet.

Beaucoup de gens ont dit et répété que nous sommes inaptes aux choses commerciales et industrielles ; et cette opinion, bien qu'inavouée, s'est accréditée dans plusieurs de nos collèges classiques, chose bien malheureuse. Nous comparant aux hommes d'affaires d'autres origines, dont la vieille prospérité faisait paraître encore plus pitoyables nos pénibles débuts, trop d'entre nous se sont dit : Eh ! bien, renonçons-y, ce n'est évidemment pas notre vocation. Nous avons nous-mêmes entendu des hommes qui auraient dû être éclairés raisonner ainsi et cela tout récemment.

L'auteur a parfaitement raison puisque, le 24 juin 1902, on verra le théologien Louis-Adolphe Paquet déclarer lors des fêtes du cinquantième anniversaire de la fondation de l'Université Laval : « Notre mission est moins de manier des capitaux que de remuer des idées ; elle consiste moins à allumer le feu des usines qu'à entretenir et à faire rayonner au loin le foyer lumineux de la religion et de la pensée. » À force d'être aussi préoccupés par le flambeau de la religion et de la pensée, à force de croire qu'ils remplissent une mission providentielle en Amérique du Nord, les Canadiens français assistent souvent en témoins passifs et heureux à l'exploitation de leurs richesses naturelles par des capitaux « étrangers ». La prospérité matérielle est une chose nécessaire et légitime, fait observer dans son essai sur Errol Bouchette, Alain Lacombe ; comme bien d'autres, Mgr Paquet l'admet, mais il s'agit là d'un moyen et non d'une fin.

Bouchette, quant à lui, est parfaitement convaincu que les Canadiens français sont capables de s'adapter à une économie industrialisée. « Nos compatriotes de la province de Québec ne sont pas moins aptes à l'industrie que les autres races du continent et, bien instruits et bien dirigés, ils obtiendront des résultats qui étonneront tout le monde et eux-mêmes les premiers. » Pour ce faire, il faut développer l'instruction industrielle dans la province de Québec, ce qui amènera l'établissement d'entreprises coopératives, comme celle du beurre et du fromage. C'est dans ce contexte qu'un ami de Bouchette, Alphonse Desjardins, sténographe à la Chambre des Communes, fondera une première caisse populaire.

Bouchette rêve d'un avenir économique brillant pour ses compatriotes. Il incarne, à son époque, l'esprit avant-gardiste qui veut tirer les Canadiens français de l'ornière de la routine et il multiplie ses interventions. En octobre 1904, il publie dans la revue *La Nouvelle-France*, un article intitulé « Du goût des Canadiens français pour les arts industriels et du parti qu'on en peut tirer ». Il lance un nouvel appel, soulignant, cette fois-ci, que le secteur hydro-électrique échappe à ses compatriotes :

> Dans le nouveau monde comme dans l'ancien, la houille est échue aux peuples de formation germanique ou anglo-saxonne ; mais le seul groupe français en Amérique, la population de Québec, dispose des forces hydrauliques les plus puissantes, les plus accessibles et les plus facilement utilisables. Cela devrait lui permettre, pendant le siècle qui commence, de lutter avec avantage contre le reste du continent, sur le terrain de la grande industrie et particulièrement de celle qui se rattache à l'exploitation forestière. Tout le monde admet et déplore que notre peuple soit si peu en mesure de recueillir ce riche héritage, lequel passera tout entier, si nous n'y prenons garde, en des mains étrangères. [...] Notre jeunesse étouffe dans l'inaction, elle murmure, elle s'écrie : « Pourquoi piétiner sur place ? Là-bas

sur le versant des Laurentides est le royaume de l'industrie. Courons-y avant nos rivaux qui s'avancent à grands pas. En avant! ou nous sommes perdus!» [...] C'est en adaptant aux conditions du nouveau monde le génie que nous tenons de nos pères que nous la ferons apparaître, la bienfaisante industrie. Nous ne sommes pas en présence d'une question de simple prospérité matérielle. Il ne s'agit nullement d'enrichir quelques individus pour nous glorifier stupidement des dollars qu'ils pourront amasser. Non. C'est au premier chef un problème social et moral qu'il nous faut résoudre sous peine de déchoir. À ce titre, aucun Canadien n'a le droit de s'en désintéresser, nous devons tous chercher la solution si nous voulons faire notre devoir. Mais à l'homme public qui saura parfaire cette grande œuvre, outre la satisfaction du devoir accompli, il sera donné par surcroît une gloire immortelle.

En juin 1906, il réunira ses idées à ce propos dans un ouvrage intitulé *L'indépendance économique du Canada français.*

Mûrs pour le nationalisme

À cette époque, les grands meneurs politiques semblent toutefois être plus intéressés par une affirmation de l'indépendance politique que par le nationalisme économique. Il est vrai qu'en Grande-Bretagne on travaille d'arrache-pied à développer l'impérialisme militaire. Le 25 juin 1901, à l'occasion de la célébration de la Saint-Jean-Baptiste à Montréal, le premier ministre Laurier aborde à nouveau la question de l'indépendance politique. Après avoir déclaré que le Canada forme un vraie nation, il proclame son amour pour sa patrie:

> J'aime mon pays parce qu'il ne ressemble à aucun autre. J'aime mon pays parce que, même à travers les difficultés, il suscite les résolutions les plus nobles, les qualités les plus fortes et les plus généreuses de l'homme. J'aime mon pays par-dessus tout parce qu'il est unique au monde, parce qu'il est fondé sur le respect des droits, sur la fierté de l'origine, sur l'harmonie et la bonne entente entre les races qui l'habitent. Notre fierté refuse de suivre plus longtemps les sentiers battus. Dorénavant, nous devons emprunter d'autres chemins et marcher vers d'autres horizons. Ne visons que le développement, la prospérité et la grandeur de notre propre pays. Gardons dans nos cœurs cette pensée: «Le Canada d'abord, le Canada toujours, le Canada et rien d'autre.»

Le 20 octobre 1901, Henri Bourassa prononce une conférence sur *La Grande-Bretagne et le Canada* au Théâtre national de Montréal. Il commence par admettre une certaine infériorité économique de ses compatriotes.

On dit que le Franco-Canadien manifeste moins d'aptitudes aux affaires que l'Écossais ou l'Anglais; qu'il s'adonne peu à l'exploitation des mines et à la fabrication des produits industriels. Ces observations sont justes. Néanmoins, il s'est assuré dans le commerce et la finance une position d'autant plus méritoire qu'il est isolé au milieu des autres races du continent américain et que le capital et l'influence de l'étranger lui ont manqué complètement. Mais le Canadien français est incontestablement le plus hardi défricheur et le meilleur colon du monde. Il pénètre des forêts qui rebutent tous ses rivaux, il les abat, il met le sol en état de produire et il s'y fixe, non comme un simple tenancier, mais à titre de possesseur libre et absolu. Cet instinct colonisateur maintient à la base de la race canadienne-française un peuple de petits propriétaires terriens, robustes et frugaux. Ce peuple jouit du droit de suffrage et il en use avec orgueil. Dans les sphères plus élevées de la culture intellectuelle et des professions libérales, les Franco-Canadiens sont au moins les égaux de leurs voisins d'origine anglo-saxonne. Ils ont accompli avec succès leur part des œuvres de création nationale; ils ont contribué au développe-ment du pays, à la préparation et au fonctionnement de sa constitution et de ses lois. [...] On peut donc conclure que le Canadien français conti-nuera d'occuper une position solide au Canada et d'imprimer son cachet particulier sur la politique de son pays; et son influence augmentera graduellement.

Bourassa montre ensuite que les Canadiens français sont heureux de leur sort:

Ils éprouvent un désir modeste d'agrandir leur situation individuelle et nationale; mais ils sont peut-être trop portés par instinct à compter sur la Providence et sur le développement des forces sociales qui les entourent plutôt que sur les résultats de leurs propres efforts. [...] Ils sont désireux de vivre en bons termes avec les Anglo-Canadiens et de contribuer avec eux à la prospérité du Canada. [...] Il est manifeste que notre tempérament national [...] ne nous porte pas à désirer de changement radical dans l'organisation politique du Canada.

Pour l'orateur, les changements qui pourraient intervenir sont de quatre ordres: l'indépendance du Canada, l'annexion aux États-Unis, l'impérialisme anglais ou la réunion avec la France. « Il est indéniable, déclare Bourassa, que les deux derniers projets sont ceux que nous com-battrions davantage. » Il ajoute: « L'indépendance est à nos yeux le couron-nement naturel de nos destinées. Mais aussi longtemps que l'Angleterre ne tentera pas de resserrer les liens qui nous unissent à sa puissance, nous ne ferons aucun effort pour les rompre. Nous comprenons que l'œuvre du temps nous favorise chaque jour davantage en nous apportant de la population et des capitaux; plus nous tarderons à prendre notre voie, plus elle sera sûre. »

Bourassa est convaincu que la très grande majorité des Canadiens français ne veut pas un retour à la France, même si les relations économiques, commerciales et autres se sont développées au cours des dernières décennies. Selon lui,

> il existe entre les Français d'Europe et ceux du Canada des divergences politiques plus profondes encore que celles qui séparent la Grande-Bretagne et les États-Unis. [...] L'amour que nous portons à notre patrie d'origine vient à la fois du cœur et de l'esprit. Il s'adresse plutôt à l'âme nationale de la France et aux productions de son génie qu'à la personne des Français eux-mêmes. Cette nuance se manifeste très nettement dans l'accueil un peu méfiant que nous faisons aux nouveaux venus de France, à ceux du midi surtout. Nous nous entendons très vite; mais le premier mouvement n'est pas celui d'une chaude sympathie, tel qu'on pourrait l'attendre de deux frères se retrouvant après une longue séparation.

L'annexion aux États-Unis paraît aussi peu réalisable que souhaitable, même si, depuis quelques décennies, des francophones abordent cette question avec plus de sympathie, à cause des centaines de milliers de leurs compatriotes devenus citoyens américains, cette solution serait peut-être moins pire que les conséquences du développement de l'impérialisme britannique. Ce dernier apparaît au petit-fils de Papineau comme l'hydre à sept têtes :

> L'impérialisme anglais est un régime d'accaparement et de domination militaire, né de l'expansion exagérée de la puissance anglaise et nourri de cet orgueil stupide, brutal et vantard qu'on nomme Jingoïsme. Il s'exprime volontiers par des formules ronflantes : « Britannia rules the Waves.. Britons shall never be slaves,... Trade follows the flag,... What we have we hold», etc. À ce dernier axiome, le premier ministre de l'Ontario a ajouté « And what we don't have, we take», et le bon sens public commence à surajouter : ...« when we can. »

Sachant que les Canadiens français sont peu militaristes, surtout lorsqu'il s'agit de défendre les intérêts britanniques, Bourassa résume ainsi l'orientation de cet impérialisme : « En un mot, le véritable impérialisme anglais, c'est la contribution des colonies aux guerres de l'Angleterre, en hommes, et en deniers, en hommes surtout. »

Le 23 mars 1902, les membres de l'Assemblée législative de la province de Québec commencent à discuter une motion présentée par le député libéral de Québec-Est, Jules-Alfred Lane, qui déclare « que la Chambre croit de son devoir de se prononcer contre ce que l'on appelle le nouvel impérialisme et ses tendances dangereuses». L'affaire se termine en queue de poisson, car le député retire sa motion.

À Londres, la délégation canadienne à la Conférence impériale réaffirme sa conception des relations qui doivent exister entre les colonies et la mère patrie. Elle y dépose, le 11 août 1902, un mémoire à la Conférence qui résume ses prises de position:

> Le Canada apprécie hautement la mesure d'indépendance locale qui lui a été accordée graduellement par les autorités impériales et qui a produit des résultats si satisfaisants, tant sous le rapport des progrès matériels que pour l'affermissement des liens qui l'unissent à la mère patrie. [...] Le Canada, par le perfectionnement de son système de milice, sera en mesure de satisfaire ce désir [de défense] en prenant lui-même, dans les limites de son territoire, quelques-uns des services que, jusqu'à présent, le gouvernement impérial a dû remplir seul.

Un mouvement précis

Le mouvement propagé et illustré par Henri Bourassa aboutit à la fondation, le 1er mars 1903, de la Ligue nationaliste canadienne. Ce sont des disciples de Bourassa, ayant à leur tête Olivar Asselin, qui mettent sur pied le mouvement. «Née dans la foulée des idées libérales de Louis-Joseph Papineau, puis de celles de Louis-Hippolyte La Fontaine, écrit Hélène Pelletier-Baillargeon, biographe d'Asselin, elle va constituer l'expression politique, économique et sociale du nouveau nationalisme, suscité par l'opposition de la jeunesse à la guerre des Boers.» Mais Bourassa «refusera de prêter son concours au recrutement des membres pour la Ligue». Le journaliste Omer Héroux écrira en 1937: «Sur le rôle joué par Asselin à la Ligue nationaliste, il ne peut y avoir la moindre discussion. Il fut l'inspirateur, le créateur du mouvement et son maître ouvrier.»

Les membres de la Ligue s'engagent à réaliser les trois points principaux de leur programme: «I. Pour le Canada, dans ses relations avec l'Angleterre, la plus large mesure d'autonomie politique, commerciale et militaire, compatible avec le maintien du lien colonial. II. Pour les provinces canadiennes, dans leurs relations avec le pouvoir fédéral, la plus large mesure d'autonomie compatible avec le maintien du lien fédéral. III. Pour toute la Confédération, adoption d'une politique de développement économique et intellectuel exclusivement canadienne.»

L'autonomie réclamée pour le Canada par la Ligue équivaut à une diminution appréciable des liens coloniaux et à une accélération de la marche vers l'indépendance totale du Canada. Au chapitre de l'autonomie politique, les ligueurs réclament:

(a) maintien absolu des libertés politiques; (b) opposition à toute participation du Canada aux délibérations du Parlement britannique et de tout conseil impérial permanent ou périodique; (c) consultation des Chambres par le gouvernement, sur l'opportunité de participer aux conférences extraordinaires des pays d'allégeance britannique et publicité absolue des délibérations et décisions de ces conférences; (d) liberté absolue de réglementer notre immigration; (e) production de toute correspondance ou documents échangés entre les gouvernements de Londres et d'Ottawa; (f) restriction des appels au Conseil privé; pour les lois provinciales, on ne doit en appeler qu'aux tribunaux provinciaux; (g) droit de représentation à tout congrès international où des intérêts canadiens seraient en jeu, et consultation des Chambres sur l'opportunité de se prévaloir de ce droit.

Au chapitre de l'autonomie commerciale, la Ligue préconise deux points : « (a) droit absolu de faire et de défaire nos traités de commerce avec tous pays, y compris la Grande-Bretagne et ses colonies; (b) liberté de nommer des agents qui pourront traiter directement des intérêts commerciaux canadiens avec les chancelleries étrangères ».

Les idées de Bourassa sont visibles dans presque tous les articles de la division consacrée à l'autonomie militaire :

(a) abstention de toute participation du Canada aux guerres impériales en dehors du territoire canadien; (b) résistance à toute tentative de recrutement que l'Angleterre ferait au Canada; (c) opposition à l'établissement d'une école navale au Canada avec le concours et pour le bénéfice de l'autorité impériale; (d) direction de notre milice et de nos écoles militaires, en temps de paix comme en temps de guerre, au point de vue exclusif de la défense du territoire canadien. Refus absolu de tout congé demandé par un officier de milice en vue de prendre part à une guerre impériale; (e) commandement de la milice canadienne par un officier canadien nommé par le gouvernement canadien.

Les relations entre les provinces et le pouvoir central doivent reconnaître le « respect du principe de la dualité des langues et du droit des minorités à des écoles séparées ». De plus, le pouvoir central doit se montrer plus généreux dans ses subventions aux provinces et administrer, à ses frais, la justice criminelle.

La Ligue nationaliste canadienne, qui n'est pas un nouveau parti politique, veut aussi influencer l'orientation de l'administration de la province de Québec. Elle inscrit donc à son programme un certain nombre de réformes que les membres chercheront à faire adopter par la Législature :

[...] 4. Adoption par les provinces d'une politique de colonisation plus active et plus en harmonie avec leurs besoins respectifs. Attribution exclusive aux ministères de la Colonisation de la vente des terres pour fins agricoles. [...] 6. Au système actuel d'aliénation permanente de nos forces hydrauliques ou pouvoirs d'eau, substitution d'un système de location aux enchères, par baux emphytéotiques. 7. Réforme immédiate de notre système d'exploitation forestière, en vue d'assurer la conservation de nos forêts. 8. Développement à l'école d'un enseignement patriotique. 9. Réglementation plus efficace des opérations des compagnies d'assurances, des associations de secours mutuel et des sociétés industrielles et financières en général et des opérations de Bourse. 10. Adoption de lois propres à développer au Canada la production littéraire et artistique. Adhésion de ce pays aux conventions internationales sur la propriété littéraire et les droits d'auteurs. 11. Application plus stricte des lois ouvrières actuelles, et adoption de nouvelles lois propres à garantir la sécurité du travail et la liberté d'association.

À la fin du mois d'août 1903, la Ligue décide de s'afficher publiquement et ainsi de révéler la plupart des noms de ses membres. Armand Lavergne, Omer Héroux et Olivar Asselin sont du nombre.

Lors d'une réunion populaire à Montréal le 23 août, rencontre à laquelle participe Bourassa, résolution est adoptée de demander au gouvernement canadien de ne pas imposer au peuple de nouveaux sacrifices pour la défense de l'Empire. Le texte réaffirme que « le devoir des colonies à ce sujet se limite à la défense de leurs territoires respectifs ».

Parallèlement au nationalisme canadien que propagent Bourassa et la Ligue, un autre nationalisme vient s'y opposer. Jules-Paul Tardivel définit ce dernier dans les colonnes de son journal, *La Vérité*, édition du 2 avril 1904 :

> Notre nationalisme à nous est le nationalisme canadien-français. Nous travaillons depuis vingt-trois ans au développement du sentiment national canadien-français ; ce que nous voulons voir fleurir, c'est le patriotisme canadien-français ; les nôtres, pour nous, sont les Canadiens français ; la patrie, pour nous, nous ne disons pas que c'est précisément la province de Québec, mais le Canada français ; la nation que nous voulons voir se fonder à l'heure marquée par la divine Providence, c'est la nation canadienne-française. Ces messieurs de la Ligue paraissent se placer à un autre point de vue. On dirait qu'ils veulent travailler au développement d'un sentiment canadien, indépendamment de toute question d'origine, de langue ou de religion.

Bourassa ne tarde pas à répondre à Tardivel. Dès le lendemain, soit le 3 avril, il écrit dans les colonnes du *Nationaliste*, l'organe de la Ligue fondé par Olivar Asselin le 6 mars précédent :

> Notre nationalisme à nous est le nationalisme canadien fondé sur la dualité des races et sur les traditions particulières que cette dualité comporte.

Nous travaillons au développement du patriotisme canadien qui est à nos yeux la meilleure garantie de l'existence des deux races et du respect mutuel qu'elles se doivent. Les nôtres, pour nous comme pour M. Tardivel, sont les Canadiens français ; mais les Anglo-Canadiens ne sont pas des étrangers, et nous regardons comme des alliés tous ceux d'entre eux qui nous respectent et qui veulent comme nous le maintien intégral de l'autonomie canadienne. La patrie, pour nous, c'est le Canada tout entier, c'est-à-dire une fédération de races distinctes et de provinces autonomes. La nation que nous voulons voir se développer, c'est la nation canadienne, composée des Canadiens français et des Canadiens anglais, c'est-à-dire de deux éléments séparés par la langue et la religion, et par des dispositions légales nécessaires à la conservation de leurs traditions respectives, mais unies dans un sentiment de confraternité, dans un commun attachement à la patrie commune.

Bourassa réclame pour les francophones le droit et même le devoir de sortir de leur isolement et d'abandonner leur esprit de clocher. Son nationalisme canadien et le nationalisme canadien-français vont pourtant s'opposer de plus en plus fréquemment, d'autant plus que la jeunesse est appelée à participer au mouvement.

Une grande mission

Au cours de l'été de 1903, dans les journaux, les articles avaient succédé aux articles au sujet d'un drapeau à découvrir ou à inventer pour les Canadiens français. Certains avaient préconisé l'usage du tricolore français auquel on aurait ajouté, comme signe distinctif, un castor ou une feuille d'érable.

D'autres ressortirent le « fameux » drapeau de Carillon et certains, le drapeau du Sacré-Cœur. Enfin, une sorte d'entente intervint sur un compromis : le Carillon-Sacré-Cœur ! Il devenait maintenant important de réunir la jeunesse sous cette bannière. Le 13 mars 1904, à Montréal, on fonde donc l'Association catholique de la Jeunesse canadienne-française, plus connue par le sigle ACJC. Les membres se recruteront surtout chez les étudiants des séminaires et des collèges classiques. Ceux du collège Sainte-Marie, à Montréal, sont parmi les premiers à y adhérer. Le 8 juin, une vingtaine de jeunes du séminaire diocésain de Sherbrooke se réunissent pour mettre sur pied une cellule de l'ACJC.

Les 300 premiers membres se réunissent en congrès à Montréal, du 25 au 27 juin 1904. Ils adoptent une série de 18 vœux qui constituent un genre de déclaration de principes de l'organisme :

1. Les membres de l'Association catholique de la Jeunesse canadienne-française croient que la race canadienne a une mission spéciale à remplir sur ce continent et qu'elle doit pour cette fin garder son caractère distinc-

tif de celui des autres races. 2. Ils croient que la race canadienne-française possède les aptitudes pour accomplir sa mission, et que le pays où la Providence l'a placée renferme les ressources nécessaires à la formation d'une grande nation et que c'est aux Canadiens français d'exploiter ce pays qui est le leur. 3. Ils croient que c'est dans le sol du pays que le patriotisme doit avoir ses racines et que le Canada français doit l'emporter dans leur amour sur toute autre région. 4. Ils estiment que c'est le devoir de tous les Canadiens de favoriser ce qui peut accroître légitimement l'autonomie du Canada et de lutter avec énergie contre tout ce qui pourrait amener son absorption par une autre nation, quelle qu'elle soit. 5. Ils croient qu'il est du devoir des jeunes Canadiens français de ne point tellement s'attacher à un parti politique qu'ils soient portés à lui sacrifier l'intérêt de la religion et de la patrie. 6. Convaincus que c'est sur le terrain social plutôt que sur le terrain politique qu'il y a espoir d'aider au groupement des forces nationales ; convaincus que la vie politique ne doit être que l'efflorescence de la vie sociale, les membres de l'Association affirment leur intention de concentrer tous leurs efforts à se préparer à une action sociale mise au service des intérêts de leur patrie. 7. Ils tiennent pour certain que la pratique intégrale du catholicisme, c'est-à-dire un catholicisme vécu par l'individu et par la société, est le remède à tous les maux et la source de tous les progrès de la société. 8. Ils croient que le progrès de la race canadienne-française est d'une façon spéciale attaché à sa fidélité à la foi catholique qui est un de ses éléments essentiels et spécifiques. 9. Ils professent en conséquence la soumission la plus absolue à l'autorité de l'Église et l'attachement le plus inviolable aux directions du Saint-Siège. Ils se placent sous la tutelle du Souverain Pontife et de NN. SS. les évêques à qui ils reconnaissent la haute direction de leurs efforts et dont ils sollicitent le bienveillant patronage.

Les membres s'engagent à pratiquer de leur mieux leurs devoirs religieux, à étudier les questions religieuses et sociales et à mettre sur pied des cercles d'études.

Le dernier vœu «recommande aux groupes d'établir entre leurs membres les liens d'une franche amitié et d'une chrétienne camaraderie et demande qu'au milieu des travaux des cercles une part soit faite à la gaieté».

Pour l'historien américain Mason Wade, «l'ACJC fut le berceau du nationalisme canadien-français du vingtième siècle et le mélange de religion et de patriotisme qu'elle engendra fut porté dans tous les milieux de la vie canadienne-française par l'enseignement passionné que recevait la jeune élite qui passait par ses rangs». Au cours des décennies qui suivirent sa fondation, l'ACJC regroupa des milliers de jeunes francophones et chaque cellule se fit un devoir d'obéir aux directives des aumôniers.

Et pendant ce temps...

Les deux niveaux de gouvernement continuent malgré tout à travailler à l'amélioration de la législation. À Ottawa, au cours de la session de 1902, le projet de loi qui soulève le plus de commentaires est « à l'effet d'établir un conseil médical au Canada ». Malgré l'opposition d'un certain nombre de députés, dont seize de la province de Québec, le projet devient loi et est connu sous le titre de loi Roddick, d'après le nom de Thomas George Roddick, doyen de la Faculté de médecine de l'Université McGill. La loi

> pourvoit à la constitution d'un conseil fédéral composé : 1er d'un membre nommé, dans chaque province, par le gouverneur en conseil ; 2e de membres élus par les différentes provinces et choisis parmi les praticiens dûment enregistrés, dans les proportions suivantes : un pour le premier cent ou toute fraction de ce nombre, un pour le second cent ou une fraction de ce nombre dépassant la moitié, un pour chaque six cents après les deux premiers cents ; 3e d'un membre de chaque université ou école canadienne de médecine ayant le pouvoir de conférer des grades ; 4e de trois membres élus par chaque école particulière de pratique médicale sous l'autorité des lois provinciales. Ce conseil fédéral tiendra un registre dans lequel seront inscrits : 1er de droit, toute personne munie, avant la sanction de la nouvelle loi, d'un certificat d'inscription et ayant déjà exercé la profession médicale ; mais ce droit ne peut être invoqué ni l'inscription avoir lieu que six ans après la date de la patente provinciale ; 2e pour l'avenir, tous ceux qui subiront les examens d'aptitude que prescrira le conseil ; 3e les médecins étrangers, suivant les conditions établies. Tous les médecins inscrits dans ce registre auront le droit d'exercer leur profession en dehors de leur propre province, dans tout le Dominion et probablement dans tout le Royaume-Uni.

Pour être appliquée, la loi Roddick devait être ratifiée par chacune des législatures provinciales. Dans la province de Québec, la plupart des francophones reliés à la profession médicale se prononcent contre la mesure. On ne veut pas d'une université d'État, car inévitablement, le gouvernement fédéral sera amené à réglementer le contenu des programmes des facultés pour assurer une qualité minimale et une certaine uniformité. Or on rappelle que l'éducation est du ressort exclusif des provinces et ce, en vertu de la Constitution. Un collaborateur de la revue *La Nouvelle-France* souligne que si la loi est approuvée « il y aura au plus quatre à cinq délégués de nationalité française dans une assemblée de 39 à 41 membres. Les commentaires nous paraissent superflus. L'influence française s'y trouve noyée, elle ne compte plus. » Raison de plus, affirme-t-on, pour s'y opposer ! Et l'opposition est telle que la mesure ne sera pas appliquée immédiatement !

À la suite de l'adoption de modifications pour satisfaire la province de Québec, la loi entre en vigueur en 1911.

Par ailleurs, Ottawa songe à doter le territoire d'un deuxième réseau ferroviaire transcontinental, afin de mieux desservir le nord des Prairies où des milliers d'immigrants se sont établis et produisent du blé en quantité. Un des projets soumis renferme un point intéressant pour la province de Québec: la nouvelle voie traverserait l'arrière-pays, ouvrant ainsi d'autres régions à la colonisation. Des subsides sont votés, mais l'affaire traînera en longueur.

De son côté, la Législature de la province de Québec adopte un projet de loi présenté par le député libéral Georges-Albini Lacombe, représentant la circonscription électorale de Sainte-Marie, à Montréal. La mesure proposée vise à « empêcher la saisie des gages et salaires jusqu'à concurrence de dix dollars par semaine, sauf pour le loyer ». La loi Lacombe entrera en vigueur le 29 avril 1903.

Coup sur coup

Les quatre années réglementaires étant écoulées, le Parlement canadien est dissous et des élections générales sont fixées au 3 novembre 1904. Wilfrid Laurier met l'accent sur le magnifique avenir réservé au Canada. « Notre pays compte une population de six millions d'habitants, déclare-t-il le 5 octobre. Dans dix ans, il en renfermera dix millions et, avant la fin du siècle, plus de quatre-vingts millions. » Le chef de l'opposition conservatrice, Robert Laird Borden, insiste sur la construction du transcontinental par la Canadian Northern Company.

Le 3 novembre, le parti libéral du Canada est reporté au pouvoir avec une majorité accrue. En Nouvelle-Écosse, les 18 députés sont tous des libéraux, ainsi que les 7 de la Colombie-Britannique. À l'Île-du-Prince-Édouard, les libéraux obtiennent 1 siège et les conservateurs, 3 ; au Nouveau-Brunswick, la majorité libérale n'est que d'un siège ; l'Ontario donne une majorité de 10 sièges aux conservateurs ; dans la province voisine, celle du Manitoba, sur 10 sièges, 7 vont aux libéraux ; dans les Territoires du Nord-Ouest, les résultats sont les mêmes. Quant à la province de Québec, Laurier perd 3 députés par rapport aux résultats de 1900 : sa députation se composera de 54 députés et celle des conservateurs, de 11.

Le lendemain même des élections fédérales, la Législature de la province de Québec est dissoute et le scrutin est fixé au 25 novembre 1904. Le premier ministre Parent a pris presque tout le monde par surprise. La campagne électorale sera encore plus courte que la précédente. Flynn, le chef de l'opposition conservatrice, fulmine. Le 7 novembre, il signe un manifeste dénonçant la conduite de Parent.

Le gouvernement Parent veut supprimer la discussion, empêcher le peuple de se ressaisir, de voir clair dans la situation provinciale et de faire la distinction nécessaire entre la politique de Québec et celle d'Ottawa. C'est-à-dire qu'il veut identifier sa cause avec celle de sir Wilfrid Laurier et pousser, sous de faux prétextes, les électeurs aux polls, d'où ils viennent à peine de sortir, afin de leur faire donner, en profitant de l'impression encore toute vivace du vote d'hier en faveur de sir Wilfrid, un vote favorable à M. Parent. [...] L'opposition ne saurait se prêter à ce jeu du gouvernement Parent. Elle ne saurait se rendre complice et accepter d'être victime de cet attentat en participant à la lutte. [...] Que le cabinet provincial gouverne comme il l'entendra. Le parti conservateur continuera à le surveiller de l'extérieur avec toute la vigilance possible, et saura en temps et lieu le mettre en accusation devant l'électorat, si sa politique future s'inspire malheureusement des errements de sa politique passée. Le parti conservateur de Québec s'abstient dans le moment actuel; mais il n'abdique pas. Il va attendre, l'arme au bras, le moment favorable pour recommencer la bataille dans l'intérêt de la province et de ses institutions. Que nos amis restent fermes dans leurs convictions et fidèles au vieux drapeau! Que tous les bons citoyens à quelque parti qu'ils appartiennent, appuient nos protestations!

Le jour de la mise en nomination des candidats, soit le 18 novembre, c'est-à-dire une semaine avant la date du scrutin, 34 libéraux sont élus par acclamation (comparativement à 35 en 1900), faute d'opposition. Le jour de la votation, Parent remporte la victoire avec 68 sièges et les conservateurs, 6. Aucun candidat ouvrier ne réussit à se faire élire. « Nos amis les ouvriers ont été battus, lit-on dans *La Presse* du 26; nous le regrettons d'autant plus que la lutte qui vient de se terminer a démontré une fois de plus que l'entrée du Parlement restera fermée aux représentants des travailleurs tant que la loi leur assurant le libre exercice de leurs droits de citoyen ne sera pas rigoureusement appliquée. »

Cette victoire des libéraux n'est qu'apparente. Plusieurs députés ministériels sont en froid avec leur chef. Parent n'est pas au bout de ses peines. Des membres de son propre parti veulent son départ. On porte contre lui diverses accusations. Le 3 février 1905, trois membres du cabinet, Adélard Turgeon, Lomer Gouin et William Alexander Weir remettent leur démission. Des députés libéraux se réunissent à leur tour pour signer un *round robin** par lequel ils s'engagent à voter contre le premier ministre à

---

* Document où les signatures sont à la suite les unes des autres pour former un cercle afin que l'on ne sache pas l'ordre des signatures.

l'ouverture de la session qui tarde à être convoquée. Enfin, la première session de la onzième Législature s'ouvre le 2 mars 1905. Presque immédiatement, un comité d'enquête est formé pour juger des accusations portées contre Parent : « Que la province de Québec perd chaque année environ un million de dollars de droits de coupe, et que chaque année des centaines de mille piastres prennent une fausse voie à ma connaissance ; 2ᵉ Que j'ai laissé faire de faux rapports à mes fonctionnaires dans l'intérêt des marchands de bois ; 3ᵉ Que je suis entré pauvre dans la vie politique et que je me suis enrichi, ainsi que mes proches et ce que l'on appelle mon entourage, à même le domaine public. »

Le comité d'enquête, dans son rapport déposé le 14 mars, blanchit complètement le premier ministre qui, tout heureux, donne sa démission la semaine suivante. Laurier le récupère aussitôt en le nommant à la présidence d'une commission chargée de faire construire le chemin de fer transcontinental qui devait relier Winnipeg à Moncton. Le plan comporte la réalisation d'un projet auquel Parent s'intéresse depuis longtemps et auquel il attachera son nom : la construction d'un pont enjambant le fleuve Saint-Laurent à la hauteur de Québec. Parallèlement, Parent s'occupe de ses nombreuses affaires parmi elles le journal *Le Soleil* dont il est longtemps l'actionnaire principal. Le 23 mars 1905, Lomer Gouin, figure bien connue, gendre de l'ancien premier ministre Honoré Mercier, homme de compromis, succède à J. N. Parent, il devient alors le quinzième premier ministre de la province de Québec. Il conservera le pouvoir pendant quinze ans.

Une menace étrangère

La scène politique n'est pas la seule à connaître des périodes troublées. Le développement de l'économie québécoise se traduit par une accélération de l'urbanisation et un accroissement marqué de la classe ouvrière. Déjà, en 1901, on dénombre 129 000 travailleurs dans le secteur secondaire seulement, concentrés surtout dans Montréal et Québec. Tout naturellement, le monde ouvrier cherche par la syndicalisation à s'organiser, à se donner une voix dans les débats publics et des moyens pour obtenir des conditions de travail décentes. Les ouvriers veulent se tailler une place dans la société et leurs revendications mettent en cause la paix sociale.

Déjà, en 1900, une grève sanglante à Valleyfield avait mis face à face les forces de l'ordre et des ouvriers. L'année suivante, l'archevêque de Québec Louis-Nazaire Bégin intervient comme médiateur dans un conflit dans le secteur de la chaussure. Et, en 1903, la ville de Montréal connaît deux grèves importantes, une première paralysant le transport en commun et la seconde le port de Montréal.

Un syndicat ouvrier américain, l'American Federation of Labor (AFL), recrute des membres chez les menuisiers, les corroyeurs et les tanneurs de Montréal. L'obstacle majeur au développement de l'AFL dans la province de Québec est la question linguistique. Samuel Gompers, le grand patron de la centrale syndicale, répond à son assistant George Warren, le 15 mai 1902, au sujet de l'emploi de la langue française : « Je ne trouve déjà pas le temps de lire la moitié de ce que je voudrais lire en anglais. » À ce propos, le professeur Robert Babcock fait remarquer : « Un message syndical livré en langue étrangère avait bien peu de chances de gagner des adeptes chez les Québécois naturellement sensibles à la question linguistique. Par conséquent, à l'exception de Montréal où l'on dénombrait à la fin de 1902 entre 64 et 66 sections affiliées à l'AFL, le syndicalisme international ne réussissait pas à percer au Québec. Les ouvriers qualifiés se tournaient de plus en plus vers les syndicats indépendants. »

La syndicalisation du monde ouvrier met en danger la mainmise des élites sur les mouvements sociaux et menace l'ordre social. En réaction, l'Église catholique s'empresse de mettre sur pied des syndicats confessionnels avec un aumônier pour les conseiller. Le 23 avril 1903, Paul Bruchési, évêque de Montréal, publie une lettre pastorale sur la question ouvrière. La métropole connaît quelques conflits ouvriers.

> Les grèves qui ont marqué ces derniers temps ramènent impérieusement l'attention sur la question ouvrière et sur ses inquiétants problèmes. Au sein de notre ville, de nouveaux conflits semblent se préparer. Patrons et ouvriers s'observent avec défiance ; d'un jour à l'autre, il peut se produire des événements très graves, des actes de violence déplorables. [...] Quelle terrible responsabilité encourent ces meneurs et ces écrivains qui profitent des moindres conflits entre le capital et le travail, pour pousser les ouvriers à la haine des patrons, à la discorde et à l'insurrection. Ceux-là sont les plus dangereux ennemis du peuple dont ils prétendent servir les intérêts. Que notre population ouvrière ne prête pas l'oreille à leurs suggestions. Elle n'y gagnera rien absolument. Trompée par ces faux amis, conduite aux pires excès, elle perdra au contraire la sympathie publique qui lui est si nécessaire et qui ne lui a jamais été refusée en notre pays.

L'évêque, s'appuyant sur les principes émis par le pape Léon XIII, rappelle les devoirs des patrons et des ouvriers. Tout en reconnaissant aux ouvriers le droit de se former en association, il émet certaines réserves au sujet des syndicats internationaux :

> Ce n'est pas sans inquiétude surtout que nous voyons les associations ouvrières de notre ville s'affilier à des sociétés étrangères. Les chefs et les membres de ces unions internationales, en grande majorité, n'ont rien de

commun avec nos dispositions de tempérament, avec nos mœurs et nos croyances. À concéder même que ces sociétés ne soient pas imbues de principes antichrétiens, et qu'elles n'en retiennent nulle attache avec les organisations occultes si sévèrement condamnées par le Souverain Pontife, il y aurait encore péril en la demeure. Par un système habile, elles exportent à l'étranger des sommes énormes versées par la population ouvrière. Cet argent, placé dans la caisse de nos associations nationales et catholiques ne serait-il pas plus profitable au progrès du pays, et ne pourrait-on pas l'y retrouver plus sûrement, advenant les heures de chômage et la cessation du travail ?

En cas de conflit, les meilleurs intermédiaires, selon Bruchési, ne seraient-ils pas les membres du clergé ? « Si les réclamations ne peuvent être réglées à l'amiable entre les intéressés, pourquoi ne pas recourir à des citoyens au-dessus de tout soupçon ? Ils ne sont pas rares. Vos pasteurs, votre archevêque, nos très chers frères, seront toujours disposés à vous entendre, à se constituer vos intermédiaires. Recourez d'abord à ces moyens de conciliation. Soumettez vos revendications à l'arbitrage. Vous éviterez de la sorte une foule d'ennuis et de vexations inutiles. »

Aux yeux de l'Église, la grève apparaît comme un moyen extrême auquel on doit rarement recourir :

> N'ayez surtout jamais recours aux grèves, sans y être rigoureusement forcés, et sans avoir épuisé tous les moyens de les éviter. Les grèves les plus pacifiques sont une source de malaise général, et de douloureuses privations pour les classes pauvres. L'arrêt de travail en bloc, par corps de métier, a pour résultat presque inévitable d'appeler dans les villes une nouvelle immigration d'ouvriers, qui viennent augmenter le nombre des travailleurs et occasionner une offre de labeur au rabais. Une autre conséquence de la grève, c'est la dépression du commerce et de l'industrie ; c'est l'exode en contrées étrangères ou l'enfouissement dans les banques des capitaux et des épargnes qui, sans cela, circuleraient parmi le public et activeraient le mouvement des affaires pour le plus grand bien de tous. Mais notre charge pastorale, nos très chers frères, nous fait une obligation de réprouver avec énergie les grèves tumultueuses et violentes. [...] Afin de remédier à ces maux et de les prévenir, encore une fois, nous conseillons aux ouvriers de subir leur condition patiemment, les yeux tournés vers le ciel, leur future patrie, et vers le Sauveur, leur frère et modèle.

Samuel Gompers arrive à Montréal une semaine exactement après la publication de la lettre pastorale de Bruchési. On évalue à 25 000 le nombre de personnes qui se portent à sa rencontre, malgré les mises en garde de l'évêque. Le passage du président de l'AFL coïncide, dans plusieurs régions, avec des débrayages. Le salut de la masse ouvrière n'est pas pour tout de suite !

LES REVENDICATIONS

L'ÉTUDE DU PROJET DE LOI pour la création des nouvelles provinces de l'Alberta et de la Saskatchewan, au cours des premiers mois de l'année 1905, est marquée par des débats violents sur la question des écoles. Il s'agit de décider si le principe des écoles confessionnelles ou séparées sera reconnu par la nouvelle législation. La grande majorité des députés anglophones du Canada réclament un système d'écoles publiques neutres de langue anglaise, alors que bon nombre de députés francophones voudraient que les Canadiens français aient droit à une école de leur choix. Le débat soulève encore une fois la question des relations entre les deux principaux groupes ethniques qui forment la population canadienne. Le député Henri Bourassa intervient en demandant de respecter l'esprit des Pères de la Confédération :

> Chercher l'union des deux races, au Canada, en dehors du respect mutuel qu'elles doivent à leurs droits respectifs, c'est édifier la nation sur une base fragile, c'est lui donner comme pierre angulaire un élément de ruine et de destruction. Vouloir obtenir l'estime, la confiance et le bon vouloir de nos concitoyens anglais en leur sacrifiant les droits incontestables que nous avons, en consentant nous-mêmes à la rupture du pacte national qui nous garantit ces droits et en acceptant les spoliations, les empiétements et les insultes de la même manière que nous accueillons les bons procédés, c'est nous vouer d'avance au mépris et à l'asservissement. L'Anglais est fier et fort ; il méprise la bassesse et la lâcheté, mais il s'incline avec respect devant ceux qui revendiquent, sans injure et sans provocation, leurs droits, leur honneur et leurs biens. C'est dans cet esprit que les Pères de la Confédération ont conçu la charte de nos libertés et de notre autonomie ; elle ne subsistera qu'aussi longtemps que nos hommes publics et le peuple canadien tout entier en conserveront l'essence et la base fondamentale.

Le *Globe* de Toronto est formel dans sa prise de position et il donne le mot d'ordre suivant aux députés anglophones : « Votez contre la tentative d'imposer un système d'éducation qui n'est qu'un vestige des siècles d'ignorance et qui cherche à perpétuer des superstitions aveugles, des extorsions cruelles et des dogmes dégradants, qui détrônent la conscience, violent la raison et obscurcissent l'intelligence. »

À la fin du débat, les députés de la Chambre des Communes votent en faveur d'un système scolaire pour les nouvelles provinces de l'Alberta et de la Saskatchewan à peu près identique à celui établi au Manitoba, à la suite de l'accord Laurier-Greenway : les catholiques auront droit à une demi-heure d'enseignement de la religion chaque jour, si une demande à cet effet est formulée par les commissaires d'école.

Dans la province de Québec, l'attitude du Parlement du Canada sur les questions scolaires provoque un regain de vie pour le « patriotisme canadien-français », au détriment du patriotisme purement canadien. « Un nationalisme de plus en plus provincial dans son orientation, note l'historien Mason Wade, gagna beaucoup de terrain dans le Québec après 1905 et ses origines sont claires. »

Un entêté

Les nationalistes canadiens-français vont orienter leurs revendications sur deux points précis : une reconnaissance du bilinguisme et un meilleur contrôle de l'immigration. Ils seront fortement appuyés dans leurs luttes par les membres de l'ACJC, qui compte, en juin 1906, 825 membres répartis en 25 cercles. La plupart des collèges classiques et des écoles commerciales importantes possèdent leur cercle à l'intérieur duquel les membres s'appellent « camarades ». Parmi ces étudiants, on remarque les futurs dirigeants politiques et religieux de la province de Québec, à commencer par Maurice Duplessis. L'association possède un bulletin mensuel, *Le Semeur*, qui publie des articles de fond ainsi qu'un rapport des activités de chacun des cercles. L'influence qu'exercera le mouvement sur l'évolution du Québec n'est pas à dédaigner, bien au contraire.

Le président Antonio Perrault, lors du congrès de 1906, définit clairement les objectifs visés :

> L'ACJ, on ne pourrait trop le redire, l'ACJ n'est pas une association comme une autre ; elle ne ressemble ni à une compagnie d'assurances, ni à une société commerciale. C'est une entreprise nouvelle dans l'histoire de la race canadienne-française ; une entreprise qui, intelligemment conduite et généreusement maintenue, créera ici une mentalité, contribuera à former des hommes capables de constituer une classe dirigeante, soucieux de

commencer chez nous l'éducation démocratique, d'éclairer les couches inférieures de la société, de rendre, en ce pays, le progrès plus réel et plus général par l'application des données du catholicisme à toutes les manifestations de la vie de notre peuple. [...] Défions-nous du recrutement de masse; croyons préférable l'enrôlement par unités, au moyen de cette emprise qu'une âme obtient sur une autre âme, au moyen de l'influence que chaque membre peut exercer sur un ami. En agissant ainsi, nous garantissons la qualité des membres de l'ACJ et, du même coup, nous pratiquons cet apostolat social dont nous voulons remplir notre vie.

La base de l'activité des membres de l'ACJC est le cercle d'études où l'on aborde des sujets historiques, sociaux, religieux ou politiques. La question des droits de la langue française au Canada et celle de la qualité de l'immigration retiennent particulièrement l'attention des jeunes au cours des années suivantes.

Pour le député Armand Lavergne, que les méchantes langues affirment être le fils naturel de Wilfrid Laurier, le gouvernement fédéral doit adopter des mesures législatives pour forcer les compagnies publiques à reconnaître le bilinguisme. Le 25 février 1907, il présente à la Chambre des Communes une résolution en ce sens: « Qu'il est de l'intérêt et du bonheur de la Confédération, et dans l'esprit du pacte fédéral de 1867, que la langue française, officielle en vertu de la Constitution, soit mise dans les affaires publiques, notamment la frappe des monnaies et l'administration des Postes, sur un pied d'égalité avec la langue anglaise. » Un court débat s'engage entre les députés, mais l'étude de la résolution est, pour des raisons techniques et tactiques, reportée à la session suivante.

L'ACJC décide de faire siennes les revendications de Lavergne. Jean-Baptiste Prince, dans *Le Semeur* d'avril 1907, signe un article intitulé « Parlons français » dans lequel il souligne le triste sort fait à sa langue:

Pourquoi nous, qui avons le pacte, ne jouissons-nous pas universellement de l'usage? Pourquoi les Canadiens français qui ont si royalement donné aux compagnies de chemins de fer et qui contribuent encore si largement à tous les services publics, y sont-ils si mesquinement traités? Pourquoi y trouvent-ils leur langue presque systématiquement ignorée, au point de ne la voir pas encore figurer dans les gares, sur les billets, dans les horaires et les indicateurs? Pourquoi doivent-ils, dans une province en très grande majorité française, se buter chaque jour à des employés civils qui ne savent les comprendre? Pourquoi, à Montréal, l'Almanach des adresses de la cité et celui des abonnés du téléphone ne contiennent-ils aucun avis ou renseignement rédigés en français? [...] Que de fois j'ai fait du mauvais sang, en entendant de braves Canadiens français baragouiner de l'anglais, quand ils s'adressent au bureau central du téléphone, ou bien encore à un commis ou à un garçon d'hôtel, à un percepteur de tramways ou de chemins de fer. On prétexte que l'on veut être compris. Fort bien, il faut que vous le soyez ; mais de votre langue. Vous y avez droit, et pour que votre droit ne reste pas lettre morte, vous devez en réclamer l'exercice chaque jour, en toute occurrence. De cette sorte, vous ouvrirez plus grande, à vos compatriotes, la porte des services publics et des maisons de commerce. Pourquoi les y emploierait-on de préférence à la gent exclusivement saxonnisante, quand nous sommes assez sottement bénévoles que de toujours parler l'anglais ?

L'abbé Lionel Groulx, qui étudie alors au Collège canadien à Rome, recommande, dans une lettre du 22 janvier 1907, un fort nationalisme : « Ne soyons pas Canadiens français ni catholiques comme tout le monde ; soyons-le superlativement. Soyons-le, j'oserais dire, comme si nous étions les grandes artères tenant au cœur même de la patrie, et où s'élaborerait le sang nouveau avant de refluer dans les veines du reste de nos compatriotes. » Ce conseil, les membres de l'ACJC le suivront à la lettre.

La campagne de francisation porte fruit graduellement et sur les voitures de la poste, à côté de l'inscription « Royal Mail » on peut lire maintenant « Malle de Sa Majesté ». Des membres de l'ACJC se chargent de faire signer par la population des pétitions demandant à l'entreprise Bell de rendre bilingue son annuaire. À la suggestion de Jean-Baptiste Prince, la revendication est ainsi formulée : « 1er Vu que la population de Montréal se compose en majorité de Canadiens français ; 2e Que bon nombre de citoyens ignorent ou ne parlent qu'imparfaitement l'anglais ; 3e Que les deux langues doivent être, surtout en notre province, sur un pied d'égalité ; en conséquence, les soussignés prient instamment la compagnie de téléphone Bell : 1er De vouloir bien, dans son Almanach, énoncer en français les renseignements qu'elle juge opportun de donner en anglais ; 2e D'indiquer en français le titre, la profession ou le métier de tout Canadien français ; 3e D'avoir à son bureau central des employés bilingues pour la commodité du public, etc. »

Prévoyant qu'au cours de la session de 1908 le député Lavergne reviendrait à la charge avec sa résolution sur la langue, les membres de l'ACJC font circuler une pétition d'appui qui recueillera plus de 450 000 signatures dans le Québec. La pétition est ensuite adressée aux « honorables ministres et députés de la Chambre des Communes » :

Considérant que, de droit, les langues française et anglaise sont sur un pied d'égalité, particulièrement dans la province de Québec ; considérant que, de fait, dans les services d'utilité publique, les compagnies et leurs employés négligent l'usage du français, souvent au grand ennui et au détriment de la majorité des citoyens ; considérant que les remontrances et les doléances souvent exprimées par les revues et les journaux sur ce déplorable état de choses ont été inefficaces; considérant enfin que, pour y remédier, un appel à la courtoisie des compagnies ne suffit pas, mais il faut y joindre une loi qui les oblige; les soussignés demandent que: 1er Dans la province de Québec, les compagnies de chemin de fer, de tramway, de télégraphe, de téléphone et services publics soient tenus d'employer les langues française et anglaise dans toutes leurs communications avec le public, telles que l'annonce de l'arrivée et du départ des trains, les horaires, les billets de voyageurs, les connaissements, les bulletins de bagage, les médailles et autres insignes des employés, la désignation de la classe des voitures, les imprimés pour dépêches, les feuilles-formules de contrats, les livrets d'abonnement, les avis et règlements affichés dans les gares, voitures, bureaux, ateliers ou usines de ces compagnies ou services publics. 2e Le Parlement spécifie une sanction pour toute contravention à l'article précédent.

L'intervention massive auprès des membres de la Chambre des Communes ne produit aucun effet et nulle loi coercitive concernant l'emploi de la langue française dans les services publics n'est adoptée. Exclu du parti libéral par Wilfrid Laurier lui-même en janvier 1907, Lavergne se tourne vers le provincial. À partir de 1908, il siège à l'Assemblée législative de la province de Québec. Il présente un projet de loi dans le même style que le texte des résolutions soumises aux Communes les années précédentes. Les résultats ne sont pas meilleurs. Le conseil du Board of Trade de Montréal, lors de sa réunion du 10 mars 1909, s'était opposé au projet de loi Lavergne, déclarant que «c'est porter atteinte aux droits des particuliers et [...] cela imposerait des obligations onéreuses aux compagnies qu'il concerne». Il vaut donc mieux s'en remettre à «la courtoisie des compagnies» pour que des modifications soient apportées!

Le réveil nationaliste touche aussi les femmes. Les Canadiennes anglaises ont déjà quelques associations au sein desquelles elles se regroupent, dont le Local Council of Women. En 1907 se tient au Monument national, à Montréal, un congrès des associations féministes canadiennes-françaises. Deux femmes décident alors de mettre sur pied un mouvement nationaliste regroupant des femmes catholiques de langue française. Ce sont Caroline Béique née Dessaulles et Marie Gérin-Lajoie, née Lacoste. Cette dernière a déjà publié en 1902 un *Traité de droit usuel*. Comme toute manifestation à saveur féministe suscite l'inquiétude des autorités religieuses, ces deux femmes vont exposer leur projet à l'archevêque Paul Bruchési. À la suite de la rencontre, Marie Gérin-Lajoie sent le besoin, dans une lettre à Bruchési, de préciser les buts poursuivis par le fédération: «Nous voulons unir les Canadiennes françaises par le lien de la charité dans une association nationale, afin qu'elles s'aident mutuellement dans la vie, et par la force que donne l'union, elles fortifient, élèvent et développent l'action de la femme dans la famille et dans la société, travaillant ainsi à la prospérité de notre pays et à la gloire de Dieu, fin de toutes choses. » Bruchési est à demi-rassuré. Il formule la mise en garde suivante : « Ce n'est pas dans vos assemblées que l'on entendra parler de l'émancipation de la femme, de ses droits méconnus, de la part trop obscure qui lui est faite dans la vie. » Plus tard, Paul-Eugène Roy, évêque auxiliaire de Québec, rappellera le rôle que doit jouer la femme dans une société catholique : « Il appartient aux hommes de parler, [...] de discipliner, de combattre sur les champs de bataille ; il appartient aux femmes de faire des sacrifices. »

La Fédération nationale Saint-Jean-Baptiste voit le jour en 1907. Elle prend position sur toutes les questions qui concernent la situation des femmes. Elle réclame des modifications au Code civil pour les sortir de leur infériorité légale. Les questions d'hygiène et de mortalité infantile figurent aussi parmi les préoccupations de la Fédération. Comme il n'existe pas encore de cours classique pour les jeunes filles, Marie Gérin-Lajoie et la Fédération multiplient les pressions pour la création d'une telle institution. Au mois d'octobre 1908, à Montréal, l'École d'enseignement supérieur ouvre ses portes. Pour ne pas soulever de protestations chez les bien-pensants, les religieuses de la Congrégation Notre-Dame avaient laissé tomber l'appellation « collège féminin » !

« Faisons bloc ! »

En 1907, la question de l'immigration se pose de façon pressante. En Colombie-Britannique, la population blanche proteste violemment contre une présence trop abondante d'immigrants japonais. À la Chambre des Communes, les deux députés nationalistes québécois, Henri Bourassa et Armand Lavergne, à cette époque encore député à Ottawa, dénoncent la politique fédérale d'immigration, le premier affirmant que l'on veut noyer les Canadiens français sous un flot « d'étrangers » ; le second remarquant que « les nouveaux venus représentaient maintenant 37 pour cent de la population et que, dix ans plus tard, ils pourraient en représenter la moitié ». Les deux réclament une plus grande immigration de francophones.

Depuis 1903, le gouvernement du Canada possède un agent d'immigration à Paris, le Français Paul Wiallard. À la suite de la campagne menée par Bourassa et Lavergne, le sénateur Raoul Dandurand, dans une lettre à Wiallard le 3 mai 1907, lui suggère un plan d'attaque pour inciter les Français à émigrer au Canada :

> Je viens de vous dire que [Rodolphe] Lemieux et moi sommes décidés à aller au fond des choses et sans perdre un moment. Nous désirons savoir

combien il vous faut d'argent pour annoncer convenablement en faisant faire des articles éditoriaux dans les journaux de province, etc., c'est-à-dire ce qui s'est fait en Angleterre. Nous désirons aussi savoir si vous n'avez pas besoin de quelques sous-agents permanents pour les placer en province. Il y en a cinq en Angleterre et vous n'avez personne en province. En un mot, nous voulons faire en France — et tout de suite — aussi bien qu'en Belgique, ce qui s'est fait ou se fait en Angleterre.

Wiallard met sur pied une série de conférences sur le Canada. Selon les *Mémoires* de Dandurand, «plus de cinq cents instituteurs, au cours de l'année scolaire 1908-1909, lisaient cette conférence devant leurs élèves et leurs parents, ainsi que dans les casernes, sous la présidence des capitaines et des lieutenants. En 1909-1910, le nombre des instituteurs qui s'intéressèrent à notre pays était doublé; partout on distribuait des cartes murales du Canada.»

Le gouvernement français voit d'un mauvais œil la campagne publicitaire du Canada. En août 1909, le président du Conseil et ministre de l'Intérieur Georges Clemenceau adresse une lettre circulaire à tous les préfets de France, rappelant une circulaire émise le 26 février 1886 et mettant en garde les Français contre les conditions faites aux immigrants au Canada:

La situation qui vous était dépeinte par la circulaire précitée, écrit Clemenceau, est loin de s'être améliorée. Elle est aujourd'hui la suivante: les commis de magasin au Canada ne rencontrent que déboires et insuccès. Même lorsqu'ils parlent l'anglais, on ne les engage que dans des circonstances exceptionnelles. Les employés de bureau ont le même sort. Quant aux *fils de famille* qui n'ont pas l'habitude du travail et qui sont dépourvus de connaissances pratiques, les seules professions à leur portée sont les métiers manuels les plus simples auxquels la plupart de ces jeunes gens n'ont pas le courage de recourir. Par contre, quelques ouvriers — en dehors des terrassiers et des manœuvres des voies ferrées, pour lesquels le Canada n'offre aucun débouché à l'heure présente — ont réussi à trouver du travail, plus spécialement à Montréal, ville industrielle, où la connaissance de la langue française suffit pour contracter un engagement. Dans les autres centres, l'ignorance de la langue anglaise est pour nos ouvriers une cause de difficultés. Au surplus, les conditions de travail et l'outillage industriel étant au Canada tout autres que dans notre pays, l'ouvrier même habile est souvent forcé d'y faire un nouvel apprentissage. D'ailleurs s'il arrive exceptionnellement à se placer, il ne tarde pas à constater que, si les salaires sont plus élevés au Canada, la vie matérielle y est plus coûteuse, et surtout, étant donné la rigueur du climat, plus difficile et plus rude que dans la mère patrie. C'est principalement pour les agriculteurs que le climat du Canada, extrêmement rigoureux parfois en hiver, est un ennemi redoutable. [...] En présence de cette situation, il me paraît urgent de prendre des mesures pour enrayer les progrès d'une propagande active qui est faite en ce moment en France pour y recruter les émigrants à destination du Canada et qui pourrait avoir pour résultat de créer un courant d'expatriation irréfléchie parmi nos nationaux. Je vous prie de vouloir bien, en conséquence, publier les renseignements qui précèdent dans le Recueil des actes administratifs de votre préfecture et inviter, en même temps, les divers fonctionnaires placés sous votre autorité à s'employer, par voie de conseils, toutes les fois que l'occasion s'en présentera, à détourner nos compatriotes de leurs projets inconsidérés d'établissement au Canada.

Voilà de quoi freiner un mouvement naissant et paralyser le travail d'un agent d'immigration !

Au cours de la décennie 1901-1910, sur 1 631 892 immigrants qui arrivent au Canada, seulement 15 835 viennent de France. Lors de la décennie suivante, celle de 1911 à 1920, le Canada ne reçoit que 12 197 Français sur un total de 1 712 256 immigrants. La situation ne s'améliorera pas entre 1921 et 1930, puisque le nombre tombe à 5055 et que celui de l'immigration totale est de 1 230 202 immigrants. Pour la même période, l'immigration belge se développera lentement, passant de 8124 immigrants de 1901 à 1910 à 11 378 pour la décennie 1921-1930.

Dans la province de Québec, certains commencent à trouver que les « étrangers » deviennent de plus en plus envahissants, en particulier les Juifs. Déjà, au mois de juillet 1897, la présence juive à Montréal avait attiré l'attention publique. Au Temple Emmanu-El s'était tenu le Congrès annuel des rabbins américains. Une centaine de rabbins assistèrent à la rencontre. Lors d'une soirée culturelle à laquelle participèrent des représentants des diverses dénominations religieuses et du monde politique, le lieutenant-gouverneur et ancien premier ministre de la province de Québec, Adolphe Chapleau, insista sur la tolérance et la liberté de conscience. Il souligna « la condition heureuse du pays où les citoyens s'unissent sans distinction de races ou de foi, pour mener à bonne fin l'œuvre commune ».

Moins d'une dizaine d'années plus tard, alors que le gouvernement du Canada se montre plus accueillant face aux immigrants, de plus en plus de Juifs choisissent le Québec comme terre d'accueil.

C'est au cours des années 1905 et 1906, écrit Israël Medresh dans son ouvrage *Le Montréal juif d'autrefois*, que commença la grande vague migratoire juive vers le Canada. Chaque paquebot qui arrivait en provenance de l'Europe amenait un grand nombre de Juifs, jeunes et vieux. Les plus jeunes venaient rejoindre leurs parents et les plus vieux leurs enfants. Des femmes venaient retrouver leur mari, des fiancées leur promis. Les immigrants étaient originaires de tous les pays, mais surtout de Russie. Cette immigration russe était importante, autant à cause de la guerre contre le Japon (1904-1905), qu'à cause d'une recrudescence de l'antisémitisme qui s'exprimait sous le forme de pogroms contre les Juifs dans un certain nombre de villes de Russie blanche, d'Ukraine et de Bessarabie.

En 1907, les Juifs sont assez nombreux dans la région de Montréal pour justifier la publication d'un journal en yiddish, le *Keneder Odler*.

Pour plusieurs nationalistes, Juifs et Franc-Maçonnerie constituent une menace qu'il faut dénoncer. L'ACJC, dans ses cercles d'études, se penche longuement sur ces sujets. Le « péril juif » devient le sujet à la mode. Ainsi, le 23 février 1908, le curé Feuiltault, de Sainte-Marie de Beauce, prononce devant les membres du cercle Morin de l'ACJC une conférence sur Jules-Paul Tardivel. Le prêtre affirme, en substance, selon *Le Semeur* d'avril 1908 : « Il est regrettable [...] qu'on ait clamé contre Tardivel. On voit aujourd'hui combien il avait raison de tonner contre les francs-maçons et contre les empiétements des Juifs. Il a été plus clairvoyant que ses contradicteurs. »

En janvier 1908, le mot d'ordre est lancé : « Faisons bloc ! » Le mouvement d'achat chez nous refait surface. Déjà en 1893, le père oblat Zacharie Lacasse avait recommandé de cesser d'acheter chez les marchands juifs.

Antonin Labrecque, dans *Le Semeur* de janvier 1908, reprend la campagne de Lacasse.

On entend dire un peu partout que les protestants sont plus habiles en affaires que les catholiques. On assure que, dans la province de Québec, les protestants et les Juifs réalisent des bénéfices commerciaux bien supérieurs à ceux des Canadiens français. Peut-être ! mais si tel est le cas, vous êtes-vous jamais demandé pourquoi il en est ainsi ? La province de Québec et la ville de Montréal, en particulier, ont une population en forte majorité catholique et canadienne-française. Les capitaux fournis par cette population alimentent le commerce. Dans quelles bourses vont ces capitaux et qui les place où ils se trouvent ? Si les maisons protestantes sont plus prospères que les maisons catholiques, si les Anglais et les Juifs réalisent de plus gros bénéfices que les Canadiens français, à qui faut-il en attribuer la responsabilité ? Si faute il y a — faute de tactique au moins — à qui la faute ? [...] Il ne s'agit pas, au nom d'un sentimentalisme mal entendu, chauvin, de prêcher la guerre de race ou de religion. Loin de nous aussi la pensée de vouloir boycotter nos frères séparés, les protestants. Il s'agit seulement de se montrer pratique en affaire comme dans tout le reste, de ne pas être l'artisan aveugle de l'infériorité ou de la déchéance de sa propre race. Quand de part et d'autre les avantages sont égaux, pourquoi ne pas donner la préférence à un marchand catholique ? Et quand on est marchand soi-même et que l'on tient à la clientèle de ses compatriotes, il faut non seulement offrir en vente, à des prix raisonnables, des articles de bonne qualité, mais encore avoir à cœur de s'approvisionner chez les fournisseurs catholiques. En suivant cette ligne de conduite, nous garderons pour nous des capitaux qui soutiendront nos œuvres, accroîtront nos influences et notre prestige comme entité nationale et religieuse. Formons bloc!

En novembre 1908, le curé de la paroisse de Saint-Louis-de-France, à Montréal, « a jeté le cri d'alarme du haut de la chaire. Il a reproché à ses paroissiens de vendre leurs propriétés à des étrangers dont le but est de morceler pour mieux s'emparer. Si l'on continue ce régime, dans dix ans les étrangers se seront emparés de l'administration publique. » Le bon curé n'est pas d'accord pour que les Juifs qui « se sont emparés du square Saint-Louis » continuent à s'emparer « des propriétés avoisinantes ». Selon certains, le nombre des Juifs, dans la ville de Montréal, serait passé de 7000 en 1901 à 35 000 en 1908.

Dans la seule année 1914, quelque 20 000 Juifs arrivent au Canada. Bon nombre s'installent à Montréal. Leurs enfants envahissent les écoles protestantes. En 1914 précisément, les Juifs, écrit Irving Abella, représentent plus de 40 pour cent des élèves du réseau scolaire, et en 1916, il y avait plus de 10 000 Juifs parmi les 22 000 élèves inscrits dans les écoles protestantes de Montréal.

Ce qui était vrai à l'école l'était également dans divers milieux de travail. La communauté anglophone de Montréal se met sur la défensive et se mobilise progressivement contre les Juifs. L'historien Abella, professeur à l'Université York de Toronto, a déjà dressé la liste des restrictions et des contingentements que les Canadiens anglais dresseront contre les Juifs et certaines autres minorités. Elles atteindront un sommet dans les années 1930 et 1940. Nous y reviendrons.

Chroniqueur au *Keneder Odler*, Israël Medresh écrit pour ses compatriotes ; protégé par une langue, le yiddish, il peut s'exprimer sans détour. En toute franchise.

Si les Canadiens anglais multiplient les mesures contre les Juifs, qu'en est-il de la population francophone ? Il y a bien de « l'antisémitisme manifesté par certains voyous », souligne-t-il.

Une autre forme se manifesta [...] non pas issue des masses populaires, mais bien des milieux intellectuels et académiques. Il s'agissait-là, précise Medresh dans une étude parue en 1947, de l'antisémitisme d'un petit groupe de penseurs canadiens-français d'allégeance conservatrice et ultra-nationaliste. [...] Ces gens étaient sous l'empire non pas de facteurs internes au pays, mais étaient plutôt marqués par des influences extérieures, surtout par l'extrême droite en France. [...]

Les immigrants juifs de Montréal connaissaient peu de choses à propos de ce type d'antisémitisme, car ils n'en sentaient pas la présence. De même, l'ensemble de la population canadienne-française resta à l'écart de ce genre d'antisémitisme. Durant la période de la grande migration, les Juifs fraîchement arrivés furent très bien accueillis par les francophones des villes et des bourgades [...] de la province de Québec. Quand les Juifs immigrants se rendaient dans les petites localités pour vendre des marchandises sur un mode itinérant, la plupart du temps ils ne rencontraient que des francophones. Les marchands canadiens-français qui résidaient sur place recevaient les Juifs avec bienveillance et communiquaient avec eux par gestes. Les francophones faisaient même tout ce qui était en leur pouvoir pour faciliter le difficile labeur des *peddlers*. Grâce à cette ouverture face aux étrangers et cette coopération de la part des francophones, plusieurs marchands itinérants juifs purent cesser ce type d'activité assez vite, et ils purent s'établir dans de petites villes pour y ouvrir un magasin au milieu d'un voisinage amical.

L'unité, alors ?

L'attitude négative face aux immigrants est encore le fait d'une minorité, mais celle-ci occupera des postes de commande au cours des décennies suivantes. En certains milieux, on craint l'opposition raciale. Le 6 mars 1909, à l'Assemblée législative de la province de Québec, le trésorier provincial William Alexander Weir avait accusé Bourassa de soulever les francophones contre les anglophones. Le chef nationaliste avait répondu en faisant l'apologie de l'union des deux races et le premier ministre Gouin, à la séance du 10, avait vanté le travail de son administration : « Pour l'union des races, pour l'union des cœurs, nous en sommes, et nous y travaillons. Mais nous y travaillons sans bruit, comme le grand fleuve qui roule paisiblement ses flots en semant l'abondance et la prospérité sur ses rives, et non pas comme les torrents qui se précipitent avec fracas des montagnes, et ne laissent après eux que des cailloux. »

Bourassa est convaincu que sa prise de position est la meilleure. Le 25 mai 1908, au Monument national, à Montréal, il avait clairement expliqué son attitude :

> Des appels à ma race, j'en ai fait, et j'en fais encore. Ces appels à ma race, je les fais pour que, consciente de sa dignité, elle se redresse fièrement devant les autres, non pas en ennemie, mais pour leur tendre la main. Je fais appel à ma race pour que, dans cette province, il ne soit plus question de passions populaires, mais de dignité et d'honneur, et pour que nous prouvions à nos provinces sœurs que si nous sommes restés chez nous, seuls, sans avoir peut-être autant de richesse que les autres, le peu que

nous avions nous a suffi pour rester honnêtes et dignes de ceux qui nous avaient précédés. Je fais appel à ma race pour qu'elle comprenne que, sur cette terre canadienne, le sol est trop large pour qu'une race marche sur l'autre et pour qu'une race se fusionne avec l'autre. Je fais appel à ma race pour qu'elle comprenne que nous sommes réunis, catholiques et français, anglais et protestants, non pour nous combattre et nous écraser, mais pour travailler dans une pensée commune, à grandir notre patrie.

Si la déclaration de Bourassa peut avoir comme effet de calmer ceux qui trouvent que les francophones occupent trop de place et revendiquent continuellement ce qu'ils considèrent comme des droits et non comme des privilèges, il y en a encore qui jugent que le visage canadien-français est omniprésent. Dans le *Chronicle* de Québec, le 11 août 1909, un lecteur dénonce le fait que trop de gens arborent le drapeau tricolore et pas assez l'Union Jack. « Si le pavillon rouge, écrit-il, est assez bon pour des millions de sujets britanniques sur toute la terre et sur toutes les mers, il devrait être assez bon pour les quelques milliers de Canadiens d'extraction française, éparpillés dans l'est du Canada. » L'affirmation soulève des commentaires réprobateurs dans plusieurs journaux francophones. « Le nombre des imbéciles en ce monde est légion, lit-on dans *Le Soleil*; ce spasme du *Chronicle* ne nous surprend pas; nous en avons vu d'autres. Mais la patience a des bornes. Nous ne sommes pas *quelques milliers de Canadiens français*, nous sommes des millions, maîtres de notre province de Québec, sujets loyaux de la Couronne, mais hostiles à toute ingérence de zélés fanatiques que leur ardeur entraîne à toucher à nos traditions, notre religion et nos droits. »

Jusqu'où doit aller la fidélité à la Grande-Bretagne? Jusqu'au don de soi et de ses biens, selon les impérialistes : seulement jusqu'à la défense du territoire canadien, affirment un certain nombre, en particulier les francophones.

Du 15 avril au 14 mai 1907, se tient à Londres une Conférence impériale réunissant des représentants du Royaume-Uni, du Canada, de l'Australie, de la Nouvelle-Zélande, de la colonie du Cap, du Natal, de Terre-Neuve et du Transvaal. Il est alors décidé que la rencontre prendra à l'avenir le nom de Conférence impériale et qu'il s'en tiendra une tous les quatre ans. La principale question à l'ordre du jour est encore une fois la défense navale et militaire de l'Empire. Louis-Philippe Brodeur, ministre canadien de la Marine et des Pêcheries, déclare, au grand dam de quelques représentants, que le Canada n'est pas prêt et ne veut pas, dans le contexte actuel, contribuer à la défense de l'Empire, en dehors du territoire canadien.

La question des relations commerciales fait, elle aussi, l'objet de plusieurs discussions. Laurier n'est pas prêt à sacrifier les avantages obtenus par le Canada dans son commerce avec les États-Unis : « Si nous devions suivre les lois de la nature et de la géographie entre le Canada et les États-Unis, déclare le premier ministre du Canada, tout le cours des échanges commerciaux irait du sud au nord et du nord au sud. Nous avons fait tout en notre pouvoir en construisant des canaux et en subventionnant des chemins de fer pour orienter le commerce de l'est à l'ouest et de l'ouest à l'est et le canaliser vers les marchés britanniques. » Et pour Laurier, cela est suffisant !

En Angleterre, l'inquiétude grandit au fur et à mesure que l'on se rend compte des progrès économiques et militaires de l'Allemagne. L'empereur Guillaume II avait, le 16 juillet 1908, rejeté la proposition anglaise de limiter les armements navals et, au mois de mars de l'année suivante, le premier lord de l'Amirauté anglaise, Reginald McKenna, avait révélé que la flotte allemande dépassait presque en puissance la flotte anglaise. Une telle nouvelle sème l'inquiétude au Canada. Le 29 mars 1909, le député conservateur de Toronto-Nord, George Foster, présente une motion demandant que le Canada assume « sa part de responsabilité financière et autres pour assurer la protection adéquate de son littoral et de ses grands ports de mer ».

Le premier ministre Laurier trouve que la motion est trop vague et il profite de l'occasion pour énoncer plus clairement sa politique militaire :

> Nous sommes sujets britanniques ; le Canada est une des nations que des liens de famille rattachent à l'Empire, et nous nous rendons pleinement compte des droits et des obligations conférés par ce noble titre. Notre décision irrévocable a été, est encore, de remplir tous les devoirs imposés par ce titre de sujets britanniques. Bien plus, non seulement le Canada va remplir toute obligation qui lui est imposée par ce titre, mais il est prêt à faire, je ne crains pas de le dire, tous les sacrifices nécessaires en vue de maintenir pleinement le Canada au rang qu'il occupe dans l'Empire britannique, et l'Empire britannique lui-même au rang qu'il occupe parmi les nations du monde. [...] En ce qui concerne la défense du pays sur mer, j'admets que nous sommes en arrière de notre temps. Engagés comme nous le sommes dans de grandes entreprises pacifiques, nous avons retardé et ajourné le développement de notre flotte. [...] Nous ferons pour notre marine ce que nous avons fait pour notre milice. Nous devons commencer par constituer le noyau d'une marine.

La Chambre votera à l'unanimité la résolution amendée par Laurier à l'effet de voter les sommes nécessaires pour l'établissement d'une marine canadienne « en coopération et en relation intimes avec la marine impériale, [...] et en complet accord avec l'idée que la suprématie navale de la Grande-Bretagne est essentielle à la protection effective du commerce, au salut de l'Empire et au maintien de la paix universelle ». Le dernier paragraphe de la résolution est lourd de conséquences même s'il n'indique qu'une intention : « La Chambre est fermement convaincue que chaque fois que le besoin s'en fera sentir, le peuple canadien se montrera prêt et disposé à faire tous les sacrifices nécessaires pour prêter aux autorités impériales son concours le plus loyal et le plus cordial en toute mesure tendant au maintien de l'intégrité et de l'honneur de l'Empire. »

Pour les nationalistes francophones, c'est beaucoup trop s'engager que de promettre d'aller défendre l'Empire ; pour les impérialistes, ce n'est pas assez. Avant même que le débat ne s'engage à la Chambre des Communes, le *Globe* de Toronto, dans son édition du 23 mars, avait tracé une ligne de conduite à suivre : « Dans les deux prochaines années, les colonies de l'Angleterre devraient pouvoir mettre trois *dreadnoughts* [cuirassés] à la disposition de la métropole. [...] En ce qui concerne le Canada, ces vaisseaux seraient sous le contrôle du gouvernement canadien, mais ce n'est là qu'une autre manière de dire qu'ils seraient toujours au service de l'Empire pour toute cause le méritant et toujours en cas de danger. »

Le projet de loi sur la création d'une marine canadienne fera l'objet de longs débats lors de la session fédérale de 1910.

Relations fédérales-provinciales

Les membres de la Lord's Day Alliance, qui se recrutent surtout en Ontario et dans les provinces maritimes, réclament du Parlement canadien l'adoption d'une loi interdisant tout travail, commerce, divertissement et activité le dimanche. Paul Bruchési, archevêque de Montréal, n'est pas contre la mesure proposée puisqu'elle rendrait impossibles « les excursions scandaleuses et les divertissements immoraux ».

Le 29 juin, avant que ne débute l'étude en troisième lecture du *Sunday Bill*, la Ligue nationaliste organise une assemblée monstre de protestation au Champ-de-Mars, à Montréal. Leaders politiques et ouvriers haranguent les milliers de personnes présentes. « Les citoyens de Québec, déclare Henri Bourassa, respectent le jour du Seigneur autant que n'importe qui, mais protestent contre une mesure dérogatoire aux coutumes qui ont existé de tout temps dans la province et enfreignant les droits civils et l'organisation sociale dont ils ont joui, tant sous le régime français que sous les diverses constitutions qui lui ont été données par la Grande-Bretagne depuis le traité de Paris. »

À Ottawa, le *Sunday Bill* est adopté en troisième lecture, le 7 juillet. Lors de son étude au Sénat, William Kerr fait adopter un amendement en vertu duquel « aucune poursuite pour infraction à la loi ne sera intentée sans le consentement du procureur de la province intéressée, ni passé le délai de trente jours ».

À la session de 1907, l'Assemblée législative de la province de Québec adoptera sa propre loi du dimanche qui est quasi sans effet sur les habitudes de vie de la population.

Pour certains, la loi fédérale sur le respect du dimanche est un empiétement sur le secteur réservé aux provinces. Ces dernières sont alors bien plus préoccupées à tenter de faire augmenter les subsides payés par le gouvernement central qu'à contester la loi controversée. Du 8 au 13 octobre 1906, se tient à Ottawa la première conférence fédérale-provinciale. Le premier ministre de la province de Québec préside la rencontre. Des résolutions sont adoptées demandant au gouvernement fédéral d'augmenter les subsides versés aux provinces. Le 26 avril 1907, le Parlement du Canada accepte le texte d'une adresse à Sa Majesté le roi lui demandant de modifier le *British North America Act* en instaurant un nouvel octroi fixe et en augmentant l'octroi par capital. Le 9 août suivant, le Parlement impérial adopte la loi proposée qui a valeur rétroactive au 1er juillet précédent. La province de Québec recevra annuellement la somme de 599 865 $.

Peu de changements

À l'été de 1907, Henri Bourassa, en même temps que son ami Armand Lavergne, décide de démissionner de son siège à la Chambre des Communes et de plonger sur la scène provinciale. Les partis libéral et conservateur ne répondent plus à leurs aspirations nationalistes ni à celles de leurs partisans. À Trois-Rivières, le 30 septembre, Bourassa déclare : « Le peuple devra se tenir prêt à fonder, s'il le faut, un troisième parti qui devra nécessairement absorber les meilleurs éléments des deux vieux partis. »

Adélard Turgeon, ministre des Terres et Forêts dans le cabinet Gouin, est la cible préférée de Bourassa et de Lavergne qui l'accusent de mauvaise administration. Pour mettre fin à la « campagne honteuse » qu'on mène contre lui, Turgeon démissionne de son poste de député de Bellechasse et lance à Bourassa le défi de venir se présenter contre lui. Le petit-fils de Papineau relève le défi et, le 4 novembre, il subit la défaite. L'occasion se présente de se faire élire à l'Assemblé législative, car de nouvelles élections générales doivent se tenir dans la province de Québec le 8 juin 1908.

Bourassa décide de se présenter dans la circonscription de Saint-Jacques, à Montréal, contre le premier ministre Gouin. Le programme du parti libéral se rapproche beaucoup de celui de 1897 : « Gestion financière saine, équilibre budgétaire, augmentation des octrois pour l'agriculture, la colonisation et l'instruction publique, développement industriel, forestier et minier. » Les conservateurs insistent beaucoup sur la colonisation et promettent « une terre libre pour le colon libre ». Quant à Bourassa et aux autres candidats nationalistes, ils se veulent des agents de coalition. Bourassa résume ainsi les objectifs visés :

> Union des bonnes volontés de toutes les nuances : rouges, bleus et nationalistes, anglais et français, catholiques et protestants. Envoyer à la Législature des hommes habiles, honnêtes et indépendants, plus attachés au pays qu'au parti. Le parti et les hommes qui voudront l'appuyer et qui m'offriront le plus de garantie auront mon appui lorsqu'ils auront donné preuve de bonne foi. Je voudrais voir la province de Québec à la tête de la Confédération par les idées, le progrès et la probité. Notre influence au Parlement fédéral dépendra de la manière dont nous gouvernerons chez nous.

Le 8 juin 1908, les libéraux sont reportés au pouvoir avec 58 sièges, soit 78 pour cent des sièges, avec 55 pour cent des suffrages obtenus. Les conservateurs passent de 6 à 13 représentants, ce qui est peu, compte tenu du fait qu'ils obtiennent près de 40 pour cent des suffrages exprimés. Trois candidats nationalistes sont au nombre des élus. Et Bourassa remporte la victoire sur Gouin dans Saint-Jacques. Gouin avait toutefois eu la prudence de se porter candidat également dans Portneuf où il est élu.

Le 17 septembre 1908, le gouverneur général du Canada dissout le dixième Parlement et fixe les élections fédérales au 26 octobre. Le slogan des libéraux dans la province de Québec est : « Laissez Laurier parachever son œuvre. » Le chef de 67 ans est presque convaincu qu'il vit sa dernière campagne électorale. « Il ne me reste plus beaucoup d'années ; le printemps a fait place aux neiges de l'hiver. Mais quoi qu'il en soit des ravages du temps, mon cœur est encore jeune. [...] Je rêve de tout ce que j'aimerais faire pour remplir ma tâche, mais les années malheureusement s'amoncellent sur ma tête. C'est sans doute la dernière fois que j'en appelle à mes compatriotes. »

Le parti libéral est reporté au pouvoir, mais avec une majorité réduite : les 18 députés de la Nouvelle-Écosse sont tous libéraux, mais à l'Île-du-Prince-Édouard, on compte 3 conservateurs et 1 libéral ; au Nouveau-Brunswick, 7 libéraux et 6 conservateurs ; en Ontario, 48 conservateurs, 36 libéraux, 1 indépendant et 1 libéral indépendant ; au Manitoba, 8 conservateurs et 2 libéraux ; en Saskatchewan, 9 libéraux et, au Yukon, le seul représentant est un libéral. Au Québec, les résultats diffèrent peu de ceux de 1905. Le nombre de conservateurs est le même, soit 11, alors que les libéraux perdent un siège au profit d'un candidat ouvrier. La nouvelle Chambre se composera donc de 133 libéraux, de 85 conservateurs et de 3 députés d'allégeance diverses.

Vive la conciliation !

Au début du XXe siècle, les grèves sont fréquentes et marquées par la violence. Plusieurs fois, l'armée doit intervenir quand les forces policières s'avèrent insuffisantes. Pour tenter de diminuer le nombre de conflits ouvriers, le ministre fédéral du Travail, Rodolphe Lemieux, présente, en décembre 1906, un projet de loi sur la conciliation que Laurier décrit ainsi, le 17 :

> Mon honorable collègue, le ministre du Travail, présente aujourd'hui une mesure législative destinée à s'appliquer à la main-d'œuvre employée aux travaux d'utilité publique : l'extraction de la houille, l'industrie des transports et autres industries connexes. La proposition présentée par le gouvernement aujourd'hui tend uniquement à rendre l'enquête obligatoire. Dès qu'une grève est imminente, le ministre du Travail intervient et ordonne l'institution d'une enquête touchant les causes du différend qui s'est élevé entre patrons et ouvriers. C'est là un pas fait de l'avant et un pas fort important. L'enquête s'ouvre. Les points sur lesquels a éclaté le désaccord entre patrons et ouvriers tombent dans le domaine de la publicité. Le public sera ainsi en mesure de suivre, de jour en jour, la marche de l'enquête et de se former une opinion sur le fond de l'affaire, au fur et à mesure qu'elle se déroulera. C'est là, à mon sens, une puissante garantie de l'apaisement définitif du différend. [...] Lorsque la sentence arbitrale aura été rendue, elle ralliera peut-être l'approbation du public et la paix s'ensuivra. D'autre part, il est possible que ni les patrons ni les employés n'obéissent à la sentence arbitrale. Il est très important d'avoir l'opinion publique de notre côté, en pareilles circonstances. [...] Si la sentence arbitrale est en désaccord avec le verdict populaire, il faudra nécessairement qu'elle subisse quelque modification. Mais si elle est d'accord avec ce verdict — chose, à mon sens, fort probable — sa mise à exécution n'offrirait guère de difficulté. À tout événement, voilà ce que nous avons à proposer en ce moment et quand la Chambre mettra ce projet de loi à l'étude, elle se convaincra que c'est réellement une excellente mesure.

Le projet de loi est adopté presque sans opposition. Le fait que la nouvelle législation n'ait pas de pouvoir coercitif lui enlève une partie de sa force, de sorte que les effets escomptés ne sont pas tous atteints.

> La loi de 1907, écrit l'historien Charles Lipton dans son *Histoire du syndicalisme au Canada et au Québec 1827-1959*, engendra certains problèmes parmi les plus graves. Il faut admettre que si, dès le début, de nombreux syndicalistes s'y opposèrent, il est probable que la majorité d'entre eux la soutinrent. Et ce, parce que cette loi semblait fournir le moyen d'éviter ou de différer les grèves longues et coûteuses. En outre, elle séduisait ceux,

parmi les dirigeants syndicaux (souvent membres d'unions internationales américaines), qui préféraient des arrangements à l'amiable, plutôt que des négociations difficiles et des grèves, le cas échéant. De nouveau planait l'illusion que l'arbitrage juste et équitable et que le troisième homme ou le président d'une commission d'arbitrage saurait faire preuve de neutralité. Mais cet arbitre souvent nommé, dans la pratique, par le gouvernement penchait davantage en faveur de règlements répondant aux desiderata des compagnies plutôt que des travailleurs.

Pour contrer le travail des unions internationales, l'abbé Eugène Lapointe songe à mettre sur pied des syndicats catholiques. Le 12 août 1903, à Saint-Malo, à Québec, il prononce un sermon au congrès des Travailleurs catholiques et il déclare : « Le devoir des ouvriers catholiques est donc tout tracé : ils doivent, s'ils veulent voir triompher leurs justes réclamations, grouper leurs forces dans des associations catholiques. Ce devoir s'impose surtout aux catholiques du Canada. » Trois ans plus tard, le même prêtre travaille à la formation de la Fédération ouvrière de Chicoutimi. L'organisme doit s'inspirer de la doctrine sociale de l'Église. Son but, d'après ses statuts et règlements, doit être

de s'occuper spécialement d'améliorer la situation économique des ouvriers dans les limites de la circonscription, en encourageant, dans la mesure de ses moyens, la mutualité catholique et nationale ; en favorisant la création en dehors d'elle de sociétés coopératives de consommation et de crédit, d'une bourse du travail qui garantira le travailleur honnête contre le chômage et assurera à l'employeur des ouvriers honnêtes et compétents. [...] [Elle favorisera la création] d'une caisse économique populaire, d'unions professionnelles, d'écoles spéciales, où les jeunes gens qui ont fait leur cours modèle ou commercial dans les institutions déjà établies acquerront, avant leur entrée en apprentissage, les connaissances techniques qui leur seront indispensables dans l'exercice de leur profession ; en organisant, en un mot, le travail suivant les principes de la justice, de l'équité et de la charité, en conformité avec les lois du pays et en parfaite soumission aux directions de l'Église notamment à celles données par les papes Léon XIII et Pie X.

Selon l'historien Jacques Rouillard, « ce syndicat qui se préoccupait peu de questions professionnelles confina son rôle à la mutualité et à l'éducation de ses membres ». Le vrai syndicalisme catholique est encore à naître !

Un débrayage général

Un des secteurs très importants de l'économie québécoise est l'industrie textile, centralisée au début du siècle entre les mains de quelques puissants financiers. En 1906 s'était formée la Fédération des ouvriers du textile du Canada. «Active dans la plupart des grandes filatures de coton de la province, écrit Rouillard, elle comptait 7000 membres en 1907 répartis en 24 syndicats. Pendant sa brève existence (1906-1909), la fédération fit preuve d'un militantisme remarquable : entre autres, elle réussit à augmenter de 25 % les salaires dans les filatures et à diminuer de 60 à 58 heures la semaine de travail.» Les propriétaires des grandes filatures prisent peu la fédération et, le 25 avril, les employés de la Dominion Textile de Montréal et ceux de la Montreal Cotton de Valleyfield prennent connaissance d'un court message affiché au mur: «Les salaires de tous les membres du personnel seront réduits de 10 % à compter du 4 mai 1908. Signé: Dominion Textile Company Limited.» Le jour fixé pour la diminution de leur salaire, les 6000 employés se mettent en grève, aussi bien à Montréal et Valleyfield qu'à Magog et à Montmorency, près de Québec. Après un mois de lutte, les ouvriers commencent à rentrer sans obtenir gain de cause, mais espérant que la Commission royale d'enquête que le gouvernement fédéral a nommée le 29 juin leur rendra justice. Cette commission, présidée par William Lyon Mackenzie King, présente son rapport le 15 septembre. On y lit que la réduction des salaires est due à la dépression générale du commerce et des finances, surtout dans le secteur du textile. C'est donc une défaite ouvrière, même si les commissaires recommandent de meilleures conditions de travail pour les femmes et les enfants. Heureusement, les femmes qui sont devenues membres de l'Association professionnelle des employés de manufactures, fondée en janvier 1907, peuvent fêter le 1er mai de l'année suivante une fête du travail où elles ont enfin leur place! Quant aux hommes, on commence à craindre pour eux le travail «séditieux» des socialistes et des communistes qui ont organisé, avec succès, la fête du 1er mai.

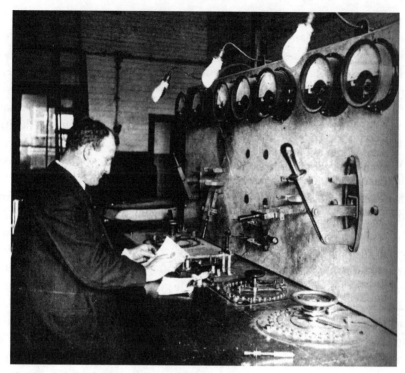

Station de télégraphie sans fil (TSF)

Une langue
à abattre

Le 10 JANVIER 1910, paraît à Montréal le premier numéro d'un nouveau quotidien qui se dit «indépendant et nationaliste». Le succès est immédiat: 29 000 copies vendues le premier soir et 34 300 le lende-main. Le directeur du quotidien, Henri Bourassa, a de quoi être fier et il ne cache pas sa satisfaction. Le programme du *Devoir* est clairement indiqué:

> *Le Devoir* appuiera les honnêtes gens et dénoncera les coquins. Dans la politique provinciale, nous combattons le gouvernement actuel, parce que nous y trouvons toutes les tendances mauvaises que nous voulons faire disparaître de la vie publique: la vénalité, l'insouciance, la lâcheté, l'esprit de parti avilissant et étroit. Nous appuyons l'opposition parce que nous y trouvons les tendances contraires: la probité, le courage, des principes fermes, une grande largeur de vues. [...] Le jour où ce groupe ne suivrait plus les inspirations qui le guident aujourd'hui, il nous trouverait sur sa route pour le combattre, comme nous combattons les hommes au pouvoir. À Ottawa, la situation est moins claire. Les deux partis s'enlisent dans le marasme où gisait la politique provinciale il y a quelques années. Le souci de la conquête ou de la conservation du pouvoir semble être leur seul mobile. [...] Pour assurer le triomphe des idées sur les appétits, du bien public sur l'esprit de parti, il n'y a qu'un moyen: réveiller dans le peuple, et surtout dans les classes dirigeantes, le sentiment du devoir public sous toutes ses formes: devoir religieux, devoir national, devoir civique. De là le titre de ce journal, qui a étonné certaines personnes et fait sourire certains confrères.

Le Devoir, comme *L'Action sociale* de Québec, devient le porte-parole des éléments nationalistes. Et les «ennemis» ne leur manquent pas! Dès la mi-janvier 1910, Bourassa part en guerre contre le projet de loi sur la marine que le premier ministre Wilfrid Laurier vient de déposer à la Chambre des Communes. Le projet de loi prévoit la construction de onze navires de guerre dont le coût de construction oscillerait entre onze et quinze millions de dollars. Pour former des marins, on établirait une école de marine, mais personne ne serait forcé de monter à bord de ces navires qui pourraient être affectés à la défense de l'Empire britannique, si la mère patrie en faisait la demande et si le Parlement du Canada autorisait la chose. À nouveau se pose donc la question cruciale de la participation du Canada aux guerres de la Grande-Bretagne. Pour Laurier, la question est nette : « Si l'Angleterre est en guerre, nous sommes aussi en guerre et exposés à être attaqués. Je ne dis pas que nous serons toujours attaqués ; je ne dis pas non plus que nous devrons participer à toutes les guerres de l'Angleterre. C'est une question qui doit être déterminée par les circonstances et sur laquelle le Parlement canadien aura à se prononcer. »

Robert Borden, chef de l'opposition conservatrice, préférerait que le Canada donne à l'Angleterre l'argent nécessaire pour construire deux dread-noughts, les cuirassés les plus modernes.

Bourassa, dans *Le Devoir*, puis dans une conférence publique prononcée au Monument national de Montréal le 20 janvier, dénonce le projet Laurier. Pour lui, c'est le premier pas vers une conscription générale et une participation obligatoire à toutes les guerres impériales. Une telle attitude, selon l'orateur, ne tient pas au fait qu'il soit francophone :

> Il n'y a pas ici de querelle de races. Sans doute, nous avons, nous, Canadiens français, comme citoyens britanniques et comme citoyens du Canada, le droit de discuter de cette question sous tous ses aspects. Néanmoins, vous avez pu constater qu'il n'est pas un seul des arguments que j'ai employés ce soir qui ne s'adresse également à un Canadien anglais, écossais ou irlandais, à un protestant ou à un catholique. Du reste, messieurs, c'est une légende, et une légende entretenue par les partisans du gouvernement, de nous faire croire que nous sommes isolés dans notre sentiment anti-impérialiste, et que la masse du peuple anglo-canadien veut la révolution rêvée par M. Chamberlain et accomplie par la coalition Laurier-Borden.

Bourassa termine sa conférence en demandant à la foule d'approuver le vœu suivant : « Cette assemblée déclare que le Parlement n'a pas le droit d'engager le Canada dans une politique navale entièrement nouvelle sans avoir au préalable obtenu le consentement du peuple. En conséquence, cette assemblée demande à la Chambre des Communes et au Sénat de différer l'adoption du projet de loi déposé le 12 janvier 1910 jusqu'à ce que le peuple ait manifesté sa volonté par plébiscite. » Frederick Debartzch Monk, chef des conservateurs fédéraux de la province de Québec, soumet donc une motion demandant que le projet de loi soit soumis à la volonté populaire. Le 8 mars, cette proposition est rejetée par 175 voix contre 18. Borden voit aussi rejetée sa suggestion de financer la construction en Angleterre de deux cuirassés.

Malgré l'opposition, à la Chambre et en dehors de celle-ci, le projet de loi navale est adopté et reçoit la sanction royale le 4 mai 1910. Le service dans la marine sera volontaire. En 1911, la Marine royale canadienne comptait 223 hommes ! Pour l'entraînement des marins canadiens, le gouvernement d'Ottawa achète de l'Angleterre deux croiseurs, le *Niobe* et le *Rainbow*, le premier ayant comme base Halifax et le second, Esquimalt, en Colombie-Britannique.

Les membres du gouvernement Gouin semblent d'accord avec les prises de décision de Laurier. Louis-Alexandre Taschereau, alors ministre des Travaux publics et du Travail, affirme à Toronto : « Le Canada devient une grande nation ; nous sommes partie de l'Empire, nous devons porter une part de son fardeau. Ce que le gouvernement d'Ottawa décidera de faire pour secourir la métropole, Québec, je vous le dis, l'approuvera. Nos fils combattront dans la marine canadienne pour le drapeau anglais. » Une telle prise de position n'a pas l'heur de plaire à Armand Lavergne qui déclare à l'Assemblée législative de la province de Québec, en s'adressant à Taschereau : « Vous prétendiez être mandataire du peuple de Québec dans cette affaire de la marine ? C'est risible ! Le peuple, on l'a bâillonné, on lui a refusé voix au chapitre. On l'a lié sans lui laisser dire son opinion. Vous avez manqué de fierté et de courage, la province de Québec rougit de vous. Et vous vous dites un vrai libéral, puisque vous mettez votre soif d'applaudissements au-dessus des intérêts du pays. »

Bourassa, Lavergne et quelques autres nationalistes organisent une campagne contre la loi de la Marine, même après sa sanction royale. Le 17 juillet, une assemblée tenue à Saint-Eustache adopte une série de résolutions à ce sujet.

> Nous sommes opposés à toute politique nouvelle qui nous entraînerait dans des guerres lointaines, étrangères au Canada, aussi longtemps surtout que les colonies autonomes de l'Empire ne partageront pas avec la mère patrie, et sur un pied d'égalité, l'autorité souveraine dont relèvent l'armée et la flotte impériale, les traités de paix ou d'alliance, les relations étrangères, le gouvernement des Indes et des possessions de la Couronne. Citoyens libres d'un pays démocratique, nous réclamons le droit d'exprimer hautement notre opinion sur cette question comme sur toute autre qui affecte le sort et les intérêts du Canada. Nous reconnaissons à la majorité du peuple canadien le droit de déterminer une orientation nouvelle

dans les relations avec les autres parties de l'Empire, pourvu qu'elle le fasse en toute connaissance de cause.

La campagne qui marque les élections partielles dans la circonscription électorale de Drummond-Arthabaska, le 3 novembre 1910, porte surtout sur la fameuse loi de la Marine. Le 17 septembre, à Farnham, Bourassa attache le grelot avec une virulente attaque contre le premier ministre du Canada.

> Laurier, lui, ça lui est égal, il n'a pas d'enfant. Dans dix ans, peut-être plus tôt, peut-être plus tard, il aura disparu de la scène politique. Après avoir flatté tous les instincts du peuple pour lui soutirer des votes, il se sera servi du cœur de ses compatriotes, de leur langue, de leur foi, de leurs traditions, de leur liberté, de tout ce qu'ils avaient de plus sacré et de plus cher, il se sera servi de tout cela pour se faire le piédestal des Anglais qui distribuent les titres, les médailles, les décorations. [...] Dans quinze ans, vos femmes verront venir l'agent du gouvernement ayant à la main cette loi maudite et leur disant à chacune : « Bonne mère, il faut que tu donnes tes fils, non pas pour défendre le pays natal, mais pour se battre sur toutes les terres et toutes les mers du monde en faveur du drapeau anglais. » Et quand vos femmes apprendront, quelques mois après, qu'un obus autrichien, un boulet japonais ou une balle allemande aura éventré leur enfant, qu'il est tombé au fond d'un abîme ou sur le pont d'un navire, pensez-vous qu'elles diront alors : « C'est bien, mon mari était rouge, et c'est monsieur Laurier qui a fait passer cette loi, il a bien fait. » Non, elles vous maudiront et ce sera à bon droit !

Vraiment, le grand Bourassa, le fondateur du *Devoir*, ne dédaignait pas faire appel à la démagogie pour mousser ses idées !

Laurier se porte à la défense de son candidat, Louis Lavergne, l'oncle d'Armand, et son intervention laisse percer une certaine nostalgie : « J'ai soixante-neuf ans et je suis au pouvoir depuis quatorze ans. Les gouvernements ne peuvent durer éternellement, car les gouvernements naissent pour grandir et pour mourir comme les hommes, et si je tombe en cours de route, pas un murmure ne s'échappera de mes lèvres. Mais notez bien mes paroles : quiconque prendra les rênes du pouvoir sera tenu d'avoir une marine. » Le vent anticonscriptionniste emporte le candidat libéral et on commence à croire que le grand Laurier peut être défait, même dans la province de Québec !

Une offensive d'évêques

La question navale n'est pas la seule qui agite l'opinion publique. À partir de 1910, celle de la langue française prend une place de plus en plus importante. En Ontario et dans l'Ouest, les flots d'immigrants avaient réduit de beaucoup l'importance numérique des francophones dans ces régions. Ainsi, à cette époque, environ 10 pour cent de la population de la province de l'Ontario se dit encore francophone. Des personnages religieux et politiques considèrent que le temps est venu de mettre fin à l'enseignement en français dans les écoles. Un des plus virulents propagateurs de cette opinion est le nouvel évêque catholique de London (Ontario), Michael Francis Fallon. D'origine irlandaise, cet oblat, dont une partie de son sacerdoce s'est exercé aux États-Unis, est reconnu pour son impérialisme. Pour lui, l'enseignement dispensé dans les écoles séparées de langue française est de qualité inférieure et il faut uniformiser le système scolaire, tout en respectant l'article 93 du British North America Act qui ne protège que l'aspect religieux et non la langue.

Prévoyant l'orage, les leaders nationalistes de l'Ontario décident de se regrouper au sein d'un organisme, l'Association canadienne-française d'éducation d'Ontario, qui tient son congrès de fondation, à Ottawa, du 18 au 20 janvier 1910. Bourassa, dans un éditorial du *Devoir*, résume bien le problème : « Le catholicisme au Canada doit-il être français ou anglais ? » Sa réponse est claire :

> Non, le Canada n'est pas et ne doit pas être français. Il n'est pas non plus et ne doit pas être anglais. Par sa constitution politique, par sa composition ethnique, comme par le droit naturel, le Canada est une confédération anglo-française, le produit de l'union féconde de deux grandes et nobles races. Il doit rester, sous l'égide de la Couronne d'Angleterre, le patrimoine d'un peuple bilingue. Lier la cause de l'Église à celle de la race et de la langue française au Canada serait une erreur. Faire de l'Église un instrument d'assimilation anglo-saxonne serait également absurde et odieux. [...]. Je reconnais [...] sans conteste aux Irlandais du Canada [...] le droit de parler anglais, de donner une formation anglaise à leurs enfants, de réclamer des instituteurs, des prêtres et des évêques de langue anglaise. Mais, en toute justice, ils doivent nous reconnaître, au même titre, le droit de conserver notre langue, de l'enseigner à nos enfants, de la parler et de l'entendre à l'église comme à l'école, de demander des instituteurs, des curés et des évêques canadiens-français partout où nous constituons des groupes sociaux suffisamment nombreux pour justifier ce légitime désir.

En certains endroits, les principaux facteurs d'assimilation des franco-ontariens sont des prêtres irlandais qui se servent de la religion pour prêcher l'unilinguisme anglais. Le *Free Press* de Détroit, dans son édition du 4 juin 1910, sous le titre de « La guerre franco-irlandaise en Ontario », décrit ainsi la situation : « Le diocèse de London va être le foyer d'agitations d'où se déclencheront les hostilités contre les écoles bilingues. On lancera d'autres campagnes semblables dans d'autres régions, notamment dans l'Est de la province, et en particulier dans les comtés de Glengarry, Russell et Prescott. L'une des grandes anomalies de cette situation est que les Irlandais catholiques et les Orangistes de la province combattent sous le même drapeau pour résister à l'infiltration des Canadiens français. »

Fallon, le 14 juillet, prêche une retraite aux prêtres de son diocèse. L'historien Robert Choquette résume ses propos :

> Le nouvel évêque déplore les articles récents parus dans les journaux et il déclare que lui seul, et non les journalistes, les laïques, les prêtres ni les évêques, dictera la ligne de conduite à suivre dans son diocèse. Il s'oppose aux écoles bilingues parce qu'elles ne répondent pas aux besoins de London et qu'elles affaiblissent la cause des écoles séparées. Il rejette le principe voulant que la perte de la langue entraîne la perte de la foi ; il enjoint à ses prêtres de n'enseigner qu'une langue aux enfants, que ce soit l'anglais ou le français et il leur fait part que dorénavant il donnera la préférence aux diplômés de son collège diocésain de Sandwich pour accéder aux ordres dans le diocèse de London.

Pour une fois, protestants et catholiques anglophones de l'Ontario vont poursuivre la même lutte : faire disparaître les écoles bilingues. Fallon expose au premier ministre de la province, James P. Whitney, le 16 août, l'opinion des évêques catholiques : « Un système bilingue influera adversement sur l'éducation de nos enfants, empêchera nos écoles d'obtenir des résultats satisfaisants aux examens publics et aura par conséquent tendance à les discréditer ; il fournira au pays un groupe de citoyens catholiques dotés d'une instruction inférieure. » Car Fallon est convaincu que l'enseignement, dans les écoles bilingues ou francophones, est peu valable à cause de la mauvaise qualité du personnel enseignant.

Mauvais conseil

Le fougueux évêque de London va recevoir un appui important en septembre, lors du vingt et unième congrès eucharistique qui se tient à Montréal. Le 10 au soir, l'archevêque de Westminster, Francis Bourne, prononce une allocution imprégnée d'impérialisme. Pour lui, l'avenir est dans la langue anglaise, même et surtout pour l'Église catholique :

> Si la puissante nation que le Canada deviendra doit être gagnée et gardée à l'Église catholique, cela ne s'accomplira qu'en faisant connaître à une grande partie du peuple canadien, dans les générations qui vont suivre, les mystères de notre foi par l'intermédiaire de notre langue anglaise. En d'autres termes, l'avenir de l'Église en ce pays, et la répercussion qui en résultera dans les vieux pays de l'Europe, dépendront, à un degré

considérable, de l'étendue qu'auront définitivement la puissance, l'influence et le prestige de la langue et de la littérature anglaises en faveur de la religion catholique. [...] Ce n'est qu'en faisant servir la langue anglaise à la cause de la vérité que le Canada peut devenir, dans le vrai sens du mot, une nation catholique; et le spectacle du Canada uni, exprimant également en français et en anglais les mêmes vérités religieuses, serait pour l'Église de Dieu tout entière une puissance d'une force irrésistible. [...] Tant que la langue anglaise, les façons de penser anglaises, la littérature anglaise — en un mot la mentalité anglaise tout entière n'aura pas été amenée à servir l'Église catholique, l'œuvre rédemptrice de l'Église sera empêchée et retardée.

Voilà qu'à nouveau, langue et foi religieuse s'entremêlent.

Les propos de Bourne jettent la consternation chez plusieurs parmi la dizaine de milliers d'auditeurs massés dans l'église Notre-Dame de Montréal. D'autant plus que l'archevêque de Westminster est un personnage très important. Omer Héroux avait affirmé dans *Le Devoir* du 13 août: «Du point de vue même des Anglo-protestants, Francis Bourne est, à l'heure actuelle, l'un des plus grands hommes de son pays.»

L'archevêque de Saint-Boniface, Adélard Langevin, assis dans le chœur de l'église, tout près de Bourassa, dit à ce dernier: «Vous n'allez pas laisser cela là, Bourassa.» — «Non, monseigneur, cela ne restera pas là.» Après les discours de Thomas Chapais et du magistrat new-yorkais O'Sullivan, Bourassa monte à son tour en chaire et, mettant ostensiblement de côté le texte qu'il avait préparé, il commence à répondre aux propos de Bourne:

N'arrachez à personne, ô prêtres du Christ! ce qui est le plus cher à l'homme après Dieu qu'il adore. Soyez sans crainte, vénérable évêque de Westminster: sur cette terre canadienne, et particulièrement sur cette terre française de Québec, nos pasteurs, comme ils l'ont toujours fait, prodigueront aux fils exilés de votre noble patrie comme à ceux de l'héroïque Irlande, tous les secours de la religion dans la langue de leurs pères, soyez-en certain. Mais en même temps, permettez-moi — permettez-moi, Éminence — de revendiquer le même droit pour mes compatriotes, pour ceux qui parlent ma langue, non seulement dans cette province, mais partout où il y a des groupes français qui vivent à l'ombre du drapeau britannique, du glorieux étendard étoilé, et surtout sous l'aile maternelle de l'Église catholique, de l'Église du Christ, qui est mort pour tous les hommes et qui n'a imposé à personne l'obligation de renier sa race pour lui rester fidèle.

Les propos et l'éloquence de Bourassa soulèvent littéralement la foule qui se retrouve debout pour ovationner l'orateur.

Une fois le calme revenu, le petit-fils de Papineau continue :

Je ne veux pas, par un nationalisme étroit, dire ce qui serait le contraire de ma pensée — et ne dites pas, mes compatriotes — que l'Église catholique doit être française au Canada. Non, mais dites avec moi que, chez trois millions de catholiques, descendants des premiers apôtres de la chrétienté en Amérique, la meilleure sauvegarde de la foi, c'est la conservation de l'idiome dans lequel, pendant trois cents ans, ils ont adoré le Christ. Oui, quand le Christ était attaqué par les Iroquois, quand le Christ était renié par les Anglais, quand le Christ était combattu par tout le monde, nous l'avons confessé et nous l'avons confessé dans notre langue.

À ceux qui font valoir que les francophones sont une minorité au Canada et que leur assimilation n'est qu'une question de temps, Bourassa répond :

Nous ne sommes qu'une poignée, c'est vrai ; mais ce n'est pas à l'école du Christ que j'ai appris à compter le droit et les forces morales d'après le nombre et par les richesses. Nous ne sommes qu'une poignée, c'est vrai ; mais nous comptons pour ce que nous sommes, et nous avons le droit de vivre. Douze apôtres, méprisés en leur temps par tout ce qu'il y avait de riche, d'influent et d'instruit, ont conquis le monde. Je ne dis pas : « Laissez les Canadiens français conquérir l'Amérique. » Ils ne le demandent pas. Nous vous disons simplement : « Laissez-nous notre place au foyer de l'Église et faire notre part de travail pour assurer son triomphe. » [...] Que dans le Christ et dans l'amour commun de l'Eucharistie, toutes les races du Canada, ayant appris à respecter le domaine particulier de chacune, à conserver à chacune les forces d'expansion nationale qui lui sont propres, sachent enfin s'unir étroitement pour la gloire de l'Église universelle, pour le triomphe du Christ et de la papauté ; et, ajouterai-je en terminant, pour la sécurité de l'Empire britannique, car c'est dans l'unité de la foi des catholiques canadiens, des Canadiens français surtout, que l'Empire britannique trouvera, dans l'avenir, comme dans le passé, la garantie la plus certaine de sa puissance au Canada.

Les prises de position de Bourne ne sont pas sans déplaire à Fallon non plus qui déclare : « Sa Grandeur a exposé la seule ligne de conduite selon laquelle l'Église catholique peut réussir à gagner le peuple de la Puissance du Canada. [...] et comme j'approuve de façon absolue l'attitude de Mgr Bourne, je réprouve de façon aussi positive la conduite et les principes de M. Bourassa. Je vois en lui l'influence la plus dangereuse dans le Canada d'aujourd'hui en ce qui a trait aux meilleurs intérêts de l'Église catholique d'un bout à l'autre du pays. »

Les Orangistes considèrent que le temps est propice pour demander l'abolition des écoles bilingues. D'autant plus que la province de Québec réclame un plus grand respect de la langue française. Armand Lavergne avait réussi à faire adopter par l'Assemblée législative et le Conseil législatif sa loi « amendant le code civil concernant les contrats faits avec les compagnies de services d'utilité publique ». On ajoute donc, à la suite de la sanction royale donnée à la loi le 4 juin 1910, deux articles au Code civil de la province de Québec :

> 1682 c. Doivent être imprimés en français et en anglais les billets des voyageurs, les bulletins d'enregistrement des bagages, les imprimés pour lettres de voiture, connaissements, dépêches télégraphiques, feuilles et formules des contrats, faits, fournis ou délivrés par une compagnie de chemin de fer, de navigation, de télégraphe, de téléphone, de transport et de messageries ou d'énergie électrique, ainsi que les avis ou règlements affichés dans ses gares, voitures, bateaux, bureaux, usines ou ateliers. 1682 d. Toute contravention par une compagnie de chemin de fer, de navigation, de télégraphe, de téléphone, de transport, de messageries ou d'énergie électrique, faisant affaires en cette province à une des dispositions de l'article précédent sera punie d'une amende n'excédant pas vingt piastres, sans préjudice du recours pour dommages.

La nouvelle loi doit entrer en vigueur le 1ᵉʳ janvier 1911.

Un voisin exigeant

À la question de la marine et à celle des écoles, s'en ajoutera une troisième : celle des relations commerciales avec les États-Unis. En 1909, le gouvernement américain avait adopté le tarif Payne-Aldrich en vertu duquel un pays étranger doit accorder aux États-Unis les mêmes réductions douanières qu'il accorde aux autres pays, sous peine de se voir imposer un droit spécial de 25 pour cent. La nouvelle loi doit entrer en vigueur le 31 mars 1910. Une entente intervient *in extremis* entre les deux pays cinq jours avant l'application de la législation. Mais les relations se tendent à la suite de la décision du gouvernement Gouin de la province de Québec d'interdire l'exportation vers les États-Unis du bois de pulpe coupé sur les terres publiques.

Au début du mois d'octobre 1910, Laurier reprend les négociations avec le gouvernement voisin pour en arriver à une entente sur la réciprocité commerciale entre les deux pays. Le président William Howard Taft ne venait-il pas de déclarer : « Ces deux pays, se touchant l'un l'autre sur une distance de plus de trois mille milles, ont des intérêts commerciaux en commun, et ont besoin d'arrangements législatifs et administratifs spéciaux. »

Une entente intervient en janvier 1911, qui doit être ratifiée par le Parlement du Canada et le Congrès des États-Unis. L'entente proposée reprend, dans ses grandes lignes, les principaux points de celle intervenue en 1854 : « Réciprocité complète sur les produits naturels de la ferme, comme le blé, les légumes, les animaux de ferme ; un tarif réduit sur les produits agricoles légèrement transformés comme les marinades, les biscuits, etc. Les États-Unis s'engagent aussi à accepter sans frais douaniers le bois de pulpe dès que les provinces lèveront l'embargo sur les exportations de bois coupés sur les terres de la Couronne. »

Le 26 janvier 1911, William Stevens Fielding, ministre fédéral des Finances, soumet à la Chambre des Communes une série de résolutions entérinant l'entente intervenue à Washington. L'opposition des conservateurs et même de certains libéraux est plus forte que prévue. On parle du risque d'un bris de l'union entre le Canada et la Grande-Bretagne, on brandit la menace de l'annexion du Canada aux États-Unis, on démontre que l'industrie canadienne va péricliter et que les ports américains vont devenir les terminus du commerce de la colonie. Clifford Sifton, l'ancien ministre de l'Intérieur et libéral en rupture de banc, lutte contre le projet qu'il considère comme la plus grande menace contre l'unité canadienne :

> Elle rapprocherait la Colombie-Britannique de l'Oregon, de l'État de Washington et de la Californie ; elle rapprocherait les provinces du Nord-Ouest de leurs voisins du Sud ; elle rapprocherait le Québec et l'Ontario des États américains limitrophes et les Maritimes, des États de la Nouvelle-Angleterre. [...] À mon avis, ce projet constitue une régression, entraînant la subordination commerciale, la destruction de notre idéal national et un abaissement de notre situation enviable en tant que pays de l'avenir au sein de l'Empire.

Laurier, tout au contraire, croit que le projet d'entente va permettre au Canada de se développer plus rapidement, tout en demeurant une colonie fidèle.

> Il pourrait exister un spectacle, plus noble encore que celui d'un continent uni, affirme-t-il le 7 mars, un spectacle qui étonnerait le monde par sa nouveauté et sa grandeur, le spectacle de deux peuples vivant côte à côte le long d'une frontière de plus de quatre mille milles [sic], sans un canon, sans un fusil braqué de part et d'autre, [...] mais vivant dans l'harmonie, la confiance réciproque et ne connaissant d'autre forme de rivalité qu'une généreuse émulation dans le domaine du commerce et autres travaux de la paix. [S'il en était ainsi], le Canada aura rendu à l'Angleterre, mère de ce pays, voire à tout l'Empire britannique, un service incalculable, quant à la portée actuelle et plus encore quant à ses répercussions.

Les débats s'éternisent. Le 5 mai, Laurier, qui doit se rendre à Londres pour une conférence impériale, suspend les travaux de la Chambre pour une période de deux mois. À son retour, la session reprend, mais tous sentent qu'ils ont abouti à un cul-de-sac. Le premier ministre décide de faire appel au peuple. Le Parlement est donc dissous le 29 juillet et les élections générales sont fixées au 21 septembre 1911.

Deux fois traître

Les deux thèmes majeurs de la campagne électorale sont la réciprocité et la marine canadienne. Les nationalistes du Québec donnent leur appui aux conservateurs, alors que le quotidien *La Presse* recommande de voter pour Laurier et le parti libéral si l'on ne veut pas se retrouver avec le conservateur Robert Laird Borden comme premier ministre :

> Alors, au lieu d'une marine essentiellement canadienne et sur laquelle l'Angleterre n'a aucun droit, nous verrons le triomphe de l'impérialisme jingo, avec la participation aux guerres de l'Empire et sa kyrielle de dreadnoughts. Alors, au lieu de la réciprocité que le cultivateur et l'ouvrier canadiens attendent depuis si longtemps, nous resterons dans le *statu quo*, si âprement défendu par les trusts. Alors au lieu d'un premier ministre canadien-français, nous aurons un premier ministre qui ne comprendra rien à nos aspirations, et qui a déjà promis à la voix de Toronto, c'est-à-dire à la voix du fanatisme, la prépondérance dans les conseils de la nation. [...] Tout vote donné contre Laurier est un vote donné pour Borden. Un vote contre l'autonomie canadienne ; un vote contre la réciprocité ; un vote contre le prestige canadien-français.

Nationalistes et conservateurs multiplient les déclarations selon lesquelles Laurier imposera la conscription pour sa marine s'il est réélu. Les libéraux ripostent en dénonçant la « drôle » d'alliance entre les nationalistes du Québec et les conservateurs. Le 12 septembre, Laurier éclate :

> Je n'avais jamais fait une lutte dans laquelle l'opposition se soit servie de tactiques aussi insidieuses et malhonnêtes ; mais, Dieu merci, j'ai encore de la vigueur, au seuil de ma soixante-dixième année, pour lui faire face et pour la combattre jusqu'au bout. Jamais les impérialistes de Toronto et les nationalistes de Québec ne parviendront à battre Laurier. [...] Je suis marqué au Québec comme un traître aux Français et, en Ontario, comme un traître aux Anglais. Au Québec, je suis traité de *jingo* et, en Ontario, d'anti-impérialiste. Je ne suis ni l'un ni l'autre. Je suis un Canadien. [...] L'alliance Borden-Bourassa conduira aux guerres de races, aux divisions intestines. Tandis que, sous le drapeau libéral, qui abrite toutes les races, il y a de la place pour que tous vivent en harmonie, en paix, et jouissent du bonheur.

Le directeur du *Devoir*, qui n'est pas candidat, prend la parole un peu partout. Il parle de conscription, de sang et de traîtrise.

Le 21 septembre, malgré les prévisions initiales de Laurier, le parti libéral du Canada subit la défaite. Dans les provinces maritimes, les libéraux conservent une faible avance : en Nouvelle-Écosse et à l'Île-du-Prince-Édouard, les deux partis sont nez à nez, mais au Nouveau-Brunswick, 8 des 13 députés sont libéraux. En Ontario, les conservateurs obtiennent 72 sièges, les libéraux, 13 et 1 conservateur indépendant est élu. Le Manitoba élit 8 conservateurs et 2 libéraux ; la Saskatchewan, 9 libéraux et 1 conservateur ; l'Alberta, 6 libéraux et 1 conservateur ; le Yukon, 1 conservateur, alors que tous les députés de la Colombie-Britannique sont eux aussi conservateurs. Au Québec, les libéraux subissent des pertes considérables, passant de 53 sièges à 37, alors que les conservateurs, qui en avaient obtenu 11 en 1908, réussissent à faire élire 27 députés. Un député ouvrier complète la députation de cette province. Au total, les conservateurs détiennent 133 sièges, les libéraux, 86 et les autres 2. La majorité de Borden vient de l'appui massif qu'il a reçu de la province d'Ontario.

Le rouge perdure

Le 10 mai 1912, le gouverneur général en Conseil émet une proclamation modifiant les frontières des provinces du Manitoba, de l'Ontario et du Québec. Cette dernière voit son territoire doubler en superficie, avec l'annexion de l'Ungava. Auparavant, sa superficie était de 911 351 kilomètres carrés. Elle sera maintenant de 1 822 461 kilomètres carrés. En novembre, le gouvernement Gouin avait ratifié cet accroissement par l'adoption de la « loi de l'extension des frontières du Québec, 1912 ».

Gouin, fier de ses réalisations, juge que le temps est propice à un renouvellement de mandat. Le 15 avril 1912, le lieutenant-gouverneur dissout donc la Législature et ordonne des élections générales.

Le recensement de 1911 avait révélé que la population urbaine équivalait presque à la population rurale, la première représentant 48,2 pour cent de la population totale et la seconde, 51,8 pour cent. La population de Montréal double entre 1896 et 1911.

> Ce phénomène ne doit pas faire oublier l'expansion marquée des autres centres urbains du Québec, soulignent John A. Dickinson et Brian Young. Une grande partie de ce développement survint dans les régions pourvues de richesses naturelles le long du Saint-Laurent, du Saint-Maurice et du Saguenay, ainsi que dans les environs de Montréal. Au tournant du siècle, dans le comté de Chicoutimi, par exemple, des usines de pâtes et papiers ouvrirent. Et, au fur et à mesure que les installations du port régional, du

chemin de fer, de l'énergie hydraulique et des usines prirent de l'importance, la population s'urbanisa presque entièrement.

En conséquence, les partis politiques, dans leurs programmes électoraux, tiennent de plus en plus compte de la classe ouvrière. Gouin résume ainsi ses réalisations « pour les ouvriers » :

> Pour eux, nous avons ouvert des bureaux de placement à Montréal, à Québec et à Sherbrooke, et il ne suffit que de visiter une fois ces bureaux pour se convaincre de leur utilité. Pour eux, nous avons fait décréter que les propriétaires de filatures ne devront pas employer les femmes et les enfants plus de 55 heures par semaine. Pour eux, nous avons fait abolir la qualification foncière pour la candidature à la charge d'échevin à Montréal. Pour eux, nous avons fait disparaître de la charte de la cité de Montréal la clause qui défranchisait les contribuables qui n'avaient pas payé la taxe d'eau. Pour eux, nous avons aboli les frais dans les petites causes qui n'excèdent pas 25 $.

Mathias Tellier, maire de Joliette de 1903 à 1910, chef du parti conservateur du Québec et à ce titre chef de l'Opposition, accuse les libéraux d'avoir volé au parti plusieurs projets dans le but d'alimenter leur législation ouvrière. Il dénonce, dans un article publié dans *Le Devoir* du 24 avril, le fait que l'on se soit plus occupé des édifices des écoles que de la qualité de l'enseignement et du salaire des instituteurs. Il insiste surtout sur les nombreuses taxes imposées par le gouvernement Gouin :

> C'est sir Lomer Gouin qui est le père de la taxe sur les bons et obligations des corporations et des municipalités. Il en retire 65 000 $ par année. C'est lui qui a engendré la taxe sur les compagnies d'assurances dont il retire annuellement 22 600 $. C'est lui qui a défendu aux municipalités de taxer les automobiles et qui les a taxées lui-même à son profit pour un montant de 26 000 $ par année. C'est lui qui a remanié les taxes sur les corporations commerciales et sur les successions de façon que leur produit est plus que doublé depuis 1905. Il a augmenté, à peu près tous les ans, les droits sur les débitants de liqueur.

Le 15 mai 1912, le parti libéral de la province de Québec est reporté au pouvoir avec une majorité accrue. Il remporte 64 des 81 sièges, alors que les conservateurs en obtiennent 15 et que 2 autres députés complètent la série. La disproportion entre les suffrages obtenus et le nombre de sièges est encore plus marquée qu'auparavant : avec 54,3 pour cent des suffrages exprimés, les libéraux vont détenir 80 pour cent des sièges !

La menace allemande

Peu après les élections québécoises, le premier ministre Borden, accompagné de quelques membres de son cabinet, se rend à Londres où le premier lord de l'Amirauté britannique, Winston Churchill, brandit la menace d'une guerre imminente avec l'Allemagne. Dès son retour à Québec, le 9 septembre 1912, Borden insiste sur le besoin de défendre l'Empire menacé : « L'existence même de l'Empire dépend de la sécurité des routes maritimes. C'est une tâche sérieuse que celle d'assumer cette sécurité ; mais le peuple anglais s'y applique avec persistance et ceux qui ont cru que la nation anglaise était morte se sont trompés. [...] Pour la conservation de son unité, pour la conservation de sa puissance et de son influence, pour le maintien de son œuvre, la métropole et les dominions sont unis et indivisibles. »

La Grande-Bretagne ne saurait quoi faire d'une marine canadienne, la chose est claire pour Churchill. Ce qu'il faut, c'est que le Canada verse les sommes nécessaires à la construction de quelques cuirassés dans les chantiers maritimes de l'Angleterre. Le 5 décembre, Borden dépose un projet de loi prévoyant le don d'une somme de 35 millions de dollars à l'Angleterre pour payer le coût de construction de trois cuirassés. Le 18 octobre précédent, le ministre Frederick Debartzch Monk avait donné sa démission devant le refus de Borden d'ordonner un plébiscite au sujet du don à l'Angleterre.

Les libéraux se prononcent contre la mesure présentée. Le 12 décembre, Laurier revient sur son idée de marine nationale. Pour lui, offrir de l'argent à la mère patrie, surtout un tel montant, frise le ridicule.

> Si elle était aux prises avec une ou deux des grandes puissances d'Europe, mon honorable ami pourrait venir nous demander non pas 35 millions de dollars, mais deux, trois ou quatre fois cette somme. Nous mettrions les ressources du Canada à la disposition de l'Angleterre et il n'y aurait pas une seule voix discordante. [...] Ô vous, jingo tories, est-ce là le sacrifice que vous êtes prêts à faire ? Vous offrez à l'Angleterre deux ou trois dread-noughts qui seront payés par le Canada, mais vous lui laissez le soin de les armer, de les entretenir et de fournir les équipages... [...] Vous dites que ces navires porteront des noms canadiens. C'est bien tout ce qu'ils auront de canadien. Vous faites faire votre ouvrage par des mercenaires ; en d'autres mots, vous êtes prêts à tout faire, excepté à vous battre. Est-ce là, monsieur l'Orateur, la véritable politique à suivre ? Est-ce là une politique saine ? C'est une politique hybride, c'est un croisement entre le jingoïsme et le nationalisme. [...] La solide base de l'Empire britannique est, d'après la Couronne anglaise, l'autonomie locale de ses diverses dépendances ; c'est-à-dire l'accomplissement de leurs propres destinées, avec tendance à

l'unité. La Couronne est le grand lien, le ciment qui unit entre eux les continents épars dans le monde. La couronne est un lien purement sentimental; mais ce lien, quoique purement sentimental, a prouvé qu'il était plus fort que les armes et les flottes; il s'est montré à la hauteur de toutes les circonstances. Je ne crois pas que l'Empire soit en danger; je ne crois pas non plus qu'il puisse être cimenté par le moyen que suggère mon très honorable ami.

Le débat s'éternise à la Chambre des Communes. Les libéraux font une obstruction systématique au projet Borden. Le 15 mai, par 101 voix contre 68, le projet de loi est enfin adopté en troisième lecture, après des séances qui durèrent plusieurs nuits. À la fin du mois, le Sénat, en majorité libéral, rejette le projet de loi en déclarant «que cette Chambre n'a pas le droit de donner son assentiment à ce projet avant qu'il ne soit soumis au pays».

Dans *Le Devoir* du 31 mai, Bourassa se réjouit. «Honneur au Sénat, écrit-il. Le Sénat a noblement fait son devoir. Il a bien mérité de la patrie canadienne. En donnant le coup de mort à une mesure dont les conséquences et la répercussion lointaine n'auraient pas tardé à faire surgir de graves conflits entre la métropole et la colonie, il a rendu un service signalé à la Grande-Bretagne et à l'Empire.» Le *Daily News* de Londres, dans son édition du 31, parle d'une question raciale:

> Quelle que soit la ligne de conduite adoptée maintenant par le premier ministre Borden, c'est absolument l'affaire du Canada. Dans ce pays, nous ne pouvons manquer de nous intéresser à la lutte qui se poursuit, mais nous n'avons pas à intervenir, sauf dans un détail. Certains conseillers mal avisés de M. Borden le poussent à faire du capital politique en donnant à la lutte le caractère d'une querelle entre Anglais et Français. Tout citoyen de l'Empire aurait l'obligation la plus stricte de dénoncer une légèreté aussi fatale et aussi dépourvue de scrupule. M. Borden n'a pas présenté sa loi de la Marine pour faire face à une urgence qui n'existe pas, mais plutôt pour orienter l'Empire composé de nations sœurs et autonomes, dont chacune aurait la direction de ses propres affaires et qui toutes seraient unies par les liens d'affection, d'intérêt et de communes institutions. L'idéal d'un Empire centralisé de M. Borden restreint radicalement l'autonomie des États composants et met sa confiance dans le mécanisme et les liens qui les unissent. Quelle que soit l'attitude que prenne maintenant M. Borden, le problème à résoudre est clairement posé maintenant devant le peuple canadien.

La loi de la Marine de 1910, adoptée sous Laurier, demeure donc en vigueur et les mauvaises langues laissent courir la rumeur que le *Niobe*, un des deux navires achetés par le gouvernement canadien, «est en train de s'échouer sur ses propres provisions de bouteilles de bière».

Appel à la bonne entente

Au début de 1912, alors que le gouvernement fédéral s'apprête à agrandir les frontières du Manitoba en y annexant le Keewatin, se pose la question des écoles séparées et celle de la langue française. Car, dans le territoire, la loi reconnaissait des droits aux écoles séparées et le français avait droit de cité. Mais le Manitoba avait fait disparaître ces deux droits depuis déjà quelques années. Ou l'on uniformise le tout ou l'on reconnaît à la partie qui forme le Keewatin des droits particuliers. Ce qui est impossible pour plusieurs, puisque dans la même province, il ne peut y avoir deux poids, deux mesures.

Lors de la discussion du projet de loi à la Chambre des Communes, deux députés francophones proposent l'adoption d'un amendement garantissant les droits de la minorité. La mesure est rejetée par 160 voix contre 24.

Le 9 mars, soit trois jours avant l'adoption du projet de loi aux Communes, Bourassa intervient dans le débat de façon indirecte en prononçant à Montréal une conférence sur le sujet. Il fait approuver par l'assistance les résolutions suivantes:

> Les territoires du Nord-Ouest sont la propriété commune du peuple canadien. Ces territoires ont été acquis, administrés et développés avec les deniers publics versés au trésor fédéral par les contribuables canadiens de toute race et de toute croyance religieuse. En 1875, le Parlement fédéral a posé en principe que, dans toute l'étendue de ces territoires, les minorités catholiques ou protestantes auraient droit, à perpétuité, à un régime d'écoles confessionnelles séparées. Ce principe a été reconnu et confirmé, en tout ou en partie, dans la loi du Yukon et dans les lois constitution-nelles des provinces de l'Alberta et de la Saskatchewan. En conséquence, cette assemblée, composée de citoyens canadiens, fidèles sujets de Sa Majesté Britannique, affirme: — Que le Parlement en annexant une partie de ces territoires à la province du Manitoba ou à toute autre province, doit maintenir l'engagement qu'il a contracté solennellement en 1875, envers tous les citoyens du Canada et sauvegarder dans leur intégrité les droits des minorités qui habitent ou qui habiteront ces régions annexées; que toute violation de cet engagement, tout abandon de ce devoir, consti-tueraient une grave atteinte au pacte fédéral et à la Constitution cana-dienne et mériteraient la censure de tous les Canadiens soucieux de l'honneur national, de l'équité et du droit.

Dans son discours, le directeur du *Devoir* avait demandé un retour à l'esprit des Pères de la Confédération:

> Si la Constitution canadienne doit être maintenue, l'attitude étroite à l'égard des minorités, qui se manifeste de plus en plus dans les provinces

anglaises, doit disparaître, et nous devons retourner à l'esprit original de l'alliance. Nous ne sommes britanniques ni par le sang ni par la langue, mais nous le sommes par raison et par tradition. Nous ne sommes pas des chiens couchants, nous ne sommes pas des valets. Nous méritons mieux que de nous faire dire : « Demeurez au Québec, continuez d'y croupir dans l'ignorance, vous y êtes chez vous ; mais ailleurs vous devez vous angliciser. » Nous sommes canadiens avant tout, nous avons droit d'être aussi britanniques que quiconque et nous avons droit de jouir de ces privilèges sur tout le territoire de la Confédération.

Prié d'intervenir sur le sujet des écoles du Keewatin, l'avocat Charles Hazlitt Cahan, un des leaders du parti conservateur, monte sur la scène près de Bourassa et secoue passablement l'assistance : « Vous, peuple du Québec, vous vous contentez de venir entendre des discours et vous retournez dans vos foyers sans plus rien faire, disposés souvent à démentir par vos actes les paroles que vous avez applaudies avec frénésie. [...] Si vous ne parvenez pas à vous faire respecter, ne vous en prenez qu'à vous-mêmes et à vos chefs, en qui vous ne pouvez avoir foi quand il s'agit de vos intérêts nationaux. »

Le 12 mars 1912, le projet de loi concernant le Manitoba est approuvé en troisième lecture par les députés fédéraux : le français n'aura plus de statut officiel et les écoles séparées n'auront plus droit aux subventions gouvernementales.

Dans la province d'Ontario, on se prépare à faire disparaître l'enseignement en français. Au début de 1912, la loge Grand Orange de l'Ouest de l'Ontario prend position sur les écoles bilingues :

> L'usage du français dans les écoles publiques et séparées de l'Ontario constitue une grave menace à l'intégrité de la province en tant que communauté anglophone. [...] Nous protestons donc de la manière la plus solennelle et la plus emphatique contre les privilèges spéciaux qu'accorde aux Français le règlement du ministère de l'Éducation, [...] et nous demandons respectueusement au gouvernement de l'Ontario d'édicter une loi et d'effectuer les modifications voulues au règlement [...] qui rendront illégale et impossible l'utilisation du français dans les écoles publiques et privées de l'Ontario.

Le premier ministre de la province d'Ontario, James Whitney, est formel. Devant les députés de la Législature locale, il déclare, le 13 avril 1912 : « L'enseignement en anglais devra commencer dès l'entrée d'un enfant à l'école, l'usage du français, langue d'instruction et de communication variant selon les circonstances locales au reçu du rapport de l'inspecteur surveillant, mais ne devant en aucun cas se poursuivre au-delà de la première année. » Deux mois plus tard, est émise la circulaire d'instruction n° 17, qui sera connue sous le nom de règlement 17.

La pièce est de taille!

[...] III.— Sous réserve, pour chaque école, de la direction et de l'approbation données par l'inspecteur en chef, le cours d'études des écoles
publiques et séparées sera modifié comme suit: (1) Lorsqu'il y a nécessité
pour les élèves de langue française, le français peut être employé comme
langue d'enseignement et de communication; mais cet usage ne se
prolongera pas au-delà du premier cours sauf lorsque l'inspecteur en chef
décidera que le français peut servir comme langue d'enseignement et de
communication pour les élèves des cours supérieurs au premier. (2) Le
dispositif suivant s'appliquera désormais aux élèves de la langue française
qui sont incapables de comprendre et de parler l'anglais suffisamment
pour les fins de l'enseignement et des communications. (a) Dès que l'élève
entre à l'école, il doit être mis à l'étude et à la pratique de la langue
anglaise. [...] (b) Dès que l'élève a acquis une connaissance suffisante de
l'anglais, il doit poursuivre dans cette langue le programme d'études
prescrit pour les écoles publiques et séparées. IV.— Dans les écoles où le
français a été jusqu'ici enseigné, le Conseil de l'école publique ou séparée,
selon le cas, peut, aux conditions ci-dessous, faire enseigner la lecture, la
grammaire et la composition française durant les quatre premiers cours
[...] comme matières supplémentaires du programme des écoles publiques
ou séparées. (1) Cet enseignement du français ne peut être donné qu'aux
élèves dont les parents et les tuteurs l'ont réclamé. Nonobstant les pres-
criptions du paragraphe 1 de l'article III, il peut être donné en français;
(2) Cet enseignement du français ne doit pas diminuer l'efficacité de
l'enseignement donné en anglais. Le temps qui lui est consacré selon
l'horaire de l'école est sujet à l'approbation et à la direction de l'inspecteur
en chef. Il ne doit, dans aucune classe, dépasser une heure par jour, excepté
lorsque l'inspecteur en chef ordonne de prolonger cet enseignement. [...]
XIII. — (1) Aucun instituteur ne reçoit un certificat l'autorisant à enseigner dans une école anglo-française s'il ne possède pas une connaissance
suffisante de l'anglais pour pouvoir enseigner les matières du programme
des écoles publiques et séparées. (2) Aucun instituteur ne reste en fonction
et n'est nommé dans aucune de ces écoles à moins qu'il ne possède une
connaissance suffisante de l'anglais pour pouvoir enseigner les matières du
programme des écoles publiques et séparées.

La nouvelle directive doit entrer en vigueur en septembre 1913. Pendant ce temps, dans la province de Québec, personne ne songe à toucher au
secteur scolaire anglo-protestant!

LA GUERRE

1914-1917

LES DERNIERS JOURS DU MOIS DE JUILLET 1914 sont marqués par des coups d'éclats qui laissent présager un conflit armé auquel n'échapperont pas la plupart des pays du monde occidental. Le 23 juillet, l'Autriche lance un ultimatum à la Serbie, à la suite de l'assassinat de l'archiduc François-Ferdinand à Sarajevo le mois précédent. Le 28, l'Autriche déclare la guerre à la Serbie. Trois jours plus tard, la mobilisation est décrétée en Russie, alors que l'Angleterre offre sa médiation pour régler le conflit naissant. Le même jour, l'Allemagne lance un ultimatum à la France et à la Russie, suivi, le 1er août, d'une déclaration de guerre à la Russie. L'Allemagne sert une déclaration similaire à la France le 3 et à l'Angleterre le 4.

Par tout le Canada, l'agitation est grande. À Montréal, le samedi soir 1er août, 500 manifestants paradent à travers la ville, entonnant tour à tour l'*Ô Canada*, le *God Save the King* et la *Marseillaise*.

> C'est devant l'édifice de *La Patrie*, raconte le journaliste du *Devoir*, que la manifestation prit [...] naissance. À peine les bulletins annonçant la capture, plus tard démentie, par les Français d'un convoi d'or de dix millions, étaient-ils affichés que l'air retentit de cris et d'applaudissements frénétiques. L'apparition d'un second bulletin, le massacre de 3000 Allemands à Longwy fit éclater l'enthousiasme qui se manifesta par le chant de *La Marseillaise* et du *God Save the King*. À peine quelques personnes avaient-elles entonné *Ô Canada* qu'un agent s'approcha de l'une d'elles et la fit taire.

Les manifestants défilent dans les rues, se rendent au consulat de France où ils obtiennent trois drapeaux tricolores, puis au pied du monument d'Édouard VII et enfin devant le club allemand Teutonia. Mais l'endroit semble désert et personne ne répond à l'ultimatum lancé par les manifestants : « Conspuez Guillaume ! »

Le 2 août, le personnel du consulat français à Montréal reçoit un câblogramme ordonnant le rappel sous les drapeaux de tous les sujets français vivant au Canada et en âge de porter les armes. Plus de 5000 hommes s'enregistrent immédiatement, soit près de la moitié des citoyens français installés au Canada. L'Union nationale française de Montréal fait publier l'annonce suivante : « Les Français qui n'auraient pas les moyens de se rendre en France à leurs frais pour répondre à l'ordre de mobilisation sont priés de s'adresser au secrétariat de l'Union nationale française, à partir de mardi [le 4]. »

Les officiers de la réserve allemande doivent eux aussi se rendre dans leur pays d'origine. Ils se dirigent immédiatement à New York pour s'embarquer en direction de l'Allemagne. Car, très tôt, le samedi matin 1er août, le paquebot allemand *Willehad* avait quitté en vitesse le port de Montréal afin de sortir des eaux canadiennes avant que l'Angleterre n'entre en guerre. Le lundi 3 août, à quatorze heures, les commissaires ordonnent la fermeture du port de Montréal et 200 policiers commencent la surveillance des élévateurs à grain et des navires. Il faut maintenant une permission spéciale pour aller sur les quais. De plus, aucun paquebot ne pourra entrer dans le port de Montréal ou le quitter « sans un ordre signé par le président de la Commission du Port ».

Dans tous les arsenaux du Canada, la surveillance est constante et les officiers avertissent les miliciens placés sous leurs ordres de se tenir prêts. Le ministère de la Voirie de la province de Québec ordonne la cessation immédiate de tous les travaux en cours et l'on licencie les employés. D'autres gouvernements provinciaux adoptent une mesure identique.

Le 4 août, à Londres, le ministre des Affaires étrangères publie le bulletin suivant : « À la suite du rejet sommaire par le gouvernement allemand de la requête faite par le gouvernement de Sa Majesté, à l'effet de faire respecter la neutralité de la Belgique, l'ambassadeur de Sa Majesté à Berlin, a reçu son passeport et le gouvernement de Sa Majesté a déclaré au gouvernement de l'Allemagne que l'état de guerre existe entre la Grande-Bretagne et l'Allemagne depuis onze heures p.m., le 4 août. »

Un peu partout au Canada, et même au Québec, la déclaration de guerre est accueillie avec enthousiasme. À Ottawa, le cabinet Borden, sous la présidence du duc de Connaught, se réunit immédiatement. Le gouverneur général donne lecture d'un message qu'il vient de recevoir du roi George V : « Je désire exprimer à mes sujets outre-mer combien je suis touché et fier des messages que j'ai reçus de leurs gouvernements respectifs durant ces derniers jours. L'assurance spontanée de leur entier support me rappelle les généreux sacrifices qu'ils ont faits dans le passé, pour aider la mère patrie. La croyance inébranlable à un empire uni, calme, résolu, confiant en Dieu, me rendra moins lourde ma responsabilité à cette heure critique.»

Les nationalistes, par la bouche d'Armand Lavergne, ne tardent pas à faire connaître leurs réactions. Le député de Montmagny donne le ton de la réplique en déclarant: «Si l'on nous demande d'aller nous battre pour l'Angleterre, nous répondrons: qu'on nous rende nos écoles!» Le mot d'ordre est lancé et un certain nombre le suivront: que l'Ontario abroge le règlement 17 et les Canadiens français accepteront peut-être d'aller défendre «la mère patrie».

Premières victimes

Pour faciliter le recrutement de volontaires, le gouvernement de la province de Québec adopte un arrêté en conseil «accordant un congé avec plein traitement à tous les fonctionnaires faisant partie de la milice et qui feront du service actif durant la présente guerre». Des conseils municipaux, comme ceux de Québec ou de Montréal, adoptent de semblables mesures.

Déjà, les miliciens sont postés à tous les endroits jugés stratégiques. Le ministre de la Milice, Sam Hugues, a donné des ordres formels: «Shoot to kill from the drop of the hat — Tirez pour tuer dès le premier mouvement.» Et les ordres seront parfois suivis à la lettre. On se rend vite compte qu'il ne faut pas badiner avec la consigne, car la guerre, c'est la guerre, même dans la province de Québec!

Un rien excite la nervosité des sentinelles qui n'ont, pour se défendre, d'autre alternative que d'appuyer sur... la détente. À Ottawa, un cerf-volant sème la panique. Certains, croyant entendre le bruit d'un moteur d'avion, pensaient que des Allemands venaient bombarder le Parlement! Le 15 août, la rumeur courait que des ennemis s'apprêtaient à envahir le Canada par le Maine. La source, le secrétariat d'État à Washington, était pourtant sérieuse. Le 14, William J. Bryan avait écrit à William T. Haines, gouverneur de l'État du Maine: «L'ambassade anglaise fait part à ce département de rumeurs concernant un soulèvement probable d'un certain nombre de sujets allemands à l'effet de traverser les bois du Maine pour envahir le Canada. Ce soulèvement aurait été provoqué par un nommé Seligman. Le gouvernement serait anxieux que vous fassiez une enquête minutieuse quant à la véracité de ces rumeurs et de prendre toutes les mesures nécessaires afin de prévenir une telle entreprise sur le territoire américain.» La rumeur, cela va sans dire, était fausse.

Le 14 août, au cours de l'après-midi, une dizaine de personnes, dont quelques réservistes français qui doivent partir bientôt, sont arrêtés devant le Manège militaire de la rue Craig, à Montréal. Ils attendent copies de photographies qu'un artiste ambulant vient de prendre. La sentinelle George Hooten, de faction devant l'édifice, leur ordonne de circuler. Comme personne n'a bougé, il revient et répète son ordre, toujours en anglais. Il fait feu, tue le réserviste français Antoine Notter et blesse le cigarier Théodore Corbeil. Le lendemain, lors de l'enquête du coroner, le militaire est tenu criminellement responsable de la mort de Notter. L'incident avait soulevé la colère populaire et le maire Médéric Martin avait dénoncé l'abus de l'autorité militaire.

> Les soldats préposés à la garde des édifices publics et des ponts, dit-il, se conduisent très mal. Ce matin [15] encore, j'ai reçu des plaintes sur la conduite désordonnée des sentinelles du Nord-Canadien. Plusieurs de ces sentinelles sont sous l'influence de la boisson. [...] La loi martiale n'est pas encore proclamée à Montréal et l'autorité civile a ses droits à sauvegarder dans la protection des citoyens. [...] J'ai vu tel et tel de ces soldats de la milice qui ne sont que des restants de prisons bien connus et c'est ça qu'on place comme sentinelles, un fusil chargé sur l'épaule. Aussi, au train dont vont les choses, on pourrait transporter la morgue près de l'arsenal de la rue Craig.

Le maire, dans son langage coloré, déplore aussi le fait que les sentinelles ne soient pas bilingues.

Beaucoup de volonté

Le Parlement du Canada se réunit en session spéciale du 18 au 22 août. Conservateurs et libéraux sont d'accord pour que le Canada fasse son effort de guerre. Wilfrid Laurier, en tant que chef de l'Opposition, se dit prêt à collaborer avec le gouvernement :

> Nous sommes sujets britanniques, et nous sommes aujourd'hui en face des conséquences qui découlent de cette fière situation. Pendant longtemps, nous avons joui des avantages que confère le titre de sujets britanniques. Il est maintenant de notre devoir d'accepter les obligations et les sacrifice qu'il impose. Pendant longtemps nous avons dit que, lorsque la Grande-Bretagne est en guerre, nous sommes en guerre, et nous comprenons aujourd'hui qu'elle est en guerre et que nous le sommes aussi. Notre territoire peut être attaqué et envahi. [...] Si mes paroles ont une répercussion hors de cette enceinte, dans ma province natale, parmi ceux de mon sang, je voudrais qu'ils se souviennent que c'est un double honneur pour eux de prendre place dans les rangs de l'armée canadienne afin de soutenir la cause des nations alliées. Pour eux, la cause qu'ils sont appelés à défendre est doublement sacrée.

Le vieux chef venait de prononcer un vibrant plaidoyer en faveur de la France.

Huit projets de loi sont adoptés : appropriation d'une somme de 50 millions de dollars « pour la défense militaire et navale » ; création du Fonds patriotique canadien « pour secourir les familles des soldats, résidant au Canada, en service actif avec les Forces expéditionnaires navales et militaires de l'Empire britannique » ; loi des Mesures de guerre « donnant au gouvernement de vastes pouvoirs de censure, de déportation, de contrôle de l'industrie, du commerce et du transport » ; amendement de l'Acte de l'Immigration ; modification de la loi des Finances et de celle des Billets du Dominion ; loi amendant le tarif des douanes et loi amendant la loi du Revenu de l'Intérieur, signifiant une augmentation des frais douaniers sur le café, le sucre, les liqueurs spiritueuses et le tabac.

Les gouvernements fédéral et provinciaux votent aussi de nombreux dons à la Grande-Bretagne : celui du Dominion offre un million de sacs de farine ; celui de l'Île-du-Prince-Édouard, 100 000 boisseaux d'avoine ; celui de la Nouvelle-Écosse, la somme nécessaire pour payer 100 000 tonnes de charbon ; celui du Nouveau-Brunswick 100 000 boisseaux de pommes de terre ; celui de l'Ontario, 250 000 sacs de farine ; celui du Manitoba, 50 000 sacs de farine ; celui de la Saskatchewan, 1500 chevaux ; celui de l'Alberta, 500 000 boisseaux d'avoine et celui de la Colombie-Britannique, 1 250 000 boîtes de saumon. Quant au gouvernement de la province de Québec, il offre à la Grande-Bretagne 4 millions de livres de fromage.

Un appel à Dieu

L'enrôlement des volontaires va bon train. Le haut clergé prête son appui aux agents recruteurs. Le 9 août, Paul Bruchési, archevêque de Montréal, avait déclaré dans son sermon : « Si des troupes doivent être envoyées de l'autre côté, nos braves jeunes hommes n'hésiteront pas à faire face à l'épreuve et je sais que nous trouverons en eux le même héroïsme qui a caractérisé nos ancêtres depuis longtemps. » Le 23 suivant, alors qu'il bénit 300 volontaires, il ajoute : « Le peuple canadien-français a fait son devoir. Nous avons donné à l'Angleterre des vivres et de l'or, et nous lui donnerons des hommes. [...] Nous prouverons à l'Angleterre que nous sommes loyaux non pas seulement en paroles. »

Les autorités fédérales souhaitent un engagement plus solennel du clergé catholique, un geste qui pourrait stimuler un grand nombre de Canadiens français. Le 23 septembre, les archevêques et évêques des provinces ecclésiastiques de Québec, Montréal et Ottawa, signent une lettre pastorale « sur les devoirs des catholiques dans la guerre actuelle ». Ils incitent les fidèles à contribuer généreusement au Fonds patriotique :

Vos pasteurs, nos très chers frères, pour qui c'est une tradition de veiller au bien-être matériel comme à la santé morale et spirituelle de leurs ouailles, croient s'acquitter simplement de leur devoir en sollicitant de chacun de vous, une contribution à cette œuvre éminemment nationale. De ce revenu, il sera fait deux parts. Une moitié sera remise aux directeurs du Fonds patriotique pour les fins auxquelles il est ou pourra être dans la suite légalement destiné, et l'autre moitié sera distribuée dans chaque diocèse à ces autres familles qui, à raison du chômage forcé ou d'autres causes, seraient réduites à l'indigence, surtout pendant les rigueurs de l'hiver.

Les chefs religieux soulignent aussi le geste de ceux qui se sont portés volontaires : « Nous ne saurions nous le dissimuler. Ce conflit, l'un des plus terribles que le monde ait encore vu, ne peut manquer d'avoir sa répercussion sur notre pays. L'Angleterre y est engagée, et qui ne voit que le sort de toutes les parties de l'Empire se trouve lié au sort de ses armes ? Elle compte à bon droit sur notre concours, et ce concours, nous sommes heureux de le dire, lui a été généreusement offert en hommes et en argent. »

Les volontaires sont regroupés dans un nouveau camp que l'on installe à Valcartier, non loin de la ville de Québec. En un temps record, on y a construit « un camp de rassemblement doté de rues, de bâtiments, de l'éclairage, de téléphones, de salles de bains, d'installations sanitaires, ainsi que de champs de tir longs de plus de six kilomètres ». L'historien George F. G. Stanley commente : « C'est une œuvre magnifique qui aurait toutefois pu être évitée. » Bientôt, 35 000 hommes s'y trouvent réunis. La majeure partie d'entre eux s'apprêtent à partir pour la Grande-Bretagne. Le 3 octobre 1914, 32 navires de transport quittent la baie de Gaspé avec à leur bord 32 000 hommes et 7000 chevaux. Selon Stanley, « c'est la plus importante force armée qui ait jamais traversé l'océan ». Déjà, on note la faible participation des Canadiens français. Pour l'historien Mason Wade, l'explication est facile : « Ottawa ne profita pas du premier mouvement d'enthousiasme du Québec pour autoriser la création d'unités canadiennes-françaises et il n'est pas surprenant que la première division de 36 267 hommes n'ait compté que 1200 Canadiens français sur les 5733 hommes fournis par le Québec. Comme il était bien naturel, les premiers à s'enrôler furent les Anglais de naissance, les seconds les hommes d'ascendance anglaise, les troisièmes les Canadiens français, dont le Canada était l'unique patrie. » Selon une compilation de J. Michel, 64 pour cent des volontaires de la première division étaient anglais de naissance, 25,6 pour cent de souche canadienne, mais non francophone et 3,7 pour cent francophones. « Les aubains* contribuèrent pour 7 pour cent. »

---

* Personnes n'ayant pas la citoyenneté canadienne.

On exerce donc des pressions sur le colonel Sam Hugues afin qu'il autorise la formation d'un régiment composé uniquement de Canadiens français. Une grande réunion de recrutement est fixée au 15 octobre au parc Sohmer, à Montréal. Quatre jours auparavant, tous les curés ont lu au prône la lettre pastorale des évêques et la presse lance le mot d'ordre : « Aux armes donc! Pour Dieu et pour la patrie! » Le régiment en formation s'appellera « Royal Canadien français » et aura le numéro 22. Au parc Sohmer, Laurier sonne l'appel historique : « Si, dans les veines des Canadiens qui composent cette assemblée, il coule encore quelques gouttes du sang de Dollard et de ses compagnons, vous vous enrôlerez en masse, car la cause est aussi sacrée que celle pour laquelle Dollard et ses compagnons sacrifièrent leurs vies. [...] Si quelque Canadien, dans le passé, a été effrayé par le monstre de la conscription, il doit reconnaître maintenant que ce monstre était un mythe. »

Pour Henri Bourassa, qui rentre d'Europe, l'effort fourni par le Canada et par le Québec en particulier est disproportionné. Il parle des millions de livres de fromage « qui pourrissent aujourd'hui sur les quais de Liverpool parce que les Anglais ne savent qu'en faire, alors que des millions de Belges crèvent de faim et que des millions de Canadiens ont à peine de quoi manger ».

Les articles de Bourassa dans le quotidien *Le Devoir*, joints à ses déclarations et à celles d'Armand Lavergne, ainsi que le peu d'enthousiasme des francophones à s'enrôler, suscitent des commentaires parfois virulents dans la presse anglophone. Le *Herald* de Guelph en Ontario affirme dans son édition du 7 novembre : « Des rapports peu flatteurs nous viennent de Québec sur la répugnance des Canadiens français à s'enrôler dans le régiment canadien-français qui doit partir avec le second contingent. Dans les districts ruraux, les habitants paraissent hostiles au projet. En ce cas, on prêtera moins d'attention que jamais aux réclamations des Canadiens français sur leurs droits à la langue française. Ils sont évidemment plus experts dans l'art de faire du bruit que dans l'art de s'armer pour secourir leur prétendue France bien-aimée. »

Derrière les barbelés

Dès la déclaration de la guerre, plusieurs Allemands et Autrichiens avaient été mis aux arrêts. Le 28 octobre, le Conseil privé signe l'arrêté 2721, ordonnant « l'enregistrement et, en certains cas, l'internement des étrangers de nationalité ennemie ». Le major-général William Dillon Otter reçoit le commandement de l'opération. Déjà, depuis le 13 août, un camp temporaire d'internement avait été établi rue Saint-Antoine, à Montréal. Quatre camps de concentration seront établis sur le territoire de la province de Québec, alors que vingt autres le seront dans le reste du Canada. Ils seront situés à Montréal, à Beauport, à Valcartier et à Spirit Lake, en Abitibi. Ce dernier sera inauguré le 13 janvier 1915. «Seul Spirit Lake, écrit le chercheur Jean Laflamme, offrait le type classique du véritable camp de détention.»

Le gouvernement fédéral avait tenu compte du fait que plusieurs «ennemis» vivaient déjà au Canada avec leurs familles. Il autorise donc ces dernières à s'installer près du camp de Spirit Lake et on évalue à une soixantaine le nombre de femmes qui décident d'aller vivre, avec leurs enfants, près du lieu de détention de leur mari. Selon les accords internationaux, les prisonniers devaient manger comme les soldats de leur rang. «À Spirit Lake, écrit Laflamme, les vivres étaient achetés par contrat chez les épiciers d'Amos. La liste, invariable, se lisait comme suit: pain, viande, légumes frais, thé, café, sucre, riz, fèves, beurre, confiture, sirop, sel, poivre, fromage. Il en coûtait en moyenne 28 cents par jour pour nourrir un prisonnier.»

Les prisonniers de Spirit Lake furent occupés à couper du bois de chauffage, à dessoucher des terres neuves, à construire des édifices en vue de l'établissement d'une ferme modèle et à entretenir la voie ferrée de la ligne Cochrane-La Tuque. Dans ce dernier cas, ceux qui avaient accepté de travailler recevaient 1,50 $ pour dix heures d'ouvrage, compte non tenu de leur nourriture. «Ils dormaient dans des wagons chauffés, écrit Laflamme. Leurs escortes étaient logées et nourries elles aussi, ce qui était une économie pour le ministère de la Milice. Le général Otter affirme qu'ils donnèrent partout satisfaction.»

À partir de l'été de 1916, le nombre de prisonniers dans les camps de concentration diminue considérablement, conséquence de la décision des autorités fédérales de libérer les détenus moyennant une promesse formelle de ne pas collaborer avec «l'ennemi», de ne pas s'enfuir et de se soumettre à une certaine surveillance. En mai 1916, le nombre total de prisonniers de guerre détenus à Montréal, Beauport et Spirit Lake est de 1201; il ne sera plus que de 101, le 11 septembre suivant, pour remonter à 259, le 1er janvier 1917.

Sur le front de l'Ontario

La question scolaire ontarienne demeure toujours présente. Lors de l'ouverture des classes en septembre 1914, les écoles séparées de la ville d'Ottawa demeurent fermées, par suite du renvoi des professeurs. Les Franco-Ontariens décident de porter leur cause devant les tribunaux et pour ce faire, ils ont besoin d'argent. Le président de l'Association d'éducation d'Ontario, Alphonse-T. Charron, lance un appel aux membres de l'ACJC, le 14 novembre. Le président de ce dernier organisme, Georges-H. Baril, lui répond le 22:

Vos difficultés et vos souffrances, votre courage dans l'adversité, votre ténacité dans la lutte que vos adversaires ont voulu sans trêve, vos sacrifices de temps, de travail et d'argent pour le triomphe d'une cause sacrée nous étaient trop connus pour que nous restions sourds à votre appel. C'est de tout cœur que nous allons, sans tarder, nous mettre à l'œuvre et, dans la mesure où nos moyens d'action et la situation présente nous le permettront, prendre notre part de vos sacrifices et de vos efforts pour assurer chez vous la survivance de notre langue, rempart de notre foi.

Pour plusieurs Ontariens, revendications scolaires et traîtrise font la paire. Et quelques-uns vont le montrer à Bourassa qui doit prendre la parole, le 16 décembre au soir, au théâtre Russell à Ottawa. Des soldats en uniforme s'installent dans la salle, bien décidés à manifester à la moindre déclaration « déloyale ». Le journaliste Omer Héroux assiste au spectacle. À un certain moment, un soldat brandit un Union Jack que le docteur Freeland, président de la rencontre, installa sur la table derrière laquelle se tenait Bourassa. « Wave the flag ! s'écria alors l'un des soldats qui paraissait le meneur de la bande, en s'adressant à M. Bourassa », raconte Héroux. Celui-ci était alors à exposer la partie économique de son discours. « Wave the flag ! » — « Je suis prêt à agiter le drapeau britannique de la liberté, riposta simplement l'orateur, mais je ne me laisserai pas imposer par personne un acte ou une attitude. » — « Wave the flag ! » reprit le soldat de Sa Majesté, la canne levée. — « Je suis prêt à agiter le drapeau britannique quand il représente une pensée de liberté, riposta tranquillement l'orateur, mais encore une fois, je ne me laisserai imposer par personne un acte ou une attitude. » Le meneur en uniforme bondit sur l'estrade, suivi de sa bande, et la canne au poing répéta sa phrase. Les bras croisés, l'orateur reprit la sienne, en ajoutant : « L'homme qui, par menace ou intimidation, m'imposera un drapeau quelconque n'est pas encore né. » On crut que les soldats allaient se porter à des voies de fait et tout paraissait possible, mais les employés du théâtre s'empressèrent de baisser le rideau.

L'incident, cela va sans dire, fait son tour de presse. Pour le *Globe* de Toronto, il a « créé de nouveau un sentiment regrettable de division entre les Anglais et les Canadiens français de la capitale, l'élément militant et ultra-impérialiste parmi les premiers déclarant que Bourassa est un traître et les amis de Bourassa déclarant que la liberté de parole et le *British fair play* s'exercent à la prussienne ».

La campagne lancée par l'ACJC pour venir en aide « aux blessés de l'Ontario », aux Franco-Ontariens aux prises avec le problème scolaire, arrive à point. Une grande réunion doit se tenir, le 21 décembre 1914, au Monument national, à Montréal. Dans son journal *Le Devoir*, Bourassa invite la population à participer à la manifestation en lançant un vrai cri de guerre : « Au nom de la religion, de la liberté, de la fidélité au drapeau britannique, on adjure les Canadiens français d'aller combattre les Prussiens d'Europe. Laisserons-nous les Prussiens de l'Ontario imposer en maître leur domination, en plein cœur de la Confédération canadienne, à l'abri du drapeau et des institutions britanniques ? »

L'archevêque Bruchési se prononce, lors de la réunion, en faveur des revendications des Franco-Ontariens.

> Nous sommes loyaux et fidèles sujets de l'Empire britannique, déclare-t-il. Nous l'avons prouvé dans le passé, et nous en donnons, aujourd'hui encore, d'irrécusables preuves. Nous apprenons et nous parlons la langue anglaise et nous ne négligeons rien pour la faire apprendre aussi parfaitement que possible par nos enfants. Mais le français a, sur cette terre du Canada, des droits inaliénables. Ce fut la langue de notre berceau et nous y voyons la gardienne et la protectrice de nos croyances. Le français est parlé à la Chambre et au Sénat. Tous nos gouverneurs se sont fait un point d'honneur de le savoir parfaitement. Nous voulons et nous devons la conserver. Et alors, au nom de quels principes serait-il banni des familles et des écoles ? Certains actes regrettables sont à la veille de dégénérer en une guerre dont les conséquences peuvent être des plus désastreuses. C'est une guerre que je voudrais voir éviter à tout prix. Canadiens d'origine anglaise et d'origine française, nous sommes faits, non pour nous combattre, mais pour nous unir et travailler ensemble au progrès et à la prospérité de notre patrie. [...] Pour le moment, il ne s'agit pas simplement, à mon sens, d'une question particulière ou d'un règlement scolaire. C'est toute la question de la liberté de la langue française que j'ai en vue. Si cette liberté n'est pas reconnue, qu'on la réclame, qu'on la défende par tous les moyens que la légalité permet ; mais toujours avec calme, sans blesser ou insulter aucun adversaire, avec le plus grand respect pour l'autorité religieuse et civile, comme il convient à toute noble lutte faite pour le triomphe de la justice et du droit. Oui, que la lutte soit digne et ferme. Si elle doit être longue, peu importe. J'ai foi dans l'avenir. Le triomphe est assuré et je l'attends.

Philippe Landry, président du Sénat, est l'un des orateurs invités. Ardent défenseur des droits des francophones, il lance un vibrant appel : « Canadiens français qui m'écoutez, voulez-vous contribuer à sauver la Confédération elle-même en sauvegardant les droits de la minorité éprouvée ? Venez alors au secours de vos frères de l'Ontario, et pour le triomphe de leur cause, apportez généreusement la souscription que vous suggère votre patriotisme éclairé. Nous voulons faire décider si, pour nous, la Confédération a été un pacte ou un piège d'infamie. »

Les souscriptions pour les blessés de France et d'Ontario vont de pair. En août 1915, le Fonds patriotique canadien aura recueilli 4 868 000 $, alors que l'autre ne dispose encore que de 22 110 $.

L'Assemblée législative de la province de Québec n'est pas indifférente à la question scolaire ontarienne. Le 11 janvier 1915, le premier ministre Gouin établit un parallèle entre ce qui se passe en Europe et la situation en Ontario :

> Pendant qu'en Europe, Anglais et Français luttent à l'envie pour le triomphe de la justice, pendant que sur les champs de bataille, Français et Anglais versent généreusement leur sang pour qu'il n'y ait plus d'opprimés en Europe et que la paix soit assurée aux générations de demain, pourquoi faut-il que leurs frères d'Ontario se divisent sur l'opportunité d'enseigner aux enfants d'une minorité la langue des découvreurs de ce pays et qui est aussi celle d'un peuple pour lequel l'Empire joue en ce moment le sort de ses flottes, de ses armées, de ses colonies, de sa vie nationale. Loin de moi la pensée de m'interposer entre le gouvernement et la minorité de la province voisine et Dieu me garde de prononcer une seule parole qui pourrait ajouter à la division que nous déplorons, mais je ne puis oublier que ce sont les Canadiens anglais de l'Ontario et les Canadiens français du Québec qui ont d'abord fondé l'édifice puissant qu'est le Dominion. [...] Au nom de la justice et de la générosité dont l'Angleterre a donné tant de preuves et qui ne peuvent manquer d'animer tout citoyen véritablement britannique, comme au nom des luttes qu'ont soutenues nos pères pour ouvrir à la civilisation les riches domaines qui sont notre patrimoine commun, je demande qu'on fasse justice à la minorité française de l'Ontario et même qu'on soit généreux avec elle.

Pour bien montrer la bonne entente qui existe au sein de la députation québécoise, deux députés anglophones, William Stephen Bullock, de Shefford, et John Thom Finnie, de Saint-Laurent, présentent, le 13 janvier, une motion sur la question scolaire :

> Que cette Chambre, sans déroger aux principes de l'autonomie provinciale et sans vouloir en aucune façon intervenir dans les affaires des autres provinces de la Confédération, constate avec regret les divisions qui semblent exister parmi la population de la province de l'Ontario au sujet des écoles bilingues, et croit qu'il est de l'intérêt du Dominion en général que toutes les questions de ce genre soient envisagées à un point de vue large, généreux et patriotique, se rappelant toujours que l'un des principes fondamentaux de la liberté britannique dans tout l'Empire est le respect des droits et des privilèges des minorités.

La motion est adoptée à l'unanimité et le ministre sans portefeuille John C. Kaine fait parvenir une copie de la résolution à Mgr Fallon. Ce dernier lui répond le 26 janvier 1915, en vantant les mérites du règlement 17 : « Je considère le règlement 17 tant discuté comme une solution juste et équitable ; je l'ai déjà affirmé en public et en privé et je suis prêt à le faire encore si l'occasion l'exige. »

Décidément, plusieurs membres du clergé catholique d'origine irlandaise ne veulent pas démordre de leur intention de faire disparaître la langue française de leur diocèse. D'ailleurs, ils constituent une menace beaucoup plus dangereuse que les Orangistes, puisqu'ils se drapent du manteau de la religion. On le voit d'ailleurs le 13 février, alors que le curé de la paroisse Saint-Patrick, à Ottawa, fait publier dans l'*Ottawa Journal*, une lettre ouverte à Gouin et au cardinal Bégin. L'historien franco-ontarien Robert Choquette résume ainsi le contenu du document :

> Il commence par rejeter l'argument des Canadiens français voulant que la langue soit la gardienne de la foi ; il s'en prend à leur esprit d'agression et à leur invasion belliqueuse du sol ontarien au cours du dix-neuvième siècle, prétendant qu'ils s'étaient emparé des écoles primaires et qu'ils avaient brutalement imposé le français aux enfants anglais. Il attaque Mgr Duhamel pour avoir organisé et dirigé les forces françaises qui importaient du Québec leurs petites *lois gallicanes* et *leurs querelles de famille pleines de rancœur* ; il accuse *les hordes d'envahisseurs du Québec* d'avoir témérairement pillé le territoire anglais.

Whelan termine sa missive par un ultimatum : « Nous n'allons pas permettre aux promoteurs bilingues d'un financement démentiel de dilapider l'argent de nos électeurs. »

Fallon vient à son tour brandir le drapeau de la guerre sainte. Le 16 février, il écrit au trésorier provincial de l'Ontario, Thomas William McGarry : « Cette agitation n'a qu'un seul but : établir graduellement un réseau d'écoles françaises en Ontario, l'objet ultime étant de faire de l'Ontario une province française, au sein d'une république française occupant les rives du Saint-Laurent. [...] Si le gouvernement provincial d'aujourd'hui cède un millionnième de pouce de sa position déclarée, il n'est pas imprudent de prédire que la population ontarienne va fournir le divertissement politique le plus vivant de son histoire. »

À l'instar de l'Assemblée législative de la province de Québec, le Sénat étudie une motion présentée par L.-O. David, demandant que justice soit faite en Ontario. Le débat déborde la Chambre haute et un député déclare à la réunion de la Grande Loge d'Orange de l'Est de l'Ontario, le 17 mars : « Jamais nous ne laisserons les Canadiens français implanter dans l'Ontario le dégoûtant parler dont ils se servent. »

Le 19 mai, Bourassa, au Monument national, demande que Rome intervienne pour signifier au clergé irlandais la conduite à tenir sur la question linguistique. Son attaque est violente:

> Quant aux prélats et aux prêtres qui s'unissent aux pires ennemis de l'Église pour arracher aux Canadiens français la libre jouissance de leurs droits naturels, garantis par l'histoire, la civilisation et la pratique des nations civilisées, ils manquent à leur double devoir de pasteurs catholiques et de sujets britanniques. [...] Au lieu de persécuter le plus ancien et le plus fidèle peuple de l'Amérique, que n'appliquent-ils leur ardeur combative à sauver les milliers de catholiques de langue anglaise que les mariages mixtes, la fréquentation des écoles neutres et la littérature protestante ou matérialiste jettent chaque année dans l'immense armée des incroyants, adorateurs du veau d'or? [...] Les actes dont nous souffrons, quel que soit le caractère de leurs acteurs — et je n'incrimine pas la bonne foi de ces auteurs — ne relèvent ni de l'autorité épiscopale ni du caractère sacerdotal. Ce sont des actes individuels, posés en dehors de leur magistère apostolique, mais qui constituent un péril pour la foi de plusieurs. Il est temps que Rome, mère et protectrice de tous les catholiques, le sache nettement.

L'assemblée adopte ensuite quelques résolutions que le sénateur Philippe Landry doit transmettre aux Franco-Ontariens: sympathie et solidarité de tous les Canadiens adhérant à leur cause.

Sur l'autre front

Le 9 février 1915, les soldats canadiens cantonnés à Salisbury Plain, en Angleterre, quittent l'île à destination de la France où ils doivent combattre. Le 22 avril, ils participent à la deuxième bataille d'Ypres, dans les Flandres. Les Allemands, malgré les Conventions de La Haye, utilisent des gaz au chlore comme armes offensives. L'historien militaire D. J. Goodspeed décrit ainsi les effets de cette arme sur les soldats:

> Des nuages vert olive de gaz mortel se forment et progressent vers les tranchées algériennes à gauche du secteur canadien. Les hommes réduits à l'impuissance s'affaissent sur les retranchements, l'écume aux lèvres, agonisant, secoués de nausées; des centaines d'autres, poumons en feu, meurent suffoqués; les silhouettes sombres courent aveuglément dans le nuage de vapeur gazeuse cherchant un moyen de s'échapper qui ne peut déboucher que sur l'arrière; et, comme par magie, une brèche de quatre milles s'ouvre immédiatement au nord du secteur canadien. Nos troupes n'en savent rien, mais heureusement les Allemands s'arrêtent, après une avance de deux milles.

Le lendemain, le combat reprend à Saint-Julien, où les Allemands utilisent encore une fois des gaz. Les pertes sont lourdes et il faut trouver moyen de remplacer les morts et les blessés. La deuxième bataille d'Ypres aura coûté 6035 hommes.

En mai 1915, plusieurs bataillons, dont le 22e, composé de 36 officiers et de 1097 hommes, traversent en Europe. Le 23 mai, l'Italie entre en guerre, alors que les États-Unis conservent toujours leur statut de neutralité. Au Canada, le recrutement de volontaires ne répond pas aux objectifs fixés. Et le Québec se fait toujours remarquer par son manque d'enthousiasme. Le 15 juillet, raconte Robert Rumilly, « deux industriels, Charles C. Ballantyne, directeur de la Sherwin-Williams Paint Company, et A. D. Dawson, de la Canadian Cotton Company, avertirent qu'ils n'embaucheraient plus les jeunes gens d'âge militaire, qui devraient être au front ». Un tel geste déplaît à la population francophone. Le 23 juillet, au parc Lafontaine, la foule empêche les orateurs favorables à une certaine conscription de parler. Ils sont hués au cri de « À bas la conscription ! ».

La *Montreal Gazette*, dans son édition du 26, dénonce l'agitation populaire :

> Plusieurs assemblées convoquées pour encourager le recrutement ont été interrompues par le cri : « Pas de conscription ! » Il semblerait qu'il s'est produit en certains quartiers un mouvement concerté afin de créer l'impression que les Canadiens vont être forcés de s'enrôler pour le service à l'étranger. Le but des organisateurs de ce mouvement ne peut être bon. Aucun article de loi n'autorise la conscription ou l'enrôlement forcé pour les guerres étrangères ; et le Parlement n'adoptera pas et ne doit pas adopter un tel dispositif. Ceux qui entravent le travail patriotique des officiers recruteurs par des cris de cette nature sont mal renseignés et leur action est malfaisante.

Le même jour, Bourassa, dans *Le Devoir*, répond :

> Le gouvernement a porté successivement le chiffre des troupes destinées à la guerre européenne de cinquante mille hommes à cent mille, puis à cent cinquante mille ; et il a déclaré qu'il maintiendrait ces effectifs. On a même fait dire à M. Borden que le Canada fournirait à l'Angleterre cinq cent mille soldats. Même si le gouvernement s'en tient au chiffre de cent cinquante mille, et que les troupes anglaises et canadiennes continuent d'être massacrées comme elles l'ont été à Langemark, il faudra, pour peu que la guerre se prolonge, enrôler au moins 250 000 hommes. Si le recrutement volontaire ne suffit pas à remplir ces cadres, le gouvernement va-t-il faire savoir aux autorités impériales qu'il ne peut faire honneur à sa signature ? Il est plus probable qu'il exécutera le programme annoncé par le colonel

Wilson: il aura recours à l'enrôlement forcé. Et quelle objection pourront formuler tous ceux qui ont affirmé que c'est le devoir du Canada de prêter main-forte à la Grande-Bretagne? [...] Il n'est sans doute pas à propos d'effrayer le peuple inutilement; mais il est plus réprouvable encore de le leurrer d'illusions et de lui cacher les conséquences possibles et même probables de l'attitude et des engagements pris par ses gouvernants. Du reste, le régime de la conscription vaudrait mieux que le système de chantage et d'intimidation inauguré par M. Ballantyne. [...] Ont seuls le droit de combattre logiquement la conscription ceux qui nient l'obligation légale et morale du Canada à participer à la guerre actuelle et aux armements de la Grande-Bretagne.

Le 26 juillet au midi, une échauffourée éclate au Champ-de-Mars de Montréal. Des orateurs dénoncent la conscription possible, ce qui n'a pas l'heur de plaire à un militaire «qui, grimpé sur la bordure de pierre, menaçait, le revolver au poing, de faire feu sur la foule». La situation se détériore alors qu'une dispute éclate entre un Juif et un Canadien français «au sujet de l'enrôlement forcé et du péril juif; les agents s'approchèrent pour arrêter le Canadien, mais celui-ci, qui était un colosse, en envoya plusieurs mordre la poussière. Finalement, huit agents de police eurent raison de l'athlète.» Certains orateurs, par leurs propos, avaient fait monter la pression dans l'assistance, car ils ne s'étaient pas contentés de parler contre la conscription, ils avaient aussi tenté de démontrer les dangers de l'immigration juive. D'où la source de la querelle entre les deux personnages.

En 1915, bien des francophones n'ont pas encore trouvé les raisons qui les inciteraient à aller se battre en Europe. Ils sentent que l'armée ne respecte pas complètement leur langue et que les officiers canadiens-français ne peuvent accéder à des postes de responsabilité. Bourassa et d'autres nationalistes leur ont démontré que le front de l'Ontario était peut-être aussi important que le front européen. Enfin, ils sentent bien que l'industrie de guerre favorise plus les industriels anglophones que les francophones, plus l'Ontario que le Québec. Un exemple parmi d'autres illustre la situation. Des francophones de l'Est de la province de Québec réclament pour un des leurs le poste de surintendant de la division Mont-Joli-Campbellton de l'Intercolonial, poste devenu vacant. L'historien Rumilly cite une lettre du député fédéral de Rimouski, Herménégilde Boulay, à ce sujet:

On nous ostracise systématiquement de toutes les charges et de tous les emplois publics, on nous traite comme des parias et des ilotes, on s'empare de toutes les plus belles fonctions du pays, ne laissant aux Canadiens français que les petits salaires ou le rôle de pelleteurs de neige ou de messagers. Et nous irions nous faire tuer pour plaire à ces messieurs qui nous écorchent tout vifs? Messieurs les francophones, je dois vous avertir qu'il y a un bout à la patience des Canadiens français. [...] Le bâton, le fouet et les cailloux si chers aux Irlandais peuvent aussi se manier avec des mains de Canadiens français. Nous sommes le nombre, Canadiens français! Il est temps, il est urgent de nous faire justice à nous-mêmes.

La menace de Boulay n'aura pas de suites, et la menace de conscription deviendra de plus en plus présente!

La conscription

AU DÉBUT DE L'ANNÉE 1916, la conscription n'a pas encore été imposée au Canada. On espère toujours que l'inscription volontaire sera suffisante pour combler les vides laissés dans les rangs des troupes qui se battent en Europe. Le 12 janvier, un arrêté du Conseil des ministres du Canada porte à 500 000 le nombre d'hommes devant composer la milice. On fait appel à plusieurs personnalités pour inciter la jeunesse à prendre les armes. Le 7, l'archevêque Bruchési avait déclaré lors de la bénédiction de l'hôpital offert par l'Université Laval pour le soin des blessés en Europe :

> Le Canada n'est pas immédiatement attaqué dans cette guerre, mais il l'est médiatement. Il est menacé, et c'est pourquoi il faut le défendre. Aussi, nous avons fait notre devoir. [...] Nos jeunes gens se sont présentés en grand nombre. Librement. Il n'y a pas eu de conscription, il n'y en a pas encore au pays, et j'espère qu'il n'en sera jamais question. Nos jeunes gens sont plein de foi. Il y a deux causes qu'ils peuvent servir jusqu'à répandre leur sang : la cause de la papauté et la cause de l'humanité. Ici, c'est l'humanité qu'il faut sauvegarder, et nos braves sont accourus au secours de la liberté. Voilà pourquoi ils se sont offerts, et voilà pourquoi ils se battent aujourd'hui dans les tranchées de France.

Pour certains nationalistes, il est inutile d'aller se battre à l'étranger tant que les Franco-Ontariens n'auront pas obtenu justice. Armand Lavergne répète encore une fois le mot d'ordre à l'Assemblée législative de la province de Québec, le 13 janvier :

> Si nous devons conquérir nos libertés, c'est ici que nous devons rester. Ce n'est pas dans les tranchées des Flandres que nous irons conquérir le droit de parler français en Ontario si nous n'avons pu l'obtenir ici, nous qui avons conservé le Canada à l'Angleterre quand les marchands anglais de Québec fuyaient à l'île d'Orléans. [...] Je dis et je ne crains pas que mes

paroles soient répétées n'importe où, que tout Canadien français qui s'enrôle manque à son devoir. Je sais que ce que je dis est de la haute trahison. Je peux être jeté en prison demain, mais je ne m'en inquiète pas. Ils nous disent qu'il est question de défendre la liberté et l'humanité, mais ce n'est qu'une farce. Si les Allemands sont des persécuteurs, il y a pire que les Allemands à nos portes mêmes. J'irai plus loin. Je dirai que chaque sou dépensé dans le Québec pour aider à l'enrôlement des hommes, est de l'argent volé à la minorité de l'Ontario. [...] Je ne crains pas de devenir un sujet allemand. Je me demande si le régime allemand ne pourrait pas être favorablement comparé à celui des Boches de l'Ontario.

Dans plusieurs écoles du Québec, les enfants sont plus sensibles à ce qui se passe dans la province voisine que sur les champs de bataille. Les élèves confiés aux soins des Clercs de Saint-Viateur, sous l'incitation de leurs maîtres, « offrent des étrennes à leurs petits frères persécutés de l'Ontario ». L'archevêque Bruchési, lors d'une réunion des zélateurs du Fonds patriotique canadien, tenue à Montréal le lundi 24 janvier, rappelle l'union qui existe entre les deux fronts :

> On dit que la question de notre participation à la guerre et celle des écoles d'Ontario n'avaient aucun rapport. En soi, oui ; dans les faits, non. Les deux choses se tiennent. Il suffit pour s'en convaincre de constater le malaise profond qui règne parmi nous et se généralise. Une solution s'impose. Qu'y a-t-il au fond ? Deux cent mille hommes, glorieux de leur titre de sujets britanniques, fidèles à leur roi et à leur patrie, se faisant un point d'honneur de parler l'anglais, demandent simplement à parler aussi la langue de leurs ancêtres, la belle et douce langue française, et à l'enseigner librement à leurs enfants. C'est tout. La réponse appartient aux hommes de bonne volonté.

Le *Morning Chronicle* de Québec prône lui aussi une solution rapide au problème scolaire au nom du *fair play* britannique. « Après tout, lit-on dans l'édition du 28 janvier 1916, nous qui sommes anglais et qui vantons si souvent notre *british fair play*, devrions sûrement reconnaître que l'amour des Canadiens français pour leur langue et leur désir de la conserver à leurs enfants est non seulement légitime, mais aussi honorable. Aucun homme qui a le sens de la justice ou des principes ne conteste cela. » Malheureusement, la majeure partie de la presse ontarienne tient un tout autre langage, d'autant plus que le personnel enseignant des écoles bilingues de la capitale fédérale vient de déclencher une grève « à la suite du refus de la commission gouvernementale de leur payer leur traitement ».

Au Québec, on met sur pied une campagne de boycottage des produits venant de l'Ontario. « On renvoyait sans les ouvrir, aux maisons Eaton et

Simpson à Toronto, leurs tarifs-albums [catalogues] pour les achats et ventes par correspondance», écrit l'historien Mason Wade. Plus de 600 000 personnes signent une pétition demandant le désaveu du règlement 17.

La Chambre des Communes est saisie du problème, le 9 mai, alors que le député libéral Ernest Lapointe présente une résolution pourtant inoffensive :

> La Chambre, en cette époque de sacrifices et d'anxiété universels, alors que toutes les énergies devraient concourir au succès de nos armes et, tout en reconnaissant pleinement le principe de l'autonomie provinciale et la nécessité qu'il y a, pour chaque enfant, de recevoir une instruction anglaise complète, invite respectueusement l'Assemblée législative [de l'Ontario] à la sagesse de bien définir que les privilèges qu'ont les enfants de lignée française de recevoir leur instruction dans leur langue maternelle ne soient pas violés.

Les ministériels font valoir que le gouvernement fédéral ne peut intervenir dans une affaire de juridiction provinciale. Quant à Laurier, il fait appel à la bonne volonté et à la compréhension mutuelle :

> Je désire que chaque enfant de la province d'Ontario bénéficie d'une éducation en langue anglaise. Où qu'il aille sur le continent, je veux qu'il soit en mesure de parler la langue de la majorité des gens sur ce continent. Aucun citoyen sur ce continent n'est armé pour la lutte pour la vie à moins qu'il ne possède une éducation anglaise. Je veux que tout enfant ait une éducation anglaise. [...] Maintenant je suis rendu au point où je veux parler à mes compatriotes de la province d'Ontario. Lorsque je demande que chaque enfant de ma propre race reçoive une éducation en langue anglaise, nous refuserez-vous le privilège de nous instruire également dans la langue de nos pères et mères? C'est tout ce que je demande aujourd'hui ; je ne demande rien de plus que cela. Je vous demande simplement, mes compatriotes, sujets britanniques comme moi-même, si, lorsque nous disons que nous devons faire apprendre l'anglais aux nôtres, vous répondrez : «Vous avez droit à l'anglais et rien de plus? »

Le débat sur la motion Lapointe se termine à quatre heures du matin, le 11 mai, par un rejet de 107 voix contre 60. Quelques jours plus tard, soit le 20 mai, lors d'une assemblée publique, Armand Lavergne propose une solution originale : «Nous serions prêts à laisser le règlement de la question scolaire ontarienne aux membres du comité protestant de l'instruction publique du Québec, à cette seule condition que les règlements qu'ils édicteront pour l'enseignement du français aux petits Canadiens français de l'Ontario s'appliqueront ensuite à l'enseignement de l'anglais aux petits Anglo-Canadiens du Québec. »

Comme la légalité du règlement 17 est soumise aux tribunaux, plusieurs se retranchent derrière le *sub judice* pour ne pas prendre position. Mais l'affaire s'annonce mauvaise pour les Franco-Ontariens, puisque la Cour suprême de l'Ontario avait jugé, le 2 avril, que le règlement était valide. Les francophones portent alors leur cause devant le Conseil privé.

Peu d'attraits pour les armes

Au tout début du mois de mars 1916, le brigadier général E. W. Wilson, commandant militaire du district de Montréal, se plaint de l'apathie du public face au recrutement, tant chez les francophones que chez les anglophones. « Il y a à Montréal, dit-il, des milliers de jeunes hommes aptes au service militaire et qui ne songent pas à faire leur devoir. Il faut trouver un moyen de les enrôler. » Au même moment, à Londres, un millier de jeunes, membres de l'association No Conscription Fellows, jurent qu'ils ne prendront pas les armes.

À Montréal, les pelotons de recrutement du 148e régiment développent une nouvelle technique d'approche : un sergent, accompagné de quatre hommes, s'installe au coin d'une rue et interpelle ceux qui semblent en âge de porter les armes : « Pourquoi n'êtes-vous pas en kaki ? Pourquoi ne vous enrôlez-vous pas ? » Certains piétons acceptent mal d'être ainsi questionnés et protestent plus ou moins violemment.

Certains agents recruteurs engagent des jeunes de moins de seize ans et ce, sans le consentement des parents. Ovide Carle, du Cap-de-la-Madeleine, traîne devant les tribunaux le major Firmin Bissonnette en vertu d'un bref d'*habeas corpus*, parce que son fils Joseph-Henri, alias Roméo, âgé de quinze ans, a été enrôlé dans le 150e bataillon et expédié à Amherst, en Nouvelle-Écosse. Le jeune homme reviendra chez lui, mais aux frais de son père !

En haut lieu, on note que les francophones s'enrôlent peu.

Le 14 mars, rapporte Wade, le général de brigade James Mason, sénateur conservateur, présenta au parlement une analyse de la situation du recrutement et demanda l'immatriculation nationale ou la conscription. Ses chiffres, recueillis grâce au recensement et avec l'aide des autorités militaires, montrèrent que 249 000 hommes sur un total de 1 500 000 mobilisables, s'étaient enrôlés. Il estimait que 63 pour cent des recrues étaient de naissance britannique, 30 pour cent de naissance canadienne et les autres 7 pour cent de naissance étrangère. Des recrues de naissance canadienne, il estimait que 85 000 (28,5 pour cent du total enrôlé) étaient de langue anglaise, tandis que 12 000 (4,5 pour cent du total enrôlé) étaient de langue française. Les Canadiens français, constituant 40 pour cent des mobilisables, n'avaient ainsi fourni que 4,5 pour cent des recrues.

Le jour même où Mason présente son bilan, une importante délégation de l'Ontario et du Manitoba demande au premier ministre Borden d'imposer la conscription. La veille, la législature du Nouveau-Brunswick avait adopté à l'unanimité une résolution demandant au gouvernement fédéral de « passer une loi appelant sous les drapeaux tous les hommes d'âge à porter les armes et d'établir un système d'enrôlement en tenant compte des besoins agricoles, industriels et du transport du pays et des besoins des personnes dont les hommes maintenant en service sont les soutiens ».

Selon le *Canadian Annual Review* de 1916, le nombre d'enrôlés atteint les 127 000 au cours des 5 premiers mois de l'année. « Le Québec n'avait levé qu'un quart de ses quotas, les Maritimes la moitié, l'Ontario les sept-neuvièmes. Seules les provinces de l'Ouest l'avaient dépassé. » Les analystes considèrent que les deux principales raisons qui expliquent l'attitude des Québécois sont : la question scolaire et l'opposition du clergé rural à l'enrôlement.

Le 5 juin, *Le Soleil* bat campagne en faveur de l'armée : « C'est en nous enrôlant en grand nombre et en formant de bons bataillons canadiens-français que nous réussirons à résoudre amicalement et fructueusement la question d'Ontario. » Mais le problème est que Sam Hugues, le ministre de la Milice, est peu favorable à l'établissement de régiments composés uniquement de francophones. Il préfère les disperser dans des unités mixtes à majorité anglophone. Au camp de Valcartier, les autorités militaires avaient eu quelques problèmes de discipline avec deux bataillons uniquement composés de Canadiens français et certains officiers avaient été renvoyés. Le 15 juillet, le lieutenant-colonel Tancrède Pagnuelo, commandant du 206ᵉ bataillon, déclare à ses hommes :

> C'est une vengeance parce que vous êtes des Canadiens français et qu'il y eut quelques petites erreurs çà et là. En ce qui vous concerne, ils vous expédient aux Bermudes où vous serez soumis à un dur traitement et rendus misérables par la chaleur. En ce moment, la discipline militaire m'empêche de parler mais, si vous êtes assez malins pour lire entre les lignes, vous saurez quoi faire. Je vais donner des passes à tous et soyez sûrs que le peu d'argent que vos amis ont souscrit au fonds du régiment ne servira pas à courir après ceux qui ne reviendront pas.

Plusieurs miliciens du 206ᵉ désertent et l'officier est condamné à six mois d'emprisonnement !

Le manque d'intérêt des francophones pour l'armée est d'autant plus surprenant que l'autorité religieuse locale prétend que Dieu appuie les Alliés. Le 8 août 1916, l'archevêque Bruchési, à l'occasion du 19ᵉ anniversaire de son sacre, parle de la position de l'Être Suprême dans le conflit :

Il n'est pas possible de douter de quel côté sont le droit et la justice dans cette terrible guerre. D'un côté sont nos ennemis, qui ont été les agresseurs, les violateurs des traités et de l'honneur, tandis que, de notre côté, sont les défenseurs de l'harmonie parmi les nations et les champions du droit et de la justice. Ce ne sont pas les hommes et les canons qui auront le dernier mot, mais le Dieu tout-puissant et, comme ce Dieu est le Dieu de la justice et du droit, il fera en sorte que le droit et la justice à la fin triomphent.

Les agents recruteurs font face à une hostilité de plus en plus ouverte. Mais il est vrai qu'ils deviennent eux aussi plus provocants. Le 23 août, un incident éclate à Montréal. Un militaire, qui haranguait la foule à la Place d'Armes, aurait insulté les Canadiens français. Un chef ouvrier, L. J. N. Pagé, monte sur la tribune et lance à l'intention des militaires :

> Vous avez le droit de nous combattre, vous n'avez pas le droit de nous insulter. Si vous voulez aller vous battre, allez-y. Quant à moi, je n'irai pas, et aurais-je 20 ans ; je n'irais pas non plus. Si la conscription vient, nous nous laisserons peut-être broyer, mais nous n'accepterons pas la conscription. Lorsqu'on vient tous les jours insulter toute une population, nous devons avoir assez de cœur pour protester et assez de bon sens pour savoir ce que nous faisons. Canadiens français, fondateurs de l'Amérique du Nord, il est temps de nous faire respecter et d'empêcher que l'on ne nous bafoue plus comme on le fait en certains endroits, notamment en Ontario.

Le lendemain, les enrôleurs continuent à haranguer la foule et des militaires parcourent l'assistance pour tenter de convaincre les jeunes de s'enrôler. Un agent de police veut arrêter un soldat trop bruyant. Mal lui en prend, car les « défenseurs de la liberté » se jettent sur lui et le rouent de coups. Des civils s'en mêlent. Des renforts de police arrivent alors que des militaires brandissent des baïonnettes. Les autorités civiles et militaires décident d'instituer une enquête mais, entre-temps, le colonel Fages ordonne l'interruption des assemblées de recrutement, déclarant : « Il n'y a pas de doute que ces troubles sont dus à la conduite insensée de quelques recruteurs. Dorénavant, nous n'aurons plus pour remplir ce poste que des gens fiables et de beaucoup de tact. »

Les assemblées recommencent le 1er septembre après que le ministre fédéral de la Justice, Charles Joseph Doherty, eut déclaré qu'un agent recruteur ne pouvait être dérangé dans ses fonctions par aucune autorité, quelle qu'elle soit. Mais on se rend compte que les assemblées sont de moins en moins efficaces. Le lieutenant-colonel C. C. Ballantyne recommande, le 18 septembre, « de voir les patrons des établissements industriels qui pourraient, par l'intermédiaire des surintendants, parler à leurs employés». À Ottawa, on suggère de suspendre la loi des aubains, d'interrompre les travaux publics et d'encourager le travail des femmes en usine, comme moyens de convaincre les hommes de s'enrôler. L'arrêté ministériel nommant Thomas Tait au poste de directeur général du Service national de recrutement énumère les trois objets principaux du service :

> 1. De stimuler le recrutement et de coordonner dans ce but toutes les organisations, officielles ou autres, qui étaient engagées dans le recrutement ; 2. de constituer une autorité pour déterminer si les services de quelque personne sont d'une plus grande valeur à l'État dans son emploi actuel ou dans le service militaire ; 3. de pourvoir à l'émission d'écussons aux personnes honorablement exemptées du service militaire, aux personnes exemptées pour raisons physiques et aux personnes exemptées vu les services qu'elles rendent à l'État dans leur emploi présent.

Les contrôles sont de plus en plus nombreux et on sent que le gouvernement établit graduellement les moyens qui lui permettront, un jour, d'ordonner la conscription. Le *Toronto Star* du 26 septembre 1916 révèle que neuf ministres du cabinet Borden sont en faveur de la coercition et sept contre. En attendant, on placarde les poteaux d'affiches invitant la population à s'enrôler. Le 4 octobre, un nouvel incident se produit à Montréal qui fera son tour de presse pancanadien. Comme c'est l'ouverture des cours, les étudiants de l'Université Laval à Montréal se rendent à la cathédrale assister à la messe du Saint-Esprit. En cours de route, un carabin arrache une des pancartes «dont on se sert pour activer l'enrôlement». Des policiers se jettent sur l'étudiant et le mettent aux arrêts ainsi que trois de ses compagnons. On commence à s'agiter et des représentants des forces de l'ordre envahissent la cathédrale en jouant du bâton. Indignés, les étudiants se rendent à l'hôtel de ville où le maire, Médéric Martin, leur promet de sévir. Le *Journal* d'Ottawa, reproduisant un rapport de la *Canadian Press*, parle «d'une émeute contre le recrutement». Les étudiants de Laval protestent contre les faux rapports et écrivent au brigadier général E. W. Wilson :

> On nous accuse d'avoir délibérément manifesté contre le recrutement en abattant des affiches destinées à le promouvoir. Il se peut que quelques-unes de ces affiches aient été abattues par inadvertance à la suite de la bagarre entre étudiants et policiers. La présence injustifiable de la police et des voitures cellulaires, ce matin-là, surexcita les esprits et décida quelques étudiants à se servir de la plate-forme pour protester contre cette insulte qui nous était faite. La police en a conclu trop vite que cet acte devenait une démonstration antimilitariste. [...] Au nom de tous ceux que Laval a fournis à l'armée canadienne, au nom de l'hôpital Laval actuellement au front, nous protestons contre ce procédé déloyal.

Le 6 octobre, le Conseil municipal de Montréal se joint, par résolutions, aux protestations des universitaires.

La Presse publie une série d'articles tendant à démontrer que l'effort des francophones se compare avantageusement à celui des anglophones. Selon le quotidien, 1 pour cent de la population mâle canadienne-française était sous les armes, alors qu'en Ontario, ce pourcentage était de 2,5. Mason Wade résume ainsi les raisons que fait valoir *La Presse* pour expliquer la différence entre les deux pourcentages :

> Le rendement plus faible du Québec était attribué à l'indignation causée par la question scolaire de l'Ontario, à l'emprise anglaise sur le système de recrutement, au peu de chances des Canadiens français de recevoir de l'avancement ou des décorations, enfin au démembrement des unités canadiennes-françaises. Il fut souligné que l'Ontario avait davantage d'hommes célibataires et une population urbaine plus considérable. Il fut aussi indiqué que les Canadiens français ne s'engageaient que dans des unités combattantes, tandis qu'en Ontario beaucoup étaient entrés dans les services auxiliaires.

Une nouvelle étape

Les batailles de Saint-Éloi et d'Ypres, tout comme celle du Mont Sorrel, entre avril et juin 1916, ayant coûté à elles seules près de 10 000 hommes dont plusieurs Canadiens, tués, blessés ou disparus, il devient nécessaire, pour le Canada de connaître les effectifs disponibles. Un arrêté ministériel met sur pied la Commission centrale du Service national qui devra s'occuper de l'immatriculation nationale en janvier 1917. Selon le premier ministre Borden, de qui relève directement l'organisme, ce dernier a pour but « d'identifier et garder au Canada ceux qui pouvaient rendre de plus grands services en restant au pays et d'identifier et amener à servir au front ceux qui pouvaient et devaient servir ainsi ». S'adressant à la nation, le 23 octobre 1916, le premier ministre du Canada déclare : « Aux hommes en âge de porter les armes, je fais appel afin qu'ils se mettent d'eux-mêmes au service de l'État pour l'armée. À tous les autres, je fais appel pour qu'ils se mettent d'eux-mêmes, librement, à la disposition de leur pays, pour servir en mettant en œuvre leurs meilleures aptitudes. »

La population francophone du Québec craint que l'immatriculation soit la porte d'entrée de la conscription. Le 3 janvier 1917, l'archevêque de Montréal adresse une lettre aux fidèles de son diocèse pour les inviter à collaborer avec le Service national.

> Il ne s'agit pas de politique. Il ne s'agit pas non plus de conscription. Pour des raisons sérieuses et très sages, approuvées par des hommes éminents

indépendants de tous les partis, le gouvernement désire faire en quelque sorte l'inventaire de toutes les forces et de toutes les ressources, dont notre pays peut disposer au point de vue commercial, agricole et industriel. Les renseignements qu'il sollicite seront précieux durant la guerre. Ils le seront également après. À cette fin, un certain nombre de questions sont posées à tous les citoyens, âgés de seize à soixante-cinq ans. Il est de haute convenance que nous y répondions. Les réponses, venues de nos campagnes comme de nos villes, feront certainement voir dans la province de Québec des conditions familiales et sociales, un état de choses tout à son honneur. Ces réponses, vous les écrirez, nos très chers frères, en toute liberté, sincèrement et loyalement.

Le directeur du Service national, Richard Bedford Bennett, à la fin du mois de janvier 1917, se dit satisfait des résultats : « Quatre-vingts pour cent des hommes entre 17 et 45 ans avaient répondu. Québec n'avait que 79 700 hommes classés comme recrues possibles contre 186 252 en Ontario, probablement à cause du mariage précoce et des familles nombreuses. » Le Comité de recrutement canadien-français fait paraître des annonces dans les journaux demandant 100 000 hommes « pour compléter les cadres des troupes que [le gouvernement canadien] a promises à la Grande-Bretagne ». On offre gratuitement l'*Album illustré de la Grande Guerre*. Pour allécher la clientèle, l'annonce précise : « Chaque soldat qui s'enrégimentera recevra 1,10 $ par jour, sa femme recevra une allocation de 20 $ par mois, et de plus une allocation du Fonds patriotique pour elle et ses enfants. »

Le Québec n'était pas la seule province à répondre de façon plutôt tiède au recrutement. « Dans tout le Canada, écrit l'historien Desmond Morton, la plupart des personnes en âge de se battre ne se portèrent jamais volontaires. Les Canadiens de vieille souche et ceux qui vivaient sur des fermes, qui étaient mariés ou qui avaient un emploi étaient les moins susceptibles de s'enrôler. Ce n'était pas une coïncidence si les taux de recrutement des provinces maritimes se classaient à peine devant ceux du Québec. » L'inscription nationale fut un demi-échec dans plusieurs provinces. Pour l'ensemble du Canada, selon l'historien Morton, « un cinquième des bulletins ne revinrent jamais. Sur le million et demi de réponses, 286 976 seulement semblaient provenir d'hommes admissibles. À Winnipeg, un démarchage effectué après de 2000 personnes ne produisit pas un seul volontaire. »

Pour aider le financement de la guerre, le gouvernement fédéral avait organisé des emprunts de la victoire. Le 12 mars 1917, on lance le troisième emprunt de l'ordre de 150 millions de dollars portant intérêt à 5 pour cent. Le lendemain, le Board of Trade de Montréal demande l'imposition de la conscription. Le Montreal Women Club fait de même. La Ligue patriotique des intérêts canadiens, dont Anatole Vanier est le secrétaire, proteste « avec un énergique patriotisme ».

Le 14 mars, à Stratford, en Ontario, H. C. Hocken, le grand maître de la Grande Loge des Orangistes d'Ontario-Ouest, après avoir dénoncé les écoles bilingues, aborde la question de la participation des francophones à la guerre en cours.

> Je ne puis m'empêcher d'exprimer le ressentiment qui règne dans l'esprit de tout sujet loyal anglais du Canada contre le peuple du Québec, en ce qui a trait à la guerre. Tandis que notre existence, comme nation libre, est en jeu, il a fait preuve d'un esprit de déloyauté à l'Empire qui, je crois, aurait éclaté en révolte ouverte s'il avait osé recourir à pareille mesure. Quelques-uns des leaders du Québec ont, depuis l'ouverture des hostilités, proféré des menaces de rébellion. Si nous prenons les articles publiés dans les journaux et les discours des hommes publics du Québec comme le reflet des sentiments du peuple de la province de Québec, nous devons conclure qu'il n'a aucun amour pour l'Empire qui l'a protégé et lui a donné ses libertés sous les plis de son drapeau. La haine qu'il a contre l'Angleterre ne peut s'expliquer que par le fait que c'est la plus grande nation protestante de l'univers et que le peuple du Québec est si attaché à la Papauté qu'il se réjouirait de la destruction de la puissance de l'Angleterre.

Parlant ensuite de la rumeur de l'établissement d'une république française sur les bords du Saint-Laurent, l'orateur ajoute : « Si l'occasion devait se présenter, 250 000 orangistes, trop vieux pour aller combattre au-delà des mers, pourraient être enrôlés dans un mois pour détruire toute tentative qui pourrait être faite dans la province de Québec pour fonder une république. »

Au même congrès orangiste, Sam Hugues, que le premier ministre Borden avait congédié au mois de novembre 1916, dénonce le manque d'intérêt des Canadiens pour la guerre : « Le Canada s'est bien conduit, mais des Canadiens n'ont pas fait leur part. Ceux de nos amis, les Canadiens français, qui combattent dans les tranchées, sont courageux ; mais, dans l'ensemble, les Canadiens français n'ont point fourni un nombre raisonnable de soldats comme l'Ontario et les provinces de l'Ouest. Des centaines de jeunes Canadiens français m'ont déclaré qu'ils avaient refusé parce que le clergé catholique romain avait conseillé de s'en abstenir. » Et les auditeurs de s'écrier : « Honte ! Honte ! »

La Patrie, dans son édition du 22 mars, se prononce contre la conscription : « Il ne faut pas longtemps réfléchir pour découvrir que la conscription est un vulgaire épouvantail. Le service obligatoire ne peut être établi dans notre pays parce qu'il n'est ni nécessaire ni pratique, et parce qu'aucun des partis politiques qui actuellement nous gouvernent n'aurait la hardiesse ni la force requises pour l'imposer.» Mais on craint la conscription, surtout chez la jeunesse membre de l'ACJC. Montréal entre dans une période de lutte contre la coercition. Dans *Le Devoir* du 17 mars, on pouvait lire :

> De même qu'en temps d'épidémie, les maisons des pestiférés sont placardées, Montréal qui, ainsi que tout le reste du Canada, se trouve menacé d'une épidémie de conscription, s'est éveillé, ce matin, placardé en tous sens. «À bas la conscription! Down with conscription!» disent des centaines, des milliers de petits carrés de papier collés partout, dans les vitrines, sur les linteaux des portes, sur les poteaux, sur les affiches déteintes du recrutement, etc., etc. La ville est ainsi placardée en tous sens : de Westmount à Maisonneuve et de Villeray à la Pointe-Saint-Charles. On n'a pu savoir nulle part l'organisation qui s'est chargée de ce placardage.

Toujours le 17 mars 1917, le ministère de la Milice mobilise une partie de la milice pour le service au Canada. On veut enrôler 50 000 hommes, afin de combler, dans la milice active canadienne, les rangs que l'enrôlement dans les troupes expéditionnaires a «dégarnis». Le premier ministre Borden, qui séjourne en Europe pour une rencontre des autorités impériales et qui a visité les champs de bataille, vient de télégraphier à Ottawa :

> Le Canada a maintenant 130 000 hommes en France. Nous approchons la période la plus critique de la guerre et je me fais l'interprète du sentiment commun dans les tranchées, en faisant appel aux Canadiens d'appuyer de toutes leurs forces les propositions du ministère de la Milice au sujet de la formation d'une milice canadienne. Une réponse empressée à ces propositions est nécessaire pour maintenir toute la force militaire du Canada en intime coopération avec tout l'Empire, afin de la jeter dans la mêlée dans le plus court délai possible.

Cette même journée, une foule importante se réunit à Montréal pour protester contre la menace de conscription. Les orateurs clament : «Le Canada passe avant l'Empire.» Le lendemain, l'Association des citoyens de l'Est de Montréal exige un référendum sur la question de la conscription. Le maire Médéric Martin fait adopter par les membres du conseil de la métropole une série de résolutions dont celle-ci : «Que la mobilisation que les citoyens doivent encourager par tous les moyens possibles est celle des forces économiques de ce pays.» La Fédération des Clubs ouvriers de Montréal prend position dans le même sens. Au même moment, le gouvernement fédéral ordonne la fermeture de l'armurerie Ross, de Québec, qui fabriquait un fusil qui, dit-on, s'enrayait trop facilement, surtout sur un champ emboué. Pour Armand Lavergne, la raison est tout autre : «Le War Office a fermé l'armurerie Ross dans la crainte qu'en cas de conflit nous en usions contre l'Angleterre.»

L'agressivité des milieux anglophones devient de plus en plus ouverte. La *Gazette* de Montréal, dans son édition du 26 avril, y fait écho :

> Aucune des explications fournies n'est suffisante pour effacer le reproche qui pèse lourdement et justement sur Québec. Cette province ne peut espérer adopter et suivre une politique différente de celle adoptée et suivie par le reste du Canada. Les Canadiens français ne peuvent espérer être dans la Confédération et hors de la Confédération. Comme peuple, ils ont été, dans le passé, très jaloux de leurs droits et privilèges qu'ils défendent en vertu d'anciennes garanties. Ces droits ne valent-ils pas la peine d'être défendus ? Les habitants de Québec veulent-ils, à l'avenir, jouir de ces droits comme d'un cadeau, conservé par le sacrifice des autres ? Il serait extraordinaire que la carence de Québec en face de son devoir ne lui soit pas reprochée dans l'avenir ?

Pour le général François-Louis Lessard, le clergé catholique est en bonne partie responsable de l'apathie des francophones face à l'armée. Il déclare, dans une entrevue accordée à *La Patrie*, le 8 mai 1917 :

> La voix de l'autorité épiscopale s'est fait entendre, mais il ne paraît pas que le clergé ait cru devoir l'écouter aussi attentivement que nous l'attendions et la porter de clocher en clocher à l'oreille et à l'âme du peuple canadien-français. Le bas clergé a-t-il bien compris la responsabilité énorme qu'il assume en mettant, comme on le dit partout, une sourdine à l'appel hiérarchique de l'Église ? Pour ma part, je tiens à le dire, et je désire qu'on attache à mes paroles une portée que je voudrais leur donner, que nous attendions du clergé une coopération plus généreuse, conforme à sa grande influence sur nos destinées.

L'inévitable

Plus les semaines avancent, plus les pertes deviennent lourdes sur les champs de bataille. En mars 1917, pour 6640 recrues, on déplore 6161 pertes ; le mois suivant, le nombre des pertes atteint 13 477, alors que celui des recrues n'est que de 5530 hommes. En mai, la situation s'envenime : 13 457 pertes et 6607 recrues. L'augmentation des pertes est surtout due à la participation des soldats canadiens à la conquête de la crête de Vimy, un village français situé non loin de la ville d'Arras, dans la préfecture du Pas-de-Calais.

> La bataille de Vimy, écrit l'historien George F. G. Stanley, est le premier des grands assauts de 1917 auxquels les Canadiens prennent part. Ce n'est peut-être pas le combat le plus acharné ou celui qui a la plus grande portée stratégique de la guerre de 1914-1918, mais c'est le plus important pour le Canada, car il lui fournit sa première victoire totalement la sienne.

[...] Cette dernière [la crête] ne constitue pas un objectif élevé ni accidenté ; c'est plutôt une modeste colline, qui s'élève à cent vingt mètres au-dessus du niveau de la mer et qui rejoint la vallée de la Scarpe devant Arras. Mais c'est un endroit important, la clé de la position allemande.

Le début de l'attaque a lieu le 20 mars. Les combats qui durent trois mois se termine par une victoire canadienne, mais au prix de 10 000 morts ou blessés.

Avant même que le projet de loi établissant la mobilisation générale, appelée Loi du service militaire, ne soit déposé à la Chambre des Communes, plusieurs assemblées anticonscriptionnistes se tiennent un peu partout dans la province de Québec. On demande un référendum, on annonce la révolution, on placarde des papillons « À bas la conscription ! », etc. Le 24 mai, à Québec, devant des milliers d'auditeurs, Armand Lavergne attaque aussi bien les bleus que les rouges, les accusant d'être les grands responsables de ce qui arrive. « Je ne suis pas contre la conscription pour la défense du pays, déclare-t-il, mais je ne reconnais à aucun gouvernement le droit de nous imposer le service obligatoire pour prendre part aux guerres impériales. [...] Je n'accepterai pas la conscription, votée ou pas votée, décrétée par le gouvernement ou non. Je serai pendu ou fusillé, mais je demanderai toujours, avant la conscription, des élections et un référendum. »

L'archevêque Bruchési juge la situation assez grave pour demander aux fidèles de son diocèse de demeurer calmes. Malgré ses recommandations, la violence éclate à certains endroits. On brise des vitres, on proteste violemment. Laurier ne veut pas de la conscription, mais il sait que son attitude est risquée. Le 3 juin, le chef du parti libéral écrit à Newton Wesley Rowell, chef de l'opposition en Ontario :

> Si maintenant je vacillais, si j'hésitais ou je flanchais, je mettrais tout simplement la province de Québec aux mains des extrémistes. Je perdrais le respect du peuple auquel je me suis ainsi adressé et je le mériterais. Je ne perdrais pas seulement leur respect, mais aussi le respect de moi-même. [...] Laissez le peuple décider et, s'il décide en faveur de la conscription comme il semble qu'il le fera dans les circonstances présentes, si j'en juge par l'attitude de nos amis de l'Ontario, quelle que soit l'influence que je puisse avoir, elle sera employée pour plaider, auprès du peuple du Québec, que cette question a été réglée par le verdict de la majorité et que tous doivent accepter loyalement sa décision et se soumettre à la loi. Ce ne sera pas une tâche facile, mais une tâche à laquelle je consacrerai toute mon énergie.

L'attitude temporisatrice de Laurier n'est pas celle du maire de Toronto, Thomas Church, qui, lors d'une assemblée monstre au parc Queen le 2 juin, affirme :

Il est temps de mettre la province de Québec forcément à la raison. Tous ces Sinn-Feiners* du Québec devraient être internés ainsi que les soi-disant nationalistes et plusieurs de leurs journaux devraient être supprimés. C'est le moment d'agir de main ferme avec tous ces Sinn-Feiners. Le gouvernement est sur le point de se diviser sur les moyens à prendre pour traiter une telle province : un gouvernement de coalition avec les libéraux anticonscriptionnistes n'améliorerait point la situation. Le Canada va devenir un pays anglais quoi qu'en pense le Québec. Lorsque les *boys* reviendront des lignes de tranchées, ils auront vite fait de se venger des politiciens qui rampent devant une telle province. Québec, en temps de paix, a toujours été l'enfant gâté de la Confédération. Tandis qu'un certain nombre de citoyens du Québec ont fait leur devoir, la grande majorité d'entre eux ne s'est appliquée qu'à soulever les jalousies de race et de religion.

Church fait ici allusion à un gouvernement de coalition. Il est vrai que depuis la fin de décembre 1916, on songe à trouver des libéraux qui seraient prêts à participer à la direction du Canada. Borden souhaiterait que Laurier nomme près de la moitié des ministres d'un nouveau cabinet, afin de faire accepter plus facilement au peuple le projet de conscription. Mais le chef du parti libéral refusera un tel compromis.

Le 11 juin 1917, Borden présente son projet de mobilisation générale. Tous les sujets britanniques, âgés de 20 à 45 ans, qui résident au Canada ou y ont résidé depuis le 4 août 1914, sont astreints au service militaire actif. Exception faite pour les membres du clergé et certaines autres catégories.

Les hommes susceptibles d'appel sont divisés en six classes : (1) célibataires ou veufs sans enfants, de 20 à 34 ans ; (2) mariés ou veufs avec enfants ; (3) célibataires ou veufs sans enfants, de 35 à 40 ans ; (4) mariés ou veufs avec enfants, du même âge ; (5) célibataires ou veufs sans enfants, de 40 à 45 ans ; (6) mariés ou veufs avec enfants, du même âge. Tout homme des catégories ci-dessus peut être exempté pour les raisons suivantes : si son occupation habituelle ou toute autre occupation qui peut lui être assignée, le rend plus utile à l'arrière ; s'il est nécessaire qu'il continue ses études ; si un préjudice grave peut résulter de sa conscription, à cause de ses obligations ou charges de famille ; s'il est infirme ou de faible santé ; si ses convictions religieuses lui interdisent de porter les armes. Les demandes d'exemptions doivent être portées devant les tribunaux locaux, dont les décisions sont susceptibles d'appel à deux degrés. Il a été créé aussi un tribunal d'appel par province et enfin une cour d'appel centrale.

---

* Nom donné aux membres du Sinn-Fein, mouvement indépendantiste irlandais.

Les appels doivent se faire par classes, au moyen d'une proclamation du Conseil des ministres, et les hommes ainsi appelés sont, *ipso facto*, considérés comme étant en congé sans solde, jusqu'à leur incorporation effective. La loi limite ses effets à l'incorporation de cent mille hommes. Il est pourvu à des pénalités frappant les désobéissances à la loi, aussi bien qu'à l'incitation à y résister.

Le débat qui suit la déposition du projet de loi est long et pénible. Le 18 juin, Laurier demande que le tout fasse l'objet d'un référendum. Le député conservateur de la circonscription de Berthier, Joseph-Arthur Barrette, demande que le projet Borden soit reporté de six mois. Rien n'y fait. La grande majorité des conservateurs et un certain nombre de libéraux se prononcent en faveur de la conscription. En dehors de la Chambre, les assemblées en faveur ou contre le projet de loi se multiplient. Le 28 juin, 2500 citoyens du nord de Montréal assistent à une réunion convoquée par la Ligue des Fils de la Liberté. L'échevin Gordien Ménard déclare que « le devoir du Québec, c'est de résister à la conscription et d'aller jusqu'à sortir de la Confédération s'il le faut ». Le 30 juin, sous le titre « Le péril profond », le père oblat Rodrigue Villeneuve publie dans *Le Devoir* une lettre ouverte contre la mobilisation générale. Il rappelle que le gouvernement fédéral a déjà, en plusieurs circonstances, sacrifié les droits des francophones. Le religieux est contre la conscription pour des raisons morales :

> Le péril profond, c'est que notre jeunesse va connaître des expériences morales délétères et funestes, qu'elle va nous revenir avec des esprits blasés ou terre à terre, et des cœurs incapables de ces chastes et saines émotions, qui sont les ressorts de la vertu. Que, dans ces esprits, l'idéal français aura perdu son attirance et la foi de nos aïeux, sa sublimité. [...] Le mouvement de résistance politique, digne et ferme, qui s'organise et se manifeste, est d'une nécessité pressante. Les chefs qui le dirigent et les troupes qui le forment doivent être félicités. Ils font acte de vertu, de noblesse et de patriotisme.

Le 6 juillet 1917, le projet de loi sur la conscription est adopté en deuxième lecture par la Chambre des Communes, par 118 voix contre 55. Auparavant, les motions de Laurier et de Barrette avaient été rejetées. Laurier voit 26 députés de son parti voter avec les ministériels, alors que seulement 9 conservateurs défient la ligne de parti. « Combien d'hommes la conscription rassemblera-t-elle ? avait demandé l'ancien premier ministre. Rien que quelques fainéants, comme en Angleterre. Le nombre d'hommes que l'on peut arracher à l'agriculture et à l'industrie est infiniment petit. La conscription ajoutera à l'armée quelques fermiers et étudiants ; ce sera là le triomphe suprême du torysme, mais le torysme aura une fois de plus fait la preuve de son éternel esprit de domination. » Quelques jours plus tard, on adopte des règlements concernant la liberté de presse. Le *Star* de Sault-Sainte-Marie vient d'être interdit pour avoir écrit que la participation du Canada devait se limiter à la production de denrées alimentaires. Le *Réveil* et la *Liberté*, de Montréal, subissent le même sort. *Le Devoir* est cité devant un comité de la Chambre, mais on n'ose pas s'attaquer au journal de Bourassa que certains Ontariens voudraient voir fusillé.

À Ottawa, des députés et des fonctionnaires commencent à dénoncer d'importants hommes d'affaires qui profitent de la guerre pour s'enrichir. Le 13 juillet, le commissaire du coût de la vie remet un rapport au ministre du Travail révélant que l'entreprise Flavelle Limited, dont le président dirige aussi le Bureau impérial des Munitions, et la maison Matthews Blackwell Limited avaient réalisé des millions de dollars de bénéfices seulement en s'occupant des vivres des militaires. Au seul chapitre du bacon, ils avaient gagné 5 millions de dollars.

Le 24 juillet, par une majorité de 57 voix, le projet de loi sur la conscription est adopté en troisième lecture. Il sera ensuite étudié par les sénateurs qui l'approuveront à leur tour. Le 28 août 1917, il devient loi par la sanction royale. Ce que l'on craignait se produisit. La violence éclate au cours de la nuit du 8 au 9 août : des terroristes tentent de faire sauter à la dynamite la maison du baron Atholstan, autrefois Hugh Graham, le propriétaire du *Star* de Montréal. À trois heures cinquante du matin, les habitants de Cartierville sont réveillés par le bruit de l'explosion. Élie Lalumière, un des fondateurs de la Ligue des constitutionnels, sera mis aux arrêts, accusé de l'attentat. On soupçonnera des agents fédéraux d'avoir monté le coup pour justifier un coup de force contre la province de Québec !

On prépare le lendemain

Les dernières élections générales pour le Canada ont eu lieu en 1911. En effet, le gouverneur général, le duc de Connaught avait décidé qu'il n'y aurait pas d'élection en 1915, en raison de la guerre. Borden aurait aimé que la Chambre approuve une résolution reportant après la guerre le prochain scrutin, mais les députés ne s'étaient pas montrés chauds pour la mesure. Il songe donc à faire appel au peuple, mais l'adoption de la conscription lui enlève presque tout espoir de gagner la province de Québec à la cause conservatrice. D'autant plus que plusieurs cultivateurs des provinces de l'Ouest ne prisent pas la participation de leurs fils à la guerre. Pour s'assurer la conservation du pouvoir, les ministériels présentent, au cours de l'été de 1917, deux projets de loi concernant les élections. Le premier, la Loi sur le vote des militaires, accorde « le droit de vote à toute personne, de l'un ou de l'autre sexes qui, étant sujet britannique, résidant ou ne résidant pas habituellement au Canada (fût-il un Indien indigène) a pris du service actif dans les armées canadiennes de terre ou de mer ou qui s'est enrôlée au Canada, dans le Corps d'Aviation britannique, dans le Corps d'Aviation navale britannique ou dans la Flottille auxiliaire de Défense des Côtes ». Un article de la loi permettra au gouvernement d'affecter les votes non identifiés à une circonscription électorale de son choix... suivant les besoins de la cause !

Un autre projet de loi accorde le droit de vote « à toute femme possédant la qualification provinciale exigée d'un électeur du sexe masculin et qui est épouse, veuve, mère, sœur ou fille de toute personne des deux sexes servant ou ayant servi dans les armées de terre ou de mer, canadiennes ou britanniques, au cours de cette guerre ». Certains articles réglementent le droit de vote à quelques catégories de citoyens :

> Le droit de vote appartient à tout homme possédant la qualification exigée dans chaque province, mais il est refusé à ceux qui excipent de leurs convictions religieuses pour se soustraire au devoir militaire, et aux individus naturalisés postérieurement au 31 mars 1902, nés en pays ennemis ou dont la langue maternelle était celle d'un pays ennemi. Néanmoins, ces ennemis naturalisés sont admis à voter s'ils ont un fils, petit-fils, père ou frère prenant part ou ayant pris part à la guerre, dans les rangs des Alliés, ou bien s'ils ont offert de s'enrôler et ont été jugés physiquement inaptes, ou bien s'ils sont membres du Parlement fédéral ou d'un parlement provincial, ou enfin s'il s'agit de Syriens ou Arméniens chrétiens. Ceux exclus du droit de voter sont exemptés de la conscription, mais si, nonobstant leur incapacité, ils prenaient part à une élection fédérale postérieurement au 7 octobre 1917, ils pourraient, dans ce cas, être enrégimentés.

Borden travaille à bâtir son cabinet de l'union en faisant appel à des libéraux « de bonne volonté ». On commence à se préparer fébrilement aux élections générales. Mais il faut quand même songer à approvisionner les fronts où les combats font toujours rage. Le 13 octobre 1917, une proclamation officielle appelle sous les armes « tous les célibataires et les veufs sans enfants de 20 à 34 ans ». Ils devront se mettre à la disposition des autorités militaires ou produire avant le 10 novembre une demande d'exemption. Commence alors la course aux exemptions. L'historien Mason Wade, se basant sur le *Canadian Annual Review*, établit le bilan suivant :

> Cinquante-sept pour cent des appelés, entre 20 et 45 ans, avaient réclamé l'exemption dès le 10 novembre. Les rapports définitifs pour l'année montrèrent que, sur un total de 125 750 hommes inscrits en Ontario, 118 128 avaient réclamé l'exemption. Dans le Québec, sur un total de 117 104 inscrits, 115 707 l'avaient aussi réclamée. Les tribunaux de

l'Ontario rejetèrent 19 148 demandes et en laissèrent 4783 en instance. Les tribunaux du Québec en rejetèrent 3711 et en laissèrent 22 421 en instance. Dans presque toutes les provinces, une proportion aussi élevée réclama l'exemption, qui fut accordée dans la plupart des cas.

Au début du mois de novembre 1917, le Canada entre en campagne électorale. Le 5, Laurier publie son manifeste. « Pour ce qui est de l'Acte du service militaire, ma politique sera de ne pas en continuer la mise en vigueur jusqu'à ce que le peuple se soit prononcé là-dessus par voie de référendum. Je m'engage à soumettre immédiatement cette loi au peuple et, d'accord avec mes collègues, de donner suite à la volonté populaire telle qu'elle aura été exprimée. J'organiserais, en même temps, une vigoureuse campagne de recrutement volontaire. »

Borden publie son propre manifeste le 11 novembre. Selon lui, « la Loi du service militaire est une mesure essentiellement démocratique. Elle correspond à la volonté du peuple. »

Au Québec, le thème majeur de la campagne électorale demeure la conscription. La Ligue patriotique des intérêts canadiens demande aux candidats de signer l'engagement suivant : « Je m'engage par les présentes, si je suis élu, à exiger la suspension immédiate de la Loi du service militaire 1917, et de tous ses effets, jusqu'à ce que les électeurs canadiens se soient prononcés par plébiscite ; et au cas où la majorité plébiscitaire la condamnerait, à exiger que le gouvernement en annule les effets et qu'en conséquence les conscrits soient licenciés. Je m'engage à voter contre tout gouvernement qui refuserait d'adopter la politique ci-dessus énoncée. » La plupart des candidats libéraux acceptent de prendre cet engagement ; quant aux conservateurs, cela va à l'encontre de la politique de leur parti.

Au Québec et en Ontario, certaines assemblées sont marquées par la violence. À Toronto, on se plaît à affirmer qu'un vote pour Laurier est un vote pour Henri Bourassa et un vote pour Bourassa, un vote pour le kaiser !

La votation du 17 décembre reporte au pouvoir les conservateurs de Borden et les coalisés avec 153 sièges. L'Île-du-Prince-Édouard élit 2 conservateurs et 2 libéraux ; la Nouvelle-Écosse, 9 conservateurs, 4 libéraux et 3 libéraux-unionistes ; le Nouveau-Brunswick, 4 libéraux, 4 libéraux-unionistes et 3 conservateurs ; le Manitoba, 8 conservateurs, 6 libéraux-unionistes et 1 libéral ; la Saskatchewan, 9 conservateurs et 7 libéraux-unionistes ; l'Alberta, 7 conservateurs, 4 libéraux-unionistes et 1 libéral ; la Colombie-Britannique, 12 conservateurs et 1 libéral-unioniste ; et le Yukon, 1 conservateur. Quant à l'Ontario, les libéraux n'y obtiennent que 8 sièges, les libéraux-unionistes, 12 et les conservateurs, 62. Au Québec, la situation est inverse : les libéraux sont au nombre de 62 et les conservateurs diminuent à 2, alors qu'un libéral-unioniste remporte lui aussi la victoire.

Encore une fois, le vote des francophones s'oppose à celui des anglophones. Laurier commente ainsi les résultats du scrutin : « Cela a été mon destin de faire face à tous les préjugés du Canada. En 1896, j'ai été excommunié par les prêtres catholiques et, en 1917, par les pasteurs protestants. Nous devons accepter les choses de bonnes grâces et être prêts à continuer de lutter pour la bonne cause. »

La presse de langue anglaise souligne la situation. L'*Ottawa Journal* du 19 décembre écrit : « On savait que la grande majorité des gens respectables étaient du côté du gouvernement et que le reste, deux millions et trois quarts de Canadiens français, était contre nous. Mais l'événement a prouvé que ce Dominion, en dehors de la province de Québec, est devenu une vraie nation patriotique fière et déterminée. Le meilleur du Canada a été lié, soudé ensemble par la grande guerre. » Le *World* de Toronto tient un langage à peu près semblable : « Il n'y a jamais eu aucun doute sur l'issue de la lutte. Il y a eu quelques doutes sur la solidité du verdict que le Canada devait rendre ; on savait aussi jusqu'à quel point le Québec avait été imprégné par la propagande traîtresse dont les agences universelles proallemandes ont inondé le pays. Le résultat est le meilleur que nous espérions pour le Canada et le pire que nous craignions pour le Québec. »

Quatre jours après les élections, à l'Assemblée législative de la province de Québec, le député de Lotbinière, Joseph-Napoléon Francœur, présente une résolution « qui parle par elle-même » : « Que cette Chambre est d'avis que la province de Québec serait disposée à accepter la rupture du pacte fédératif de 1867 si, dans les autres provinces, on croit qu'elle est un obstacle à l'union, au progrès et au développement du Canada. » Le même jour, à la réunion du Conseil municipal de la ville de Québec, le conseiller Eugène Dussault soumet une résolution demandant à la législature d'étudier un projet de confédération entre la province de Québec et les provinces maritimes. Un autre débat va donc s'engager !

Ouvrières travaillant dans une usine de guerre.

La fin du conflit

L E JEUDI 18 JANVIER 1918, l'Assemblée législative de la province de Québec entreprend l'étude de la motion présentée par le député Francœur. Ce dernier, après un bref historique de la Confédération, en vient aux attaques dont le Québec est victime depuis quelque temps.

Pourquoi cette campagne contre la province de Québec? se demande-t-il. Son seul crime, c'est d'avoir interprété autrement que ses concitoyens d'autre origine la constitution, c'est d'avoir dénoncé certains actes qui, d'après elle, non seulement ne contribuaient pas au succès de la guerre et au salut de l'Empire, mais en compromettaient plutôt l'issue et le développement. C'est parce que ses habitants se sont montrés avant tout Canadiens; parce qu'ils ont cru qu'il fallait d'abord développer ce pays dans l'intérêt même de l'Empire; que plus il sera prospère, plus il nous sera possible d'atteindre notre destinée; parce que, surtout, avant d'accepter la conscription, ils ont demandé que le peuple fut consulté. Apparemment, ce sont là les causes de cette lutte contre nous, mais il y en a de plus profondes et de plus réelles.

L'orateur parle alors des différences de race, de langue et de religion. «La Confédération est un compromis auquel on est arrivé pour essayer de les faire disparaître.» Francœur est convaincu que la province de Québec a rempli ses engagements face à l'accord de 1867. Pour lui, ce que veulent les Québécois est bien simple: «Vivre et laisser vivre!» Tel est, pour Francœur, l'unique moyen d'en arriver à former une véritable nation.

Le débat sur la motion Francœur se poursuit le 22 janvier pour se terminer le lendemain, par un retrait de la motion. Plusieurs représentants du peuple avaient trouvé là une occasion de se vider le cœur. Mais à peu près personne ne songeait vraiment à une séparation de la province de Québec du reste du Canada. Un autre député, le Montréalais Charles-Ernest Gault, avait tenté de démontrer que la séparation du Québec entraînerait la création d'une nouvelle province, celle de Montréal!

Pour la majorité des anglophones, la question demeure entière : mais que veut donc la province de Québec ? Le quotidien *La Presse*, dans son édition du 20 février 1918, tente la réponse suivante :

1. Que la langue française, reconnue comme langue officielle au Parlement canadien, soit convenablement traitée dans toutes les parties du pays, parce qu'elle y a des droits acquis en vertu des traités et de la Constitution. 2. Que le gouvernement ontarien, au lieu de faire des règlements pour ostraciser la langue française et pour empêcher, par la prestation d'un serment infâme, les Canadiens français de s'établir dans la contrée soumise à sa direction, s'applique plutôt à respecter la conscience des nôtres et à les traiter comme des frères, c'est-à-dire comme la minorité protestante du Québec est traitée par l'élément français qui y domine. 3. Que la religion catholique romaine [...] soit plus respectée par la presse ontarienne. 4. Que le traitement des minorités soit plutôt basé sur la justice évangélique, la fraternité chrétienne et l'intention des pères de la Confédération que sur la lettre même de la loi. 5. Que les autres races ne nous cherchent pas querelle à propos de tout et à propos de rien. Qu'on cesse de nous discréditer à l'étranger, parce que, ce faisant, on discrédite, par le fait même, le Canada tout entier. 6. Que l'on cesse de croire que l'unité nationale ne peut s'acquérir qu'au prix de l'unité de langage. Que l'on ne mette plus en pratique contre nous le droit du plus fort. 7. Que la bonne entente entre les deux grandes races qui prédominent au Canada soit établie sur une connaissance des deux langues officielles.

Les gouvernements de l'Ontario et de la Saskatchewan font peu d'efforts pour ramener la paix ethnique. Il est vrai que les autorités de la province voisine appliquent avec moins de rigueur le règlement 17. Mais, par contre, à Saskatoon, le 22 février, les commissaires d'école de la Saskatchewan adoptent une série de résolutions qui risquent de mettre fin à ce qui restait de bilinguisme dans cette province :

Qu'aucune personne ne doit être susceptible d'être élue comme commissaire à moins qu'elle ne soit sujet britannique et qu'aucune ne soit susceptible d'être élue à moins qu'elle ne soit capable de lire et d'écrire la langue anglaise ; que cette convention demande instamment au gouvernement provincial de prendre les mesures nécessaires pour assurer que chaque enfant dans la province reçoive une instruction adéquate et propre à chacun, dans la langue anglaise ; qu'aucune langue, sauf l'anglais, ne soit employée comme la langue d'instruction dans aucune école de la province ; qu'aucune langue, sauf l'anglais, ne soit enseignée durant les heures scolaires dans aucune école qui tombe sous le coup des dispositions de la loi des écoles.

Si les résolutions des commissaires devenaient réalité, cela signifierait la fin des écoles bilingues dans cette province.

L'attitude de l'Ontario et de la Saskatchewan ne concourt pas à convaincre les Canadiens français que les anglophones comprennent bien leurs revendications. Le 29 mars 1918, dans une lettre à John S. Ewart, Henri Bourassa aborde la question des relations ethniques : « Quant au malentendu racial en général et au manque d'unité et d'esprit national, écrit-il, il faudra beaucoup de temps pour convaincre les nôtres que le *fair play* britannique n'est pas tout simplement un mot de passe et une phrase pharisaïque toute faite. »

La chasse est ouverte

La guerre se poursuit toujours sur le front européen et le manque d'hommes se fait sentir avec plus de force. Le 30 mars 1918, le gouvernement canadien, par la voix du Conseil de la milice, appelle sous les drapeaux les recrues de la catégorie B. Ce groupe comprend des hommes « aptes au service militaire outre-mer, mais inaptes au service actif dans les tranchées ». Il se compose surtout « de ceux du corps médical, du corps de génie et, parmi ces derniers, les terrassiers, les hommes de peine employés aux travaux de construction de voies ferrées ».

La police militaire part en guerre contre les déserteurs et le ministre de la Justice lance un appel pour lutter contre ceux qui ont été exemptés du service militaire sous de faux prétextes. On demande à la population de dénoncer les coupables. Le 1er avril, les journaux publient sous forme d'annonce le message de Charles J. Doherty :

> L'examen d'un très grand nombre de cas d'exemption se rapportant à la classe 1, sous l'empire de l'Acte du Service militaire, a révélé, comme il était inévitable, que, en conséquence de fausses déclarations et d'obstacles opposés à l'investigation, l'exemption a été accordée à plusieurs individus dont la place serait à l'armée. Le gouvernement n'a pas l'intention de permettre à ces hommes d'éluder indéfiniment l'obligation de faire leur part pour la défense militaire du pays et des idéaux pour lesquels nous combattons. Une semblable tolérance serait contraire à l'esprit de la Loi militaire et causerait une grave injustice aux hommes de la deuxième classe qui seraient nécessairement appelés pour prendre leur place. Le gouvernement se propose donc d'examiner avec soin toutes les exemptions accordées jusqu'ici, afin de séparer celles qui ont été accordées pour de faux ou insuffisants motifs de celles qui sont bien fondées.

Pour départager les « bons » des « mauvais », un questionnaire est envoyé à tous ceux qui ont obtenu une exemption du service militaire. Avertissement est donné à ceux qui négligeraient de répondre sous prétexte qu'ils ont déménagé qu'ils seraient traités de la même manière que ceux qui refuseront de répondre.

Le ministre de la Justice requiert aussi le concours de tous les citoyens :

> Dans beaucoup de cas, des renseignements fournis par des particuliers ont eu pour effet de faire annuler des exemptions obtenues sous de faux prétextes. Le public est invité à coopérer davantage de cette manière avec les autorités. Le gouvernement croit que c'est le devoir de tous les loyaux citoyens, non seulement envers le pays, mais envers les hommes qui sont au front, d'aider de cette manière à obtenir des renforts en conformité de la loi et de la justice. Toute communication de cette nature sera considérée comme strictement confidentielle et servira de point de départ à une enquête approfondie.

À la délation non rémunérée s'ajoute le versement de primes à ceux qui permettront l'arrestation des déserteurs. Ces mesures ont comme conséquence de faire monter la tension en plusieurs endroits.

À Québec, le tout aboutit à une émeute meurtrière. Les indicateurs engagés par les policiers fédéraux, les « spotters », sont nombreux. Ils partent à la chasse de ceux qui ont refusé l'enregistrement national et l'examen médical. Le jeudi saint, 28 mars 1918, des « spotters » se présentent dans une salle de quilles fréquentée alors par une centaine de jeunes gens. Deux jeunes sont soumis à un interrogatoire. Le premier a sur lui son certificat d'exemption. Mais le deuxième déclare l'avoir laissé chez lui. On lui refuse aussi bien de téléphoner à ses parents que de se rendre à sa demeure pour pouvoir fournir la preuve de son exemption. On l'arrête. Ce qui amène une foule d'environ 2000 personnes à manifester pour réclamer sa libération. Celle-ci se produit deux heures plus tard. Mais la foule commence à lancer des projectiles contre le poste de police du quartier Saint-Roch et contre des édifices environnants.

Le lendemain, des manifestants décident d'aller détruire les dossiers des conscrits qui se trouvent, rue Saint-Jean, au bureau d'enregistrement. Henri-Edgar Lavigueur, maire de Québec, craint le pire et il prend la décision de faire appel à l'armée. Le jour de Pâques arrivent 700 soldats anglophones en provenance de Toronto. Ces derniers ont peu de sympathies pour ces Canadiens français qui refusent d'aller à la guerre.

Le lundi 1er avril, la tension est grande dans toute la capitale. Dans la basse ville, des manifestants lancent des morceaux de glace et des boules de neige aux soldats qui sont installés armes à la main. Ordre leur est donné de tirer sur la foule. Quatre hommes sont tués et plusieurs autres sont blessés.

Le 2 avril 1918, la Chambre des Communes commence à étudier « l'affaire de Québec ». Borden propose l'adoption d'un amendement à la Loi du service militaire, ainsi formulé : « Que toute personne qui résiste activement ou de force à cet acte sera immédiatement enrôlée dans les forces militaires du Canada sans considérer si sa classe a été appelée, ou si telle personne a déjà obtenu son exemption, tenant compte seulement qu'elle soit d'âge militaire. » Le premier ministre du Canada ajoute le commentaire suivant qui explique sa prise de position : « Si des gens de ce pays sont disposés à faire la guerre aux autorités civiles de ce pays chargées de la mise en vigueur de cet acte, il me semble qu'on doit leur donner l'occasion d'exercer leur esprit belliqueux contre les ennemis de ce pays. »

Le débat sur l'émeute de Québec se poursuit le 5 avril pour se terminer le lendemain à cinq heures du matin. Un député ontarien, le colonel John Allister Currie, s'en prend à Laurier, puis à celui qu'il considère comme le chef du mouvement nationaliste dans la province de Québec. « La cause de toutes ces difficultés et de tout le trouble dans la province de Québec doit être attribuée à Henri Bourassa, le directeur du *Devoir*. » En conséquence, Currie demande l'internement de Bourassa !

Les événements commencent à se bousculer. Le 16 avril, un arrêté ministériel ordonne la conscription de tous les jeunes gens âgés de 20 à 23 ans ainsi que ceux qui viennent d'atteindre 19 ans. Pour cette catégorie, toutes les exemptions sont annulées. Une déclaration explicative est remise à la presse :

> Vu la situation critique qui se développe soudainement sur le front ouest et qui durera vraisemblablement jusqu'à ce que les nations alliées aient augmenté matériellement la force de leurs armées, le gouvernement du Canada, après avoir pris en sérieuse considération toutes les circonstances actuelles et toutes les conséquences possibles, en est venu à la décision qu'il est non seulement désirable, mais absolument essentiel que des renforts importants soient assurés à la force expéditionnaire canadienne et ce, sans délai [...] Le gouvernement a donc décidé que le seul moyen par lequel des renforts suffisants puissent être assurés en temps utile est de se faire donner l'autorité d'appeler en service actif tous les hommes d'un âge déterminé qui sont physiquement aptes et de supprimer toutes les exemptions dans le cas des hommes ainsi appelés.

Le 17 avril, un nouvel arrêté ministériel renforce de beaucoup la censure des journaux. Un des attendus précise : « Attendu que le jour de la considération et de la discussion est passé et que le jour pour l'action concertée dans l'exécution d'une détermination inébranlable est arrivé, et qu'il est par conséquence nécessaire de faire disparaître tout obstacle et tout empêchement à une telle action concertée. » En conséquence, c'est un délit :

a) d'imprimer, de publier ou exprimer publiquement toute déclaration, rapport ou opinion adverse ou défavorable concernant les causes de la guerre actuelle ou les motifs ou les buts pour lesquels le Canada ou le Royaume-Uni de la Grande-Bretagne et d'Irlande ou aucun des alliés sont entrés en guerre ou la continuent, tendant à soulever un sentiment hostile, à créer un malaise ou à déranger ou à enflammer l'opinion publique. [...] d) d'imprimer, publier ou exprimer publiquement toute déclaration, rapport ou opinion tendant à diminuer ou à détourner de quelque façon que ce soit le peuple du Canada dans son effort concerté pour la poursuite de la guerre.

La publication ou la divulgation de tout document considéré comme secret ou des propos tenus en Chambre des Communes ou au Sénat lors d'une session considérée comme secrète entraîne des peines graves.

La Loi du service militaire est amendée le 19 avril pour permettre la levée en masse des jeunes conscrits. Les fils de cultivateurs ne jouissent donc plus d'exemption possible. Le 13 mai, des délégués agricoles du Québec et de l'Ontario se rendent au Parlement pour protester contre la nouvelle mesure qui risque d'engendrer la famine, par suite du manque de main-d'œuvre dans le secteur de l'agriculture.

Pour inciter les récalcitrants à rentrer dans les rangs, le 2 août, on annonce que l'amnistie sera accordée à tous les déserteurs qui se présenteront aux bureaux militaires avant le 24 du même mois. On évalue à près de 10 000 le nombre de ceux qui ont profité de « l'aubaine ».

Beaucoup d'autres, écrit l'historien Mason Wade, se cachaient dans les sauvages étendues laurentiennes du Québec et de l'Ontario, dans les forêts de la Colombie-Britannique, ou se sauvaient de l'autre côté de la frontière américaine. [...] En définitive, la conscription rapporta un total de 83 355 soldats enrôlés, dont 47 509 furent envoyés outre-mer, c'est-à-dire environ 11 pour cent du total provenant du Canada et l'équivalent de deux divisions. Québec fournit 19 050 hommes en exécution de la loi, avec 18 827 insoumis sur un total de 27 631 pour tout le pays, soit 40,83 pour cent des hommes ne s'étant pas présentés après en avoir reçu l'ordre. La Nouvelle-Écosse avait 16,72 pour cent des réfractaires. Venaient ensuite, en pourcentage d'insoumis, l'Ontario et la Saskatchewan. Au coût de trois millions et demi pour le gouvernement, la conscription avait fourni moins d'hommes par mois que le volontariat.

Avant même que la période d'amnistie pour les insoumis ne se termine, la police militaire procède à des razzias. Ainsi, selon un journaliste du *Devoir*, le 16 août au matin,

> toute une nuée de militaires et d'agents de la police fédérale ont opéré, ce matin, au marché Bonaventure et dans tout le quartier du bas de la ville et ont fait un grand nombre d'arrestations. Il y avait foule au marché : vendeurs et acheteurs avaient encombré tous les espaces libres et ce fut toute une excitation lorsque, clairons en tête, apparurent deux cents soldats porteurs du fameux brassard marqué des lettres CMP. Deux par deux, ou trois par trois, les militaires sont partis à travers les charrettes et les légumes de toutes sortes et ont fait une razzia en règle chez les jeunes agriculteurs venus en ville vendre les produits de la ferme. Pendant quelques minutes, les ventes languirent ; il fallait, avant de répondre au client, montrer les papiers militaires. Les malchanceux, qui avaient oublié les leurs ou dont les certificats n'étaient pas en règle, ont dû partir à la suite des militaires, laissant là charrettes et légumes pour se diriger vers le manège de la rue Craig où l'on fera une étude spéciale de leur cas avant de les relâcher ou de leur mettre l'uniforme.

Acheteurs et flâneurs sont aussi soumis à l'enquête.

Quelques restrictions

La conscription et la censure sont accompagnées de quelques autres mesures qui indiquent clairement à la population qu'elle doit se serrer la ceinture et faire ainsi son effort de guerre. L'essence est rationnée. En plus, le 4 juin, le ministre fédéral des Finances annonce que plusieurs produits, dont certains fruits, ne peuvent désormais être importés des États-Unis. À partir du 30 septembre 1918, et ce jusqu'au 9 novembre, le beurre est réquisitionné. Un arrêté ministériel établit la nouvelle mesure :

> 1er Les fabricants de beurre de beurrerie devront livrer leur beurre fabriqué dans les provinces de l'Alberta, de la Saskatchewan, du Manitoba, de l'Ontario et de Québec, entre le 30 septembre et le 9 novembre 1918, ces deux dates incluses, à un entrepôt frigorifique de Montréal désigné par le comité des produits laitiers, aux prix suivants : qualité n° 1, 46 1/2 sous la livre ; n° 2, 46 sous ; n° 3, 45 sous ; les quantités livrées à l'entrepôt, à Montréal, frais de transport payés. [...] Personne ne pourra vendre à une autre personne, si ce n'est à un commerçant autorisé par la Commission des vivres, une quantité de beurre plus que suffisante pour satisfaire ses besoins ordinaires durant une période n'excédant pas trente jours.

Les boulangers doivent utiliser 10 pour cent de substituts dans la fabrication de leur pain, sous peine de voir leur établissement fermé.

Le 11 octobre, le gouvernement fédéral adopte des règlements qui

> défendent absolument, pendant la durée de la guerre, des grèves ou des contre-grèves affectant les industries ou les voies ferrées essentielles à l'efficace participation du Canada à la guerre, avant, pendant et après une enquête faite par une commission de conciliation ou d'appel. Commet un délit et se rend passible d'amendes [...] tout patron qui, durant la guerre, mettra à pied ou refusera d'employer des ouvriers (sauf ceux occupant des positions ou ayant un emploi incompatible, au sens d'une commission d'appel ou de conciliation, avec le syndicalisme), simplement parce qu'ils font partie d'unions ouvrières ou exercent une légitime activité au service d'unions ouvrières, en dehors des heures de travail.

En plus d'une amende en argent, les contrevenants sont passibles d'une autre peine plus grave : « Tout homme, employé ou patron, d'âge à porter les armes, qui viole l'un des règlements ; tout directeur de compagnie d'âge à porter les armes qui acquiesce à la violation d'un règlement par sa compagnie, sera regardé comme un soldat enrôlé dans les forces expéditionnaires et affecté par la loi militaire, pendant la durée de la guerre, par la démobilisation ensuite. Il perdra, de plus, tout droit à une exemption déjà accordée ou tout droit à une exemption en vertu de la loi du service militaire.

La mesure peut sembler sévère, mais au moment où elle est adoptée, les rumeurs de négociations de paix se multiplient. Enfin, le 11 novembre 1918, l'Armistice est signée et partout des réjouissances marquent l'événement. Rapidement, on ressent les conséquences d'un retour à la paix. Dès le mardi 12 novembre au matin, à Sherbrooke, les autorités de la Canadian Ingersoll Rand avertissent les deux cents ouvriers du quart de nuit qu'ils sont congédiés. Le soir, des ouvriers mécontents vont casser les vitres de l'usine. Le 14, on procède à d'autres licenciements et le grabuge recommence.

Les insoumis, quant à eux, respirent un peu mieux. Le 14 novembre au matin, le major général Wilson, des Quartiers généraux de la Milice à Ottawa, émet un communiqué qui fera la joie de certains : « On ne devra plus faire d'arrestation d'insoumis à la loi militaire et toutes les procédures prises contre les insoumis devront être abandonnées immédiatement en attendant que viennent d'autres instructions. On devra cependant continuer encore à poursuivre toutes les personnes, civils ou autres, qui ont obtenu des pots-de-vin pour faire exempter des conscrits. » À la suite de certaines protestations, la chasse aux insoumis reprendra. Ceux-ci ne pourront vraiment jouir de la paix que plusieurs mois plus tard.

Par ailleurs, le retour à la paix signifie la récupération du droit de faire la grève et, à Montréal, les premiers à se prévaloir de ce droit sont les policiers, les pompiers, les vidangeurs et les ingénieurs de l'aqueduc municipal qui quittent leur travail le 12 décembre à midi et une minute. «L'anarchie» ne dure qu'une seule journée et le retour au travail s'effectue le 13 au soir.

Un triste bilan

Selon les statistiques officielles, on évalue à 619 636 le nombre d'hommes et de femmes qui firent partie de la milice canadienne. Les pertes sont très élevées : 59 544 morts et 172 950 blessés dont plusieurs, surtout ceux qui avaient été victimes des gaz, demeureront invalides.

Le retour d'Europe s'effectue graduellement. Au début du mois de mars 1919, des soldats cantonnés à Rhyl, au Pays de Galles, se mutinent, considérant que les autorités prennent trop de temps à les rapatrier. La mutinerie se solde par plusieurs morts et des dizaines de blessés. Par contre, le 19 mai, une foule énorme accueille, à Montréal, les soldats du 22e bataillon. Discours, défilés, *Te Deum*, médailles, tout y passe.

La Première Guerre mondiale ne prendra officiellement fin que le 28 juin 1919, avec la signature du traité de Versailles. Le Parlement du Canada ratifiera, le 12 septembre suivant, les clauses de l'entente. «En donnant cette approbation, affirmera le député libéral William Stevens Fielding, la Chambre ne consent d'aucune manière à une diminution quelconque de l'autorité autonome du Dominion, mais déclare que la question de fixer quelle part, s'il en est une, les forces du Canada doivent prendre à toute guerre, actuelle ou menaçante, doit être déterminée en tout temps, comme les circonstances peuvent le requérir, par le peuple du Canada agissant par ses représentants au Parlement.» La majorité conservatrice n'accepte pas la résolution libérale, mais les clauses du traité sont quand même ratifiées.

Le fait que le Canada ratifie les clauses de l'entente marque un point important dans son évolution vers l'indépendance vis-à-vis de la Grande-Bretagne. Cela entraînera l'octroi d'un siège à la nouvelle Société des Nations. Il faudra attendre la signature du traité de Westminster, en 1931, pour que l'indépendance du Canada à l'intérieur du Commonwealth britannique soit officiellement reconnue, alors qu'elle l'était de fait depuis 1919.

La grippe espagnole

L'année 1918 n'est pas seulement marquée par l'émeute de Québec et la fin de la Première Guerre mondiale. Elle est aussi l'année de la grippe espagnole qui fera au Québec entre 8000 et 14 000 victimes parmi le demi-million de personnes qui en sont atteintes. Selon Arthur Bernier, son appellation est sans doute une erreur. «Il y a cependant des indices, écrit-il, qui nous portent à croire qu'elle eut [...] son origine en Russie, car les Allemands l'ont signalée sur le front de l'Est pendant l'été et l'automne de 1917. C'est à tort que cette grippe a été qualifiée d'espagnole puisqu'elle n'est apparue en Espagne qu'en mai 1918, alors qu'elle était déjà en France et en Allemagne en avril. »

Au Québec, les premiers signes de la pandémie se manifestent avec l'arrivée à Grosse-Île du navire *Somali*, en provenance de l'Inde. Le 23 septembre, on note l'apparition de la grippe à Victoriaville, Arthabaska, Trois-Rivières et Richmond. L'épidémie gagnera presque toutes les régions du Québec, en particulier le Saguenay et le Témiscamingue.

> Différentes mesures sanitaires, écrivent les historiens Denis Goulet et André Paradis, seront prises par les autorités des services d'hygiène de la ville de Montréal : fermeture des lieux publics, tels que cinémas, théâtres, écoles, salles de danse, etc. ; distribution de circulaires à la population indiquant certaines mesures préventives ; mise sur pied de bureaux d'information sur la grippe ; création de refuges pour les indigents atteints de la maladie, réglementation des heures d'ouverture des commerce pour éviter la contagion dans les tramways et réglementation de l'hygiène dans les édifices publics.

En plusieurs endroits, on fermera les églises. Mais ce sera le froid qui finira par faire disparaître la maladie qui causera, dans le monde, la mort d'environ vingt-cinq millions de personnes.

À la toute fin de la décennie 1910, le visage politique du Canada change. Le lundi 17 février 1919, à Ottawa décède Wilfrid Laurier qui avait dirigé les destinées du Parti libéral pendant 31 ans. Quelque temps auparavant, à des jeunes libéraux de la province de Québec qui étaient venus le consulter à savoir quel candidat il favoriserait comme successeur, il avait répondu : « Eh bien, ne choisissez pas un Canadien français. La situation d'un premier ministre canadien-français est impossible, et il ne peut rien faire pour les siens. »

Quel saut !

La guerre avait presque fait disparaître le chômage.

> Avec la guerre, écrit l'historien Terry Copp, la production retrouva son rythme d'antan et l'on vit surgir de nouvelles industries liées à la poursuite de la guerre. Une pénurie de main-d'œuvre survint en 1916 et les femmes et les enfants furent attirés en nombre croissant sur le marché du travail. Les salaires augmentèrent régulièrement pour presque toutes les catégories de travailleurs. Les indices des salaires hebdomadaires établis par le ministère du Travail illustrent clairement cette tendance. Les

moyennes pour les 21 catégories de l'échantillon augmentent de 10 points en 1916, de 21 points en 1917 et de 15 points en 1918. Ces moyennes sont caractéristiques de l'évolution qui se produit à Montréal où les travailleurs ordinaires dans les fabriques obtiennent une augmentation moyenne de 20 % entre 1915 et 1918. Les machinistes et mouleurs mécaniciens obtiennent une augmentation horaire de plus de 20 % au cours des deux dernières années de la guerre, de même que les travailleurs qualifiés des métiers de la construction.

À Montréal, en 1914, un charpentier gagne en moyenne 45 cents l'heure. En 1918, il obtiendra 50 cents et, l'année suivante, 60 cents. En 1919, à Toronto, le même ouvrier gagnera 73 cents l'heure. Dans l'industrie textile, en 1914, un fileur reçoit 24 cents par heure de travail et une fileuse, seulement 15 cents. En 1919, le premier sera passé à 40 cents et sa collègue à 24 cents.

Le coût de la vie, malheureusement, va augmenter plus rapidement que les salaires, soit de 40 pour cent entre 1915 et 1918. En décembre 1914, il fallait chaque semaine la somme de 14,26 $ pour subvenir aux besoins d'une famille de cinq personnes en aliments de consommation générale, combustible, éclairage et loyer. En décembre 1918, il faudra, pour les mêmes besoins, 21,64 $. La livre de bifteck de filet qui se détaillait environ 24 cents en décembre 1914, vaut, 4 ans plus tard, 37 cents. Les œufs passent de 45 cents la douzaine à 71 cents. Ce ne sont donc pas les ouvriers qui se sont enrichis avec la guerre !

Au régime sec

Depuis plusieurs années déjà, tant au Canada qu'aux États-Unis, la vente de l'alcool, du vin et de la bière fait l'objet de discussions et de toutes sortes de législations. Le 22 janvier 1918, le caucus libéral provincial, réuni à Québec, étudie la possibilité d'établir un régime sec pour toute la province. Certains veulent que l'on fasse exception pour le cidre, le vin et la bière légère. Le 7 février, le trésorier provincial Walter Mitchell présente le projet de loi sur la prohibition. Malgré l'opposition de certains antiprohibitionnistes, la législation est adoptée. La vente des liqueurs enivrantes sera donc interdite à partir du 1er mai 1919, « sauf sur autorisation spéciale du lieutenant-gouverneur en conseil, pour fins exclusivement sacramentelles, médicinales, mécaniques, industrielles, scientifiques et artistiques ». La loi fixe à 25 le nombre de vendeurs autorisés pour toute la province. Elle définit aussi comme liqueur enivrante « l'alcool et toutes liqueurs, mélanges de liqueurs, breuvages, liquides, comestibles solides, contenant plus de deux et demi pour cent de teneur en alcool ».

L'*Annuaire statistique de Québec 1920* résume ainsi les principaux articles de la loi :

> Dans une municipalité où un règlement de prohibition est en vigueur, aucun vendeur autorisé ne peut avoir sa place d'affaire, pour les fins de la loi de prohibition de la province de Québec, à moins que le conseil municipal n'ait donné son consentement par résolution. Aucun vendeur autorisé ne peut faire une vente sans que l'acheteur ne produise un certificat d'un ministre du culte, s'il s'agit de vin pour fins sacramentelles ; d'un médecin, s'il s'agit de liqueurs enivrantes pour fins médicinales ; de l'acheteur lui-même, s'il s'agit de liqueurs enivrantes pour fins mécaniques, industrielles et artistiques ; et, dans le dernier cas, le certificat doit être accompagné d'une déclaration solennelle de l'acheteur, suivant l'acte de la preuve au Canada, attestant la vérité des faits y énoncés. [...] Tout acheteur de liqueurs enivrantes, sauf le vendeur autorisé, est tenu de payer, au moment de l'achat, un droit équivalant à cinq pour cent du prix d'achat. Des timbres apposés au récipient contenant des liqueurs enivrantes achetées attestent que ce droit a été régulièrement payé par l'acheteur.

L'article 24 de la loi autorise la tenue d'un référendum sur l'opportunité de permettre la vente des bières, cidres et vins légers, moyennant l'obtention d'une licence. Le taux maximum pour les vins et le cidre est de 15,09 pour cent de teneur en alcool et de 5,48 pour cent de teneur en alcool pour les bières et les autres liqueurs maltées, « d'après les tables alcoolmétriques de sir Edward Thorpe ».

La consultation populaire doit se tenir le 10 avril 1919. La question posée est claire : « Êtes-vous d'opinion que la vente des bières, cidres et vins légers, tels que définis par la loi, devrait être permise ? » Des comités du Oui et du Non se forment un peu partout. Les partisans de la prohibition complète font valoir les avantages économiques d'un tel système, les bienfaits pour la santé, la diminution de la criminalité et de la mortalité, une plus grande prospérité en affaires et la sécurité pour l'enfant et le foyer. Les partisans du Oui organisent, le 9 avril au soir, une « procession aux flambeaux en faveur de la bière et du vin ». Une invitation toute spéciale est lancée aux ouvriers et aux soldats revenant du front.

La votation se tient le jeudi 10 avril 1919. Les partisans de la prohibition mitigée remportent la victoire avec 129 679 Oui, sur un total de 226 545 voix exprimées. Sept circonscriptions, pour la plupart fortement peuplées d'anglophones, votent pour le maintien de la stricte prohibition. Ce sont ceux de Pontiac, Compton, Dorchester, Huntingdon, Brome, Stanstead et Richmond. Le juge Eugène Lafontaine, président de la Ligue anti-alcoolique, est un peu déçu des résultats. « Dans tous les cas, commente-t-il, nous avons gagné l'abolition des spiritueux et j'espère que tous reconnaîtront leur devoir en ne faisant qu'un usage modéré des vins et que les hôteliers et marchands de liqueurs y contribueront de leur côté.»

Tous les problèmes ne sont pas réglés pour ceux qui veulent boire du vin, du cidre ou de la bière, car plus de 90 pour cent des municipalités avaient déjà, en vertu de la loi Scott, voté pour la prohibition. Il faudra donc, pour légaliser la vente de la bière, du vin et du cidre, adopter un règlement rescindant la décision précédente.

Toujours les libéraux

Les dernières élections générales dans la province de Québec ont eu lieu en 1916. En principe, le gouvernement de Lomer Gouin, en vertu d'une loi adoptée en 1881 qui stipulait : « La durée de chaque assemblée législative sera de cinq ans à compter du jour du rapport des brefs pour l'élection des membres de cette assemblée et pas plus longtemps. La disposition précédente n'aura pas pour effet de priver le lieutenant-gouverneur de la province du droit de dissoudre l'assemblée législatve plutôt, s'il le juge à propos.» Gouin se prévaut donc de cette dernière partie de l'article pour demander au lieutenant-gouverneur Charles Fitzpatrick de dissoudre la 14e Législature le 22 mai 1919 et de fixer les élections au 23 juin suivant.

Une partie des efforts des libéraux sert à démontrer que l'administration Gouin a été saine et que la province est en excellente situation financière, puisque chaque budget annonce un surplus. Le premier ministre, dans un discours-programme prononcé à Québec le 9 juin, déclare : «Notre province a le devoir de maintenir son rang dans la Confédération canadienne. Non seulement il ne faut pas qu'elle soit devancée par les provinces sœurs, mais il importe qu'elle prenne elle-même les devants à tous les points de vue de l'activité économique.» Il développe la formule : «À tous les bras inoccupés, il faut trouver des terres fertiles et, aux terres inoccupées, il faut donner des bras vigoureux.»

Arthur Sauvé, nouveau chef du parti conservateur, préconise un ensemble de réformes tant dans le domaine scolaire que dans celui de l'administration municipale. Il veut la représentation proportionnelle et des élections à date fixe. Il demande l'abolition du Conseil législatif ou une modification de son rôle. Et que les ouvriers aient droit à une législation plus adéquate, les protégeant mieux. Sauvé souhaite donc l'établissement d'un ministère du Travail.

Les libéraux, dans leurs interventions, soulignent la dépendance du parti conservateur provincial vis-à-vis de son grand frère fédéral qui a imposé la conscription! La population est sans doute sensible à cette relation, puisque le parti libéral de Gouin remporte 91 pour cent des sièges avec 70 pour cent des suffrages exprimés. Sur 81 députés, 74 sont d'allégeance libérale, 5 d'allégeance conservatrice et 1 libéral indépendant et 1 Parti ouvrier.

On flirte

Avant que la province de Québec n'occupe la première place parmi les provinces sœurs, comme le préconise le premier ministre Gouin, il lui faut d'abord se faire réaccepter par les autres provinces, ce qui n'est possible qu'en comblant le fossé créé par l'appréhension de la conscription et la participation du Québec à la guerre. Une fois la paix revenue, des hommes politiques font campagne pour un rapprochement entre toutes les composantes du Canada. Des journalistes avaient déjà tracé la voie. On peut lire dans le *Star* de Montréal, le 11 mars 1919 : «Québec représente l'ordre, la réflexion prudente, la stabilité. Québec est l'antithèse de l'hystérie qui s'abrite sous le drapeau rouge. Le Canada a besoin de cette force dans ses conseils.» Le lendemain, *Le Soleil* de Québec fait écho aux propos de son confrère montréalais :

> Québec a subi sans lamentations oiseuses, sans défaillances, les conséquences de son acte. Québec est prête à reprendre sa place sur la scène canadienne pour y jouer patriotiquement, efficacement, son rôle dans l'œuvre nouvelle. Point d'obstacle donc de notre côté, aucune récalcitrance, aucune rancune boudeuse. Notre bon vouloir est acquis d'avance à toute perspective qui offrira une solution honorable et fructueuse à nos aspirations nationales en communauté sincère avec le reste du Canada. [...] De la part de Québec, aucun obstacle sérieux n'existe qui puisse empêcher la solution désirée en vue de faire cesser l'isolement anormal, qui ne saurait se prolonger sans danger pour la Confédération.

Considéré comme le responsable de l'imposition de la conscription, le premier ministre Borden apparaît comme un obstacle au rapprochement souhaité. Le 1er juillet 1920, il décide de quitter la direction du parti conservateur-unioniste. Neuf jours plus tard, Arthur Meighen est assermenté comme premier ministre du Canada. La veille, Henri Bourassa, dans *Le Devoir*, cherchait à déceler ce que renfermait l'avenir de la province de Québec avec Meighen. Soulignant que ce dernier est le choix de Borden, l'éditorialiste écrit :

> L'ancien premier ministre a assez le sens politique pour comprendre qu'aucun ministère fédéral ne peut se maintenir longtemps privé de tout appui dans la province de Québec ; à plus forte raison sait-il qu'un parti ne saurait être *national* si son chef, son personnel dirigeant, son

programme et sa mentalité générale excluent forcément un quart ou un tiers de la population, surtout quand ce groupe formidable se compose du seul élément ethnique qui soit proprement *national*, qui n'ait et ne reconnaisse d'autre patrie que la terre canadienne.

Parlant à Portage-la-Prairie, au Manitoba, le 2 août, Meighen tend une main à la province qui le boude : « Nous avons deux grandes races, déclare-t-il. Les institutions fondamentales du Canada sont tout aussi chères à une race qu'à l'autre. Le péril qui a toujours menacé toutes les nations est une tendance à se diviser en races, religions ou castes sociales. Si nous ne nous rapprochons pas pour réaliser une meilleure compréhension et une meilleure unité afin de traiter des choses qui sont vitales et fondamentales pour l'État, nous aurons à en subir de lourdes conséquences. »

Le nouveau premier ministre de la province de Québec tient à peu près les mêmes propos. En effet, Gouin ayant démissionné le 8 juillet, alors qu'il s'apprête à être nommé conseiller législatif ou qu'il espérait devenir membre du cabinet fédéral, Louis-Alexandre Taschereau est assermenté, dès le lendemain matin, seizième premier ministre de la province de Québec. Tout comme Henri Bourassa, petit-fils de Louis-Joseph Papineau, ou Lomer Gouin, gendre d'Honoré Mercier, il appartient à une élite qui a longtemps dominé la scène politique québécoise. N'est-il pas le fils d'un juge de la Cour suprême du Canada et le neveu du premier cardinal canadien ?

À l'occasion d'un banquet qui lui est offert dans la capitale provinciale le 27 juillet 1920, Taschereau dénonce, à son tour, l'isolement où se trouve sa province :

> Si le Québec est la province riche et prospère que nous savons, si elle est nécessaire à la Confédération et à l'unité nationale, me serait-il permis de déplorer son isolement dans l'arène fédérale ? Quelques-uns y voient un bienfait, d'autres le regrettent et je suis de ceux-là. Nous ne sommes pas entrés dans la Confédération pour faire bande à part et, nouveau Robinson, vivre seuls et séparés dans notre île. [...] Le Québec n'est pas seul à en souffrir, tout le pays s'en ressent et je souhaite le jour où notre province saura reprendre au foyer canadien la place que lui méritent ses richesses, sa position géographique et tous ses éléments de grandeur.

Un certain nombre de nationalistes se réjouissent en fait de l'isolement du Québec. Depuis quelques années, ils s'expriment ouvertement dans le mensuel l'*Action française*, publié par la Ligue des droits du français. L'abbé Lionel Groulx est l'âme dirigeante du mouvement. Charles-Émile Bruchési, dans le numéro de septembre de la revue, se demande ce qui arriverait « si la Confédération disparaissait ». Il commence par tracer un bilan de la période confédérative :

Quel régime subissent, depuis près de trois ans, trois millions de citoyens de langue française? Le régime de ceux qui n'ont qu'à payer des taxes et à se taire. Et ceux-là, répétons-le, forment plus d'un tiers de la population canadienne. Au Congrès de la Paix, aucun délégué de langue française dans la représentation canadienne. Dans les multiples comités d'étude ou dans les nombreuses délégations expédiées à l'étranger, en France, en Angleterre, aux États-Unis ou ailleurs, mépris et ignorance systématiques de tout ce qui est français ou de mentalité française. Le peuple qui endure toutes ces avanies et tous ces coups de botte et se laisse patiemment bafouer est mûr pour l'esclavage ou l'assimilation. Esclavage des groupes populaires, des travailleurs qui peinent tout le jour et bouclent à grand-peine leur budget. Et ces groupes populaires, sauf de rares exceptions, s'en vont chercher secours auprès d'associations déjà établies aux États-Unis ou ramifiées à une internationale quelconque, dans laquelle ils deviennent une infime minorité. Et nous voilà en marche vers une rapide assimilation où, malheureusement, un trop grand nombre dans la classe dirigeante ou prétendue telle, se sentiraient glisser avec plaisir. Voilà où nous en sommes après cinquante ans de Confédération.

De là à penser que l'indépendance réglerait presque tous les problèmes, le pas est vite franchi.

Lionel Groulx, dans l'*Action française* de décembre 1920, aborde l'aspect économique:

Nous avons à choisir ou de redevenir les maîtres chez nous ou de nous résigner à jamais aux destinées d'un peuple de serfs. [...] Il nous a fallu partir de ce point que les Canadiens français doivent être les maîtres au moins dans leur province et que, sous peine d'être à jamais une race ancillaire, ou de renoncer, comme personnalité ethnique, à la propriété d'un territoire, ils ne peuvent abandonner à d'autres l'administration de leur sol et de ses richesses. Le droit de conquête, pensons-nous, ne saurait s'étendre jusqu'à l'ordre économique, et, sur ce sol qui fut pendant trois cents ans la propriété de leurs pères, les Canadiens français gardent, à tout le moins, un droit d'aînesse. En conséquence le territoire du Québec ne peut être considéré comme un territoire vacant, ouvert à l'enchère cosmopolite, mais comme un territoire français qui doit fructifier pour une race française. Est-ce à dire qu'il faille fermer nos portes et repousser sans plus le capital étranger? Non pas. Mais il convient de l'accepter comme une aide, non comme un instrument de désordre et de domination.

L'emprise que, selon Groulx, les Canadiens français doivent «reconquérir» sur leur économie doit conduire à une meilleure condition morale et spirituelle: «Nous ne voulons faire de la richesse matérielle que le fondement de notre supériorité intellectuelle et morale.»

Le nationalisme canadien-français, au sortir de la guerre, prend donc une nouvelle orientation et il s'établit sur des bases plus solides. L'existence de la Confédération sera maintes fois remise en cause. Même Henri Bourassa, qui s'oriente maintenant beaucoup plus vers les questions religieuses, commence à douter de la survie de la Constitution canadienne telle qu'elle existe alors. Le 23 décembre, il affirme à Québec : « La Confédération a vécu en puissance. Durera-t-elle vingt ans ou trente ans, je l'ignore mais elle doit se dissoudre un jour. »

Encore les écoles

Sur le front scolaire ontarien, la situation est devenue stable.

> À la fin de la deuxième décennie du vingtième siècle, écrit l'historien Robert Choquette, le ressentiment des Anglais à l'égard de la diffusion du français dans l'Église et les écoles ontariennes était en grande partie éteint. Toutefois, comme on le verra bientôt, les Irlandais catholiques étaient moins enclins que les Anglo-protestants à abandonner leur opposition car, à leurs yeux, ils avaient plus à perdre ; les Anglo-Ontariens, de leur côté, étaient fatigués de ces querelles continuelles chez eux, tout comme la guerre mondiale leur avait inspiré le dégoût des rivalités internationales. Toutefois, ce qui importe davantage, c'est que l'existence même de la nation était menacée, si l'on ne réussissait pas à régler ces différends.

Dans la province de Québec, trois points chauds concernaient le monde scolaire : l'instruction obligatoire, l'enseignement de la langue anglaise et la fondation d'une université indépendante à Montréal.

Depuis des années, des membres du parti libéral réclament l'instruction obligatoire pour tous les enfants. La province de l'Ontario avait adopté une loi en ce sens en 1870. Mais au Québec, l'Église catholique, craignant l'emprise de l'État dans le monde de l'éducation, est ouvertement contre l'obligation d'envoyer les enfants à l'école.

Le 18 janvier 1919, un groupe de « personnalités » présente à l'archevêque Bruchési une requête concernant la fréquentation scolaire :

> Les soussignés constatent qu'une trop forte proportion d'enfants de sept à quatorze ans abandonne l'école avant d'avoir acquis une instruction suffisante ; qu'à peu près 50 % de ces enfants cessent de fréquenter l'école après la quatrième année et que plusieurs ne font même pas cette quatrième année ; que ceux-là dans les villes qui ne font pas leur cinquième ni leur sixième année ne sont pas en état d'être reçus dans les écoles techniques ; que les fils de cultivateurs qui ne font que trois ou quatre années de classe et qui se livrent ensuite aux travaux de la terre, retombent en grand nombre, après quelques années, dans la catégorie des illettrés ;

que trop d'enfants courent encore la rue sans aucun contrôle et finissent par échouer devant les tribunaux; que cet état de choses se continue malgré le louable effort fait jusqu'ici à l'encontre par les autorités religieuses et laïques. C'est pourquoi les soussignés viennent vous prier de demander à la section catholique du Conseil de l'Instruction publique de requérir la Législature d'adopter une loi d'obligation scolaire qui ne fera qu'apporter une sanction à l'obligation morale que fait l'Église aux parents de donner une instruction suffisante à leurs enfants. La province de Québec ne fera en cela que suivre l'exemple de la presque totalité des nations de l'Europe et des deux Amériques, tant catholiques que protestantes.

Bruchési transmet la requête, sous pli recommandé, au surintendant de l'Instruction publique «qui la soumettra sans doute au Comité catholique à sa prochaine séance».

Un débat s'engage sur la question scolaire à l'Assemblée législative. À l'extérieur de la Chambre, des associations adoptent des résolutions contre la fréquentation scolaire obligatoire. Dans *Le Devoir*, Omer Héroux se prononce lui aussi contre la mesure : «C'est un fait notoire que les plus bruyants partisans de la contrainte scolaire sont aussi, pour la plupart, partisans de la création d'un ministère de l'Instruction publique. C'est la suite logique de leurs théories sur l'intervention de l'État dans ce domaine. L'institution d'un ministère de l'Instruction publique, c'est demain, sinon aujourd'hui, le choix des programmes et celui des maîtres livrés à toutes les fantaisies de la politique. »

Au début du mois de février 1919, les évêques qui font partie du comité catholique du Conseil de l'Instruction publique se prononcent contre l'instruction obligatoire. Le projet est donc une nouvelle fois reporté à plus tard. Ce n'est qu'en 1942 qu'une loi obligera les parents à envoyer leurs enfants à l'école...

Dans son projet de réforme du programme de l'école élémentaire, François-Xavier Ross, vicaire général de Rimouski, ne préconise pas l'enseignement de la langue anglaise dès la deuxième ou la troisième année du cours primaire, comme la chose se fait alors dans plusieurs classes. Une polémique s'engage à ce sujet. Quelques-uns préconisent même que l'enseignement d'une langue seconde soit reporté après la septième année. L'abbé Philippe Perrier est de ceux-là. Il écrit dans l'*Action française* du mois de mai 1920 :

Que jamais la langue seconde ne prédomine, même vers la fin du cours! Je sais bien que je vais contredire une pratique chère, peut-être à quelques-uns de nos amis. Mais pour les enfants de langue française qui se préparent au commerce, les matières spéciales doivent s'enseigner dans la langue maternelle. Je veux bien que l'on donne tous les termes techniques en anglais. Mais, de grâce, que l'on sauvegarde le principe : la langue maternelle doit être la langue véhiculaire pour l'enseignement de toutes les matières à l'école primaire. Et que l'on tienne sérieusement compte de la langue maternelle dans les examens !

La querelle des langues se poursuivra encore quelque temps. Mais, à un niveau plus élevé, une nouvelle rendue publique le 10 mai 1919 réjouit la plupart des Montréalais francophones : le Saint-Siège accorde à la succursale de l'Université Laval à Montréal sa pleine autonomie. L'Université de Montréal peut alors voir le jour. Le rescrit de la Congrégation des Études de Rome, en date du 29 avril, précisait que la nouvelle université serait constituée « de telle sorte que tout ce qui concerne les statuts et l'organisation des études, tout ce qui se rapporte à son fonctionnement, sera réglé d'après les lois et institutions du Saint-Siège », mais que, par contre, « la bulle d'érection ne doit pas être expédiée avant que l'université ait obtenu la charte civile ».

Le 29 janvier 1920, le projet de loi créant l'Université de Montréal est adopté en troisième lecture par l'Assemblée législative de la province de Québec. Le Québec possédera donc maintenant quatre universités, deux catholiques, Laval et Montréal, et deux protestantes, McGill et Bishop.

Pour l'année académique 1919-1920, les universités catholiques dispensaient l'enseignement à 2323 étudiants, dont 292 filles, alors que les universités protestantes comptaient 2203 étudiants, sans que les statistiques précisent le nombre de filles.

Collecte du courrier dans les années 1920

LES GRANDES MESURES
1920-1925

L E RECENSEMENT DE 1921 démontre que la population urbaine est
devenue plus importante que la population rurale. Alors qu'en 1911,
les villes regroupaient 48,2 pour cent de la population totale de
la province de Québec, 10 ans plus tard, on y retrouve 56 pour cent des
2 361 199 habitants. Non seulement on émigre vers les villes, mais l'importance du Québec au sein du Canada diminue : en 1871, la population du
Québec représentait 32,3 pour cent de la population canadienne ; en 1881,
31,42 ; en 1901, 30,7 ; en 1911, 27,83 et, en 1921, seulement 26,87 pour cent.

Les deux sexes sont représentés de façon à peu près égale : 1 180 028
hommes et 1 181 171 femmes. De toutes les provinces canadiennes, le Québec est l'une de celles où l'écart, dans ce secteur, est le plus mince. Selon
l'historien Terry Copp, « chez les salariés, la famille moyenne comptait 4,5
personnes, dont 1,4 salarié. Le revenu familial des travailleurs rémunérés à
l'heure dans le secteur manufacturier était en moyenne de 1484 $ par année,
soit 28,54 $ par semaine ; dans la construction, il était de 1482 $, soit 28,50 $;
dans les transports, de 1535 $, soit 29,52 $. Le revenu familial moyen était
beaucoup plus près du budget minimum en 1921, qu'il ne l'avait jamais été
auparavant. »

Le second semestre de l'année 1920 et l'année 1921 sont marqués par
une courte période de crise économique. Le pourcentage de la main-
d'œuvre syndiquée en état de chômage, en mai 1920, n'est que de 2,54. En
décembre, il atteint 19,6 pour cent ; en juin 1921, il monte à 20,7 pour cent,
pour atteindre son sommet, en décembre, avec 26,8 pour cent. La chute est
aussi rapide que la montée, puisque les statistiques de juin 1922 ramènent
le taux de chômage à 5,4 pour cent. En décembre 1924, il fera un bond
jusqu'à 22,4 pour cent.

Le long règne du gouvernement Taschereau commence donc sous un ciel plutôt sombre. Le nouveau premier ministre du Québec devine qu'il prend les rênes du pouvoir à un moment important. Il déclare, le 17 avril 1921, au congrès de la Fédération nationale Saint-Jean-Baptiste, association fondée en 1907 et qui regroupe les mouvements féminins canadiens-français catholiques : «Nous sommes actuellement à la croisée des chemins : le *statu quo* ou la rupture du lien fédératif, l'annexion aux États-Unis ou l'indépendance.» Pour lui, une plus grande liberté d'action du Canada vis-à-vis de la Grande-Bretagne est devenue nécessaire, mais il ajoute :

> Une profonde transformation du régime actuel est cependant susceptible de se produire, le jour où les provinces de l'Est trouveront que leurs jeunes sœurs de l'Ouest exigent plus que leur part. Je ne veux pas parler politique, mais le grand problème du Canada n'est-il pas actuellement celui de sa politique ferroviaire ? La mainmise de l'État sur un grand nombre de nos réseaux de chemin de fer a peut-être sauvé les provinces de l'Ouest de la banqueroute qui les menaçait, mais on a jeté sur le dos des vieilles provinces un fardeau qui menace de devenir trop lourd malgré toute la bonne volonté qu'elles peuvent avoir. Plusieurs se demandent, non sans anxiété, si ce n'est pas là une première brèche et une forte brèche au pacte fédératif.

Des projets critiqués

La deuxième session de la quinzième Législature avait eu lieu du 11 janvier au 19 mars 1921. Députés et conseillers avaient approuvé deux importants textes de loi, le premier établissant la Commission des liqueurs de Québec et le second concernant l'assistance publique.

Déjà, en 1920, Taschereau avait annoncé que « son » projet de loi visait à favoriser la consommation de la bière et du vin, des boissons à faible teneur en alcool, au détriment des spiritueux. « Si, disait-il, comme beaucoup de voix autorisées l'enseignent, ces breuvages sont l'ennemi des alcools fortement tirés, il faut donner à notre peuple des bières et des vins qui soient potables et d'un titre suffisant pour assurer leur conservation et pour satisfaire les consommateurs, au lieu de les inviter à rechercher quelque chose qui humecte davantage le gosier, quelque chose de plus en plus fort. »

Le projet de loi est déposé devant les membres de l'Assemblée législative, le 26 janvier 1921. Avant que ne débute la troisième lecture, le journaliste Georges Pelletier dénonce la mesure dans *Le Devoir* du 12 février :

> Elle évite à dessein de supprimer la pire source des abus qu'elle prétend détruire. Selon tous les observateurs impartiaux, de l'avis de tous les hommes qui se dévouent à la cause de tempérance dans tous les pays, la

taverne, la buvette, le cabaret, le bar, l'estaminet, l'auberge — de quelque nom qu'on appelle l'endroit où les buveurs se réunissent — est la cause la plus générale, la plus dangereuse de l'ivrognerie, de la paresse, de la désertion des foyers, de la démoralisation individuelle et sociale. Or, la loi et le premier ministre le proclament hautement, cette loi *moralisatrice* conserve et consacre la taverne. Pourquoi? Parce que, selon M. Taschereau, il faut laisser à l'artisan et à l'homme de ressources modestes un endroit où ils peuvent aller boire un verre de bière.

Le projet de loi, sanctionné le 25 février, entrera en vigueur le 1er mai 1921. La Commission des liqueurs de Québec, qui en est issue, sera dirigée par un bureau de cinq membres nommés par le lieutenant-gouverneur en conseil dont la durée du mandat est tributaire du « bon plaisir » du représentant du Canada au Québec. Les fonctions de la commission sont d'acheter, d'avoir en sa possession et de vendre en son nom des liqueurs alcooliques ; « contrôler la possession, la vente et la livraison des liqueurs alcooliques » ; « octroyer, refuser, annuler tout permis de vente de liqueurs alcooliques ou tout permis qui se rapporte autrement à ces liqueurs et transporter le permis d'une personne décédée » ; « louer et occuper tous bâtiments et terrains requis pour ses opérations » ; poursuivre les contrevenants, etc.

La nouvelle loi détermine qui peut vendre des liqueurs alcooliques et comment. « Chaque vente par la commission, d'alcools ou de spiritueux, livrés dans un des établissements ou par elle expédiés dans la province, est restreinte, quant à la quantité, à une bouteille, à moins que cette vente ne soit faite à une personne autorisée à en revendre, ou pour des fins industrielles. La vente ou la livraison des bières est prohibée en cette province, à moins que cette vente ou livraison ne soit faite par la commission ou par un brasseur ou une autre personne que la commission a autorisés en vertu de la présente loi » et selon certaines modalités.

La vente de liqueurs alcooliques est interdite aux personnes suivantes :

1. À toute personne n'ayant pas atteint l'âge de 18 ans ; 2. À tout interdit* ; 3. À tout tenancier ou pensionnaire de maison de désordre ; 4. À toute personne déjà condamnée pour ivresse ou pour une infraction causée par l'ivresse ; 5. À toute personne qui a l'habitude de boire à l'excès des liqueurs alcooliques et à qui la commission a, après enquête, décidé d'interdire la vente de ces liqueurs, sur la demande qui lui en a été faite par le mari, la femme, le père, la mère, le frère, la sœur, le curateur, le patron

---

* C'est-à-dire les personnes qui, par suite d'une décision d'un tribunal, étaient déclarées inaptes à contracter des obligations légales.

ou tout autre individu à la charge ou ayant charge de ladite personne ou par le curé, pasteur ou maire de localité. L'interdiction, dans ce cas, dure jusqu'à ce qu'elle soit levée par la commission.

La loi rend le mari responsable des actes de sa femme en ce qui concerne les liqueurs alcooliques: « Tout homme marié qui vit et réside avec sa femme à l'époque où celle-ci commet une infraction à la présente loi peut, qu'elle soit ou non marchande publique, être poursuivi et condamné de la même manière que s'il s'était lui-même rendu coupable de cette infraction. »

Comme plusieurs villes et villages sont encore sous le coup de la prohibition qu'ils ont acceptée par un vote populaire, la nouvelle loi ne les concerne pas: « Dans toute municipalité où une loi de prohibition est en vigueur ou dont le conseil municipal a décidé, en la manière indiquée dans la présente loi, que des permis ou certaines espèces de permis ne doivent pas être octroyés, le conseil de la municipalité doit poursuivre toute infraction à la présente loi; et, dans ce cas, la municipalité est responsable des frais et reçoit les amendes perçues. »

Le 31 août 1921, la commission a déjà accordé 480 permis de vente de bière dans les tavernes. Une annonce publiée dans les journaux du 8 août résume la réglementation imposée aux débits d'alcool:

> Les tavernes peuvent vendre de la bière au verre seulement, à la condition qu'elle soit consommée sur place. Les tavernes n'ont pas le droit de vendre aux personnes âgées de moins de 18 ans. Les tavernes n'ont pas le droit de vendre des boissons fortes. Il est défendu aux tavernes de mêler aux bières une liqueur forte quelconque. Les consommateurs ne peuvent être servis au comptoir. Le bar est aboli. La musique, la danse, le chant et les jeux sont défendus. Entre 10 heures p.m. et 9 heures a.m. et généralement durant tout le temps que les tavernes sont tenues par la loi d'être fermées, les fenêtres devront être disposées et les rideaux et stores écartés de façon à exposer l'intérieur de l'établissement. Quiconque cause du désordre dans une taverne, ou y apporte ou y boit une liqueur alcoolique autre que de la bière, est passible des peines les plus sévères.

La loi de la Commission des liqueurs soulève un certain nombre de critiques, principalement chez les partisans de la prohibition et les membres du clergé. Ce qui n'empêche pas la ville de Québec de se prononcer, le 12 septembre suivant, contre la prohibition. Les critiques n'endiguent pas le flot d'alcool comme l'indique le bilan de la Commission des liqueurs pour ses activités couvrant la période du 1er mai au 31 décembre 1921: 9 325 000 $ de revenus, dont 4 000 000 $ de bénéfices!

Graduellement, on se rend compte des bienfaits de la loi des alcools. En 1923, le cardinal Louis-Nazaire Bégin signe une lettre pastorale défendant « la contrebande et la fabrication illicite de l'alcool ». Le 23 décembre de la même année, dans toutes les églises du diocèse de Trois-Rivières, on lit, au prône, la lettre pastorale de François-Xavier Cloutier, évêque de l'endroit. Il y dénonce le théâtre d'amateurs, les bals, les danses lascives, le cinéma et l'ivrognerie. À ce dernier chapitre, le message épiscopal est net : « En vertu de notre autorité pastorale, nous prohibons, sous peine de désobéissance grave, la fabrication, la vente et l'importation clandestines des boissons enivrantes, tel que les défend déjà la loi civile. »

La prohibition existe encore aux États-Unis et en Ontario et, forcément, la contrebande est relativement active dans la zone frontière. Sans compter le commerce illicite qui se fait à partir des îles françaises de Saint-Pierre et Miquelon. Au mois de juin 1924, des officiers américains sont blessés lors d'un engagement armé entre douaniers et contrebandiers « dans le fond du comté de Témiscouata ».

Au Québec, grâce à l'établissement de la Commission des liqueurs, le gouvernement ajoute quelques millions de dollars annuellement à ses revenus, ce qui lui permet de déclarer des surplus budgétaires appréciables que les membres de l'Opposition tentent de ramener à un déficit.

La porte ouverte à l'étatisation

Au tout début des années 1920, le monde hospitalier a besoin d'argent. En 1919, il doit faire face à un déficit d'un quart de million de dollars. Athanase David, en tant que secrétaire de la province, est responsable de ce secteur. Il occupe une place importante au sein du nouveau gouvernement Taschereau. Fils de Laurent-Olivier David, il commence à siéger à l'Assemblée législative à partir de 1916, comme représentant de la circonscription électorale de Terrebonne. Il s'intéressera beaucoup à tout ce qui touche l'éducation et la culture. Il est à l'origine d'un prix littéraire qui porte son nom. C'est lui aussi qui mettra sur pied l'École des Beaux-Arts en 1922.

> Jusqu'en 1920, lit-on dans l'*Annuaire statistique de Québec 1921*, ces institutions [les hôpitaux] ne recevaient qu'une subvention minime du gouvernement pour les aider dans leur œuvre secourable. À cette date, une loi fut passée, à la Législature de Québec, en vertu de laquelle les hôpitaux pouvaient refuser l'entrée à un malade indigent, à moins que le conseil municipal d'où venait tel malade ne s'engageât, par résolution, à payer ses frais d'hospitalisation.

Trois jours avant la fin de la session, soit le 16 mars 1921, alors que la marche des travaux parlementaires s'est accélérée, David présente un projet de loi d'assistance publique. La mesure sera adoptée à toute vapeur tant par l'Assemblée législative que par le Conseil législatif, presque sans modification. Elle recevra la sanction royale le 19 mars. L'entrée en vigueur de la loi est fixée au 1er septembre suivant. À partir de cette date, un droit équivalant à 10 pour cent du prix d'entrée est imposé pour toute représentation dans un lieu d'amusement.

> Les droits ainsi perçus, précise l'*Annuaire statistique*, sont versés, pour une moitié au fonds de l'assistance municipale de la municipalité dans laquelle est situé le lieu d'amusement et, pour l'autre moitié, au fonds de l'assistance publique du département du Trésor. Ce dernier fonds s'augmente encore de la perception des droits suivants : de la moitié des droits du pauvre imposés et perçus par chaque municipalité en vertu des dispositions de la section 24e du chapitre 2e du titre 11e des Statuts 1909 ; des droits perçus pour les licences des lieux d'amusement, conformément à la loi des licences de Québec ; des droits perçus pour les licences des champs de courses et des droits d'entrée aux champs de courses, des honoraires d'enregistrement des appareils employés pour les paris ou gageures sur les champs de courses et des droits imposés sur lesdits paris ou gageures.

Les frais d'hospitalisation des indigents sont répartis en trois : un premier tiers payé par le gouvernement ; un deuxième par la municipalité locale « où l'indigent a eu, de bonne foi, son domicile pendant six mois consécutifs, précédant son admission » et le troisième tiers par l'institution d'assistance. Pour bénéficier des dispositions de la nouvelle loi, les institutions doivent en faire la demande. De plus, les municipalités sont autorisées à « passer des règlements pour établir et maintenir des hôpitaux, hospices ou refuges, crèches, sanatoria, maisons de retraite ou toutes autres institutions d'assistance, en vue d'hospitaliser ou recueillir les indigents dont le domicile est situé dans les limites de telles municipalités ».

Le Service de l'assistance publique, chargé de veiller à l'application de la loi, divise les institutions bénéficiaires en cinq catégories et détermine « le coût quotidien d'hospitalisation et d'entretien des indigents dans les maisons d'assistance ». La classe A comprend les hôpitaux généraux. S'ils sont de premier ordre, bien outillés et disposant d'au moins 40 lits, le coût quotidien d'hospitalisation est fixé à 2,01 $. S'ils sont moins bien outillés et qu'ils disposent d'au moins 25 lits, le montant est abaissé à 1,50 $. La classe A3 regroupe les institutions ayant un minimum de 15 lits. Le coût est alors de 1,05 $. La classe B comprend les sanatoriums et hôpitaux pour tuberculeux. Le montant est fixé à 2,01 $. Dans un hospice pour vieillards infirmes, 45 cents suffisent pour couvrir les frais d'hospitalisation et d'entretien. Le séjour dans un orphelinat d'enfants âgés de 6 à 14 ans coûte encore moins cher, soit 36 cents par jour.

L'adoption de la Loi de l'assistance publique va soulever un tollé chez ceux qui craignent l'emprise de l'État sur un secteur occupé presque complètement par des institutions religieuses. Henri Bourassa y va d'une brochure intitulée *Une Mauvaise Loi: l'Assistance publique*. Selon lui, la nouvelle mesure est « en partie calquée sur d'anciennes lois toutes pénétrées de gallicanisme et de protestantisme, en partie imitée des lois françaises tout imbibées d'anticléricalisme ». Ce qu'il reproche surtout à la loi, c'est la possibilité qu'un fonctionnaire puisse contrôler l'utilisation des sommes versés par le gouvernement et les municipalités. Taschereau, le 13 avril, se charge de calmer les inquiets: « Si notre loi d'assistance publique comportait la moindre ingérence du gouvernement dans la régie interne de nos institutions d'assistance publique, ou devait avoir le moindrement pour résultat d'entraver l'initiative de la charité privée, mes collègues et moi n'hésiterions pas un instant à inviter la députation à jeter cette loi au panier. Car ce serait exactement l'opposé de notre but. »

Certains recommandent que les institutions catholiques échappent au contrôle gouvernemental qui ne devrait s'exercer que sur les établissements publics ou protestants. L'hebdomadaire libéral montréalais *Le Pays*, dans son édition du 30 avril, ironise sur cette suggestion:

> La loi dite d'Assistance publique a décidément jeté la consternation dans le camp des dévots. Si les institutions chères à nos bondieusards sont si irréprochables qu'ils le prétendent, qu'auraient-elles à craindre à montrer *leurs livres*, à laisser *inspecter* leurs établissements par des membres du bureau d'hygiène, à prouver, en un mot, qu'elles sont véritablement ce qu'elles ont l'air d'être et... pas autre chose! Quand on n'a rien à se reprocher, on ne doit pas craindre que la lumière soit faite sur nos agissements. Ici, il est superflu de le dire, la liberté religieuse est hors de question. Ce qu'on semble craindre, en certains milieux, c'est de laisser constater que, sous le paravent de la charité publique, on se livre à une véritable *exploitation* de la charité par le moyen de laquelle certaines communautés s'enrichissent! Cela s'est vu ailleurs. Pourquoi l'histoire ne se répéterait-elle pas ici? Au surplus, pour que le gouvernement provincial soit intervenu dans cette question d'assistance, il faut qu'il y ait certainement *quelque chose* qui louche quelque part.

Si pour le journaliste du *Pays* le monde hospitalier doit être surveillé, les évêques de la province de Québec ne partagent pas cet avis. Le 12 janvier 1922, ils écrivent au premier ministre Taschereau une lettre confidentielle sur le sujet:

> La charité privée, dans notre province, a fait et continue de faire chaque jour des merveilles. Avec des ressources très limitées, mais dont l'économie

et le dévouement ont su tirer un admirable parti, nos institutions catholiques de bienfaisance ont accompli des œuvres de toutes sortes, adaptées à tous les besoins, et que l'on ne saurait assez louer. Ce gouvernement ne pourrait-il pas venir en aide à ces institutions dont les charges vont croissant, sans leur imposer les formalités très gênantes de la loi de 1921 ? Pourquoi ne pas remplacer cette loi de l'Assistance par une autre très simple que nous pourrions agréer ? Pourquoi, du moins, ne pas modifier la loi existante de telle sorte que l'on y ferait pleine confiance aux établissements catholiques de charité et l'on y tiendrait compte de la juste indépendance de ces institutions placées dans chaque diocèse sous le contrôle de l'évêque ? Une législation qui, tout en respectant les autres croyances, s'harmonise avec les croyances et la discipline catholique de la très grande majorité des habitants d'une province, n'a rien qui puisse offusquer personne.

Dans sa réponse du 20 janvier, Taschereau réaffirme la position de son gouvernement, tout en rappelant certains principes d'une saine administration :

N'oublions pas que nous vivons dans un pays mixte. Il y a des susceptibilités qu'il faut ménager et des opinions qu'on ne peut ignorer. Autrement la vie politique devient impossible, et c'est à y renoncer. Je crois que nous n'avons cédé sur aucune question de principe. La Loi de l'assistance publique, comme tout ce qui est humain, est perfectible. Elle a rendu des services énormes à nos institutions de charité. Si l'on n'en veut pas, je suis prêt à demander à mes collègues de la révoquer, laissant la responsabilité des misères qui en résulteront aux critiques de cette loi. Il est un principe de droit constitutionnel bien établi et sans lequel il est impossible de gouverner. Mandataires du peuple, nous n'avons pas le droit de donner à des institutions, quelles qu'elles soient, catholiques, protestantes ou juives, 1 000 000 $ par année sans leur demander l'usage qu'elles en font. Sans ces rapports, que nos lois exigent depuis 1872, comment pouvons-nous, nous-mêmes, rendre compte de notre administration ?

Certains évêques interdisent aux communautés religieuses de leurs diocèses de demander leur inscription sur la liste des institutions bénéficiant des dispositions de la Loi de l'assistance publique. Malgré tout, à la fin de l'année 1922, près de « soixante institutions dirigées par des religieux ou des religieuses » ont obtenu de leur évêque l'autorisation de recevoir l'aide gouvernementale.

Dans l'espérance de calmer quelques inquiétudes, David fait adopter, au cours de la session de 1924, un article ainsi conçu : « Tout contrat, fait à compter du (date de l'entrée en vigueur de la présente loi) avec une institution de charité dirigée par une communauté religieuse catholique romaine, doit recevoir l'approbation de l'Ordinaire du diocèse dans lequel est située ladite communauté. » Un nouvel amendement est adopté à la session de l'année suivante : « Dans l'application de ces règlements, comme dans le fonctionnement de la présente loi, lorsqu'il s'agit de communautés religieuses catholiques, rien ne pourra préjudicier aux droits de l'évêque sur ces communautés, ni à leurs intérêts religieux, moraux et disciplinaires. » Cette dernière modification fait suite à une demande de François-Xavier Ross, évêque de Gaspé en 1923, qui avait écrit aux autorités gouvernementales : « Nous ne demandons rien de ce qui est du domaine de l'État. Il exerce son action sur l'hygiène, il contrôle l'emploi de ses deniers, il visite les malades pour lesquels il a versé sa quote-part. [...] Nous nous réservons ce qui est de notre domaine : discipline religieuse et morale, régie interne de la communauté religieuse. L'addition que j'ai l'honneur de vous soumettre ferait tomber les dernières hésitations. »

En 1924, le Québec comptait 188 institutions bénéficiant de l'aide gouvernementale, soit 6 hôpitaux pour les malades atteints d'affections mentales, 52 hôpitaux généraux, 4 maternités, 3 crèches, 5 sanatoriums ou dispensaires antituberculeux et 118 hospices, orphelinats, asiles ou autres établissements de même genre. La présence de l'État dans ce secteur n'effraie presque plus après 1925.

La recherche d'un avenir

Pendant que la province de Québec se donne des moyens d'améliorer le sort général de la population, le courant nationaliste prend de l'ampleur et à l'indépendance du Canada, que plusieurs réclament avec force, quelques-uns opposent la naissance d'un État français sur les bords du Saint-Laurent. L'*Action française*, revue dirigée par Lionel Groulx, se fait le porte-parole des nationalistes. En décembre 1921, faisant le bilan d'une vaste enquête sur les problèmes économiques, Groulx conclut :

> Le domaine national, le capital d'exploitation n'ont jamais eu pour nos gouvernants de nationalité parce que, pour eux, l'État n'en avait point. Eh bien, c'est cette incroyable erreur qui doit prendre fin. Il appartiendra à la jeune génération, si elle veut atteindre aux réalisations puissantes, de faire admettre que l'être ethnique de l'État québécois est fixé depuis longtemps et de façon irrévocable. Une histoire longue de trois siècles, la possession presque entière du sol par une race déterminée, l'empreinte profonde que cette race y a gravée par ses mœurs et ses institutions originales, le statut spécial qu'elle s'est réservée dans toutes les constitutions politiques depuis 1774, ont fait du Québec un État français qu'il faut reconnaître en théorie comme en fait. C'est cette vérité qu'il faut replacer en haut pour qu'elle y

gouverne chez nous l'ordre économique, comme on admet spontanément qu'elle doive gouverner les autres fonctions de notre vie. Disons que nous cesserons de penser en vaincus et en conquis. Ensemble nous élèverons plutôt nos pensées vers la réalité de la patrie, vers cette idée maîtresse qui mettra de l'ordre et de la puissance dans notre action. Elle nous rendra le noble sentiment de respect que nous nous devons à nous-mêmes; mieux que tous les discours, au rôle de maçons et de mercenaires elle nous fera préférer celui d'architectes et de constructeurs. Et dans notre maison nous ferons autre chose que préparer à un rival le *repas du lion.*

En 1922, l'enquête de l'*Action française* a pour thème «Notre avenir politique». C'est, en quelque sorte, le procès de la Confédération et ses chances de survie, selon les critères des nationalistes québécois. Dans le numéro de janvier, Groulx attaque ce qu'il croit être un moribond. Selon lui, la Confédération «paraît s'en aller inévitablement vers la rupture. L'issue paraît certaine aux esprits les plus clairvoyants; la date seule de l'échéance reste encore dans l'inconnu.»

Groulx fonde son diagnostic en partie sur le mécontentement des provinces maritimes et de l'Ouest canadien qui considèrent la Politique nationale inaugurée jadis par John A. Macdonald comme la source de tous leurs problèmes économiques. L'élection en 1921 de 65 députés du National Progressive Party, formé à Winnipeg en 1920, lui paraît un signe annonciateur de l'effrondrement prochain de la confédération canadienne.

[Le Progressive Party] constitue, écrit le professeur Peter A. Russell, le deuxième parti au Parlement. Il est cependant incapable d'agir avec cohésion devant le nouveau gouvernement minoritaire libéral. Ses membres sont souvent des libéraux uniquement désireux de gagner leur ancien parti au libre-échange. L'appui du public diminue aux élections de 1925 et de 1926, mais la révolte agraire et le Parti progressiste ont transformé la politique canadienne. Les membres les plus radicaux se joignent en 1932 à la Coopérative Commonwealth Federation (CCF) et d'autres s'associent au Parti conservateur en 1942.

Groulx adopte donc le rôle d'un éveilleur de conscience:

Avant qu'il ne soit trop tard nous voulons avertir nos compatriotes du Québec et voilà pourquoi nous leur disons: si l'ordre actuel ne doit pas durer, si le dessein de la confédération canadienne est rien moins qu'immuable, arrêtons là notre ancien programme. Nous ne pouvons continuer d'organiser notre avenir dans un cadre périmé. Si demain un Canada oriental doit se constituer, où les provinces du bassin du Saint-Laurent reprendront des assises nouvelles, le Québec ne peut, qu'au péril du suicide, abdiquer son rôle en cette entreprise politique. [...] Cependant en l'État français du Saint-Laurent, se trouveront enclavées des minorités ethniques dont les droits sont à sauvegarder. En cette matière, le Québec n'aura qu'à se retourner vers ses traditions de justice pour y trouver un statut de liberté.

L'abbé Arthur Robert, professeur au Séminaire de Québec, étudie, dans le numéro de février de l'*Action française*, les fondements philosophiques des aspirations du Canada français. Son exposé veut prouver deux choses : « 1. Un peuple a le droit de travailler au développement et au perfectionnement de sa nationalité ; 2. Un peuple a le droit de même de tendre à l'autonomie complète et, si possible, à la souveraineté d'un État. »

Pour Jean-Marie-Rodrigue Villeneuve, futur cardinal, la naissance d'un État français n'est qu'une question de temps. Étudiant les relations entre l'État projeté et « nos frères de la dispersion », dans le numéro de juillet de l'*Action française*, il ne cache pas ses espérances :

> Qu'un État catholique et français puisse au cours du siècle qui s'annonce prendre place dans la vallée du Saint-Laurent, voilà qui n'est plus, au sentiment de plusieurs, une pure utopie, mais un idéal digne d'ambition, un espoir solidement fondé. Et que la vocation surnaturelle de la race française en Amérique acquière de ce chef son plein épanouissement, que l'indépendance politique rêvée mette notre nationalité dans le rôle auguste auquel la dispose comme de longue haleine l'éternelle Providence ; qu'elle devienne ainsi le flambeau d'une civilisation idéaliste et généreuse dans le grand tout que fusionne l'avenir américain ; qu'elle soit en un mot, au milieu de la Babylone en formation, l'Israël des temps nouveaux, la France d'Amérique, la nation-lumière et la nation-apôtre : c'est une divine faveur qu'il y a lieu de demander et dont il est sage et religieux de nous rendre dignes par la réflexion et par le courage qui font les peuples grands.

Villeneuve qui, vingt ans plus tard, au cours de la Seconde Guerre mondiale, se fera remarquer par un impérialisme surprenant, ne croit plus à l'avenir de la Confédération :

> 1. De gré ou de force, le tronçonnement du Canada s'en vient ; nous n'aurons pas à l'opérer ; nous avons plutôt à le prévoir, à en prédisposer les cassures ; et l'on serait mal venu, voire injuste, de nous en incriminer.
> 2. Au reste, la séparation de l'ordre politique qui pourrait en résulter pour divers groupes franco-canadiens, ne détruirait ni notre devoir, ni notre intérêt, ni les sentiments, ni l'idéal qui nous poussent présentement à maintenir et à fortifier nos attaches ethniques avec tous les centres français d'Amérique, avec ceux-là surtout qui sont les plus liés à nous et les plus homogènes, les plus désireux de rester ce que nous sommes dans les

desseins de l'histoire. 3. Il serait difficile en outre de le contester, le brisement des cadres actuels ne saurait guère diminuer la puissance de nos secours à nos compatriotes d'outre-frontières. Car, sans littérature et sans emphase, au regard du demi-siècle qui vient de s'achever, qu'ont-ils été sous le régime fédératif, ces compatriotes, sinon entravés, affaiblis, annihilés avec des textes de lois hypocrites, perfidement retournés contre eux chaque fois que, dans leurs plus justes réclamations, ils les ont invoqués? 4. Tout au contraire enfin, un État français fort, pratiquement homogène, totalement libre dans ses mouvements, formerait la plus sûre garantie de survie et d'intégrité pour l'âme des nôtres des avant-postes, couverts qu'ils seraient en quelque sorte par le feu d'une puissante civilisation catholique et française, laquelle tiendrait en respect puis en échec les forces toujours éphémères, des civilisations ambitieuses mais divergentes et matérialistes, qui montent et qui nous avoisinent.

L'idée d'indépendance ne touche qu'un petit groupe de citoyens qualifiés d'intellectuels. Elle permet, par contre, une certaine prise de conscience des forces et des faiblesses des francophones québécois et, touchant aux limites de la tolérance, elle laisse percer le racisme. À ce sujet, l'article de Joseph Bruchard, dans le numéro du mois d'octobre 1922 de l'*Action française*, est révélateur:

> Nous avons trop bon cœur et nos voisins peu scrupuleux en abusent. Nous cédons toujours notre place, qu'ils acceptent comme leur dû, sans dire merci, et nous restons plantés là, à rouler notre chapeau, presque sans impatience. Nous manquons de hardiesse dans la conception de l'avenir encore plus que dans l'exécution. Nous n'osons pas rêver de vastes plans, nous n'étudions nos destinées que par un trou de serrure, tels des captifs, craignant fort que si la liberté nous ouvrait une porte, nous ne voyions plus rien. Nous sommes encore un éparpillement de vaincus, de pense-petit, de chercheurs de places, qui demandent aux puissants Anglais non pas des libertés, comme nos pères, mais de l'ouvrage. Nos députés d'il y a cent ans allaient en prison pour arracher à l'Angleterre la liberté politique; ceux d'aujourd'hui vendent aux Américains nos ressources naturelles et importent des Anglais qui nous asservissent, qui prennent la place de nos gens forcés d'émigrer. Nous désertons nous-mêmes notre pays, et l'effrayant mot d'*exil* n'a plus de sens chez nous... Voilà ce dont nous mourons, et ce qu'il faut commencer à guérir tout de suite.

Bruchard décrit quelle devrait être l'attitude à adopter vis-à-vis des non-francophones:

> Nos députés décréteront encore, non pas l'assimilation comme les Américains, mais une honnête connaissance du français pour ce qui nous

restera de population étrangère. Les non-anglophones, toute cette poussière d'immigrés disséminés ici et là, et décidés à se rallier à l'un des deux groupes, se mettront résolument avec nous, ce qui n'en sera que mieux pour la conservation ou pour l'acquisition de la foi catholique. Il y a longtemps que nous aurions dû racoler à nos classes et à nos paroisses françaises les Italiens, Polonais, Autrichiens et autres qui ne peuvent former ici de communautés séparées. Ne nous préoccupons pas des Juifs, dont nous ne devons pas exagérer l'importance et la compétence, pourvu que nous n'allions pas les enrichir nous-mêmes. En tout cas, ils ne seront pas les derniers à se mettre au français ; ils savent toujours se mettre du côté d'où le vent souffle ! Quant aux groupes, nombreux ou faibles, des anglophones de toutes nuances, disséminés sur tous les points, ils seront plus difficiles à réduire, mais ils ne doivent pas nous faire reculer. D'abord, ils devront être loyaux, car malgré sa tolérance, notre gouvernement devrait y voir : *Salus populi, suprema lex !* Nous aurons cessé de nous faire angliciser par l'éducation et les mariages mixtes, peut-être renverserons-nous les rôles ? Notre bon peuple a, dans sa douceur même, un puissant moyen d'assimilation dont on ne lui a jamais demandé de faire usage. Nous pouvons grignoter en détail les îlots anglais ici et là, puis patienter avec le reste, dont la survivance reposera pratiquement sur le seul appoint de la natalité. Certains remaniements officiels des programmes scolaires rendront leur enseignement bilingue à tous les degrés, ce qui soulagera les nôtres d'autant. Ainsi, après deux siècles de retard, la minorité daignera enfin parler notre langue chez nous.

Faisant la synthèse des différents énoncés, Groulx, en décembre 1922, insiste sur les aspects positifs « du flambeau réallumé ». Pour le chef nationaliste, la grande marche est commencée :

> L'idéal d'un État français va correspondre de plus en plus parmi nous à une sorte d'impulsion vitale. Quand les incertitudes politiques ne l'imposeraient point, la pensée des chefs y devra venir ; elle y vient déjà par l'insuffisance des doctrines actuelles, par le besoin impérieux d'un principe de salut qui nous fasse sortir du chaos de nos divisions et de nos labeurs dispersés. Seulement que la jeunesse s'en souvienne : il y a des heures qui ne sonnent jamais deux fois dans la vie d'une nation. Quant à nous, pas plus qu'elle, nous ne voulons être des idéalistes spéculatifs. Nous ne promettons pas d'agir ; nous avons commencé.

Les leviers de l'émancipation

Agir pour les nationalistes, c'est mettre en place les leviers de l'émancipation. Il leur paraît illusoire de s'en remettre à l'industrialisation par des investisseurs étrangers pour freiner le mouvement migratoire vers les États-

Unis. Ils misent sur la coopération, la colonisation et les associations agricoles, le syndicalisme pour raffermir la vie communautaire. Ce mouvement de restauration économique a pris corps au début du siècle. Alphonse Desjardins a lancé à Lévis, au tout début de 1901, la première caisse populaire. Ainsi, comme l'expliquent Dickinson et Young : « Dès 1920, 206 caisses, regroupées en dix fédérations régionales, avaient été établies à l'échelle du Québec et dans les communautés francophones de l'Ontario et de la Nouvelle-Angleterre. » Des missionnaires agricoles et des missionnaires colonisateurs, comme Ivanhoë Caron en Abitibi, continuent à ouvrir de nouveaux territoires. L'abbé Jean-Baptiste-A. Allaire a fondé en 1903 la première coopérative agricole et le jésuite Charles-Albert Bellemare a fondé en 1913 le Comptoir coopératif de Montréal. D'autres, à la suite d'Eugène Lapointe, supérieur du Séminaire de Chicoutimi, développent le mouvement syndical.

Ce mouvement de restauration socio-économique s'accélère au sortir de la guerre. Entre les années 1920 et 1925, on voit apparaître au Québec une série de nouveaux organismes qui veulent regrouper des Canadiens français de divers secteurs.

En 1921, plus de 200 délégués syndicaux réunis à Hull mettent sur pied la Confédération des travailleurs catholiques du Canada, qui sera connue plus tard sous le sigle CTCC. Le trait dominant de la nouvelle organisation consiste en la réunion des aspects nationaux et religieux. Tout en dénonçant la lutte des classes, la Confédération des travailleurs considère la grève « comme une arme dangereuse » et ses dirigeants sont déterminés à s'opposer aux syndicats internationaux et neutres.

Lors de son premier grand congrès tenu à Montréal du 12 au 17 septembre 1922, la Confédération des travailleurs catholiques du Canada, qui regroupe alors, selon Jacques Rouillard, environ 17 600 adhérents, réaffirme son caractère catholique et canadien-français. Gérard Tremblay, secrétaire général, résume ainsi les principales résolutions adoptées à cette occasion :

> On demande une législation industrielle plus complète et protégeant mieux les travailleurs : amendements à la loi des accidents du travail, à la loi des établissements industriels pour obliger les compagnies à donner un meilleur service d'infirmerie et de pharmacie d'urgence, pour réduire les heures de travail des femmes et des enfants dans les filatures, etc. ; on réclame le rétablissement de l'apprentissage en obligeant les menuisiers, les plombiers, les peintres et autres à se munir d'un certificat de compétence ; on veut plus de respect de la loi des salaires raisonnables qui oblige en pratique les entrepreneurs du gouvernement à payer leurs ouvriers le

salaire fixé par le syndicat; on veut aussi une meilleure observance de la loi des ingénieurs stationnaires; on discute la possibilité d'une loi des maladies professionnelles; on parle de l'opportunité d'une loi d'assurances sociales, de pensions d'invalidité pour les vieillards; on demande une meilleure loi sur les logements ouvriers. On demande aussi — et la résolution a soulevé en certains quartiers des protestations inattendues — la préférence en faveur de la main-d'œuvre des syndicats catholiques dans la construction des édifices appartenant aux communautés religieuses, aux commissions scolaires, fabriques d'églises, etc.

Réunis à l'oratoire Saint-Joseph, les congressistes assistent, le 12 septembre, à une cérémonie religieuse au cours de laquelle le prédicateur, Philippe Perrier, déclare: « Ne vous inscrivez pas aux syndicats internationaux et neutres. Par votre présence, par votre concours, par votre argent, vous commettriez la faute, vous auriez la douleur et la honte de participer à la ruine de tout ce que vous aimez: le foyer, la patrie, la religion. »

Le 1er mai 1925, les syndicats catholiques et nationaux regroupent 98 unions, dont 25 à Montréal, 25 à Québec et 13 à Hull.

Le secteur agricole sent aussi le besoin de regrouper les nombreuses coopératives locales. En 1922, on met donc sur pied la Coopérative fédérée de Québec. Selon l'*Annuaire statistique de Québec*, édition de 1925,

la Coopérative fédérée agit comme organe de centralisation des commandes recueillies par les coopératives locales pour l'achat des marchandises nécessaires à la culture. Elle constitue également l'intermédiaire entre les cultivateurs et les commerçants pour la vente des produits agricoles. Les activités de la Coopérative fédérée, de même que les activités des coopératives locales s'étendent en matière d'achat de marchandises nécessaires à la culture, principalement sur la fourniture des engrais alimentaires, des engrais chimiques, des grains de semences, d'instruments aratoires, des insecticides, des fongicides, de la broche à clôture, de la ficelle d'engerbage, de la tôle, etc.

En 1925, la Coopérative fédérée représente 250 groupements locaux et, malgré cette représentativité, certains croient que ce genre d'organisme est insuffisant et qu'il faut trouver un moyen de faire pression sur le gouvernement sans pour autant former un nouveau parti politique. Toutes les semaines depuis 1910, le *Bulletin des Agriculteurs* informe ses milliers d'abonnés non seulement de ce qui se passe dans le monde agricole, mais aussi des actions à prendre ou à entreprendre auprès des gouvernements. J.-Noé Ponton et Firmin Létourneau en sont les âmes dirigeantes.

En 1924, on juge que le temps est venu de regrouper les cultivateurs au sein d'une association qui serait la leur. Le 1er octobre, à Québec, s'ouvre un grand congrès agricole auquel assistent plus de 2000 personnes du monde rural. Elzéar Roy, curé de Rimouski, préside la rencontre. L'agriculteur Laurent Barré suggère que la nouvelle association, dont il deviendra le premier président, prenne le nom d'Union catholique des cultivateurs de la province de Québec. Cette dernière « veut regrouper tous les cultivateurs, sans autre considération ; coordonner les activités agricoles spéciales ; faire bénéficier les divers groupes agricoles de toute l'influence de la classe ; travailler à diriger la production agricole pour répondre aux besoins du marché. L'Association travaillera à l'expansion des coopératives et des caisses de crédit, à rehausser l'agriculture dans l'esprit public et chez le cultivateur lui-même. »

Barré insiste sur le fait qu'il souhaite que l'UCC ne s'occupe pas de politique fédérale, provinciale ou municipale. « L'Association pourra toutefois prendre une attitude précise lorsqu'il s'agira d'une question intéressant directement les cultivateurs comme classe, d'une doctrine ou d'un principe. »

Les participants au congrès souhaitent une meilleure instruction agricole. Ils se prononcent aussi majoritairement « contre l'enseignement obligatoire, la gratuité des livres [scolaires] et l'uniformité [des manuels] ainsi que contre l'établissement d'un ministère de l'Instruction publique ». La question du crédit agricole est aussi à l'ordre du jour. Laurent Barré est élu premier président de l'Union catholique des cultivateurs. Deux ans après sa fondation, l'organisme regroupera 13 000 membres.

Toujours en 1924, un groupe de chercheurs et de professeurs fondent l'Association canadienne-française pour l'avancement des Sciences, l'Acfas. Léo Pariseau en devient le premier président et le frère Marie-Victorin, secrétaire général.

Le premier lustre des années 1920 est marqué par une grande activité nationaliste et politique. Mais tout ne se limite pas aux paroles. Des structures sont mises en place qui durent encore de nos jours.

Une confessionnalité qui fait problème

Toutes ces structures sont catholiques et francophones. Elles sont la résultante de l'activité de l'action sociale catholique qui vise à organiser dans la grande société politique québécoise une autre société sous la houlette de l'Église catholique. Et le désir ne manque pas aux élites canadiennes-françaises d'absorber la grande société dans la leur. Cette utopie, incapable d'intégrer, encore moins d'assimiler les corps étrangers, pose problème dans une société de plus en plus urbanisée et pluraliste. Elle génère des sentiments racistes, plus particulièrement antisémites, quand les Juifs, dont la population s'élève à 47 977 en 1921, revendiquent des droits ou des privilèges scolaires. On connaît fort mal ces Juifs montréalais qu'on perçoit comme des étrangers qui sapent les institutions canadiennes-françaises — plusieurs d'entre eux tiennent leur boutique ouverte le dimanche et militent dans les syndicats internationaux — et, de surcroît, s'intègrent à la société anglophone. On les craint.

L'historien Robert Rumilly peint à méchants coups de plume une caricature qu'il veut être le portrait du Juif d'alors :

> Débarqué du ghetto, le Juif ouvre une friperie rue Craig, bricole, recèle, achète, vend, troque, rachète, revend, prête à la petite semaine, thésaurise un magot, monte rue Saint-Laurent, ouvre un restaurant kasher, s'enrichit, monte rue Sainte-Catherine, exploite un cinéma, puis un atelier de confection, s'enrichit encore, monte à Outremont, achète et construit des immeubles. Il domine enfin la ville — la ville qui, avant longtemps, lui appartiendra tout entière. Le Juif fait signe à ses parents, à ses congénères de Roumanie, de Pologne ou d'Allemagne. Les grandes associations israélites, ramifiées dans le monde entier, protègent les déplacements de leurs coreligionnaires. [...] Ainsi, l'immigration et une forte natalité aidant, les Juifs pullulent à Montréal. Et ce pullulement pose des problèmes — en particulier des problèmes scolaires.

Alors que le nationalisme des francophones s'épanouit en plein soleil, on assiste à quelques manifestations d'antisémitisme. « La question juive » est à l'ordre du jour. On fait état des résultats du recensement de 1921 qui montre que la population juive de la province de Québec passe de 7607 personnes en 1901, à 30 648, en 1911, puis à 47 977 en 1921. La ville de Montréal en dénombre 42 667, celle d'Outremont, 1195 et celle de Westmount, 999.

En 1922, à Montréal, la population scolaire juive se chiffre à environ 12 000 enfants. L'Assemblée législative adopte donc une nouvelle loi « concernant l'éducation des enfants non catholiques romains et non protestants de Montréal ».

> Par cette loi, écrit Antonin Dupont dans son ouvrage *Les relations entre l'Église et l'État sous Louis-Alexandre Taschereau 1920-1936*, les parents des enfants non catholiques romains et non protestants paient leurs taxes à un *fonds neutre*. Cependant, les parents des enfants non catholiques romains et non protestants peuvent envoyer ceux-ci aux écoles de leur choix. Le Conseil scolaire protestant établit le coût d'instruction d'un enfant juif à soixante dollars [par année]. Il est autorisé à puiser la différence entre cette somme et le montant directement versé au Conseil scolaire protestant, dans le fonds neutre. La loi de 1922 prévoit que à compter du

1er juillet 1924, le gouvernement pourra rappeler l'article de la loi de 1903 qui considère les Juifs comme des protestants pour les besoins de l'organisation scolaire du Québec. La Commission des écoles catholiques de Montréal donne son approbation à la loi.

Le système scolaire de la province de Québec qui, en vertu de la Constitution, est divisible sur le plan religieux et non pas linguistique, ne peut absorber les milliers d'enfants juifs en respectant leur religion. Certains font valoir que deux religions, c'est assez! On peut lire dans l'organe officieux du parti libéral, *Le Gang* du 7 février 1924: «Tout en essayant d'établir l'éducation des enfants juifs dans les meilleures conditions possibles, il est évident que ceux-ci ne sauraient prétendre à la même intégralité que les enfants des deux autres races. C'est à la lumière de ce principe et de ces faits qu'il faut étudier et résoudre la question juive.» Quelques mois plus tard, soit le 20 septembre, la publication catholique rédigée par Joseph Bégin, *La Croix*, déclare: «Les Anglo-protestants de Montréal sont justement ennuyés de voir leurs écoles envahies par les Juifs et qu'ils cherchent à les en faire sortir.»

Une commission gouvernementale tripartite, composée de catholiques, de protestants et de juifs, est nommée pour étudier le problème. Elle remet son rapport le 27 décembre 1924. Les opinions des membres sont partagées et même les juifs ne font pas front commun. La Cour d'Appel du Québec est saisie de l'affaire et rend jugement le 11 mars 1925. Les juifs ne peuvent donc être assimilés, pour fins scolaires, aux protestants. Le 4 novembre suivant, c'est la Cour suprême du Canada qui commence à étudier la question. Antonin Dupont résume ainsi le problème: «Le gouvernement du Québec veut savoir si des commissaires juifs peuvent être désignés à la Commission scolaire protestante et si celle-ci est obligée d'engager des professeurs juifs pour s'occuper des enfants d'origine israélite. Dans la négative, l'Assemblée législative du Québec a-t-elle le droit de voter une autre loi en ce sens? Le gouvernement demande finalement s'il peut établir des écoles séparées autres que des écoles protestantes ou catholiques.»

Le 2 février 1926, la Cour suprême du Canada rend son jugement qui sera confirmé par le Conseil privé de Londres: des juifs ne peuvent être désignés comme commissaires à la Commission scolaire protestante; cette dernière n'est pas obligée d'engager des professeurs juifs et le gouvernement de la province de Québec a le pouvoir légal d'établir des écoles séparées pour ses ressortissants juifs. Le problème reste donc entier.

Il faut souligner à cet égard que les immigrants juifs se tournent spontanément vers l'étude de la langue anglaise. Le Baron de Hirsch Institute, en plus de multiplier les services communautaires, offrit très tôt des cours d'anglais.

«À cette école du soir [l'Institut Baron de Hirsch], les immigrants fraîchement installés apprennent l'anglais avec beaucoup d'empressement», note le journaliste Israël Medresh. Les plus jeunes y cherchent la mobilité sociale, ils y trouvent souvent leur future épouse.

> Les personnes plus âgées, ajoute Medresh, qui devaient trimer dur et qui apprenaient difficilement, ne s'y rendaient pas ou abandonnaient en cours de route. Celles-ci s'efforçaient plutôt d'apprendre l'anglais dans la rue, auprès des gens avec qui elles habitaient ou travaillaient.

> Les premiers mots d'anglais que ces immigrants apprenaient [...] précise avec humour Medresh étaient : *hurry up, come on, time is money, help yourself, never mind, what do you want.* [...] Beaucoup d'entre eux espéraient que plus vite ils pourraient apprendre l'anglais, plus vite ils laisseraient derrière eux les ateliers avec leurs contremaîtres et leurs *hurry ups*, et parviendraient à s'établir un petit commerce bien à eux.

Barrage de la Shawinigan Water and Power Co. à Shawinigan en 1929

LES ANNÉES FOLLES

1926-1929

L E CLIMAT DE TENSION engendré par la Première Guerre mondiale explique, en partie, le phénomène de décompression que vit le monde occidental au début des années 1920. En 1921, le vicaire général de l'Action sociale catholique à Québec, Louis-Adolphe Paquet, écrit : « Presque dans tous les pays, des voix graves s'élèvent pour déplorer l'affaiblissement du sens chrétien, la dissolution des liens de famille, la course folle aux plaisirs. [...] La modestie et la tempérance subissent les plus sérieux assauts. Bref, la moralité publique est en baisse. »

Un goût du luxe se manifeste dans le vêtement. On veut être à la mode, posséder une automobile, aller au cinéma, prendre des vacances dans les lieux de villégiature les plus courus. Des femmes commencent à porter le pantalon, à fumer en public, à conduire une voiture. Dans les salles de danse, on esquisse des pas qui sont jugés lascifs. Le tango, le « cheek-to-cheek », le « one-step », le « fox-trot » et le « turkey-trot » ont des adeptes dans les principales villes.

Aux yeux de plusieurs membres du clergé, c'est le triomphe de Satan !

Cette recrudescence du paganisme, écrit l'ethnologue Suzanne Marchand, presse les autorités religieuses de réagir. Aussi s'engagent-elles dans une âpre lutte contre ces « poisons de l'âme » que sont les danses inconvenantes ou lascives et les spectacles corrupteurs offerts dans les théâtres et les cinémas. Mais l'une des plus graves menaces pour la moralité publique provient, selon l'Église, de la mode féminine. L'Église monopolise donc ses forces contre certains excès qui risquent d'entraîner l'humanité à sa perte. La passion du luxe et des frivolités, le déclin de la pudeur, le dévergondage des plages et l'immoralité des costumes de sport féminins constituent la trame de ce combat où s'affrontent les forces du bien et du mal.

Des prêtres accusent les femmes d'être les responsables de la déchéance morale de certains hommes. Le 19 août 1920, on peut lire, dans *La Semaine religieuse de Québec*, un article accusateur de l'abbé Victor Germain. « Le décolletage même, mesdemoiselles, constitue un scandale bien caractérisé. En effet, le scandale est une parole ou une action répréhensible, vicieuse qui donne occasion à notre prochain de commettre quelque péché. Or, dans l'état actuel de fragilité de la majeure partie des jeunes gens aussi bien que des hommes plus âgés, on peut dire que la mesure du décolletage est la mesure même du scandale, autrement dit, que l'incitation à pécher est en raison directe de la dénudation. »

Malgré les dénonciations, les menaces et les condamnations d'une bonne partie du clergé, dans les grandes villes on cherche à profiter le plus de la vie, ignorant quand surviendra une crise économique ou une nouvelle guerre. Une certaine insouciance s'empare de plusieurs.

La période que l'on a surnommée « les années folles » est aussi marquée par un rapide développement du secteur industriel. Les premières années du deuxième quart du XXe siècle sont marquées par un rapide développement du secteur industriel. La valeur brute de la production de la province de Québec passe de 1 166 602 077 $ en 1922 à 1 427 395 573 $ en 1926. Le secteur de l'électricité et celui des pâtes et papiers progressent le plus rapidement, malgré l'apparente diminution du nombre des usines centrales électriques qui se fait au profit d'une plus grande centralisation. En 1917, le Québec comptait 122 usines et, en 1926, il n'en a plus que 109. La production de kilowatts-heures, qui était de 1 923 560 000 en 1919 atteint les 4 916 438 000 en 1926. Le nombre d'abonnés augmente lui aussi de façon considérable. En 1920, les entreprises d'électricité desservaient 248 392 abonnés ; six ans plus tard, elles en compteront 362 915.

On construit des barrages en plusieurs endroits pour régulariser le débit de certaines rivières à dénivellation rapide, afin de transformer la force hydraulique en électricité. On construit à l'île Maligne, au Lac-Saint-Jean, une des plus grandes centrales. Pour maîtriser les eaux de la Grande et de la Petite Décharge, ainsi que celles du lac Saint-Jean, on édifie plusieurs barrages qui élèveront le niveau du lac à 5,2 mètres au-dessus de l'étiage d'été. « C'est le 24 juin 1926, écrit l'historien Victor Tremblay, que les portes des déversoirs furent fermées pour faire monter le niveau des eaux du lac Saint-Jean. Il en résulta l'inondation de nombreux terrains faisant partie de propriétés agricoles appartenant à plusieurs centaines de cultivateurs, sur tout le pourtour du lac, chose qui, bien que prévue par les promoteurs, avait été gardée sous silence et provoqua un mouvement de défense de la part des propriétaires lésés.» Ce que l'on appela «la tragédie du Lac-Saint-Jean» fit la manchette des journaux et fut le sujet de plusieurs discours pendant près de deux ans! C'était, disait-on, la rançon à payer au progrès et à l'industrialisation!

L'industrie de la pulpe et du papier vient au premier rang dans la province de Québec. En 1926, une cinquantaine d'usines sont en opération. Elles ont produit 1 672 339 tonnes de pulpe et utilisé 2 105 095 cordes de bois. La production de papier s'élève à 1 176 733 tonnes, dont plus d'un million en papier journal dont le Québec est le premier producteur canadien.

De nouvelles mines commencent à être exploitées en Abitibi et au Témiscamingue. Dans la région de Rouyn, on construit une usine de fusion du minerai de cuivre. La valeur de la production des mines et des carrières atteint presque, en 1926, les 26 millions de dollars.

Le Québec vient au deuxième rang des provinces canadiennes pour la richesse nationale, c'est-à-dire «l'inventaire de tous les biens existants, autres que les ressources naturelles inexploitées». En 1926, avec 27,28 pour cent de la population totale, il détient 24,9 pour cent de la richesse nationale. Quant à l'Ontario, avec 33,5 pour cent de la population, elle possède 34,2 pour cent de cette richesse.

Une plus grande protection

Le gouvernement Taschereau ne cesse de vanter ses réalisations économiques. Grâce à lui, affirme-t-on, la province de Québec occupe la place qui lui revient au sein de la Confédération. Tout cela, par contre, ne va pas sans quelques affrontements avec la masse ouvrière. Au cours de la session de 1926, qui s'ouvre le 7 janvier, Antonin Galipeault, ministre des Travaux publics et du Travail, dépose un projet de loi sur les accidents de travail. L'historien Robert Rumilly résume ainsi les principaux points de la mesure proposée: «Hausse des taux d'indemnités; extension de la loi à de nouvelles catégories de travailleurs; assurance obligatoire, de la part des employeurs, et sans retenue sur les salaires; suppression du choix accordé à l'ouvrier entre un capital et une pension. La pension reste seule, car le capital est trop souvent gaspillé; simplification de la procédure en cas de conflit, de manière à réduire les délais et les frais.»

Il faudra attendre la session de 1928 pour que le projet de loi soit modifié. Le premier ministre Taschereau, dans son discours lors du débat sur l'adresse en réponse au discours du Trône, précise les limites de la nouvelle législation: «Notre projet pourvoit à la nomination d'une commission qui administrera la loi sans recours aux tribunaux, sans frais, et d'une manière finale. Les ouvriers obtiennent donc ce qu'ils demandaient. D'un autre côté, nous n'acceptons pas l'assurance d'État. L'assurance restera du domaine des patrons, des compagnies et de l'initiative privée. Nous aurions beaucoup hésité à assumer un commerce qui ne relève guère d'un gouvernement. » En somme, le gouvernement se contente d'obliger les compagnies à « obtenir d'une compagnie d'assurance approuvée par le lieutenant-gouverneur en conseil, une police d'assurance d'après laquelle l'assureur s'engage à remplir les obligations imposées à l'assuré à raison des accidents dont ses employés pourraient être victimes ».

La création de la Commission des accidents du travail (CAT) est une mesure importante. Pour la période allant du 1er septembre au 31 décembre 1928, la Commission reçoit 8264 réclamations dont 2625 ont été réglées définitivement.

Même si l'assistance sociale est supposée relever des provinces, le gouvernement fédéral étudie, en mars 1926, un projet de loi établissant des pensions de vieillesse. La législation, adoptée à la session de 1927, autorise le gouverneur général en Conseil à conclure avec le gouvernement d'une province une entente en vertu de laquelle les frais de pensions de vieillesse seront payés moitié par le pouvoir central et moitié par la province. Aucun changement au texte de l'entente ne peut être effectué par une province sans l'accord du gouverneur en conseil.

L'article 8 de la loi indique les conditions requises pour bénéficier de l'aide gouvernementale :

> Être sujet britannique ou, s'il s'agit d'une veuve, qui n'est pas sujet britannique, l'était avant son mariage ; avoir atteint l'âge de soixante-dix ans ; avoir résidé au Canada pendant les vingt ans qui ont précédé immédiatement la date susdite (celle du commencement projeté de la pension) ; avoir résidé dans la province où est faite la demande de pension, pendant les cinq ans qui ont précédé la date susdite ; n'être pas un Indien aux termes de la Loi des sauvages ; ne pas percevoir un revenu qui équivaut à trois cent soixante-cinq dollars (365 $) par année et ne pas avoir volontairement fait cession de ses biens ou transféré ses biens dans le but d'avoir droit à une pension.

La loi stipule aussi que « la réception d'une pension ne constitue pas du fait même un empêchement de voter à une élection provinciale ou municipale ». La pension maximum est de 240 $ par année.

Pour qu'une personne âgée puisse bénéficier du nouveau régime, il faut que le gouvernement de sa province signe une entente avec Ottawa. La Colombie-Britannique adhère à la nouvelle loi en 1927 ; la Saskatchewan et l'Alberta, en 1928. Quant au gouvernement de la province de Québec, faisant valoir que les pensions de vieillesse sont du ressort des provinces et surtout craignant que les montants à verser diminuent les surplus budgétaires, il boude l'entente. Le parti conservateur provincial inscrira à son programme, en 1929, les pensions de vieillesse, mais il faudra attendre une vingtaine d'années avant qu'une entente définitive intervienne entre les deux niveaux de gouvernement.

L'autonomie canadienne

Tout aussi importante que l'autonomie provinciale est l'autonomie canadienne. Malgré une évolution récente dans le domaine des relations internationales, le Canada demeure toujours une colonie britannique et bon nombre d'anglophones ne veulent, pour aucune considération, une diminution des liens avec la mère patrie.

À la fin du mois de juin 1926, le gouvernement libéral de Mackenzie King est fortement ébranlé par de prétendus scandales aux services des douanes. Craignant un vote de non-confiance et, partant, sa chute, le premier ministre demande au gouverneur général Julian Hedworth George, vicomte Byng de Vimy, la dissolution du Parlement et des élections générales. Le représentant du roi refuse d'acquiescer à la demande de King. Ce dernier lui suggère de consulter la métropole à ce sujet. Dans une lettre à Byng, datée du 28 juin, King insiste sur les conséquences constitutionnelles du geste du gouverneur général :

> Vu qu'un refus de la part d'un Gouverneur général d'accepter les avis d'un premier ministre constitue un pas grave en aucun temps — et il l'est d'autant plus sous le régime de la situation actuelle dans toutes les parties de l'Empire britannique — il surgira, je le crains fort, à la suite du refus de Votre Excellence d'accepter l'avis donné, une sérieuse question constitutionnelle sans précédent dans les annales de la Grande-Bretagne, depuis un siècle, ainsi que dans les annales canadiennes de la Confédération. En ma qualité de premier ministre, si je peux faire quoi que ce soit, même dans les circonstances, pour empêcher une crise aussi déplorable et aussi étendue, je le ferai avec plaisir, et je serai heureux de permettre à Votre Excellence de différer ma démission afin de lui donner le temps nécessaire de communiquer avec le secrétaire d'État pour les Dominions.

Byng, militaire de carrière, ne tient pas à recevoir d'ordres, surtout s'ils viennent d'un premier ministre. Il accepte donc la démission de King et demande au chef de l'opposition Arthur Meighen de former le nouveau gouvernement. Meighen est assermenté comme premier ministre le 29 juin au matin. Les libéraux crient au massacre des libertés constitutionnelles. Le

1er juillet, le nouveau cabinet conservateur, qui n'obtient pas une majorité de voix à la Chambre des communes, incapable de gouverner, doit remettre sa démission. Le gouverneur général accorde alors à Meighen la dissolution du Parlement refusée à King et les élections générales sont fixées au 14 septembre. Henri Bourassa saisit l'enjeu de la situation. Il écrit dans *Le Devoir* du 6 juillet : « L'acte, ou plutôt la série d'actes posés par S. E. le gouverneur général, en moins de cinq jours, est d'une exceptionnelle gravité. Quelle qu'en soit l'issue immédiate, il en résultera des conséquences et des répercussions d'une portée presque incalculable. Droits du chef de l'Exécutif, du cabinet, du Parlement et du peuple, autonomie du Canada, relations de l'Angleterre et des Dominions, tout cela est en jeu. De la décision que prendra le peuple, d'ici quelques semaines, dépend peut-être la destinée ultime de la nation. »

Le 14 septembre 1926, King reprend le pouvoir avec 118 sièges, les conservateurs n'en obtenant que 91. La province de Québec a élu 60 libéraux sur un total de 65 députés, alors que l'Ontario accorde 53 sièges aux conservateurs et 23 aux libéraux.

Le premier ministre King se rend immédiatement à Londres où il participe à une Conférence impériale. Le 19 novembre, le rapport Balfour permet de qualifier les relations qui doivent exister à l'avenir entre les Dominions et la Grande-Bretagne : « Chaque gouvernement autonome de l'Empire est maître de ses destinées. En fait, sinon toujours apparemment, il n'est sujet à aucune sorte de contrainte. Mais toute définition, si juste qu'elle puisse être, de l'aspect négatif des relations entre les Dominions et la Grande-Bretagne, ne peut faire plus qu'exprimer une partie seulement de la vérité. [...] Quoique chaque Dominion soit maintenant et reste toujours le seul juge de la nature et de l'étendue de sa coopération, aucune cause commune ne sera jamais, croyons-nous, en péril. »

Le statut du gouverneur général d'un Dominion se modifie : à l'avenir, les communications pourront avoir lieu de gouvernement à gouvernement, sans passer par le représentant du roi. On se contentera de lui faire part des décisions. Le Canada est donc bien engagé sur le chemin de l'indépendance.

Hugh Guthrie, chef provisoire du parti conservateur canadien, après la démission d'Arthur Meighen, déclare que la nouvelle orientation des relations impériales permet au gouvernement canadien de modifier à sa guise la Constitution et même de faire disparaître le bilinguisme et les écoles séparées. À la Chambre des Communes, le 30 mars 1927, le ministre de la Justice Ernest Lapointe, leader du parti libéral au Québec, nuance cette déclaration : « Nous devons compter sur nous-mêmes pour sauvegarder et protéger ces droits, travaillant dans un esprit de coopération et de bonne entente avec nos concitoyens. Il est impossible d'obtenir l'adhésion permanente d'un groupe quelconque de la nation à un système impliquant un pouvoir politique supérieur à notre gouvernement et à notre constitution et investi de l'autorité voulue pour dominer, même indirectement, ses actions. »

Quelle amputation !

Parmi ceux qui réclament l'indépendance complète du Canada, certains demandent que disparaisse le droit d'appel au Conseil privé de Londres dans le domaine judiciaire. Les partisans du maintien du droit font valoir que le plus haut tribunal de l'Empire est là pour protéger les droits des provinces et des minorités, ce que plusieurs mettent en doute.

Un litige existe entre le Québec et Terre-Neuve au sujet des frontières entre le Canada et le Labrador dont Terre-Neuve revendique la majeure partie du territoire. En 1920, la cause est soumise au Conseil privé de Londres. Deux des cinq juges qui forment le tribunal sont requérants pour une compagnie qui s'était chargée de construire une usine de pâtes et papiers au Labrador et qui est acculée à la faillite. L'affaire traîne en longueur. À l'automne de 1926, le premier ministre Taschereau séjourne en Angleterre.

> Lorsque je suis parti pour Londres, racontera-t-il aux membres de l'Assemblée législative de Québec le 31 mars 1927, un marchand de bois m'a montré une circulaire d'un courtier américain offrant en vente une grande propriété. Savez-vous laquelle ? Le Labrador. Dans sa circulaire, le courtier offrait en vente les forêts et les pouvoirs d'eau qui étaient en litige. Il disait de plus que de puissants intérêts anglais étaient intéressés dans cette propriété et qu'elle était garantie par le gouvernement britannique. [...] J'ai attiré l'attention des hautes autorités britanniques sur ce point. On m'a dit : ce n'est pas vrai. Dites-le à vos gens. Je leur ai répondu : dites-le vous-mêmes et j'attends encore cette déclaration.

Le 1er mars 1927, le Conseil privé rend son jugement. La province de Québec et le Canada perdent 112 000 milles carrés de territoire au profit de Terre-Neuve. La nouvelle ligne de démarcation sera « une ligne perpendiculaire à l'est de la baie de Blanc-Sablon jusqu'au 52e degré de latitude nord et, de là, suivant ce parallèle, vers l'ouest jusqu'à la rivière Romaine. À ce point, la frontière suivra le versant est de cette rivière jusqu'à la ligne de la hauteur des terres. De là, ladite ligne de la hauteur des terres, se dirigeant vers le nord, servira de frontières jusqu'à l'extrémité nord de la péninsule du Labrador, connue sous le nom de cap Chidley ».

Le député de l'Islet, Élisée Thériault, présente à l'Assemblée législative, le 30 mars 1927, une résolution ainsi libellée : « Que cette Chambre émet le vœu que, vu l'opposition judiciaire du Canada et de notre province, il est opportun que l'appel à Sa Majesté en son conseil privé soit aboli et que Sa Majesté soit priée de ne plus accorder aucun appel de grâce.» Dans son discours de présentation, il affirme «qu'il est indigne pour un peuple libre, autonome, d'aller se faire juger par des gens qui n'habitent pas le pays. Nous sommes une colonie, mais nous siégeons à la Ligue des Nations, nous avons des ambassadeurs aux États-Unis et nous ne serions pas capables de faire interpréter nos lois ici au Canada». Après une courte discussion, le député Thériault consent à retirer sa motion à la demande du premier ministre Taschereau. Le chef du parti libéral avait insisté sur les avantages que présente le droit d'appel au Conseil privé : «C'est un privilège britannique de pouvoir porter la cause de tout sujet jusqu'aux pieds du souverain. [...] Nous avons intérêt, dans la province, à conserver le Conseil privé pour la protection de nos droits, de nos traditions, de nos lois françaises.»

Esdras Minville, qui est professeur à l'École des Hautes Études commerciales de Montréal, ne partage pas l'avis de ceux qui affirment que la perte d'une partie du Labrador n'est pas importante puisque ce territoire continue à faire partie de l'Empire britannique. Il écrit dans le numéro de mai-juin 1927 de l'*Action française*:

> À la vérité, notre population ne semble pas avoir bien compris ce que signifie une amputation de territoire de quelque 110 000 milles carrés, décrétée à nos dépens, pour des raisons évidemment politiques, par un tribunal étranger qui n'a jamais rien entendu à nos affaires. Outre qu'elle nous appauvrit, la cession du Labrador à Terre-Neuve compromet la sécurité future de notre province, de même que son libre épanouissement économique. Terre-Neuve, qui commande déjà l'entrée du Saint-Laurent, nous coupe désormais l'accès de l'Atlantique par le nord-est. Nous sommes embouteillés ; et le jour pourrait venir, plus vite qu'on ne le croit peut-être, où nous nous rendrons compte des périls que comporte une telle situation. [...] Or, de par la volonté des juges politiciens de Londres, le Québec est en quelque sorte devenu une province continentale. Accepterons-nous qu'il le demeure à ses risques et périls ? Encore une fois, nous posons la question : Quand et de quelle façon nos gouvernants entendent-ils régler l'affaire du Labrador ?

Citant la réaction de Guthrie selon qui «la question du Labrador n'intéresse pas le Canada, puisque seul le Québec est en cause», Minville ajoute :

> Voilà le sentiment de douce fraternité que soixante années de régime fédératif ont réussi à créer entre les provinces associées. En vérité, c'est un succès ! Le Québec dépecé et livré par lambeaux à quiconque voudra

bénéficier de la curée, cela n'intéresse pas le Canada. Allons, Canadiens français! Un coup de pied de plus ou un coup de pied de moins, qu'est-ce que cela peut bien vous faire? Sonnez trompettes, résonnez tambours! Organisons la farandole! Fêtons la Confédération et ses charmes de sexagénaire! Après la fête, il sera toujours temps de gémir et de rattraper notre Labrador!

En 1928, le sénateur C. E. Tanner, de Pictou en Nouvelle-Écosse, propose une solution au problème de la possession du Labrador : fusionner tout simplement Terre-Neuve et le Canada. Le premier ministre King n'a pas d'objection majeure au projet. Il déclare à la Chambre des Communes le 6 mars 1928 : « Si une délégation de Terre-Neuve vient à Ottawa, elle sera l'objet de la même attention et de la même courtoisie que toutes les autres. » Le sénateur Joseph-Philippe Baby Casgrain ne partage pas les mêmes bons sentiments. Dans un discours prononcé au Sénat le 29 mars, il affirme : « Nous étions vraiment propriétaires de tout ce territoire, sur les côtes duquel les gens avaient le droit d'apporter le produit de leur pêche, de puiser de l'eau douce, de faire un peu de cuisine, tout comme la France a droit d'agir sur la côte française au sud de l'île, mais le gouvernement de mon honorable ami [John Bennet, procureur général de Terre-Neuve] a tout gâché. »

Des sautes d'humeur

Le jugement du Conseil privé de Londres arrive alors que l'on commence à préparer, à travers le Canada, les fêtes du soixantième anniversaire de l'établissement de la Confédération. L'enthousiasme n'est pas partout le même pour ce jubilé de diamant. « En Nouvelle-Écosse, écrit l'historien Mason Wade, un village mit ses drapeaux en berne et un journal d'Halifax persista dans son refus de reconnaître comme jour faste le *Dominion Day*. Elle fut la seule province qui ne s'associa pas à l'enthousiasme général. Le caractère biculturel du Canada fut reconnu par la recommandation d'utiliser les versions française et anglaise de *Ô Canada!* pour les célébrations ultérieures de cette fête et par une émission de timbres-poste bilingues. »

À la suggestion de Lionel Groulx, l'*Action française* recommande à la population canadienne-française de laisser les autres célébrer l'anniversaire de la Confédération. La publication nationaliste consacre un numéro double, celui de mai-juin 1927, à dresser un bilan plutôt négatif des soixante dernières années de l'histoire du Canada et du Québec.

L'on convient, écrit Groulx, qu'après plus d'un demi-siècle d'existence, la Confédération canadienne reste encore un géant anémique, porteur de maints germes de dissolution. D'autre part, c'est un principe de biologie générale qu'un être organique dépérit et se corrompt dès que les causes qui lui ont donné sa constitution et sa forme, ont cessé d'agir. Si la Confédération canadienne ne doit pas être qu'un État artificiel, une façade sur la frontière américaine, il est temps de ne plus contrarier les forces et les principes qui ont présidé à la formation de ce grand corps politique et qui devaient lui fournir la poussée vitale. Tout ce qu'on a tenté depuis soixante ans, et tout ce qu'on tentera dans l'avenir contre la sécurité de la race canadienne-française en ce pays, on l'a tenté et on le tentera contre son intérêt à maintenir la Confédération. Elle n'y est pas entrée pour y mourir, ni même pour s'y laisser entamer; mais pour y vivre, y subsister intègrement. Ce n'est donc pas l'heure de subtiliser ou de rétrécir l'esprit fédéral; il doit d'autant plus se fortifier et se généraliser à travers le Canada que le contact des deux races s'y est plus étendu. La race canadienne-française n'est plus cantonnée dans l'est du pays; malgré les barrières dressées devant elle, elle a exporté des hommes dans toutes les Provinces occidentales, jusqu'aux côtes du Pacifique. Les réactions de ces groupes français aussi bien que celles du Québec actuel contre les dénis de justice et les mesquineries administratives devraient avertir que si jadis l'on put troquer bon marché notre adhésion au pacte fédératif, la génération d'aujourd'hui n'admet point qu'on ait vendu ses chances de vie, non plus que son droit de vivre dignement.

Le collaborateur régulier de la revue, l'avocat Antonio Perrault, présente un bilan plus positif, mais quand même très nuancé, de la période confédérative:

Deux devoirs incombent aujourd'hui aux Canadiens français: exprimer franchement leurs griefs, travailler sans relâche à rendre la Confédération conforme à ses origines et à ses principes. Ces deux devoirs tracent la ligne de conduite à suivre lors des fêtes de ce soixantième anniversaire. Célébrons, si l'on y tient, mais avec réserve et dignité. Nos cocontractants doivent comprendre que nous ne sommes point satisfaits du passé et que si nous consentons au maintien de la Confédération, c'est dans l'espoir que les années prochaines seront marquées de plus de justice et de loyauté.

Un grand mécontentement

Il en est un, au moins, que les prises de position indépendantistes de plusieurs rédacteurs de la revue l'*Action française* fatiguent et inquiètent: l'ancien chef nationaliste Henri Bourassa. Déjà, en novembre 1923, le directeur du *Devoir* avait croisé le fer avec ceux qui se disaient ses disciples et continuateurs. Il avait déclaré, dans une conférence prononcée le 23 novembre à la salle du Gésu: « Tout ce que nous accordons aux enthousiastes aspirations de l'avenir et d'un avenir plus que lointain, nous détourne des réalités du présent ; la soif des tâches surhumaines, faciles à entreprendre dans le domaine du rêve, nous fait oublier les humbles mais nécessaires devoirs de chaque jour. [...] En d'autres termes, et pour rester dans le cadre de notre étude, les tendances du nationalisme immodéré, ici comme ailleurs, vont à l'encontre du patriotisme réel et du vrai nationalisme. »

Bourassa, toujours apôtre d'un nationalisme pancanadien, s'inquiète de la montée d'un nationalisme canadien-français en quête d'un État. Il ne semble pas croire à l'avenir d'un Québec, État français et catholique sur les bords du Saint-Laurent. Sa rencontre avec le pape Pie XI, le 18 novembre 1926, lui montre les dangers du nationalisme de ses compatriotes.

> Vous dirigez un journal, lui dit le Souverain pontife. L'influence de la presse est immense, pour le bien ou pour le mal. Le premier devoir d'un journaliste catholique est de défendre les causes de Dieu et de l'Église. Les autres causes, même légitimes, sont secondaires et doivent être subordonnées. Un catholique ne doit jamais les mettre au premier plan. [...] À l'heure actuelle, le principal obstacle à l'action de la Papauté et de l'Église dans le monde, c'est la prédominance des passions de race dans tous les pays, c'est la substitution du nationalisme au catholicisme.

Bourassa est profondément bouleversé par les propos du pape. Les paroles du pontife tombent dans une terre presque déjà préparée. Le petit-fils de Papineau n'avait-il pas affirmé qu'il vaut mieux perdre sa langue que sa religion ! Une occasion se présente d'exprimer clairement sa conception du nationalisme. Depuis quelques années, des Franco-Américains de Providence, au Rhode Island, s'opposent à leur évêque irlandais qui demande des collectes pour les institutions irlandaises. William Hickey, évêque de Providence, puise dans les fonds paroissiaux des centaines de milliers de dollars qui sont dépensés pour ses compatriotes irlandais. Les Franco-Américains qui ont contribué à accumuler ces sommes « pour leurs œuvres » ne prisent pas la conduite de leur évêque et font appel à Rome. Les Catholic High School de langue anglaise, établis à même les fonds paroissiaux, sont considérés par plusieurs francophones comme des endroits d'anglicisation. L'association regroupant les évêques catholiques américains, la National Catholic Welfare Conference, dans un ouvrage publié en 1926, *A Catechism of Catholic Education*, préconise l'utilisation de la seule langue anglaise dans l'Église catholique des États-Unis :

> La langue de l'école est l'anglais. La politique catholique en matière d'enseignement est d'insister pour que toutes les matières soient enseignées en anglais, sans excepter la religion. [...] La politique de l'Église en cette matière est de ne pas forcer les choses, mais d'attendre patiemment l'heure

opportune où chaque groupe d'origine étrangère est disposé à accepter la langue anglaise. De cette manière, sans choquer les susceptibilités sociales de l'immigrant, l'Église réussit à transformer l'école de langue étrangère, en un temps relativement court, en une école où la langue anglaise est le seul véhicule d'instruction.

Et les Franco-Américains ne sont rien d'autres que des immigrants!

Elphège-J. Daignault et ceux que l'on appelle les *sentinellistes*, à cause de leur journal *La Sentinelle*, portent leur cause devant les tribunaux civils américains. Ils se refusent à verser les sommes réclamées par les curés. Le juge Tanner de la Cour supérieure rend jugement à l'effet que les sommes versées à une paroisse peuvent être affectées à «n'importe quelle fin de l'Église Universelle». Les sentinellistes décident alors d'envoyer quelques délégués à Rome. Le 8 avril 1928, le matin de Pâques, Daignault et ses compagnons apprennent qu'ils sont excommuniés! Ils lisent dans l'*Observatore Romano* «la notification interdisant le journal franco-américain *La Sentinelle*, édité à Woonsocket, diocèse de Providence, et frappant de l'excommunication réservée au Saint-Siège, son directeur, M. Elphège-J. Daignault, et les autres signataires de la requête présentée au tribunal civil de l'endroit, à l'effet d'assigner, devant cette juridiction, Mgr Hickey, évêque de Providence».

Les excommuniés sont au nombre de 62. La plupart finissent par se soumettre et à signer la formule de soumission. Dans un mémoire au cardinal Sbarretti, préfet de la Sacrée Congrégation du Concile, en date du 6 mai 1929, Daignault trace le bilan du conflit: «Éminence, le relèvement de l'excommunication qui était la résultante des démarches civiles faites dans le but d'obtenir l'interprétation des lois régissant l'administration des fonds paroissiaux, n'a rien réglé. Les mêmes griefs sont toujours là. Les choses vont de mal en pis. Les fruits de notre soumission ont été perdus par les actes surprenants et injustifiables de notre évêque et d'une partie de son clergé, obéissant à ses ordres.» Daignault se plaint du fait que ceux qui refusent de payer leur place de banc à l'église sont privés de l'absolution et se voient refuser la communion.

Sur le plan scolaire, la situation dans le diocèse de Providence se détériore rapidement.

La persécution scolaire ne vient pas de l'État, mais de l'autorité ecclésiastique, affirme Daignault dans son mémoire au cardinal Sbarretti. Nous avons le droit — je dirais même le devoir — de conserver le parler français chez nos enfants, car il sera pour eux une culture, il aura pour eux une valeur commerciale, et enfin, et surtout, il se trouvera pour eux une des plus solides barrières contre le protestantisme, comme l'expérience de trois quarts de siècle nous l'a prouvé. Nos évêques — celui de Providence en particulier — affirment bien que nous devrions conserver notre langue maternelle, et qu'elle est un des plus solides soutiens de notre foi catholique. Paroles ! Ses programmes scolaires sont là pour démontrer ses véritables intentions. Le plan qui devient de plus en plus en vigueur est de surcharger tellement le programme anglais — et bien au-delà des exigences de la loi civile — que les enfants sont physiquement et mentalement incapables d'étudier sérieusement leur langue maternelle. Et notre évêque dira à tous propos : « conservez votre belle langue française et vos belles traditions canadiennes-françaises qui vous conserveront de bons catholiques ». Les pères et mères de famille sont indignés de ce procédé sournois, qui est insultant pour eux, parce qu'il suppose qu'on se moque d'eux, et qu'on les croit trop ignorants pour déterminer le genre d'éducation profane que leurs enfants doivent recevoir. [...] Des milliers et des milliers d'âmes attendent de votre bouche les paroles et les décisions qui ramèneront dans le Rhode Island, avec la paix et le règne de la justice, le retour aux belles traditions religieuses qui sont l'apanage de la race canadienne-française en Amérique.

Les sentinellistes bénéficiaient de beaucoup de sympathies au Québec, mais, en janvier 1929, ils reçoivent un coup de massue qui les écrase complètement. Du 15 au 19 janvier, Henri Bourassa publie dans *Le Devoir* une série d'articles sur l'affaire de Providence et la crise religieuse en Nouvelle-Angleterre. Quelques nationalistes avaient, mais en vain, tenté d'empêcher la publication des cinq articles antinationalistes.

Pour Bourassa, l'affaire de Providence n'est rien d'autre qu'un « schisme gallican orthodoxe ». Il lie ensemble la résistance des Franco-Américains du Rhode Island et les prises de position de la revue l'*Action française*, devenue l'*Action canadienne-française* après la condamnation par Rome d'une revue du même nom publiée en France par les partisans de Charles Maurras. Le 18 janvier 1929, Bourassa écrit : « Dans l'affaire de Providence, comme dans celle de l'*Action française*, et nombre d'autres qui nous touchent de moins près, un trait commun frappe l'observateur attentif : la méconnaissance du principe d'autorité essentiel à l'Église comme à toute société générale ou particulière. Cet oubli ne se manifeste pas seulement chez les révoltés : on le retrouve dans l'esprit d'une foule de catholiques en tous pays. »

Dans son article du 19 janvier 1929, Bourassa fonce à fond de train sur le nationalisme qui devient pour lui la bête noire, presque l'incarnation de Satan et du Mal.

Mépris de l'autorité, particularisme de race ou, si l'on préfère, démocratisme et nationalisme outrancier, telles sont donc, à l'heure actuelle, les deux tendances qui menacent le plus l'Église, à l'intérieur et dans sa partie humaine. En conséquence, ce sont celles que les chefs de l'Église se préparent à combattre avec le plus de vigilance et d'énergie. Ces tendances se manifestent particulièrement dans les pays tels la France, le Canada et les États-Unis, où les gouvernements ont poursuivi, des années durant, pour les fins de la guerre, une propagande effrénée en faveur de la démocratie et des nationalités opprimées par les autres. Dans toutes nos luttes de race, en Amérique, ne perdons pas ce point de vue : il nous évitera bien des mécomptes. De ces deux travers, démocratisme et nationalisme outrancier, les Canadiens français et les Franco-Américains ne sont peut-être pas plus atteints que les autres catholiques, mais pour l'être ils le sont, du deuxième surtout. Pas du nationalisme arrogant et dominateur qu'ils reprochent à tels de leurs adversaires ; mais de ce particularisme qui tend à l'isolement, au séparatisme, à l'esprit de faction, oui, assurément, nous en tenons, et une bonne dose. Sans doute, nos habitudes déclaratoires et verbeuses donnent à nos manifestations nationales une apparence souvent plus menaçante que la réalité. Elles ne laissent pas néanmoins que d'inquiéter les autorités de l'Église. [...] Disons toute la vérité : ce qui inquiète le plus les autorités romaines, dans toutes ces querelles de races et ces récriminations contre l'autorité, c'est le langage et l'attitude d'une partie du clergé. Qu'un groupe de fidèles, toute une population même, se monte la tête et se livre à quelques excès, c'est regrettable, mais cela s'explique et souvent s'excuse. Mais ce qui est inadmissible, c'est que des prêtres fomentent ou soutiennent la révolte contre l'autorité des évêques. Or, c'est précisément ce qui s'est produit, depuis la guerre, en maints pays catholiques.

La publication des articles de Bourassa marque un tournant dans l'histoire du nationalisme canadien-français en Amérique du Nord.

L'effet, note Groulx dans ses *Mémoires*, sera désastreux au Canada et en Nouvelle-Angleterre. Chez les Franco-Américains qui aussitôt et presque en bloc se désabonnent du *Devoir*, ce sera le commencement d'une scission presque complète entre eux et le Québec ; ce sera aussi, hélas ! ils me le confiaient naguère, le commencement de l'abdication nationale, le glissement irrépressible vers l'américanisation totale. Au Canada, ceux qui gardent encore quelque illusion sur l'évolution de Bourassa se sentent navrés et bien obligés de se rendre à la désolante vérité. Bourassa n'est plus un chef ni ne peut l'être. Quelques rares dévots lui resteront fidèles.

Le mouvement nationaliste québécois perd de son importance. La revue l'*Action canadienne-française* cesse de paraître. Pour Groulx, c'est presque un retour à la stagnation. « Tout me paraît se désagréger, se gâter, écrit-il dans ses *Mémoires*. Les Canadiens français, me semble-t-il, retournent à leur traditionnelle torpeur. » À l'occasion de la Saint-Jean-Baptiste de 1929, Groulx avait déclaré dans un sermon prononcé à Trois-Rivières :

> Sommes-nous encore capables d'un unanime et vaste effort qui soulève toute la nationalité et l'entraîne aux décisives résolutions ? Si la famille, l'école, la paroisse, nos meilleures forces, nos plus solides bastions sont atteints, voudrons-nous les réparer ? Prendrons-nous les moyens de les réparer ? À ces questions, oserai-je le dire, tout notre avenir est suspendu. À quoi bon, en effet, nous bercer de grands rêves, nous battre pour des buts de survivance, si, demain, nous sommes déjà le groupe humain qui délibérément gaspille ses meilleures forces, refuse de rester sur ses positions ?

Pour l'historien Mason Wade, la raison du changement d'attitude des francophones de la province de Québec est surtout d'ordre économique : « La prospérité des années 1920, écrit-il, avait enrichi le Québec et les Canadiens français qui en avaient bénéficié, croyaient que la politique n'avait rien à voir avec les affaires et que le nationalisme leur était nuisible. »

Toujours les écoles !

Si l'Église se méfie du nationalisme, elle craint aussi l'intrusion de l'État dans le monde scolaire. Le clergé québécois voit d'un mauvais œil l'établissement d'écoles spécialisées, comme celles des Beaux-Arts ou des Hautes Études commerciales, qui échappent à sa mainmise. En 1926, la direction de la *Semaine religieuse de Montréal* rappelle à ses lecteurs les droits de l'Église dans le domaine de l'éducation :

> La neutralité scolaire, voilà aujourd'hui le grand cheval de bataille des ennemis de l'école confessionnelle. Sous prétexte d'*unité nationale*, de *paix religieuse*, de *liberté de conscience*, on demande à l'État de se faire maître d'école ; et comme l'État moderne se fait fort de ne reconnaître aucun culte, on est à peu près sûr d'avoir une école neutre quand on a une école d'État. [...] C'est pourquoi, même dans les pays où, comme dans la province de Québec, les hommes publics sont amis de la religion, mais où cependant l'État ne professe aucune confession, il est contraire aux intérêts supérieurs de l'école confessionnelle de laisser le contrôle exclusif d'un enseignement public à l'État. En effet, une fois l'enseignement d'État consacré par la législation, ne fût-ce que pour quelques rares écoles, techniques ou autres, la brèche est faite et par cette brèche des hommes publics moins bien intentionnés que ceux qui nous gouvernent aujourd'hui pourraient plus facilement faire entrer, un jour, l'école populaire neutre. À ce sujet, il est donc permis de regretter l'existence chez nous d'écoles gouvernementales qui ouvrent chaque année la voie de plus en plus large à

l'État pédagogue. La solution du problème, ne serait-ce pas l'affiliation de toutes les écoles créées par l'État à nos différentes universités, qui ont mission de donner un enseignement confessionnel?

Pendant qu'au Québec on craint la menace de l'école neutre, en Ontario, la question scolaire s'envenime, surtout à l'intérieur de la communauté des Sœurs Grises. Cette dernière se scinde en deux parties : une où les religieuses anglophones seront en majorité, l'autre où ce seront les francophones. Le sénateur Napoléon-Antoine Belcourt, dans un mémoire daté du 8 septembre 1926, demande au pape d'intervenir dans le conflit scolaire ontarien.

> Le point principal qu'il développe, écrit l'historien Robert Choquette, porte sur la ligne de conduite de Rome touchant la nomination d'un clergé étranger à la mentalité et aux aspirations des Canadiens français pour diriger les Canadiens francophones hors du Québec. Il rappelle la prédominance des clercs irlandais dans des régions à majorité française ainsi que les efforts concertés des catholiques irlandais et des orangistes. Belcourt réitère les griefs habituels des Franco-Ontariens contre l'anglicisation ecclésiastique. C'est l'inaptitude et la résistance de l'Irlandais à s'adapter à des coutumes différentes ou à parler autre chose que l'anglais qui le rend inacceptable.

Le gouvernement provincial de l'Ontario, dirigé par le premier ministre Howard Ferguson, cherche, malgré tout, une solution satisfaisante pour la majorité et la minorité à ce fameux problème scolaire. La commission d'enquête nommée en octobre 1925 pour étudier la situation des écoles bilingues remet son rapport deux ans plus tard. Le 22 septembre 1927, la Législature ontarienne accepte les énoncés et recommandations du rapport, rappelant ainsi le règlement 17. Le spécialiste Robert Choquette résume ainsi les principales modifications :

> Le français acquiert alors un statut valide et juridique dans les écoles primaires ; on accepte des écoles secondaires bilingues. Ce seront désormais des inspecteurs d'écoles canadiens-français qui surveilleront les instituteurs canadiens-français et on autorise la création d'une école normale à l'Université d'Ottawa. Le comité recommande de ne pas reconnaître d'écoles anglo-françaises ou d'écoles bilingues en Ontario, mais seulement des écoles publiques et des écoles séparées, les deux secteurs pouvant enseigner en français ou en anglais, à condition que l'enseignement de l'anglais soit à la hauteur.

Le nouveau système scolaire est mis en place le 1er novembre 1927.

Au Québec, les Juifs réclament une plus grande autonomie scolaire. Après l'échec de 1926, une entente intervient le 14 janvier 1929 entre les représentants de la communauté juive et les commissaires des écoles protestantes. L'intervention personnelle du secrétaire de la province, Athanase David, facilite la chose. En vertu des termes de l'entente,

> 1. Le lieutenant-gouverneur en Conseil nommera un Comité juif de l'Instruction publique, comprenant cinq membres, pour faire des représentations aux commissions scolaires ou aux autorités de l'instruction publique dans les questions touchant aux intérêts de la population juive. 2. Le sentiment des églises protestantes et de la Commission des écoles protestantes de Montréal n'admettrait pas la nomination de Juifs dans le Comité protestant du Conseil de l'Instruction publique. 3. La Commission protestante étudiera dans un esprit sympathique la demande de prêter deux ou trois de ses écoles, comprenant 80 pour cent ou plus d'élèves juifs, pour l'instruction religieuse juive après les heures de classe. 4. Le coût de l'instruction des enfants juifs sera défrayé par les taxes des juifs, complétées par un prélèvement sur le *neutral panel.*

Le « neutral panel » comprend les sommes payées par les neutres ou les entreprises commerciales en vertu des lois scolaires.

À Québec, il est de plus en plus question de présenter un projet de loi concernant l'existence légale d'écoles juives. Les autorités catholiques font part de leurs inquiétudes au premier ministre Taschereau. Le cardinal de Québec, Raymond-Marie Rouleau, lui écrira le 18 mars 1930 : « La faveur accordée aujourd'hui aux Juifs sera peut-être exigée demain, sous les mêmes prétextes, par d'autres confessions religieuses ou même par des sectes antireligieuses. [...] Nombreux sont les bons esprits qui redoutent les effets de la loi en préparation, et qui ne veulent pas voir notre gouvernement compromis dans une affaire qui ne peut donner de bons résultats. »

Le premier ministre Taschereau tient tête. En effet, il autorise le secrétaire de la province, Athanase David, à poursuivre la préparation d'un projet de loi visant à établir à Montréal une commission scolaire juive, placée sous l'autorité du surintendant de l'Instruction publique. Les évêques sont à la fois rassurés de ce que le projet de loi se limite à l'île de Montréal et inquiets du fait que la future commission scolaire ne soit pas sous l'autorité du Conseil de l'Instruction publique. Pour Taschereau se serait injuste de « soumettre les Juifs à la juridiction d'un Conseil où ils ne sont pas représentés ». Par ailleurs, il se fait rassurant, réaffirmant sa conviction qu'une entente interviendra assez rapidement entre juifs et protestants rendant la loi caduque.

La loi qu'Athanase David fait sanctionner le 4 avril 1930, soit la Loi concernant l'éducation des enfants de croyance judaïque dans l'île de Montréal, prévoit en effet « la possibilité de négocier une entente avec l'une des Commissions scolaires de l'île de Montréal, au lieu de fonder des écoles juives ». « Les commissaires juifs, rappelle l'historienne Arlette Corcos dans *Montréal, les Juifs et l'école*, disposent d'une année pour parvenir à un arrangement, à défaut de quoi ils devront ouvrir leurs écoles. »

De façon générale, la loi qu'a proposé le député libéral Peter Bercovitch prévoit que la nouvelle Commission « pourra fonder ses propres écoles, percevoir les taxes scolaires payées par les propriétaires fonciers juifs, recevoir sa part du revenu de la liste des neutres, conclure des accords avec les Commissions catholique et protestante en vue de leur confier les enfants juifs dans les municipalités où l'école juive ne sera pas ouverte ».

Comme si le premier ministre avait voulu que se réalise sa prédiction, cinq des sept commissaires qu'il désigne sont « connus, selon Arlette Corcos, pour leur préférence à l'égard du maintien du *statu quo* avec les protestants ». La commission scolaire juive est tout de même une réalité. Il appartient à la communauté de s'entendre et de jouer ses cartes. Celle-ci est divisée. Les mois passent et les négociations tardent à s'établir. De leur côté, les autorités gouvernementales ne sont pas inactives. Les commissaires juifs sont l'objet de pression. Les protestants aussi. Tellement que les défenseurs d'une école juive séparée se taisent. Les plus déterminés songeraient plutôt à l'établissement d'écoles privées.

Finalement, protestants et juifs s'entendent. Un contrat d'une durée de 15 ans est établi. « Les enfants juifs [...] seront traités de la même manière que les enfants protestants. » Le respect des fêtes juives est prévu et l'exemption de cours et d'exercices religieux non judaïques également. Enfin, les commissaires protestants acceptent d'étudier des candidatures d'enseignants juifs. Sans consulter les commissaires juifs, le gouvernement propose une nouvelle loi qui sera sanctionnée le 4 avril 1931 : elle abolit la loi de 1930. Les députés Peter Bercovitch et Joseph Cohen protestent en vain. Les enfants juifs fréquenteront donc les écoles protestantes ou les écoles privées juives qui se multiplieront à partir de cette époque.

Si l'Église catholique se méfie du nationalisme et qu'elle craint l'intrusion de l'État dans le monde scolaire, elle est aussi inquiète au sujet des revendications que formulent des groupes de femmes qui réclament le droit de vote. Au mois d'avril 1921, la Fédération nationale Saint-Jean-Baptiste tient son congrès à Montréal. À l'ordre du jour, il y a la situation politique des femmes québécoises qui sont les seules à ne pas détenir le droit de vote au niveau provincial. Le premier ministre Taschereau rappelle aux congressistes que la mission de la femme est de se consacrer à sa famille, « à la langue, à la foi et aux œuvres sociales et charitables ».

L'année suivante, l'Église catholique prend position contre l'octroi du droit de vote aux femmes. Le 11 janvier 1922, l'épiscopat de la province de

Québec fait parvenir une lettre confidentielle au premier ministre dans laquelle on peut lire que le premier vœu de l'ensemble des évêques, « c'est que la Législature de notre Province s'abstienne d'accorder aux femmes le droit de suffrage politique ». Neuf jours plus tard, Taschereau répond à Paul-Eugène Roy, archevêque coadjuteur du diocèse de Québec : « Personnellement, je suis opposé au suffrage féminin. Plusieurs de mes collègues partagent cette manière de voir ; d'autres y sont favorables. La députation est divisée à ce sujet et, si j'ai bien compris les opinions exprimées dans les journaux, les théologiens eux-mêmes sont loin d'être d'accord. Le problème, qui en est plutôt un de morale et d'ordre social, n'est donc pas facile à résoudre. »

Le 9 février 1922, pour la première fois, une délégation de femmes se présente au Parlement pour réclamer le droit de vote. Parmi les « manifestantes », se trouvent Marie Gérin-Lajoie, Idola Saint-Jean et Thérèse Casgrain. *Le Devoir* du lendemain écrit : « L'annonce des délégations féminines ne créa pas, au Parlement de Québec, un mince émoi. S'il en est ainsi quand ces dames viennent demander des droits politiques, qu'en sera-t-il quand elles les exerceront ? »

Pour contrer les conséquences des revendications des « suffragettes », l'Église catholique fait appel aux mouvements féminins qui lui sont complètement dévoués. Le 22 mars suivant, le quotidien libéral *L'Autorité nouvelle*, peu sympathique au cléricalisme, analysant la visite à Québec et le mouvement suscité par le clergé auprès de femmes « reines du foyer », conclut : « Comme il arrive trop souvent dans notre province, il a suffi de faire de cette question une question religieuse pour qu'aussitôt elle devint taboue : personne n'ose plus y toucher. Mgr Roy, de Québec, savait bien ce qu'il faisait lorsqu'il écrivit sa lettre contre le suffrage féminin. Lui donner une portée d'un mandement ou même d'une encyclique fut facile, et c'est ce qui explique avec quel empressement ces dames du bas de Québec signèrent par milliers des requêtes afin de s'enlever le droit de vote. »

On pouvait lire dans une requête :

En raisonnant comme nous le faisons, nous prétendons n'être nullement rétrogrades. La grandeur de la femme, à nos yeux, ne dépend ni du droit de voter ni de l'éligibilité. D'ailleurs, nous ne nous occupons guère de ces discussions sur la supériorité de l'homme et de la femme : chacun des deux sexes a la supériorité pourvu qu'il reste dans son domaine et qu'il y remplisse son devoir. Peu importent les inégalités politiques, elles ne nous seront pas plus désavantageuses, elles ne nuiront pas plus à notre influence sociale demain qu'hier et aujourd'hui. Cette influence, nous avons tant de manières de l'exercer dignement et efficacement ! Pour toutes ces raisons que nous avons apportées, nous demandons respectueusement à Son

Honneur le Lieutenant-Gouverneur et au Gouvernement de la province de Québec de ne pas attribuer à la femme le droit de vote.

Le 17 février précédent, Paul-Eugène Roy avait adressé un appel « aux membres du comité de propagande contre le suffrage féminin. Il y déclarait : « Une législation qui ouvrirait la porte au suffrage des femmes serait un attentat contre les traditions fondamentales de notre race et de notre foi et les législateurs qui mettraient la main à une telle législation commettraient une grave erreur sociale et politique. Nos femmes chrétiennes ont la notion assez claire de leur véritable rôle social pour ne pas s'engager dans le chemin plein d'embûches qu'on voudrait ouvrir aujourd'hui, sous leurs pas et au bout duquel on leur montre les charmes trompeurs d'un fruit défendu. »

Les féministes ne cessent pas leur lutte pour autant mais, entre 1922 et 1927, leurs demandes se font moins pressantes. En 1927, Idola Saint-Jean met sur pied l'Alliance canadienne pour le vote des femmes du Québec. Deux ans plus tard, c'est la création de la Ligue des droits de la femme dont Thérèse Casgrain est la présidente. Ces deux associations mèneront la lutte année après année, essuyant chaque fois un refus de la part des autorités gouvernementales.

En 1932, le projet de loi accordant le droit de vote aux femmes reçoit l'appui de 23 députés, mais meurt en cours de route. L'année suivante, 53 votent contre et 20 en sa faveur. Lors du débat, le député libéral de Montréal-Mercier, Anatole Plante, dénonce l'attitude de certains de ses confrères :

> On lui [femme] dit : Vous êtes une grande éducatrice, mais on lui refuse le droit de siéger dans les commissions scolaires ou de donner son avis sur des questions d'éducation. On lui dit : Vous êtes la reine du foyer, mais on lui refuse le droit de protéger son royaume en ayant son mot à dire sur le choix des législateurs qui les gouvernent. [...] Si nous avons tant de cœur à les protéger, pensons donc aux sources de dangers que présente pour elles la vie de chaque jour à l'usine, au bureau et au magasin.

Lors de la dernière session du gouvernement libéral en 1936, le projet de loi sur le suffrage féminin subit sa onzième défaite. Il faudra attendre encore quatre années pour qu'enfin les femmes obtiennent le droit de voter lors des élections provinciales.

Une affaire à suivre !

Les premiers mois de l'année 1929 ne laissent prévoir aucune tragédie économique. Le chômage est à un bas niveau. En décembre 1928, il frappe au Québec moins d'un pour cent de la main-d'œuvre syndiquée. Pour les six premiers mois de 1929, le taux moyen est de 7,3 pour cent. Le coût de la vie n'a presque pas bougé depuis 1921. La «dépense hebdomadaire pour une famille de cinq personnes, en aliments de consommation générale, combustible, éclairage et loyer, en termes de la moyenne des prix dans soixante villes du Canada», qui était de 21,49 $ en décembre 1921, est de 21,56 $ en décembre 1928.

À la Bourse, les valeurs grimpent et, pour plusieurs, elles le font à une vitesse folle : les actions de l'International Nickel passent de 87 $ à 263 $, en 1928. «Les actions des brasseries et des distilleries canadiennes, écrit Robert Rumilly, représentent une cote totale de 29 millions en janvier 1928, de 161 millions en novembre : bénéfice de 420 pour cent.» Ceux qui «jouent à la Bourse» sont de plus en plus nombreux, car les gains y sont faciles. Mais une crise éclate dans le monde des pâtes et papiers : la production est trop forte et les prix baissent. Le blé s'entasse dans le port de Montréal. Des oiseaux de malheur parlent d'une crise imminente !

Des chômeurs font la queue devant le refuge Meurling à Montréal.

La crise

1929-1932

AU DÉBUT DE L'AUTOMNE DE 1929, la Bourse de New York donne des signes de nervosité. Les mouvements à la baisse dépassent, en nombre, les mouvements de redressement de certaines actions. Le 4 octobre, on peut lire dans le *New York Times*: «La Bourse subit sa chute la plus sévère de l'année. Plus de 1 500 000 actions liquidées pendant la dernière heure. Les sidérurgiques perdent dix points.» Le mercredi 23 octobre, l'inquiétude gagne de plus en plus les milieux financiers américains. «À la Bourse, racontent Gordon Thomas et Max Morgan-Witts, [...] la matinée se déroula sans histoire. Peu après midi, les choses commencèrent à se gâter. Elles se détériorèrent si bien que, à la clôture, Adams Express avait fait une dégringolade catastrophique de 96 dollars par action; Commercial Solvents avait perdu 70 dollars, Otis 43, Westinghouse 35 et General Electric 20. Au cours de la séance, 6 374 960 titres avaient changé de mains. C'était là le second chiffre record de l'histoire du Stock Exchange. Et ce n'était encore que le début.»

Le jeudi 24 octobre 1929, l'activité est extraordinaire à la Bourse de New York. Les actions se vendent ou s'achètent par dizaines de milliers. Peu avant midi, la panique s'empare de ceux qui veulent vendre à tout prix. La dégringolade de certains titres est énorme: ainsi les actions de la Dupont de Nemours tombent de 231 $ l'unité à 22 $. Le mouvement déborde New York, gagne l'Amérique tout entière et se fait même sentir en Europe occidentale. «Panique dans toutes les Bourses d'Amérique», peut-on lire dans *Le Devoir* du même jour.

Les Bourses de Philadelphie, de Chicago et de Baltimore ferment leurs portes à midi. New York doit fermer d'un instant à l'autre de même que

Montréal. Une véritable panique s'est subitement déclarée dans toutes les Bourses d'Amérique vers 11 heures ce matin et la débandade des cours est devenue telle en quelques minutes que les autorités ont décidé de fermer les différentes Bourses tant du Canada que des États-Unis. [...] À Montréal, la panique est aussi grande que sur tous les autres marchés des États-Unis et on attend la décision de Wall Street : il est probable que les transactions seront cessées à une heure. [...] À Montréal, on vit subitement International Nickel tomber en une seule vente de 5 points. Peu après, Brazilian faisait une chute de 55 à 51 aussi sur une seule vente. Puis il remontait à 60, tombait à 50, remontait à 55, retombait de nouveau à 51. Tous les titres furent emportés dans cette vague.

À Wall Street, en cette seule journée qui sera surnommée le *Jeudi noir*, on évalue à 12 894 650 le nombre d'actions qui changent de main, pour une perte d'environ 3 milliards de dollars. Le lendemain, à New York, « la reprise initiale est difficile à maintenir », alors qu'à Montréal, « la reprise est générale ». Les optimistes reprennent espoir, croyant que « les cours se sont effondrés sous leur propre poids, sans aucun rapport avec les conditions générales de l'économie qui sont parfaitement saines ».

Et pourtant, le pire reste à venir. La vraie dégringolade se produit le mardi 29 octobre. À New York, 16 383 700 actions sont vendues !

Cet énorme chiffre représentait, pour la seule Bourse de New York, affirment Thomas et Morgan-Witts, des pertes dépassant dix milliards de dollars. Dix milliards de dollars littéralement évanouis en fumée. Deux fois plus que la totalité de la circulation fiduciaire des États-Unis. En d'autres termes, l'on avait perdu à New York, et à New York seulement, deux fois plus d'argent que n'en possédait le pays tout entier ! En une seule journée... Quand l'on fit, plus tard, l'ensemble des comptes et que l'on calcula le montant total du gâchis, on parvint au chiffre effarant de cinquante milliards de dollars.

Et cela seulement pour les États-Unis !

Les cours reprennent, mais avec des variantes imprévues. Un jour, l'espoir renaît ; un autre, on songe à la catastrophe. Le 5 novembre, les Bourses de New York et de Montréal ferment pendant toute la journée. Les trois jours suivants, elles n'ouvrent que de dix à treize heures.

Tranquillement, tout le monde occidental entre dans ce qu'on appellera la *Grande Dépression*. Le pourcentage du chômage, dans les syndicats du travail, qui était, pour le Québec, de 3,9 pour cent en septembre 1929, passe, le mois suivant, à 7,8 puis en novembre à 13,6 et, en décembre, à 14,5 alors que celui du Canada atteint les 11,4 pour cent. En 1930, le taux s'abaissera au cours de l'été, mais reprendra sa marche ascendante avec l'automne, pour se terminer, en décembre, avec un pourcentage de 22,8. Celui du Canada a grimpé à 17 pour cent et celui de l'Ontario, à 17,3. L'Île-du-Prince-Édouard et la Nouvelle-Écosse semblent moins touchées à cause de leur économie particulière, par la récession, leur taux de chômage se situant, respectivement, à 8,7 et à 7,5 pour cent. Entre 1929 et 1930, les prix de détail restent à peu près stables. Le budget hebdomadaire d'une famille de 5 personnes passe de 21,61 $ en 1929 à 21,29 $ l'année suivante. Les méfaits de la Dépression sont lents à se faire sentir.

Économistes et hommes politiques chercheront à identifier les causes qui expliqueraient le brusque tournant que vient de prendre l'économie occidentale. Raymond Tanghe, spécialiste en sciences sociales, économiques et politiques, dans la revue *Le Canada français* de février 1933, les ramène à trois niveaux : « causes d'ordre politique : dettes de guerre ; dépenses exagérées des gouvernements ; paralysie du commerce international due à l'élévation des tarifs douaniers. Causes d'ordre économique : capitalisation excessive ; concentration des capitaux ; surproduction. Causes d'ordre social : machinisme ; disparition de l'esprit d'épargne. » Pour certains, la Crise de 1929 en est une de surproduction et de crédit. Rien de plus.

Le règne des taxes

Lorsque s'ouvre, le 7 janvier 1930, la troisième session de la 17e Législature de la province de Québec, le parti conservateur provincial a un nouveau chef. En effet, le 10 juillet de l'année précédente, les conservateurs avaient élu au poste de directeur de cette formation politique Camillien Houde, maire de Montréal depuis 1928, lequel avait résumé son programme en trois points : « 1. Dehors la clique ; 2. Plus vite que ça. 3. Ça presse ! » Le député de Trois-Rivières, Maurice Duplessis, confie alors à Antonio Barrette : « Vous allez voir Houde monter jusqu'au sommet de la colline mais, rendu là, il va continuer sur l'autre pente pour descendre jusqu'en bas. »

Houde est un personnage haut en couleurs, dont le langage est pittoresque. On le voit bien dans son discours sur le débat sur le budget. Il donne l'analyse suivante du gouvernement Taschereau :

> Nous avons les taxes de cour, taxes sur les contrats, taxes sur les successions, taxes d'enregistrement, taxes sur le renouvellement d'hypothèques, taxes sur la mutation des propriétés, taxes sur les courtiers, taxes sur les primes, taxes sur les transferts d'actions, taxes sur les assurances, taxes sur les assurances de paroisses, taxes sur les bureaux de placement, taxes sur les compagnies, taxes sur les compagnies de transport, taxes sur les bureaux de prêt, taxes sur les hôtels, taxes pour l'inspection des hôtels, taxes sur les maisons de pension, taxes sur les chambres, taxes sur les

restaurants, taxes sur les repas, taxes sur les magasins, taxes sur les vendeurs de produits, taxes sur les ingénieurs stationnaires, taxes sur les détectives particuliers, taxes sur les voyageurs, taxes sur les buanderies, taxes sur les traversiers, taxes sur les halles, taxes sur les mines, taxes sur la pêche, taxes sur la chasse, taxes pour la prévention des incendies, taxes sur les mesureurs de bois, taxes sur les lieux d'amusement, taxes sur les théâtres, taxes sur les salles de concert, taxes sur les salles de musique, taxes sur les salles de danse, taxes sur les expositions, taxes sur les champs de course, taxes sur l'entrée aux pistes de courses, taxes sur les appareils d'enregistrement des pistes de courses, taxes sur les parcs de jeu, taxes sur les clubs de récréation, taxes sur les liqueurs alcooliques, taxes sur la coupe du bois pour les colons, taxes pour les ponts de péage, taxes sur les corporations municipales et scolaires pour contracter leurs emprunts, taxes sur les municipalités pour l'entretien des asiles d'aliénés, taxes sur les municipalités pour l'entretien des écoles industrielles, taxes sur les municipalités pour l'entretien des écoles de réforme, taxes sur les municipalités pour les écoles techniques, taxes sur les municipalités pour les unités sanitaires, taxes pour les chemins de fer, taxes sur les automobiles taxes sur l'essence, taxes sur les municipalité pour la voirie...

Houde sait que plusieurs liront dans les journaux ses déclarations, et il n'est pas peu fier de son bilan !

Le gouvernement Taschereau présente une mesure pour mieux gérer les ventes d'actions. L'historien Robert Rumilly résume ainsi les principales clauses de la nouvelle loi : « Enregistrement obligatoire et cautionnement des courtiers en valeur ; surveillance des livres ; droit d'intervention et de répression. Le procureur général et le secrétaire provincial pourront refuser, suspendre ou annuler l'enregistrement d'un courtier. En somme, ils auront le pouvoir discrétionnaire de choisir ceux qu'ils autorisent à faire le commerce des titres. Ils obtiennent des pouvoirs habituellement réservés aux tribunaux. » Comme le public suspecte certains courtiers de manœuvres presque frauduleuses avant et pendant la Crise, la mesure est bien acceptée.

Qui aidera ?

Le chômage et la misère vont surtout se faire sentir dans les villes et le recensement de 1931 montre que 63,1 pour cent de la population canadienne est urbaine, soit une augmentation de 7 pour cent en 10 ans. La ville de Montréal compte, à elle seule, 818 577 habitants sur les 2 874 255 qui forment la population totale de la province de Québec.

Le 7 avril 1930, Montréal doit se choisir un maire. Parmi les thèmes majeurs de Camillien Houde, il y a bien entendu la lutte à la crise économique. Le « p'tit gars de Saint-Henri » remporte facilement la victoire sur

J. Arthur Mathewson, son opposant. Avec une majorité de 42 000 voix, Houde conserve la mairie.

Au niveau fédéral, on songe aussi à faire appel au peuple. Avant même le déclenchement de la campagne électorale, le premier ministre King trouve injuste de prendre l'argent « des » contribuables pour venir en aide à « certains » contribuables. Il déclare le 3 avril 1930 :

> La discussion s'est orientée particulièrement vers deux objectifs. D'un côté, l'on prétend que l'urgence de la situation exige du gouvernement qu'il puise à pleines mains dans le trésor fédéral afin d'aider les municipalités et les provinces à soulager les victimes du chômage. De l'autre, on veut que cette situation qui se présente maintenant et qui se présentera toujours, en certaines saisons, en raison d'autres motifs, soit rectifiée au moyen d'un système quelconque d'assurance contre le chômage. [...] Lorsqu'une situation s'aggrave dans une localité particulière, la justice et les sentiments d'humanité exigent que les localités avoisinantes fassent leur part, à titre de bons voisins, afin d'apporter un remède à cette situation.

Pour King, c'est au premier ministre de chacune des provinces de faire appel à l'aide fédérale s'il le juge nécessaire. Le premier ministre se dit prêt à aider quelques gouvernements libéraux ou progressistes, mais il ne donnera « pas un sou à aucun gouvernement tory ».

Les élections générales sont fixées au 28 juillet. Le thème le plus important de la campagne électorale est le chômage. Les libéraux, par la bouche de King, promettent « de réunir une conférence des représentants du gouvernement fédéral et des gouvernements des différentes provinces » pour étudier la question. Le premier ministre s'engage « à donner un dollar pour chaque dollar dépensé par une province ou une municipalité pour remédier au chômage lorsqu'il s'agit d'une province qui a déclaré qu'elle n'était pas en mesure de faire face à la situation ».

L'opposition conservatrice, dans l'espérance de s'emparer du pouvoir, élabore un programme beaucoup plus détaillé misant sur une série de travaux publics pour enrayer le chômage :

> Convoquer une session spéciale du Parlement immédiatement après le 28 juillet pour remédier au chômage par de grands travaux publics ; protéger l'agriculture et l'industrie, protéger les consommateurs contre l'exploitation et aider au développement de nos ressources naturelles ; assurer la stabilité des conditions économiques au pays en mettant le tarif à l'abri des modifications multipliées ; développer le commerce interprovincial, assurer le marché canadien à notre charbon et tâcher de lui ouvrir des marchés étrangers ; aider au développement de l'agriculture, de l'élevage et

de l'industrie laitière, malheureusement trop négligée ; améliorer nos réseaux de communication en achevant le chemin de fer de la baie d'Hudson, en ouvrant la région de la rivière à la Paix par un chemin de fer, en réalisant la canalisation du Saint-Laurent, en améliorant les ports de la baie d'Hudson, des Grands Lacs, de l'Atlantique et du Pacifique, en construisant un grand boulevard national d'un océan à l'autre ; appuyer un projet de commerce interimpérial qui s'appuie sur une préférence mutuelle ; établir un système de pension aux vieillards dont toutes les provinces puissent bénéficier.

Dans la province de Québec, parmi les thèmes particuliers, les candidats conservateurs abordent la question du beurre de la Nouvelle-Zélande. Le gouvernement King avait signé une entente commerciale avec celle-ci : on favorisait l'entrée au Canada du beurre de la Nouvelle-Zélande et cette dernière achèterait du papier fabriqué au Québec et des automobiles assemblées en Ontario. Pour affronter la compétition, les beurreries québécoises ont dû abaisser le prix de vente de leur produit. Ainsi, la livre de beurre qui aurait dû se détailler 45 cents se vendait seulement 28 cents.

Le 28 juillet 1930, les conservateurs de R. B. Bennett s'emparent du pouvoir avec 137 sièges, alors que les libéraux n'en remportent que 88, les autres se répartissant entre les indépendants, les progressistes, les progressistes-libéraux, les travaillistes et les United Farmers, un parti politique qui se fusionnera au CCF en 1934. Les Québécois élisent 41 libéraux et 24 conservateurs. « Seize de ces vingt-quatre députés québécois, écrit l'historien Marc Laterreur, étaient de langue française. Depuis près de vingt ans, aucun francophone conservateur n'avait été élu à la Chambre des Communes au cours d'une élection générale. »

Enfin des secours !

Ceux qui ont sombré dans la misère ne peuvent compter que sur la charité publique et sur celle des communautés religieuses. En juillet 1930, les autorités municipales de Montréal décident de verser la somme de 100 000 $ pour venir en aide aux chômeurs. Comme elles ne veulent pas se charger elles-mêmes de la distribution des secours, elles font appel à des organismes spécialisés. Le maire Houde rencontre Georges Gauthier, archevêque coadjuteur du diocèse de Montréal, qui accepte que la Société Saint-Vincent-de-Paul soit responsable de la distribution de la part de subvention destinée aux catholiques francophones. Le 20 juillet, l'organisme de charité se dit d'accord avec la demande, mais pose une condition : « Disposer de la subvention sans le contrôle ou l'intervention d'échevins ou d'autres personnes reliées à la politique municipale. »

Le 20 août, le gouvernement du Québec, par arrêté ministériel, affecte la somme de 500 000 $ à des travaux publics pour procurer du travail aux chômeurs. Le fédéral intervient lui aussi dans la lutte contre la misère. Comme il l'avait promis, le nouveau premier ministre Bennett dirige une session spéciale de la Chambre des Communes, du 8 au 22 septembre 1930. Deux sujets sont à l'ordre du jour : l'adoption de mesures pour combattre le chômage et un réajustement du tarif douanier. Une première résolution est présentée pour approbation de la part des députés : « La Chambre décide qu'il y a lieu de décréter qu'une somme n'excédant pas vingt millions de dollars sera prélevée sur le fonds du revenu consolidé et versée pour diminuer le chômage en construisant, agrandissant ou améliorant des travaux publics ou entreprises de chemins de fer, des grandes routes, etc., qui aideront à fournir du travail utile et approprié aux chômeurs conformément à un projet de loi basé sur cette résolution. » La somme totale devra être dépensée avant le 31 mars 1931.

Les modifications restrictives apportées aux tarifs douaniers touchent surtout les chaussures, les textiles et les produits agricoles. Les effets de la nouvelle mesure se font immédiatement sentir.

> Le 16 septembre, jour de la présentation du nouveau tarif, note Rumilly, le titre Dominion Textile bondit, en Bourse, de 70 à 84. La compagnie félicita le gouvernement par télégramme, et remit deux cents métiers en marche à sa filature de Sherbrooke. La Wabasso Cotton suivit cet exemple, à Trois-Rivières. La protection accordée à l'industrie du pétrole devait favoriser l'installation et le développement des raffineries en des points stratégiques, tels que Montréal-Est. Les droits sur le beurre étaient doublés. La Nouvelle-Zélande menaça d'élever ses droits de douane sur les automobiles importées du Canada.

Plusieurs municipalités doivent faire face à une baisse de revenus, car nombreux sont ceux qui ne peuvent payer leurs taxes. Celles qui voudront entreprendre des travaux publics devront en faire la demande et payer la moitié du coût, pendant que l'autre moitié sera défrayée par les gouvernements fédéral et provincial.

Le gouvernement fédéral offre au Québec la somme de 2 850 000 $ pour des travaux publics. Ce montant ne devra pas servir, précise le ministre fédéral du Travail, Gedeon Robertson, à la construction d'écoles ou d'églises ! Peu après l'ouverture de la session qui a lieu le 2 décembre 1930, le ministre québécois des Travaux publics, Joseph-Napoléon Francœur, présente son « bill du chômage ». « Le bill, déclare le ministre, permettra au gouvernement, lorsqu'il aura été adopté, de légaliser les dépenses déjà faites par les municipalités par une simple résolution de leurs conseils et il donnera aux municipalités le droit d'emprunter, d'émettre des obligations, de rembourser les prêts consentis en vertu de la législation du chômage. » Lorsqu'une municipalité sera incapable de débourser les 50 pour cent fixés par la loi, une entente pourra intervenir à l'effet d'abaisser sa quote-part à 20 pour cent et alors, le fédéral et le provincial débourseront 40 pour cent chacun. L'aide gouvernementale ne se limite pas seulement aux travaux publics. Le gouvernement fédéral affecte la somme de 4 millions de dollars en secours directs aux indigents.

Au début du mois de janvier 1931, le ministère de la Milice fait distribuer aux chômeurs des surplus de vêtements de l'armée, « en particulier des sous-vêtements dont la milice canadienne semble avoir des quantités surprenantes ». Dans l'Est du Canada, on croit que l'Ouest n'est pas frappé par la crise, alors que la partie occidentale du territoire considère que son sort est le plus déplorable. Au Québec, on demande à la population de venir en aide aux gens de l'Ouest.

Dans la plupart des grandes villes du Québec, les membres de la Société Saint-Vincent-de-Paul s'affairent à distribuer des bons permettant aux personnes dont elle a la charge de se procurer du pain, de la viande, des produits laitiers, du charbon ou du bois, sans compter d'autres denrées essentielles.

La ville de Montréal exerce un attrait sur les chômeurs des villages ou des petites villes. Ceux-ci croient trouver dans la métropole du travail ou plus de charité. Le refuge Meurling ne suffit plus, la nuit, pour héberger les malheureux. On décide donc d'ouvrir un refuge de jour, la maison Ignace-Bourget, pour éviter que les désœuvrés n'envahissent les parcs et les lieux publics où des orateurs communistes ou socialistes tentent de les « endoctriner ». L'archevêque de Montréal, Georges Gauthier, consacre son sermon de la messe de minuit du premier de l'An 1931 aux dangers que présente le communisme. *Le Semeur*, l'organe de l'ACJC, sous la signature de Jacques Désy, fait l'inventaire de la pénétration communiste à Montréal dans son numéro de mars 1931 : existence, rue Craig, d'une « Université ouvrière où les orateurs du Parti communiste essaient de soulever chez les auditeurs les pires passions antisociales et antireligieuses » ; formation de comités dans plusieurs quartiers de la ville : « On y attire les ouvriers, la jeunesse surtout, sous prétexte d'organisation contre le chômage. » L'auteur dénonce aussi l'existence d'un journal communiste, *L'Ouvrier canadien*, publié dans la métropole depuis le 15 mai 1930, ainsi que la distribution, par milliers d'exemplaires, de « circulaires à caractère absolument révolutionnaire ».

Le chanoine Philippe Casgrain multiplie les dénonciations de communistes que l'on commence à voir un peu partout, surtout derrière les manifestations de protestations contre le chômage. On craint que la jeunesse qui ne peut plus se trouver du travail se tourne vers le communisme. Casgrain met les catholiques en garde contre la Young Communist League. On parle d'un cercle pour enfants qui aurait été ouvert dans le quartier Hochelaga, à Montréal et on cite un article du journal communiste, *L'Ouvrier canadien*: « Depuis quelques semaines fonctionne un cercle de Pionniers canadiens-français. Ce cercle a pour but de donner une éducation prolétarienne aux enfants des travailleurs. Des causeries éducatives, des jeux sportifs, de la musique, des chants, des promenades, des distractions organisées. Les travailleurs canadiens-français, désireux de donner à leurs enfants une éducation prolétarienne, de les soustraire à l'influence des *éducateurs* bourgeois, se doivent de les envoyer au groupe canadien-français des Pionniers. »

En 1931, les dirigeants du parti communiste canadien organisent une campagne ayant pour thème « Du travail ou des salaires ». Un certain nombre d'entre eux, entre autres le secrétaire du parti, Tim Buck, se retrouvent derrière les barreaux « pour infraction à l'article 98 du Code criminel ».

Les relations commerciales entre le Canada et la Russie sont, elles aussi, l'objet de prises de décision draconiennes. Le 27 février 1931, un arrêté ministériel adopté par le cabinet Bennett interdit l'entrée au Canada de certains produits russes: bois, charbon, fourrure, amiante. On fait valoir que ces produits entrent en compétition directe avec ceux produits au Canada et que, de plus, l'Union des Républiques socialistes soviétiques n'est pas un pays signataire du traité de Versailles du 28 juin 1919.

La misère augmente

Les travaux publics ne peuvent absorber toute la main-d'œuvre disponible. Des municipalités, comme Alma, font construire un hôtel de ville, une station de police, « afin de donner de l'ouvrage aux chômeurs ». On emploie ainsi quelques douzaines d'ouvriers dont la journée de travail est de huit heures. Les salaires sont fixés par la municipalité: « 30 cents de l'heure pour les ouvriers; charpentiers et menuisiers, 40; contremaître, 40; le préposé à l'emploi de la poudre, maçons, hommes avec un cheval, 40; homme avec deux chevaux, 50. »

La loi provinciale de l'aide aux chômeurs, selon l'*Annuaire statistique de Québec*, « laissait aux autorités provinciales et municipales la fixation des salaires, à la condition qu'ils fussent justes et équitables, sans excéder ceux que payait le gouvernement fédéral pour travaux du même genre dans la même région. De plus, cette loi spécifiait qu'au moins 40 % du montant alloué devait être dépensé en salaires aux nécessiteux. »

Le salaire annuel moyen payé dans l'industrie manufacturière, en 1929, était de 1042 $. Il n'est plus que 950 $ en 1931 et il tombe à 844 $ l'année suivante pour atteindre son niveau le plus bas, en 1933, avec seulement 777 $. La remontée commence en 1934. Si, en 1931, le budget hebdomadaire d'une famille de cinq personnes était de 18,66 $, il baisse à 16,60 $ en 1932, puis à 15,70 $ en 1933. La Grande Dépression est marquée par une diminution des salaires et des prix. Une livre d'aloyau de bœuf qui se détaillait 36 cents en 1929 ne coûte plus que 21 cents en 1933 ; la douzaine d'œufs chute de 47 cents à 28 cents ; la livre de pain blanc passe de 7 cents à 6 cents ; le café de 60 cents à 40 cents, etc. La corde de bois dur qui se vendait 12,21 $ en 1929 coûte 9,81 $ en 1933. Même les loyers diminuent. Ils étaient en moyenne de 27,92 $ par mois en 1929 et de 23,04 $ en 1933.

À coup de promesses

Le 30 juillet 1931, le premier ministre Taschereau annonce un scrutin général pour le 24 août. Il y a déjà plusieurs semaines que libéraux et conservateurs battent la campagne en multipliant les promesses miracles qui feraient disparaître, ou presque, le chômage et la misère. Camillien Houde promet le prêt agricole à seulement deux pour cent d'intérêt, des pensions de vieillesse pour tous ceux qui ont plus de 70 ans, des pensions aux veuves et aux orphelins et une sorte de salaire familial. Les libéraux préconisent la construction d'un boulevard métropolitain qui traverserait l'île de Montréal. Ils misent beaucoup sur la dénonciation des liens qui uniraient conservateurs provinciaux et fédéraux. Bennett n'a-t-il pas promis la canalisation du Saint-Laurent ? Le député libéral de Saint-Jacques à Ottawa, Fernand Rinfret, brandit la grande menace, dans son discours du 20 août : « La politique d'Ottawa est notoirement pour la canalisation du Saint-Laurent, et un seul homme met obstacle à l'exécution d'un projet qui aliénerait une importante partie de notre territoire au profit d'un pays voisin. Votez donc pour cet homme, qui est M. Taschereau. Votez pour conserver ce champion de nos droits. Prenez garde que, par ce Saint-Laurent, qui n'a vu se refléter dans ses eaux limpides que des scènes et des paysages canadiens ne se reflètent dans l'avenir des scènes et des paysages américains. » Le Soleil de Québec revient à la charge dans son édition du 22 août : « Ne laissez pas la racaille politique de cette province mettre une main sacrilège sur le domaine provincial, si chèrement gardé par l'honorable Taschereau et le parti libéral. »

Près de 490 000 électeurs se prévalent de leur droit de vote le 24 août 1931, alors que 639 000 sont inscrits sur les listes électorales. Les libéraux remportent 79 sièges et les conservateurs, seulement 11. Dans plusieurs circonscriptions électorales, la marge entre le gagnant et le perdant est bien mince, car les libéraux obtiennent 55,6 pour cent du suffrage populaire et les conservateurs, 44,2 ; les premiers détiennent pourtant 87,7 pour cent des sièges et les seconds, 12,3. Houde est battu dans les deux circonscriptions où il s'était présenté : Saint-Jacques et Sainte-Marie, à Montréal. Si, depuis le milieu des années 1870, on ne pouvait être en même temps député au provincial et au fédéral, rien dans la loi électorale n'empêchait quelqu'un de briguer les suffrages dans deux circonscriptions électorales à un niveau donné. Pour Henri Bourassa, qui exprime ses réactions dans Le Devoir du 26 août, la cause principale de la défaite de Houde et de son parti, « c'est l'impopularité du gouvernement tory d'Ottawa ».

Le chef de l'Opposition décide, en accord avec quelques-uns de ses lieutenants, de contester en bloc les 79 élections où des libéraux ont remporté la victoire. Maurice Duplessis n'est guère d'accord avec ce genre de représailles, mais Houde dispose des 79 000 $ nécessaires pour inscrire l'action en contestation. À la fin, seulement 63 élections sont contestées. « L'uniformité des procédures, écrit Rumilly, acheva d'indigner les libéraux. Toutes les contestations, rédigées sur le même modèle, accusaient tous les députés libéraux de toutes les infractions énumérées dans la loi : achat de votes, distribution d'alcool, maquillage de bulletins, usage d'urnes à double fond, recours à la force pour éloigner les électeurs, etc., etc. » Les libéraux cherchent un moyen habile de sortir du guêpier. Le 26 novembre 1931, le député de Montréal-Sainte-Anne et ministre sans portefeuille, Joseph Henry Dillon, présente un projet de loi « des élections contestées dans le Québec ». Le projet de loi stipule que chaque contestataire doit fournir personnellement les mille dollars de dépôt. Les députés de l'opposition tentent de faire valoir que l'on ne doit pas appliquer les nouvelles modalités aux contestations alors en cours. Mais la loi Dillon est quand même votée en troisième lecture par 59 voix contre 9.

L'Opposition essaie d'intervenir auprès du lieutenant-gouverneur pour qu'il n'accorde pas la sanction royale au projet de loi que l'on considère comme une infamie. Le lieutenant-gouverneur Henry George Carroll ne tient pas compte des protestations et l'opposition conservatrice se dit alors prête à présenter sa demande au roi lui-même. Le journaliste Omer Héroux considère que tout cela laisse entrevoir des jours sombres. Il écrit dans Le Devoir du 18 décembre : « Nous venons de voir une majorité user de son pouvoir pour se blanchir elle-même. Tout cela, même si la foule paraît ne pas s'en émouvoir aujourd'hui, finira par germer et produira des fruits amers. Les majorités ne seront peut-être pas toujours de la même couleur. Elles ne seront peut-être pas toujours même, par principe, respectueuses des droits acquis et des fortunes faites. Il est dangereux de crier pratiquement aux majorités futures qu'elles peuvent faire tout ce qui leur plaît. » Le député de l'opposition Maurice Duplessis est là qui observe !

Et la crise alors?

Les esprits sérieux cherchent toujours des remèdes à la crise qui sévit. Rodolphe Laplante, dans le numéro de novembre 1931 de la revue *Le Canada français*, énumère les points à modifier :

> 1er Que les barrières tarifaires élevées depuis quelques années soient abaissées, afin de faciliter les échanges entre pays ; 2e Que le niveau de vie soit élevé graduellement chez certaines nations d'Europe ou de l'Orient afin d'accroître leur pouvoir d'achat [...] ; 3e Que la marche de l'industrialisation et de la mécanisation soit tout au moins ralentie ; et pour atteindre cet objectif, il n'y a pas lieu de détruire l'état de chose existant, ni de faire marche arrière, mais il faut de toute nécessité que nous ayons recours à ce qui nous a manqué dans le passé : un système plus rationalisé ; 4e Que la course aux armements cesse dans le monde, car elle a pour corollaire déplorable l'imposition de taxes qui font ployer les peuples sous un fardeau trop lourd ; 5e Que l'épargne reprenne ses droits, que le gaspillage soit éliminé. [...] 6e Que la spéculation dont nous avons souffert ne revienne pas en honneur. Il est mauvais, antisocial que tant de gens aient pu s'enrichir sans travail et sans connaissance véritable des facteurs de la richesse ; 7e Que notre pays ne retourne pas à l'erreur ancienne qui consiste à vouloir favoriser cette pratique de peuplement trop rapide pour notre capacité d'absorption en recourant à l'immigration intense. La conséquence de notre politique passée est que plusieurs villes sont actuellement encombrées de chômeurs dont un fort pourcentage sont européens de naissance. Si la proportion de sans-travail qui sont nés outre-mer n'est pas plus grande, c'est que parfois ces nouveaux venus ont pris la place qu'auraient dû normalement occuper les fils du sol.

La Crise, cela va sans dire, donne naissance à certains mouvements d'aigreur vis-à-vis des immigrants. On dénonce ces arrivées massives d'étrangers.

Vers le tréfonds

En 1932, le chômage, dans la province de Québec, atteint son plus fort niveau : en décembre, il touche 30,9 pour cent de la main-d'œuvre inscrite dans les syndicats du travail. La situation en Ontario n'est guère plus reluisante, puisque le taux de chômage atteint 28,5 pour cent.

Non seulement des commerces déclarent-ils faillite, mais des fabriques, comme celle de Saint-Étienne, à Montréal, font de même. Il est vrai que certains curés avaient placé à la Bourse une partie de l'argent confié à leurs soins. La santé financière des corporations municipales est de plus en plus précaire. En 1928, l'actif est légèrement supérieur au passif, mais plus on avance dans la crise plus le passif devient lourd même si l'actif augmente : en 1931, il est de 374 615 946 $ alors que l'actif se situe à 271 357 769 $. L'année suivante, le passif atteint 424 376 252 $ et l'actif s'élève à 339 003 657 $.

En 1932, les municipalités d'Aylmer et d'Alma sont mises en curatelle. Cette dernière adopte une résolution à cet effet le 30 mai : « Attendu que, par suite des conditions de chômage qui existent en cette municipalité, la corporation de la Ville de Saint-Joseph d'Alma ne peut réaliser qu'un faible pourcentage de ses revenus ; attendu que ce conseil, ne pouvant percevoir ses dus, se trouve dans l'impossibilité de faire face à ses obligations [...] que demande soit faite à la Commission municipale de Québec que les procédures nécessaires soient entreprises aux fins de faire déclarer en défaut cette corporation. » Dans les premiers mois de 1933, près d'une trentaine de corporations municipales ou scolaires ont dû être mises en curatelle.

Les gouvernements fédéral et provinciaux manquent de fonds. Les taxes et les impôts augmentent en même temps que le mécontentement populaire. À Montréal, en 1932, le nombre des chômeurs dépasse les 100 000. Houde obtient un prêt des banques et le Conseil municipal entreprend une série de grands travaux publics : « terrains de jeux, tunnels, bains publics, réfection des marchés, signaux de circulation, chalet au parc Lafontaine ». Il est vrai qu'il y a des élections municipales en perspective ! « Houde, écrit Rumilly, provoque la formation d'une Commission échevinale du chômage, qui établit un système de rotation dans les travaux de chômage. Les entrepreneurs devront engager un certain nombre de chômeurs dans chaque quartier. Les hommes engagés travailleront quatre jours et s'arrêteront les quatre jours suivants pour laisser la place à d'autres. » De telles mesures n'empêcheront pas Houde de subir la défaite lors des élections municipales du 4 avril 1932.

Le premier ministre du Canada fait voter une réduction de 10 pour cent du traitement des fonctionnaires et des indemnités des parlementaires. Seuls échappent à la mesure, qui entre en vigueur le 1er avril 1932, les lieutenants-gouverneurs des neuf provinces et les juges retraités et pensionnés par l'État fédéral.

La chasse au travail devient plus féroce. On dénonce les « étrangers » et les femmes qui « prennent la place des honnêtes ouvriers ». Un peu partout au Québec, des usines et des manufactures ferment leurs portes ou réduisent leurs effectifs au minimum. L'Université de Montréal a dû non seulement cesser ses travaux de construction sur les flancs du mont Royal, mais elle n'a même plus d'argent pour payer ses professeurs ! En septembre, on évalue à 200 le nombre des écoles rurales qui doivent rester fermées, faute de moyens financiers. Ainsi, 7000 enfants sont privés de cours. À Montréal, des locataires qui ne peuvent payer leur loyer protestent contre les expulsions décrétées par les propriétaires. Selon Charles Lipton, une émeute se produit au cours de laquelle « l'agent de police Zappa tua Nick Zynchuk à coups de revolver ».

On retrouve, dans des lettres compilées par Martin Ringuette dans la revue *Saguenayensia,* différents témoignages décrivant la misère qui règne alors. Le médecin municipal de Chicoutimi écrit le 9 juin 1932 : « Un grand nombre d'enfants se rendent, tous les jours, aux endroits où sont déposés les déchets et les vidanges. Là, au milieu de ces détritus infects, ils s'approprient toute espèce de denrées alimentaires, poissons, viande, légumes, etc., qu'ils mangent séance tenante, après un nettoyage sommaire ou qu'ils apportent à la maison. Ce qui m'étonne davantage, c'est qu'il semble que les parents de ces enfants les encouragent à faire cela. Serait-ce la misère de la crise qui pousse à de tels excès ? »

À Terre-Neuve, un habitant sur quatre vit de l'assistance sociale. Dans l'Ouest, la situation est moins grave : un dixième de la population compte sur l'aide gouvernementale. Une conférence réunissant le premier ministre du Canada et ses homologues des neuf provinces se tient à Ottawa le 9 avril. À l'ordre du jour, une seule question importante : le chômage. On cherche encore une fois des moyens de mettre fin à la crise qui s'éternise. On continuera de verser un secours direct aux chômeurs, mais on mettra fin aux travaux de chômage.

Une solution facile

« Chaque famille de sans-travail qui quitte votre cité soulage votre budget. » Ces propos de l'abbé-colonisateur Jean Bergeron aux dirigeants de la ville de Québec résument la solution que le gouvernement Taschereau finira par encourager pour abaisser le taux de chômage. L'abbé Georges-Marie Bilodeau publie, en 1931, un ouvrage intitulé *Le vrai remède.* Pour lui, il est important de convaincre la population de la nécessité de retourner à une vie rurale et ce, plus pour des raisons morales qu'économiques ou politiques. « La ville, écrit-il, est une tueuse de peuples ; elle est le gouffre où s'engloutissent les humains, les santés s'y altèrent, les corps s'y anémient, les puissances de la race s'y stérilisent, les familles s'y éteignent. »

Selon les propagandistes du retour à la terre, non seulement le milieu rural est plus sain, mais la terre subit moins de sauts brusques que la Bourse. « Le capital terre, affirme Jean Bergeron, est donc le plus stable comme producteur de richesses véritables. Le capital terre est le plus immeuble des capitaux, c'est le seul qui soit vraiment immeuble, la plupart des autres peuvent passer d'un pays à l'autre, le capital immeuble est le plus durable. »

Ernest Laforce est lui aussi un ardent promoteur de la colonisation. Agronome, il connaît bien son sujet. Lors d'une conférence, il déclare aux assistants : «Vous êtes les descendants des premiers pionniers du Canada. Mieux encore : vous êtes les petits-fils des pionniers du Saguenay. Vous voulez des terres à mettre en valeur par le défrichement et la culture. La province en possède en quantité. Vous avez besoin d'argent pour vous rendre dans ces régions, ouvrir des chemins, défricher les terres, construire des maisons. Formez une délégation, allez à Québec rencontrer les ministres et demandez-leur de vous aider.»

Le premier ministre Taschereau se laisse convaincre du bien-fondé du retour à la terre. En novembre 1931, il finit par prêcher la colonisation : «Que nos ouvriers qui chôment dans les villes aillent sur la terre. Faisons-en des colons. Ce mouvement est commencé et nous voulons lui donner toute l'ampleur possible. Beaucoup de ces ouvriers établis sur ces terres se disent heureux. J'espère qu'ils y resteront, qu'ils demeureront heureux et feront de bons cultivateurs.»

Le mouvement est vraiment lancé. Selon l'*Annuaire statistique de Québec*, «de mai à juillet 1931, 2550 familles s'établirent sur des terres de colonisation, 1985 d'entre elles venaient des villes et villages du Saguenay qui a été affecté par la crise. Du 1er juillet 1931 au 30 juin 1932, le nombre de familles placées sur des terres s'élevait à 3769.» Jean Bergeron est fier de déclarer à un journaliste du quotidien *L'Illustration* de Montréal, le 13 juin 1931 : «Vous pouvez dire à vos lecteurs que les colons se présentent à nous par centaines, chaque semaine. Nous en avons vu des milliers depuis quelques mois. Ils nous demandent des lots, des terres, du secours, de l'ouvrage. Nous ne pouvons même pas fournir à les recevoir, comment voulez-vous que nous fournissions à les secourir? Si encore ils accouraient à nous, guidés par l'amour de la terre! Malheureusement, c'est la faim qui les pousse! Des familles n'ont plus rien à manger et se jettent où elles peuvent.»

Le gouvernement de la province de Québec consacre, en 1931, quelques centaines de milliers de dollars au retour à la terre :

100 000 $ pour l'établissement de familles de Bagotville au Lac-Saint-Jean, écrit Rumilly ; 100 000 $ pour l'établissement des mineurs de Thetford et 50 000 $ pour l'établissement des tisserands de Saint-Grégoire-de-Montmorency dans le comté de Témiscouata. Une quatrième délégation, venue de Rimouski et de Rivière-du-Loup, obtint encore un octroi pour l'ouverture du canton de Belcourt [en Abitibi]. Mais ce fut la dernière concession : le gardien du Trésor ne se laisserait pas arracher, par bribes, les dix millions [pour lutter contre le chômage].

Un mouvement aussi massif ne va pas sans engendrer quelques problèmes. On se plaint que trop souvent les nouveaux colons, en particulier ceux qui vont s'établir en Abitibi, sont délaissés; on dénonce aussi le mauvais recrutement: un bon citadin ne fait pas nécessairement un bon colon. Georges-Marie Bilodeau fait remarquer dans *Le Canada* du 4 mai 1932 que pour quelques-uns, «le retour à la terre ressemble à une sorte de pique-nique dont le gouvernement paie les frais».

La Société Saint-Jean-Baptiste de Montréal fixe comme thème au défilé du 24 juin 1932: «La glorification du sol». Trois mois auparavant, lors du congrès général du 10 mars, Ernest Laforce avait présenté un bilan de l'opération «retour à la terre»:

> La colonisation est une des œuvres capitales qui assureront la durée de notre race au Canada. Notre pays a dépensé des sommes énormes pour établir des étrangers sur nos terres. [...] Un domaine immense s'offre à la hache du défricheur. Dans la Gaspésie, la Matapédia, le Témiscouata, la région de Rimouski, le royaume du Saguenay, l'Abitibi, le nord et l'ouest de l'Ontario, le nord du Manitoba et de la Saskatchewan, le Nouveau-Brunswick, il y a des terres arables. Des milliers et des milliers de familles de la province de Québec désirent s'établir sur des terres. Il faut que le gouvernement vienne à leur aide. Actuellement, c'est 26 000 familles qu'il faudrait diriger vers les centres de colonisation.

Wesley Ashton Gordon, ministre fédéral de l'Immigration et de la Colonisation, met sur pied un plan d'aide aux miséreux qui veulent s'établir sur une terre. En vertu du plan Gordon, «les gouvernements fédéral et provincial ainsi que la municipalité souscrivent respectivement 200 $ pour l'établissement d'une famille de chômeur sur un lot de colonisation». Le 30 juin 1932, le cabinet provincial du Québec signe l'entente avec le gouvernement fédéral, prévoyant l'établissement de 1000 familles. Le ministre provincial de la Colonisation et des Pêcheries, Hector Laferté, précise les modalités de fonctionnement:

> Un comité formé d'officiers du ministère de la Colonisation, des représentants des chemins de fer et du Dominion Land Settlement Branch verra à faire le choix des aspirants colons. Le comité prendra des renseignements de la part de gens capables d'en donner et aucune famille indésirable ne sera acceptée. Des bureaux provisoires seront ouverts dans les municipalités qui accepteront le projet. Aucune municipalité n'est obligée d'accepter ce plan. Si elles le font, elles contribueront pour 200 $ par famille qui sera placée.

Le premier contingent de citadins, formé en vertu du plan Gordon, quitte Montréal le 21 septembre 1932. Il se compose d'une cinquantaine de familles qui doivent s'établir au sud de Rouyn, « dans une région choisie spécialement à cette fin par le gouvernement provincial, le long de la route de l'Abitibi au Témiscamingue ». Les citadins choisis sont tous d'anciens cultivateurs émigrés récemment en ville.

Le député provincial de l'Abitibi, Hector Authier, prise peu la venue de ces futurs colons. Le 20 septembre 1932, il déclare que le conseil municipal de Rouyn « en a plein les bras ». En conséquence, il écrit au conseil municipal de Montréal : « Faites donc savoir aux gens de Montréal que l'Abitibi n'est ni un hôpital ni un refuge et qu'il n'y a pas de Société Saint-Vincent-de-Paul chez nous. Les gens sont charitables, mais actuellement nous avons assez des nôtres. Que chacun ait soin de ses pauvres et ça ira mieux. »

À la fin du mois de novembre 1932, le premier ministre Taschereau avertit chômeurs et colons qu'ils devront de plus en plus compter sur leurs propres ressources : « Entre le système qui consiste à gaver les colons et celui qui consiste à les laisser se débrouiller avec les primes de défrichement et d'ensemencement, il faut choisir le dernier. »

L'opposition conservatrice, à la suite de la démission de Camillien Houde, se donne un nouveau chef, Maurice Duplessis, qui se chargera de surveiller de près cette fameuse question du retour à la terre !

Des chômeurs débarquent d'un train à Regina en 1935.

LES SOLUTIONS

1933-1936

L ES GOUVERNEMENTS FÉDÉRAL ET PROVINCIAUX commencent à trouver que la crise économique s'éternise et que les ressources financières s'épuisent rapidement. Une conférence interprovinciale se tient à Ottawa du 17 au 19 janvier 1933. Le chômage est à l'ordre du jour et pour cause : au mois de décembre précédent, plus du quart de la main-d'œuvre active était sans travail au Canada, alors que le Québec comptait 30,9 pour cent de chômeurs.

Dès le début de la rencontre, le premier ministre Bennett veut savoir dans quelle mesure les provinces sont prêtes à collaborer avec le pouvoir central pour établir un système fédéral d'assurance-chômage « qui donnerait satisfaction à l'État, au patron et à l'employé ». Par ailleurs, le ministre fédéral du Travail, W. A. Gordon, avise les représentants provinciaux qu'Ottawa cessera probablement de verser le secours direct aux chômeurs à partir du début de juin 1934. Malgré tout, les participants à la conférence adoptent une résolution concernant les travaux publics : « Bien que la Commission soit encore d'avis que les travaux de secours ne doivent pas être entrepris comme politique générale [de secours aux chômeurs], elle croit que, dans les cas où l'on peut donner de l'emploi aux moyens de travaux publics nécessaires, le gouvernement fédéral devrait considérer favorablement une demande d'assistance pour partager le coût du travail, pourvu qu'on établisse un mode de rotation au moyen duquel on donnera de l'emploi au plus grand nombre possible de chômeurs. »

Le premier ministre Taschereau, après avoir dénoncé la facilité avec laquelle les provinces de l'Ouest dépensent les subventions du gouvernement fédéral, supplie le pouvoir central d'aider plus généreusement le Québec dans son projet de colonisation. Il réussit à faire adopter la résolution suivante : « Les accords déjà existants au sujet du retour à la terre devraient être modifiés de manière à permettre une nouvelle dépense de pas plus de cent dollars par famille afin de pourvoir à la subsistance des colons pendant la troisième année de leur établissement sur la terre. »

L'établissement du secours direct favorise l'enrichissement de quelques exploiteurs. Les secourus peuvent se procurer les choses nécessaires au moyen de bons d'achat. Des marchands haussent les prix dans ce cas. En janvier 1933, la police de Montréal fait enquête sur ces escroqueries.

> On a trouvé dans certains cas, rapporte un journaliste, que des barils de porc achetés pour les chômeurs ont été expédiés en dehors de la ville puis retournés à certains individus. Dans d'autres cas, on a constaté que les chômeurs avaient été vêtus de soieries avec l'argent des secours directs. On a constaté aussi que du lard avait été acheté pour des chômeurs au prix de 12 cents la livre alors que n'importe qui pouvait l'obtenir pour 8 cents dans tout magasin, qu'on avait payé des patates à 98 cents le sac alors que le prix de détail général était de 85 cents.

On sent de plus en plus que la crise modifie la mentalité d'une partie de la population. Une nouvelle revue, *L'action nationale*, cherche à prévoir les conséquences de cette fameuse crise :

> Elles sont d'ordres divers. Le contribuable songe aux chiffres des allocations de chômage qui gonfle la dette publique. Les conséquences les plus graves ne sont pas d'ordre financier, mais d'ordre moral. Qu'on songe, un instant, à la génération née en nos jours où la misère, la gêne, l'incertitude, l'angoisse assaillent tant de foyers, dans une ville comme Montréal qui constitue, hélas ! avec ses banlieues, près de la moitié de la province. Qu'on songe aux turpitudes où s'avilit la vitalité humaine. Saint Thomas aime répéter qu'il faut un minimum de bien-être pour pratiquer la vertu. Ce même minimum que la crise a fait disparaître en trop de familles, une natalité saine le requiert également. La crise aura pour effet de mettre au passif de notre race, une génération d'anormaux et de débiles. Capital humain déprécié. Il importe, dès maintenant, de préparer une génération de Canadiens français à la hauteur de la tâche sociale qui sera dévolue aux législateurs de demain.

La tension monte parmi les chômeurs canadiens. Des groupes se forment qui veulent marcher sur Ottawa. Le gouvernement fédéral établit à Vancouver, Calgary, Winnipeg, Toronto et Valcartier, entre autres, des camps pour les chômeurs célibataires. L'ancienne base militaire de Valcartier abrite près de 2000 hommes qui sont logés, nourris et qui gagnent 20 cents par jour pour de menus travaux qu'on leur fait faire. « Les 20 cents », comme on les appelle, exigent l'établissement d'une taverne à l'intérieur du camp. « Et cela, note Louis Dupont, pour éviter un plus grand mal : empêcher nos assoiffés de faire treize milles à pied pour aller boire à Québec leur maigre salaire. »

À Montréal, un chômeur, Anaclet Chalifoux, organise des clubs ouvriers où l'on discute bien entendu du chômage, de la misère, des gouvernements et... de l'avenir. C'est par centaines qu'ouvriers et chômeurs se réunissent pour discuter. On établit même une Fédération des clubs ouvriers. Des assemblées se tiennent au Champ-de-Mars et au Square Viger. Le samedi saint 1933, c'est par milliers que les membres des clubs ouvriers se rendent à l'oratoire Saint-Joseph. Plusieurs portent la chemise brune. On les taxe de fascistes et pourtant les « vrais » fascistes considèrent que le Canada est « dirigé par une poignée de farceurs ».

Violence à l'horizon ?

On se rend vite compte que des organisations comme celles de Chalifoux ne mènent nulle part et ne servent qu'à créer une agitation temporaire. Plusieurs considèrent que le temps est venu de travailler à l'établissement d'une nouvelle société. Le sentiment nationaliste se réveille et donne naissance à quelques mouvements, surtout chez les jeunes. À l'automne de 1932, quatre jeunes gens, dont André Laurendeau, étudiant à la Faculté des lettres de l'Université de Montréal, et Pierre Dansereau, étudiant à la Faculté des sciences, se présentent au cabinet de travail de l'abbé Lionel Groulx.

> Quels graves problèmes amènent ces quatre chez moi ? raconte Groulx dans ses *Mémoires*. La récente nomination d'un anglophone au service des douanes de Montréal, nomination faite aux dépens d'un Canadien français ; d'autres nominations aussi provocantes au ministère du Revenu national, puis la composition du personnel des techniciens à la récente conférence impériale à Ottawa, celle-ci véritable manifestation d'ostracisme à l'égard des Canadiens français. Ces vexations multipliées ont fait déborder le vase, donné le haut-le-cœur à ces jeunes étudiants. Et voici ce qu'ils ont machiné : en fin de semaine, ils se rendront à la gare du Canadien National ; à la descente du train d'Ottawa, ils se saisiront de deux ministres canadiens-français du cabinet R. B. Bennett — en l'espèce MM. Alfred Duranleau et Arthur Sauvé — ; auxdits ministres, ils administreront une bonne et louable fessée et — si je me souviens bien — les barbouilleront d'encre par surcroît.

Les quatre étudiants demandent à Groulx si le geste qu'ils veulent faire est opportun et s'il y a « chance qu'il soit efficace, qu'il réveille l'opinion ». Le bon abbé leur démontre que cet enlèvement serait inutile et qu'ils se retrouveraient vite en prison. Il leur conseille plutôt de canaliser leur énergie dans la mise sur pied d'un mouvement de jeunesse. C'est alors que naît le mouvement des Jeune-Canada, qui disparaîtra en 1938. Ce mouvement qui précise son orientation dans un *Manifeste de la jeune génération*, rédigé par André Laurendeau et approuvé entre autres par Pierre Dansereau, Pierre Asselin, Roger Larose, Pierre Dagenais, Dollard Dansereau, Paul Dumas et Gérard Filion.

> Nous n'entendons point rallumer de vieilles animosités, lit-on dans le manifeste. Nous croyons, au contraire, que le seul moyen de ne pas exacerber un nationalisme légitime, chez les Canadiens anglais comme chez les Canadiens français, c'est de s'appliquer, de part et d'autre, au respect scrupuleux des droits de chacune des deux races et de leurs raisonnables susceptibilités. Le français est langue officielle du Canada autant que l'anglais. Ce qui n'empêche point certaines publications fédérales d'être rédigées exclusivement en anglais; leur traduction paraît en retard et trop souvent ne paraît même pas. Autre anomalie et non moins grave: la monnaie d'un État bilingue est unilingue. Nous protestons contre cet état de choses, qui consacre la supériorité d'une race pour l'humiliation de l'autre. Nous demandons aujourd'hui ce que nous exigerons demain.

Dans leur manifeste, publié en février 1933 dans *L'Action nationale*, les Jeune-Canada dénoncent aussi le visage anglais des villes québécoises. Ils terminent par un appel général:

> Nous faisons donc appel à la jeunesse, à toute la jeunesse de notre race: à la jeunesse universitaire, à la jeunesse des collèges et des écoles, à la jeunesse ouvrière, à la jeunesse agricole, à la jeunesse professionnelle. Que dans tous les domaines de la vie nationale le souci s'éveille, ardent de reconquérir les positions perdues, de faire meilleur l'avenir. C'est à un vaste labeur: intellectuel, littéraire, artistique, scientifique, économique, national que nous, les jeunes, sommes conviés par les exigences de notre temps. Souvenons-nous que nous ne serons maîtres chez nous que si nous devenons dignes de l'être.

Les Jeune-Canada tiennent des assemblées populaires, écrivent des articles dans le journal des étudiants de l'Université de Montréal, le *Quartier latin*, et ils agacent les hommes politiques en place. Quelques-uns les accusent d'être des révolutionnaires. Pierre Dansereau leur répond: «Nous n'avons jamais voulu révolutionner; nous voulons transformer. Nous n'avons jamais voulu détruire; nous voulons continuer à consolider l'œuvre autrefois commencée et apparemment interrompue depuis quelque temps, malgré le véritable renouveau national provoqué naguère par des groupements comme l'*Action française* [Montréal].»

En 1935, les Jeune-Canada débouchent, comme quelques autres associations, sur le «séparatisme». Le 8 avril, lors d'une assemblée tenue au Monument national, à Montréal, Paul Simard, étudiant de 22 ans, déclare :

> Il nous faut acquérir à tout prix notre indépendance intellectuelle, politique, économique. Notre religion ne doit plus être une croyance de routine ; elle doit redevenir la soumission quotidienne de notre volonté libre. Notre pensée canadienne-française doit s'affranchir de la tutelle américaine matérialiste que lui imposent nos journaux jaunes. Québec doit devenir au plus tôt un État libre dans lequel la nation canadienne-française sera absolument maîtresse de ses destinées. Dans le domaine économique, il nous faut vaincre tous les spoliateurs étrangers. Une telle résurrection spirituelle ne s'accomplira que par le ralliement de tous sous une même bannière : celle d'un même chef.

Et Lionel Groulx apparaît de plus en plus comme ce chef capable de rallier les forces vives nationalistes.

Il n'y a pas qu'à Montréal que la jeunesse bouge. La vieille capitale est un peu secouée, en 1934, par l'apparition d'une nouvelle revue dirigée par Jean-Louis Gagnon et Philippe Vaillancourt. *Vivre* s'inspire d'Olivar Asselin, de Léon Daudet et de Charles Maurras. Elle attaque le pouvoir établi et surtout la Confédération et ses partisans. Dans le numéro de mars 1935, sous la signature de la Direction, on peut lire : « Jamais on nous fera dire que les patriotes de 37-38 étaient des impurs, et que les paternels de la Confédération étaient des cocos de génie. »

En novembre, Jean-Louis Gagnon revient à la charge :

> Quant à notre Confédération, nous lui disons merde parce que c'est elle qui nous a conduits où nous sommes. Nos pères avaient des globules rouges dans les artères ; nous, nous sommes supposés en avoir. Ça, les diplomates anglais ont fini par le comprendre et comme ils désespéraient de vaincre par la casse, ils nous ont offert le coquetel du bilinguisme. Perfidement, lentement, par des lois masquées, des mesures hypocrites, on a chloroformé les conducteurs de la caravane québécoise et on a fait se désintéresser le paysan de l'instruction primaire. Si bien qu'après deux générations, nos braves terriens en sont venus à concevoir de la haine pour tout ce dont ils n'aperçoivent plus la valeur immédiate. Le Britannique savait que sans école il n'y a plus d'élite et sans élite plus de race. [...] La tâche que nous avons entreprise est belle et grande, et nous voulons livrer, sinon la guerre joyeuse, du moins la guerre joyeusement. *Vivre, c'est lutter.* Aujourd'hui nous luttons pour répandre nos idées qui ne sont pas toujours mauvaises et souvent bonnes ; demain, nous lutterons pour défendre nos droits. En attendant, battons-nous, battons-nous bien.

En février 1936, *Vivre* cesse de paraître, mais lui succède un hebdomadaire nationaliste et séparatiste, *La Nation*, dirigé par Paul Bouchard. Dès le premier numéro, publié le 15 février, la prise de position et d'orientation est claire : « Nous voulons la création d'un État libre français en Amérique du Nord. [...] Nous sommes séparatistes et la rupture du lien fédératif est à la base de notre programme. »

L'Association catholique de la jeunesse canadienne-française existe toujours et elle aussi se penche sur l'avenir des francophones en Amérique du Nord. Le 5 avril 1935, à l'occasion de la remise des prix d'Action intellectuelle, le Dominicain Georges-Henri Lévesque prononce une conférence intitulée « La Mission des intellectuels canadiens-français ». Il analyse lui aussi la Confédération.

> Ne craignons pas de poser franchement le problème capital : la Confédération est-elle, théoriquement et pratiquement, le milieu favorable au plein épanouissement de notre vie ? Est-elle au contraire la machine à nous affaiblir, à nous dissoudre, à nous absorber ? Que son inspiration initiale ait été la protection des deux races par une large autonomie accordée aux provinces, nous ne saurions le nier. Mais, expérience faite et considérant l'évolution actuelle de nos conditions économiques et sociales, il est bien permis de craindre pour cette inspiration première et de se demander si la Confédération pourra y rester fidèle. D'ailleurs, le problème se pose déjà de façon tragique. D'une part, les nouvelles conditions économiques et sociales exigent de plus en plus un régime vraiment centralisateur. D'autre part, dans l'état présent, la centralisation, c'est pour notre groupe ethnique le grand danger. Si nous restons confédérés, nous ne pouvons sans injustice envers les deux tiers de la population canadienne refuser la centralisation qui s'impose. Par contre, l'accepter ce serait manquer de charité envers nous-mêmes, ne serait-ce pas nous suicider ? [...] Aux intellectuels d'agiter franchement ces questions angoissantes et d'en dégager notre idéal national concret.

Le problème est bien posé, mais la ou les solutions ne sont pas indiquées. Entre-temps, un autre groupe cherche à trouver des solutions pratiques aux problèmes de l'heure. Le 9 mars 1933, un groupe d'hommes d'Église se réunit à l'Immaculée-Conception à Montréal. Ils se prononcent contre une nouvelle formation politique qui vient de naître dans les provinces de l'Ouest, la Cooperative Commonwealth Federation, le CCF, une formation politique à laquelle ils reprochent son programme qu'ils jugent trop près du socialisme. Ils préconisent, par contre, une série de mesures pour régler les principales revendications. Groulx résume ainsi les treize points de ce programme de « restauration sociale » :

Réforme du capitalisme; intervention de l'État dans ce domaine; institution d'un Conseil économique; aménagement d'un ordre corporatif; législation sociale en faveur de la classe ouvrière; intervention des pouvoirs publics pour une cessation du chômage; mesures de sécurité sociale : aide aux familles peu fortunées par la diminution des frais médicaux et frais d'hospitalisation; aide à l'agriculture familiale : promotion de l'enseignement rural et des méthodes coopératives; développement méthodique de la colonisation; devoirs de l'État fédéral à l'égard des droits des provinces et de l'égalité des deux races; politique de collaboration économique internationale; et collaboration pour l'avènement de la paix.

Des laïcs se chargent de faire aux solutions préconisées par les religieux une application plus concrète. Ils rédigent donc le « programme N° 2 » et le signent : Esdras Minville, Philippe Hamel, Albert Rioux, Victor-Elzéar Beaupré, Jean-Baptiste Prince, Anatole Vanier, Arthur Laurendeau, Alfred Charpentier, Wilfrid Guérin et René Chaloult. Paul Gouin, selon Groulx, a participé à la rédaction du nouveau programme, mais « par souci tactique, a-t-il dit, il s'est abstenu de le signer ». Parmi les mesures « concrètes » préconisées, il y a des prêts aux agriculteurs par l'intermédiaire des caisses populaires; des allocations aux mères nécessiteuses; une expérimentation prudente des allocations familiales en tenant compte du problème rural; un salaire minimum aux journaliers; le retour de la mère au foyer; la stricte observance du dimanche; la disparition des taudis; une réglementation de la vente à tempéraments; combattre les cartels du charbon et de l'électricité; surveiller le commerce du lait et du pain; lutter tout spécialement contre le trust de l'électricité; obligation pour les sociétés de publier annuellement une liste complète des actionnaires et obligataires; interdiction aux ministres d'être administrateurs d'une entreprise industrielle, commerciale ou financière; comme compensation, relèvement de leurs appointements et assurance d'une pension convenable, après une période de service déterminée; création d'un conseil économique provincial; etc.

Des libéraux mécontents veulent « relibéraliser » leur parti, le rajeunir, lui donner un corps de doctrine. Ils trouvent que le programme de restauration sociale est une mine où il doit puiser. Paul Gouin, fils de l'ancien premier ministre libéral Lomer Gouin, multiplie les rencontres avec les éléments avancés de la formation politique. Au cours de l'été de 1934, se fonde l'Action libérale nationale, dont Paul Gouin assume la direction. Des assemblées publiques se tiennent un peu partout dans le Québec pour expliquer le programme du nouveau parti politique.

À droite, toute!

Le 22 février 1934, un nouveau parti politique voit le jour, le Parti national social chrétien. Ce soir-là, à Montréal, le Monument national est rempli de personnes venues entendre Adrien Arcand, rédacteur de l'hebdomadaire *Le Patriote*, reconnu pour son antisémitisme et ses prises de position fascistes.

> La scène du Monument national, lit-on dans *Le Patriote* du 1er mars, était décorée de quatre lettres immenses, initiales du nom du Parti, les lettres PNSC, formées par de petits drapeaux tricolores de la Croix gammée. Un service parfait fut assuré par quatre compagnies des vétérans des Casques d'Acier, portant leurs brillants uniformes et leurs décorations de guerre, et portant fièrement au bras le brassard de la Croix gammée, symbole de la race blanche. Ils formèrent une double haie, de chaque côté du grand escalier central et furent d'une tenue impressionnante.

Le Patriote, dans ses éditions antérieures, avait précisé que «les Juifs ne sont pas admis à cette soirée, pas plus que dans les rangs du Parti».

Pour le PNSC, le Canada doit être «un pays officiellement et positivement chrétien»; le travail est obligatoire et quiconque refuse de travailler sera défranchisé, c'est-à-dire qu'il perdra ses droits de citoyen, entre autres celui de voter ou d'être élu à une charge publique; par ailleurs, l'État devra garantir le droit des citoyens de gagner leur vie en travaillant; «toutes les entreprises dites d'utilité publique, telles que chemins de fer, téléphone, télégraphe, radio, deviendront propriété de l'État»; «la finance doit devenir l'humble servante de l'agriculture, de l'industrie, du commerce, etc.»; «participation du peuple aux profits accumulés des grandes corporations financières»; formation d'une banque centrale, propriété entière de l'État pour les échanges avec l'étranger et pour stabiliser le cours de la monnaie canadienne; etc.

Pour Arcand, qui est un grand admirateur d'Adolf Hitler et de Benito Mussolini, il ne faut pas permettre «qu'un groupe inassimilable, étranger à toute caractéristique nationale, domine la vie économique de la nation». Le groupe visé est formé par les Juifs dont le sort fait l'objet d'un paragraphe dans l'édition du 15 mars du *Patriote*: «Le Parti National Social Chrétien s'engage à régler une fois pour toutes la question juive au Canada. Les Juifs ne pourront être citoyens, ni avoir le droit de vote, ni d'être élus. Ils resteront sujets britanniques s'ils consentent à respecter leur condition d'entrée au pays. Deux seules alternatives: devenir de véritables colons, près de la baie d'Hudson, ou s'embarquer pour la Palestine. Il faut que les immigrants respectent enfin les lois établies.»

Une autre manifestation fasciste se tient au Monument national, le 11 octobre 1934. Le PNSC, ayant multiplié ses adeptes, veut organiser un service paramilitaire dont les membres sont vêtus de façon spéciale :

> Les Chemises Bleues des Légions Fascistes du Parti, chargées du service d'ordre, lit-on dans *Le Patriote* du 18 octobre, s'acquittèrent de leur tâche avec une discipline et un tact remarquable. La Croix gammée, qu'arborent tous les groupes fascistes conscients de la question juive, fut à l'honneur. Elle était fièrement arborée par les Légionnaires et, dans un grand drapeau tricolore, décorait la scène du Monument national. Un débordement d'enthousiasme accueillit la nouvelle annoncée par le chef [Arcand] à l'effet que le parti fasciste de langue anglaise le plus important du pays, le Canadian Nationalist Party, des provinces des Prairies, avait été fusionné avec le PNSC, après l'acceptation de notre programme ; et qu'il y avait lieu d'espérer, avant un an, un parti vraiment national ayant ses groupes et ses journaux dans chacune des neuf provinces canadiennes.

L'agressivité entretenue à l'égard du groupe juif n'est pas seulement le fait des fascistes. Dans les milieux nationalistes, on se penche avec attention sur l'immigration juive et sur le privilège que le gouvernement de la province de Québec a accordé aux Juifs de travailler le dimanche, à la condition de respecter le jour du sabbat. La Ligue du Dimanche organise chaque année la Semaine du Dimanche et elle s'en prend aux industriels qui font travailler leurs ouvriers « le jour du Seigneur » et aux Juifs qui, ce jour-là, ouvrent leurs magasins. *L'action nationale*, en 1934, consacre quelques articles à ce sujet.

> De grands industriels étrangers ont commencé. Ils ont avili notre classe ouvrière en lui imposant un travail qui lui répugnait. Aujourd'hui, en plusieurs endroits, elle s'y livre d'elle-même, avec un certain goût, parce que cela paie. Les marchands juifs sont venus ensuite. Ce fut le régime de la boutique ouverte en plein dimanche. Et non seulement dans leurs quartiers, mais un peu partout à travers nos villes. Mauvais exemple. Concurrence déloyale. Des chrétiens les ont imités pour lutter, disaient-ils, pour sauver leur commerce. Jusqu'aux cultivateurs que la contagion a gagné. En vrais fils d'Israël, ils s'installent le dimanche, sur la grande route, auprès d'un étalage de fruits et de légumes, aguichent les passants, voulant eux aussi bénéficier du tourisme.

Taschereau, soumis à des pressions de toutes sortes, demande à la Cour d'appel du Québec si le gouvernement provincial peut amender la Loi du dimanche. La réponse est unanime : cette loi peut être modifiée pour empêcher l'ouverture de magasins le dimanche. La Législature adopte donc, en juin 1936, une clause interdisant aux Juifs de travailler le dimanche.

Au recensement de 1931, ceux qui se déclarent de religion juive sont au nombre de 59 736 dont la majorité vivent dans la région de Montréal. Le renouveau du nationalisme qui prêche l'achat chez les Canadiens français et la poussée fasciste ne sont pas étrangers au développement d'un certain antisémitisme au Québec. Anatole Vanier fait remarquer dans *L'action nationale* de 1934 :

> Les Canadiens français auraient tort cependant de confondre antisémitisme et solidarité nationale, comme s'ils avaient besoin de ces poussées artificielles et malsaines pour déclencher chez eux les gestes de défense instinctifs et naturels. Pas besoin d'être prophète néanmoins pour prédire que l'antisémitisme, le véritable, sera inévitable chez nous comme ailleurs, à moins que deux choses ne se produisent : à savoir que les Juifs eux-mêmes, déjà jugés par trop encombrants, se remettent à leur rang et à leur place, que ceux des nôtres, immédiatement intéressés à les ménager, dans les parlements et les conseils municipaux, cessent de faire des Juifs une caste privilégiée. [...] La question juive, conséquence de notre imprévoyante politique d'immigration, est désormais posée aux Canadiens français, qui jusqu'ici en avaient commodément repoussé et l'étude et les solutions. Quelle sera au juste pour notre peuple la réaction curative qui commence à se manifester ? Personne, assurément, ne peut le dire. Mais l'élément juif provoque visiblement dans l'organisme de notre peuple une inflammation naturelle qui finira par la victoire du plus fort et la défaite du plus faible.

Pour certains nationalistes canadiens-français, à une époque où la crise économique provoque la faillite de plusieurs petits commerçants, la concurrence des marchands juifs pouvait apparaître comme une des sources de la misère. « On imputa aux Juifs, écrit le sociologue Éverett Hugues, les chaînes de magasin, les magasins à rayons, la haute finance et le fardeau des hypothèques tout autant que le communisme. Fréquemment, les déclarations antisémites se rencontraient de pair avec des griefs contre la domination canadienne-anglaise et américaine des affaires et de l'industrie. »

Des nationalistes de droite voient donc dans la campagne « l'Achat chez nous » une solution partielle à l'état d'infériorité économique des Canadiens français. En 1933, dans la revue *L'Action nationale*, sous le pseudonyme de Jacques Brassier, l'abbé Lionel Groulx écrit :

> L'antisémitisme, non seulement n'est pas une solution chrétienne, c'est une solution négative et niaise. Pour résoudre le problème juif, il suffirait aux Canadiens français de recouvrer le sens commun. Nul besoin d'appareils législatifs extraordinaires, nul besoin de violence d'aucune sorte. Nous ne donnerions même pas aux nôtres ce mot d'ordre : « N'achetez pas

chez les Juifs!» Nous dirions simplement aux clients canadiens-français :
«Faites comme tout le monde, faites comme tous les autres groupes
ethniques : achetez chez vous!» [...] Et comme par miracle notre mot
d'ordre fut compris et exécuté, et, dans six mois, un an, le problème juif
serait résolu, non seulement dans Montréal, mais d'un bout à l'autre de la
province. De Juifs, il ne resterait plus que ce qui pourrait subsister entre
soi. Le reste aurait déguerpi, se serait forcément dispersé, pour chercher sa
vie en d'autres occupations que le commerce.

Beaucoup plus insidieuse est l'attitude de l'Université McGill durant la
même période. Si, pour Groulx, la question juive est d'abord un problème
d'ordre économique, pour les dirigeants de l'université anglophone de
Montréal, c'est un problème de gestion de la vie universitaire et professionnelle. Comme l'écrit l'anthropologue Pierre Anctil dans *Le rendez-vous
manqué. Les Juifs de Montréal face au Québec de l'entre-deux-guerres*, «dès
1924-1925, près du quart des inscrits en première année étaient d'origine
juive, dont 34% à la seule Faculté des arts et près de 40% à celle de droit.
Cette augmentation soudaine de la clientèle juive dut frapper vivement les
imaginations, d'autant plus qu'à l'époque aucun autre groupe ethnique
important ne semble s'être prévalu du privilège d'envoyer ses jeunes à
McGill, ni les immigrants italiens, ni les groupes slaves, ni même la collec-
tivité catholique.»

Pour juguler ce que l'on considère comme une invasion constituant un
réel problème, les autorités de l'université vont commencer par exiger une
moyenne cumulative supérieure à celle demandée aux autres étudiants. Puis,
on tiendra compte du lieu de résidence des demandeurs. Seuls ceux de
Montréal seront admis. On finira par fermer la Faculté de pharmacie où ils
étaient jugés trop nombreux. Le tout s'est déroulé de façon si feutrée que
Pierre Anctil peut conclure :

> Les administrateurs de McGill cachèrent bien leur jeu en n'entérinant
> aucune réglementation ouvertement antisémite, agissant avec toute la dis-
> crétion que permet l'unanimité d'opinion, et usant d'une stratégie qui
> offrait nulle prise quelconque de contestation. Le *gentleman's agreement*
> concernant le pourcentage d'étudiants juifs à McGill fut en fait si efficace
> qu'il passa presque inaperçu dans la cohue d'une décennie riche en événe-
> ments par ailleurs traumatisants et combien plus menaçants pour la com-
> munauté juive internationale.

L'Université Mcgill ne fut pas la seule à imposer un contingentement
aux étudiants d'origine juive. Les autres universités canadiennes de langue
anglaise firent de même. Quant à l'université de Montréal, elle se contenta
d'appliquer au maximum les règles d'admission.

Étudiant cette période, l'historien Jacques Rouillard conclut : « Caractériser le Québec francophone des années 1930 et 1940 de société fasciste et antisémite manque pour le moins de nuance. »

Sur la scène fédérale

Alors que le Québec se débat avec des questions nationalistes, les provinces de l'Ouest cherchent elles aussi des solutions aux problèmes engendrés par la crise. Le United Farmers, un parti mi-ouvrier mi-agraire, se réunit en congrès au début du mois d'août 1932. Le député de Winnipeg, James Shaver Woodsworth, devient le président provisoire du nouveau parti politique qui choisit comme nom Cooperative Commonwealth Federation.

Le programme de la nouvelle formation politique révèle ses préoccupations sociales :

> Établir un système d'économie sociale pour la production, la distribution et l'échange de toutes les marchandises et de tous les services ; socialiser le système bancaire et financier du pays, ainsi que les utilités publiques et les ressources naturelles ; assurer à l'ouvrier et à l'agriculteur l'occupation paisible de sa maison ; conserver toute la législation sociale existante et y ajouter, surtout dans le domaine de l'assurance, l'assurance contre les accidents, contre les mauvaises récoltes, les pensions de vieillesse, l'assurance-chômage ; assurer les mêmes avantages économiques et sociaux à tous sans distinction de sexe, de race ou de religion, encourager toutes les entreprises coopératives qui préparent l'avènement d'un État (où chacun est participant) ; que le gouvernement fédéral accepte la responsabilité de la situation créée par le chômage et qu'il fournisse du travail aux chômeurs et qu'il assure leur subsistance.

En juillet 1933, des délégués du parti travailliste du Canada, section de la province de Québec, décident de s'affilier au CCF et demandent que l'éducation relève exclusivement du gouvernement. Le grand congrès de fondation du nouveau parti se tient à Regina les 19 et 20 juillet 1933. Quelques jours plus tard, soit le 23, le solliciteur général du Canada, Maurice Dupré, dénonce le CCF, l'accusant d'être l'avant-garde du socialisme, voire du communisme : « La prochaine lutte se fera entre les éléments d'ordre et les éléments de désordre. Au prochain appel au peuple, l'électorat devra choisir entre le gouvernement de Bennett et le parti socialiste de M. Woodsworth. Bientôt le parti libéral devra opter pour la droite ou la gauche. Vraisemblablement, l'aile droite se joindra au parti conservateur, tandis que l'aile gauche ira à M. Woodsworth. »

Au Québec, la grande question est donc de savoir si un catholique peut devenir membre du parti CCF et, en septembre 1933, le père Georges-Henri

Lévesque rend son verdict : alors que le mouvement coopératif doit être encouragé, « par contre, nous devons combattre les partisans de la CCF quand ils prêchent a) une guerre injuste à la propriété privée ; [...] b) une fausse conception du rôle de l'État ; [...] c) des mesures attentatoires à la liberté individuelle ; [...] d) la suprématie indue des valeurs économiques ». Et le père conclut ainsi : « C'est donc notre devoir de demander à tous les catholiques et à tous les citoyens qui veulent le vrai bien du pays, de s'opposer à ce mouvement socialiste et de lutter énergiquement contre lui. Et la meilleure façon de le combattre, ce ne sera pas tant de l'attaquer avec des conférences et des articles... comme nous faisons, que de travailler à faire disparaître au plus tôt les abus criants du capitalisme. Car la grande force du cécéféisme réside moins dans ses vertus propres, que dans les fautes du capitalisme. »

Le 11 février 1934, Georges Gauthier, archevêque de Montréal, signe une lettre pastorale dans laquelle il décrit la doctrine sociale de l'Église catholique et dénonce les enseignements subversifs « du temps présent ». Pour lui, le socialisme n'est que « l'agent fourrier du bolchévisme » et le parti CCF est, selon lui, socialiste ! « Le socialisme — ce communisme à longue échéance — est au contraire à redouter et il est en train de s'installer chez nous. » Et la CCF préconise des idées qui vont à l'encontre de la doctrine sociale de l'Église.

Les autorités religieuses seront moins méfiantes face à un nouveau parti politique qui, lui aussi, prend naissance dans l'Ouest du Canada. Dès 1932, un directeur d'école, William Aberhart, prêche la doctrine du « Crédit social ».

> Une des principales idées de cette théorie, écrit l'historien Paul G. Cornell, était que la population d'un pays, au moyen de son travail, produit un grand volume de richesses nouvelles ; mais à cause d'un système économique défectueux, ses gains sont insuffisants pour qu'elle puisse acheter le produit de son travail. Pour éviter la stagnation économique, les théories du Crédit social proposent d'augmenter le pouvoir d'achat du citoyen moyen par un contrôle gouvernemental de l'argent en circulation et au moyen de subventions mensuelles aux familles.

En 1935, l'Alberta élit le premier gouvernement créditiste. La même année, le journaliste Louis Even, du Cercle d'étude Gardenvale, publie une traduction française de l'ouvrage d'A.-I. Caldwell, *La monnaie et ses mystères*. Dans sa préface, l'auteur affirme que la crise est d'ordre monétaire :

> Depuis deux à trois ans, excepté peut-être dans la province de Québec, plus exploitée que les autres par les monopoles tout-puissants, la monnaie a fait l'objet de beaucoup d'études et de multiples écrits. Cependant les

politiciens et les financiers internationaux ne semblent guère disposés à reconnaître le besoin d'une réforme monétaire et rien ne laisse croire que l'initiative partira de leur rang [...] Nous ne manquons ni de ressources naturelles, ni d'usines, ni de machines, ni de main-d'œuvre. C'est d'une crise monétaire dont nous souffrons, et seule une réforme monétaire peut nous apporter plus qu'un semblant de prospérité malingre et passagère. Mais il devient de plus en plus évident que cette réforme ne s'opérera que sous la pression d'une opinion publique éclairée.

Louis Even mise beaucoup sur l'éducation populaire pour promouvoir les théories du Crédit social. En 1936, avec l'aide de Louis Dugal et d'Armand Turpin, il met sur pied la Ligue du Crédit social et commence la publication des *Cahiers du Crédit social* en collaboration avec le père Georges-Henri Lévesque.

Un « New Deal »

Face à l'évolution rapide du monde politique, aux diverses théories avancées et aux solutions préconisées pour mettre fin à la crise, le premier ministre conservateur Bennett, dans une série de conférences radiodiffusées en janvier 1935, met de l'avant un *New Deal*. Les mesures de relance économique canadienne portent sur le salaire minimum, l'impôt sur le revenu, la réorganisation des services de l'État, la création d'un Conseil économique, l'assurance-chômage, le crédit, les pensions de vieillesse, etc.

La dernière session du Parlement élu en 1930 débute le 17 janvier 1935. Dès le lendemain, le premier ministre Bennett inscrit une résolution importante au feuilleton de la Chambre des Communes : « Il est résolu qu'il est nécessaire de présenter un bill pour instituer une commission d'assurance sociale et de chômage ; pour pourvoir à l'établissement d'un service national de chômage ; pour instituer une assurance contre le chômage ; pour aider les sans-travail ; pour instituer d'autres formes d'assurance sociale ; et aussi pour mettre à la disposition du gouvernement les sommes nécessaires à la mise en vigueur de la législation proposée. » Le projet de loi est déposé le 29 janvier. Ses opposants feront valoir qu'il empiète profondément dans le secteur législatif des provinces, d'autant plus que ces dernières n'ont pas été consultées sur ce sujet.

La Loi de l'assurance-chômage sera adoptée, mais sa légalité sera mise en cause devant les tribunaux, de sorte qu'il faudra attendre le 1er juillet 1941 pour que le système entre en vigueur.

La 6e session du 17e Parlement se termine le 5 juillet dans un climat préélectoral marqué par une grande agitation sociale. Le gouvernement Bennett, qui doit retourner devant ses électeurs, dresse un bilan positif des travaux sessionnels :

modification de la loi sur l'organisation du marché des produits naturels, de la loi des enquêtes sur les coalitions, de la loi des compagnies et du code criminel; l'institution d'une commission fédérale du commerce et de l'industrie; lois relatives au salaire minimum, aux heures de travail et à la journée de repos par semaine; les dispositions prises pour permettre aux cultivateurs d'emprunter à un faible taux d'intérêt; les dispositions pour aider les pêcheurs à établir un système de prêt hypothécaire à long terme; la loi relative à l'assurance-chômage et aux assistés sociaux; l'établissement du Service national du travail; l'établissement d'une commission royale chargée d'étudier les problèmes sanitaires nationaux en vue d'un programme sanitaire national; l'adoption de mesures en vue de pourvoir à l'exécution d'ouvrages et d'entreprises publiques; l'établissement de la Commission canadienne du blé; l'adoption de mesures pour revaloriser l'or et créer un fonds de stabilisation du change; la modification de la loi de l'impôt de guerre sur le revenu et la restauration des régions atteintes de sécheresse dans les provinces des Prairies.

Tous à bord

En juin 1935, les provinces de Québec et de l'Alberta sont les seules où le taux de chômage dépasse 20 pour cent. La moyenne canadienne est alors de 15,4 pour cent. Des chômeurs célibataires vivant dans les camps de sans-travail vont manifester leur mécontentement dans la capitale du Canada. Commence alors la longue marche des chômeurs de l'Ouest. Le premier point de ralliement important est Regina. Des ministres fédéraux persuadent les marcheurs de demeurer dans la capitale de la Saskatchewan pendant que huit des leurs pourront, tous frais payés, se rendre à Ottawa rencontrer le premier ministre Bennett. Entre-temps, les chômeurs cantonnés à Regina auront droit à trois repas par jour d'une valeur moyenne de 20 cents en plus des abris fournis gratuitement.

Le 24 juin, les délégués rencontrent Bennett. Rien de positif ne sort de la réunion. Dans son compte rendu, le premier ministre souligne que sur les huit délégués, sept n'étaient pas de naissance canadienne; que les chômeurs sont menés par des agitateurs internationaux; que le gouvernement du Canada ne tolérera jamais un tel mouvement déclenché par des étrangers et que les camps de chômeurs sont bien tenus. Une telle attitude n'a rien pour calmer les sans-travail parqués à Regina. Au cours d'un affrontement entre chômeurs et forces de l'ordre, dans la nuit du 30 juin au 1er juillet, un policier est tué et plusieurs manifestants blessés. Les arrestations sont nombreuses et les mécontents foulent aux pieds les drapeaux Union Jack qui jusque-là flottaient aux mâts de la ville à l'occasion de l'anniversaire de la Confédération.

À Regina, les autorités réussissent à convaincre un certain nombre de chômeurs de réintégrer leurs camps de travail à bord de trains mis gratuitement à leur disposition. C'est alors qu'à Montréal, le 5 juillet, des délégués de 18 groupements d'ouvriers chômeurs de la métropole annoncent que 2000 des leurs vont se rendre à Ottawa. Le programme préconisé par la Central Unemployed Association et adopté par les autres organismes est le suivant: « Le 10 juillet, manifestation en masse sur le Champ-de-Mars et choix des délégués qui rencontreront les conseillers municipaux ; le même soir, à 7 h 30, grand meeting au parc Jeanne-Mance et compte rendu public de l'entrevue des chômeurs avec les édiles. Le 11 juillet, conférence finale des marcheurs au Monument National, à 8 h 30 du soir et le 13, départ des marcheurs. »

À Valcartier, les 1800 chômeurs sont toujours en grève. Le 10 juillet, la police provinciale met sous arrêt, à Vaudreuil, 21 marcheurs qui venaient de quitter Montréal. Le lendemain, entre Hudson Heights et Como, une dizaine d'autres marcheurs sont arrêtés. Pendant ce temps, la police municipale de Montréal tente d'empêcher le départ des chômeurs. Le 15, à Valcartier, le travail reprend, mais les 40 hommes de la Gendarmerie royale demeurent sur les lieux. Dans la région de Montréal, tous les ponts sont gardés et la police provinciale a placé en service spécial 65 automobiles et 35 motocyclettes. Le 16, plus de 200 marcheurs sont incarcérés. *Le Devoir*, dans son édition du 17, dénonce le zèle des policiers :

> Pendant que la Sûreté provinciale déploie beaucoup de zèle à appréhender les marcheurs en route pour la capitale, plusieurs petites industries à Montréal, comme les lupanars, les maisons de jeu et les loteries chinoises font des affaires d'or. En effet, il ne se trouve pas de policiers pour opérer des descentes dans ces différents établissements depuis au-delà d'une semaine. [...] Dans certains milieux, on critique assez sévèrement la Sûreté provinciale en lui reprochant de pécher par excès de zèle. On prétend que la plupart des individus qu'elle appréhende ne sont pas des marcheurs de la faim, mais de simples vagabonds qui préfèrent vivre à la belle étoile pendant ce temps-ci de l'année plutôt que de séjourner dans les refuges publics. [...] La police de la province de Québec est la seule à poursuivre sans relâche ceux que l'on prétend être des marcheurs de la faim. La police fédérale, qui avait d'abord décidé de prêter main-forte à la Sûreté provinciale, semble n'accorder qu'une attention bien secondaire aux marcheurs de la faim, ou plus exactement aux vagabonds qui parcourent la province. Il est bien évident, toutefois, que des agents communistes sont pour beaucoup dans cette histoire des marcheurs de la faim. C'est sans doute pour cette raison que la Sûreté provinciale concentre de ce temps-ci toutes ses forces à l'endroit des vagabonds qu'elle surprend dans les campagnes, particulièrement celles entre Montréal et Ottawa.

Quelques centaines de marcheurs seulement réussissent à se rendre, de peine et de misère, à Ottawa. Les autres demeurent à Montréal et, à la fin du mois de juillet, ils veulent rencontrer le premier ministre Taschereau dont les bureaux situés au nouveau Palais de Justice sont sous surveillance policière.

Le 3 août, cinq chômeurs rencontrent Bennett qui, encore une fois, déclare que son gouvernement ne peut faire plus. De telles déclarations jointes à un mécontentement quasi généralisé font que, le 14 octobre, lors des élections générales, le parti conservateur perd le pouvoir et Mackenzie King redevient premier ministre. Le parti libéral remporte 171 des 245 sièges ; les Conservateurs, 39, le Crédit social, 17 et le CCF, 7.

Un drôle de tandem

Les électeurs de la province de Québec doivent, eux aussi, choisir un nouveau gouvernement. Taschereau fixe l'appel au peuple au 25 novembre 1935. À part le parti libéral, deux autres formations politiques existent sur le plan provincial : le parti conservateur, dont Maurice Duplessis est devenu le chef en octobre 1933, et l'Action libérale nationale (ALN) dirigée par Paul Gouin.

L'ALN a inscrit à son programme une bonne partie des recommandations du Programme de restauration sociale. Il est vrai aussi que le parti conservateur de Duplessis ne s'est pas gêné pour y puiser des idées à pleine main. Gouin publie, dans son journal *La Province* du 21 juin 1935, un manifeste qui précise l'orientation de sa formation politique à laquelle se sont joints plusieurs libéraux.

> L'Action libérale nationale poursuit un double but. Elle veut adapter la politique provinciale aux problèmes économiques de l'heure présente. Elle veut aussi doter notre province d'une politique nationale, c'est-à-dire conforme aux besoins et aux aptitudes de la masse de sa population qui est canadienne-française. Or, ce double but nécessite une double action. Nous pourrons, par des lois, remédier au mal économique dont nous souffrons. Il est inutile d'espérer que nous pourrons, par ce seul procédé, purement artificiel en somme, créer le sens national sans lequel ces mêmes lois ne sauraient donner leur plein rendement. Pour animer, pour rendre viable et durable l'organisme social nouveau que nous vaudra une action politique constructive et libre de toute allégeance envers la dictature économique, il nous faudra, comme on l'a dit, un idéal, une mystique. C'est là une question d'ordre éducationnel. Campagne politique et campagne d'éducation nationale, voilà donc les deux moyens d'action auxquels l'Action Libérale nationale aura recours pour atteindre son double but.

Le lieutenant-gouverneur prononce, le 30 octobre, la dissolution de la Législature provinciale et les élections générales sont fixées au 25 novembre. La lutte se fera donc à trois, mais tant chez les conservateurs que chez les membres de l'ALN, on est convaincu que ce genre de campagne ne peut que favoriser le parti en place, les opposants se divisant les votes.

Une entente intervient, le 7 novembre 1935, entre Maurice Duplessis et Paul Gouin. Le texte de l'accord est lu à la radio le soir même et publié dans les journaux du lendemain :

> Répondant au désir de l'électorat du Québec, le parti conservateur provincial et l'Action libérale nationale déclarent par leurs représentants attitrés qu'aux élections du 25 novembre, ils présenteront un front uni contre l'ennemi commun du peuple de la province de Québec : le régime Taschereau. Il n'y aura qu'un seul candidat oppositionniste officiel soit conservateur soit libéral-national dans chaque comté. Après la défaite du régime antinational et trustard de M. Taschereau, le parti conservateur provincial et l'Action libérale nationale formeront un gouvernement dont le programme sera celui de l'Action libérale nationale, programme qui s'inspire des mêmes principes que celui du parti conservateur provincial. Ce gouvernement national Duplessis-Gouin aura comme premier ministre M. Maurice Duplessis et la majorité des ministres sera choisie par M. Paul Gouin parmi les membres de l'Action libérale nationale.

Gouin et Duplessis signent une autre entente qui doit demeurer secrète :

> Personnel et confidentiel. Il est évident que les meilleurs intérêts de la province exigent l'écrasement du régime Taschereau et que, pour atteindre ses fins politiques, la collaboration de tous les hommes désintéressés ayant à cœur le bien de notre chère province est essentielle. Afin de ménager toutes les susceptibilités et afin d'éviter tout froissement dont pourrait profiter ce régime néfaste, il est entendu que, lors de la prochaine élection provinciale, il y aura 25 à 30 candidats conservateurs provinciaux et pour la balance des candidats de l'Action libérale nationale offrant toutes les garanties de sincérité et de succès et tous combattant sous le même drapeau et supportant l'alliance Duplessis-Gouin.

Le parti libéral, dans son programme, annonce que le gouvernement adoptera à la prochaine session un projet de loi concernant les pensions de vieillesse. Il vante les mérites du plan Vautrin qui vient d'entrer en opération. L'*Annuaire statistique Québec 1935* énumère les principaux points de la loi pour promouvoir la colonisation et le retour à la terre :

> Une somme de 10 000 000 $ est affectée aux fins suivantes : 1er Accorder des octrois aux sociétés diocésaines de colonisation ; aux cultivateurs qui

établissent leurs fils, gendres, ou enfants adoptifs sur des terres libres ; à tout sujet britannique qui s'établira sur une terre libre pourvu qu'il soit jugé apte ; aux colons débutants pour la construction d'une maison et d'une étable et pour la préparation des premières cinq acres ; à tout célibataire qui désire travailler comme aide chez un cultivateur. 2e Accorder des prêts aux colons pour l'achat d'animaux et d'instruments aratoires. 3e Faire des travaux d'amélioration dans les régions où des colons sont établis ; subvenir à leurs besoins en cas d'insuffisance des primes ; payer les frais de transport des colons et de leur famille s'ils en sont incapables ; diriger les efforts des colons et leur procurer les services d'un agronome, etc.

La campagne électorale est très rude et des bagarres éclatent ça et là, entre autres au marché Saint-Jacques, à Montréal, le 20 novembre. Quelques membres du clergé appuient publiquement l'alliance Gouin-Duplessis.

Le 25 novembre 1935, le gouvernement Taschereau est reporté au pouvoir avec une mince majorité. La participation populaire a été relativement forte : 536 361 électeurs sur les 726 551 inscrits votent de façon valide. Les libéraux, avec 50,2 pour cent des suffrages exprimés, obtiennent 53,3 pour cent des sièges, soit 48 sur 90. Les conservateurs font élire 16 députés et l'Action libérale nationale, 26.

Les membres de l'alliance Gouin-Duplessis se réunissent en caucus le 28 novembre. Il est alors question de fusionner les deux groupes et d'en donner la direction à Maurice Duplessis. Ce à quoi s'opposent Gouin et quelques-uns de ses partisans.

Vers la fin du régime

La première session de la 19e Législature débute le 24 mars. Dès les premières interventions, il est évident que Maurice Duplessis est le vrai chef de l'Opposition. Il harcèle les libéraux et réussit à faire convoquer le comité des comptes publics. Les membres du comité qui sont conservateurs ou ALN, en particulier Duplessis, amènent les ministériels et les fonctionnaires à révéler les dessous de plusieurs transactions plus ou moins malhonnêtes. On apprend que 42 personnes plus ou moins apparentées au premier ministre reçoivent de l'argent du gouvernement. Le 8 juin, dans un éclat de rire général, Duplessis liquide l'affaire des « culottes à Vautrin » : le ministre de la Colonisation s'est fait payer par le gouvernement un pantalon qu'il revêt lors de ses visites en pays de colonisation.

Les travaux de la Législature sont à demi paralysés par une quasi-obstruction de l'opposition. Le 11 juin 1936, à 10 h 35, le premier ministre

Taschereau se rend au bureau du lieutenant-gouverneur, Esioff Patenaude, pour remettre sa démission. Vingt-cinq minutes plus tard, on apprend que le représentant du roi a signé la dissolution de la Législature et que des élections générales auront lieu le 15 août. À midi et dix minutes, Adélard Godbout est assermenté. Il devient le 17e premier ministre du Québec.

Le comité des comptes publics, en présence d'une foule nombreuse, siégeait encore au moment de la dissolution de la Législature. À l'annonce de la nouvelle, Duplessis prend la parole :

> Monsieur le président, je n'ai pas besoin de vous dire qu'avec un régime aussi dissolu, la dissolution s'imposait. Je trouve tout de même que le gouvernement a une curieuse façon de procéder. Alors que nous avons commencé une enquête qui n'a encore révélé qu'une petite partie des scandales que nous connaissons, alors que nous commencions à montrer au public comment, sous le régime Taschereau, les fonds publics ont été dilapidés, alors que nous étions à la veille de demander aux Chambres la permission de siéger en comité des comptes publics même durant la période électorale, le gouvernement demande au gouverneur de dissoudre les Chambres, pour nous empêcher de faire la lumière sur ses turpitudes. Je tiens à déclarer que cette enquête qui a été commencée sera continuée par le nouveau gouvernement et que nous allons la faire complète. Nous allons la faire sans ménagement et nous allons demander la restitution, nous allons exiger l'emprisonnement des bandits. Nous allons donner au peuple la conviction intime que, sous notre gouvernement, les gros voleurs seront punis comme les petits.

Dès le début de la campagne électorale, on sent que Duplessis ne tient plus à l'alliance avec Paul Gouin, d'autant plus que plusieurs membres de l'ALN se sont ralliés derrière le chef du parti conservateur. Le 18 juin, à 15 h 20, Paul Gouin remet aux journalistes une déclaration écrite de rupture entre les deux formations politiques. Il fait état d'une rencontre qui a eu lieu la veille à l'hôtel Windsor, au cours de laquelle Duplessis a affirmé ne plus vouloir respecter la clause de l'entente secrète du 7 novembre 1935, en vertu de laquelle une soixantaine de circonscriptions auraient des candidats de l'ALN. Duplessis, qui a convoqué un caucus de ses députés à Sherbrooke pour le 20 juin, déclare le 18 :

> Je veux consulter, avant de donner une réponse plus complète les députés de l'Union nationale et les partisans libéraux, conservateurs et indé-pendants, loyaux à l'Union nationale. Mais il est de mon devoir de dire dès maintenant que la déclaration de M. Gouin est remplie d'affirmations que je ne veux pas qualifier comme elles le méritent, mais qui sont pour le

moins souverainement injustes et souverainement inexactes. Je réitère énergiquement l'engagement que j'ai pris envers la population de la province : l'enquête que nous avons commencée devant le comité des comptes publics et que certains faux amis se sont ingéniés à vouloir paralyser sera continuée sans ménagement, sans peur, d'une manière absolument complète ; et toutes les canailles — bleus, rouges, action libérale nationale ou sous quelque couleur qu'elles se cachent —, seront dénoncées, condamnées et punies avec la plus grande sévérité et je m'engage à continuer moi-même cette enquête même lorsque je serai premier ministre de la province.

Maurice Duplessis et Adélard Godbout étaient des adversaires de taille. « Les comptes rendus des séances du comité des comptes publics lui [Duplessis] avaient fait une large publicité et lui avaient créé une image de défenseur du peuple contre les *profiteurs libéraux* », souligne Jean-Guy Genest, le biographe de Godbout. « Il entrait en campagne en vainqueur. » Pour Godbout, « il s'agissait d'éviter le pire ».

Le nouveau premier ministre présentait plus d'un contraste avec son prédécesseur, explique Genest. Descendant des seigneurs de la Beauce, Taschereau appartenait à une famille qui s'illustrait depuis cent cinquante ans dans la politique, la magistrature ou le haut clergé. Lui-même était membre du parlement depuis trente-six ans et siégeait au cabinet provincial depuis près de trente ans dont seize comme premier ministre. Il avait un peu le physique de l'emploi : sa haute silhouette se couronnait d'une épaisse chevelure blanche, qui semblait l'ennoblir. Pour ajouter à son prestige, il possédait une magnifique demeure sur la Grande-Allée, secteur huppé de la ville de Québec.

Godbout certes n'affichait pas l'ombre d'un quartier de noblesse. Descendant de défricheurs, fils de terrien, il se disait cultivateur, même s'il avait fort peu cultivé. De physique peu imposant, il affichait une maigreur et une calvitie qui n'ajoutaient pas à son prestige physique. De plus, relativement pauvre, il ne possédait même pas de résidence à Québec, il y était locataire. Cependant sur le plan de l'élocution et des relations publiques, Godbout arborait une nette supériorité : il s'exprimait posément, accordait de longues audiences et répondait abondamment aux questions des journalistes. Taschereau s'exprimait avec vivacité et se montrait expéditif face à la presse. Enfin dernier point de comparaison et non des moindres : l'âge. Taschereau était né en même temps que la Confédération, il avait soixante-neuf ans ; Godbout n'avait que quarante ans : un quart de siècle les séparait.

Dès sa nomination, « les déclarations du nouveau chef libéral indiquaient sa volonté de couper avec le passé décrié. Il promit des élections honnêtes et l'institution d'une commission pour faire enquête sur l'administration. » Parallèlement, il forme un nouveau cabinet. Ne négligeant rien, il n'oublie pas le vote des Juifs acquis au parti libéral depuis 1891. Comme le jour fixé pour le scrutin est un samedi, jour du Sabbat, le nécessaire est fait pour reporter la votation au lundi suivant, le 17 août 1936.

Comme prévu, l'Union nationale remporte la victoire et Duplessis est appelé à former le nouveau gouvernement. Avec 57,5 pour cent des suffrages, les unionistes remportent 84,4 pour cent des sièges, soit 76 sur 90. Un nouveau régime commence.

Les émeutes éclatent un peu partout, comme ici à Terre-Neuve en avril 1932.

DUPLESSIS AU POUVOIR

1936-1939

L E LUNDI 17 AOÛT 1936, la fête bat son plein à Trois-Rivières. La majorité de la population souligne de façon bruyante l'élection de Maurice Duplessis et, surtout, son accession au pouvoir. Le premier ministre sera un homme de la Mauricie! Dans une allocution diffusée à la radio, le chef de l'Union nationale trace un bilan sommaire de la dernière élection générale.

> La cause de l'Union nationale, déclare-t-il, est au-dessus des intérêts de parti; elle est l'union des conservateurs, des libéraux et des indépendants qui ont à cœur les intérêts de la province, et nous en sommes fiers. [...] Je n'ai pas besoin d'ajouter que le nouveau gouvernement représentera toutes les classes de la province, suivant le programme que nous avons soumis à la population québécoise. Je manquerais à mon devoir, si je ne reconnaissais pas la Providence dans le résultat de notre lutte et c'est pour cela, bien humblement, du fond du cœur, que je sollicite son aide pour la nouvelle administration.

Trois ans avant l'accession au pouvoir de Duplessis, Albert Tessier, préfet des études au Séminaire de Trois-Rivières, avait tracé de lui un portrait piquant et amical:

> Il aime la bataille joyeuse. Peut-être trop. On a l'impression qu'il cherche la lutte pour le plaisir d'attaquer, de croiser le fer, de lancer des traits. Conviction ou jeu? Qu'il aborde un ami ou un adversaire, le premier contact est ordinairement offensif. Il taquine, blague, fait des mots ordinairement réussis. Il blesse parfois, mais il a tant de rondeur, d'allant, que la victime encaisse les coups de bonne grâce. [...] Maurice Duplessis n'a rien d'un grand orateur populaire. Il parle sans recherche, avec des négligences de forme et de prononciation qui étonnent. On l'écoute avec

intérêt parce qu'il est clair, précis, et qu'il va droit au but sans détours inutiles. Il cherche à convaincre moins par l'éloquence que par la raison. Son action oratoire est modérée. Peu de gestes. Quand il argumente de façon serrée, l'index pointé ponctue le raisonnement. Lorsqu'il veut lancer une boutade ou décocher une malice spirituelle, les mains se croisent derrière le dos et la taille se cambre avec un air de défi confiant. [...] Il lui a manqué une culture générale suffisamment approfondie, une ampleur de vision capable d'envisager les problèmes sous tous leurs angles et, peut-être, le feu sacré des grands convaincus. Ce qui explique pourquoi il n'a pu créer encore de programme strictement original, ni attacher son nom et son talent à aucune grande question nationale. Mais il serait imprudent de tirer trop vite des conclusions. Duplessis est jeune. Il a du cran, de l'ambition, de la volonté. Son passé porte assez de promesses pour autoriser bien des espoirs.

Avant même son assermentation comme premier ministre, Duplessis fait des gestes d'autorité. Le soir même de son élection, il réclame l'apposition des scellés sur « tous les documents et les coffres du trésor de la province ». Il avertit les fonctionnaires qui ne se plieront pas à son ordre qu'ils auront « à subir les conséquences de leurs actes ». Le 26 août, on apprend la composition du nouveau cabinet. Duplessis se soumet à la tradition parlementaire québécoise en donnant la fonction de trésorier provincial à un anglophone, mais il surprend en excluant de son cabinet Philippe Hamel et Ernest Grégoire, deux anciens membres de l'ANL. Les partisans de la nationalisation de l'électricité se rendent compte que l'engagement pris par Duplessis, pendant la campagne électorale, risque de demeurer lettre morte.

Le 27 août, les échevins de la ville de Montréal apprennent en pleine séance de travail que leur maire, Camillien Houde, vient de remettre sa démission. La raison d'un tel geste sera connue quelques jours plus tard : se sentant condamné d'avance par le nouveau premier ministre, Houde préfère lui laisser le champ libre.

Déjà, une opposition autre que l'officielle s'organise chez les mécontents. Des partisans de Philippe Hamel et d'Ernest Grégoire manifestent devant le château Frontenac où loge Duplessis. Invité à commenter les réactions des manifestants, le premier ministre affirme : « J'ai été le chef, je suis le chef et je resterai le chef. Personne ne me fera chanter pour leur donner des portefeuilles. [...] L'homme qui me fera changer d'idée n'est pas encore né. »

Dans la fonction publique, les mutations et les expulsions sont nombreuses. Ceux qui se sont compromis avec le régime libéral risquent le châtiment des vaincus ! Même le prix David qui rappelait le souvenir de son créateur, le libéral Athanase David, change de nom, devenant le prix

Montmorency-Laval! L'Agence du Québec à Londres est abolie, comme
mesure d'économie. Pourtant, après consultation et réflexion, Hamel et
Grégoire décident de demeurer au sein de l'Union nationale.

Encore le séparatisme!

Le mouvement nationaliste qui avait retrouvé une nouvelle vigueur avec la
crise économique continue à se poser des questions sur l'avenir de la
province de Québec dans ou hors de la Confédération. Les Jeunesses
patriotes, qui avaient vu le jour en 1935, convoquent manifestations et conférences. Le 4 octobre 1936, Lionel Groulx propose aux membres de l'organisation de «travailler à la création d'un État français, dans la Confédération, si c'est possible, hors de la Confédération s'il le faut». Le professeur
d'histoire ajoute: «Quand on ne peut tout sauver, on sauve ce que l'on peut.
Et rien ne servirait de périr tous ensemble sous prétexte de nous entraider.»

Certains trouvent que Groulx ne va pas assez loin dans ses prises de
position et on cherche à analyser son attitude. Paul Bouchard écrit dans
l'hebdomadaire *La Nation* du 8 octobre:

> Je dis à tous les crétins et à tous les intéressés qui s'empressent de clamer
> trop vite que l'abbé Groulx n'est pas séparatiste: Lisez attentivement les
> textes de Groulx et vous verrez que la conclusion logique, c'est la sépara-
> tion, que Groulx démolit admirablement l'argument sentimental des
> minorités éparses dans le Dominion, que Groulx détruit tous les bobards
> qui forment l'idéal confédératif pour se contenter de nous donner une
> orientation. Si Groulx conseillait carrément alors ce serait une directive
> politique, ce que son caractère ecclésiastique et les ordres de ses supérieurs
> ne lui permettent pas.

Le deuxième Congrès de la Langue française, organisé par la Société du
parler français, se tient à Québec du 27 juin au 1er juillet 1937. Il est l'occasion, pour certains participants d'aborder la question du séparatisme. Le
29 après-midi, Émile Yelle, archevêque coadjuteur de Saint-Boniface, au
Manitoba, parle des conséquences du mouvement séparatiste pour les
minorités francophones:

> Quand sérieusement nous entendons parler de séparatisme pour la pro-
> vince de Québec, nous voyons là non pas des paroles de salut, mais des
> paroles de découragement et de défaitisme et nous nous disons: si les
> Canadiens français du Québec ne sont pas capables de rester eux-mêmes
> et de s'imposer à leurs concitoyens de langue anglaise à l'intérieur d'un
> même Canada, nous ne voyons pas comment ils pourront résister à l'in-
> fluence des relations internationales dans une Amérique de langue
> anglaise et de mœurs américaines. Et d'autres ajoutent, si les Canadiens

français du Québec ne peuvent se défendre, quand, organisés chez eux, ils représentent le quart de la population canadienne, que ferons-nous donc, nous, minorités perdues à raison de un contre 15 ou 20, dans les provinces anglaises : nous demandons à nos frères du Québec de prendre conscience de ce scandale.

Le même jour, Groulx tient des propos passablement différents de ceux de Yelle. Le soir du 29, alors que la pluie tombe sur la vieille capitale, des milliers de personnes envahissent le Colisée pour entendre le juge Pierre-Basile Mignault, le gouverneur général lord Tweedsmuir, le père Joseph Hébert, le juge Ferdinand Roy et, en dernier lieu, Lionel Groulx. « Quand, un peu avant dix heures, raconte le journaliste Lucien Desbiens, parut le prêtre dont la soutane noire se détachait nettement sur le fond pourpre des manteaux de l'émouvante phalange d'évêques qui entouraient Son Éminence [le cardinal Villeneuve], une ovation formidable l'acclame, se mêle, pendant plusieurs minutes, aux grondements du tonnerre et à la colère de l'orage. Ovation qui devait se répéter souvent cependant au cours de la soirée. »

Le titre de la conférence de Groulx est pourtant inoffensif : « L'histoire, gardienne de traditions vivantes ». Mais son contenu va soulever les commentaires les plus divers.

La Confédération, nous en sommes, mais pourvu qu'elle reste une confédération. Nous acceptons de collaborer au bien commun de ce grand pays ; mais nous prétendons que notre collaboration suppose celle des autres provinces et que nous ne sommes tenus de collaborer que si cette collaboration doit nous profiter autant qu'aux autres. Peu importe ce que pense là-dessus la vieille génération. Je sais ce que pense la jeune génération, celle qui demain comptera. À celle-ci, prenez garde de donner à choisir entre sa vie, son avenir français, et un régime politique... nous refusons de nous sacrifier, nous seuls, au maintien ou à l'asservissement de la Confédération. [...] La bonne entente, certes, j'en suis ; et, pour en être, à défaut de mon esprit de catholique, il me suffirait de la tradition française en ce pays. Mais la bonne entente que je veux, c'est la bonne entente à deux. La bonne entente debout. Pas une bonne entente de dupes. Pas une bonne entente à n'importe quel prix : doctrine de dégradation, où tout notre rôle consiste à émoucher un lion ; mais la bonne entente fondée sur le respect mutuel, sur l'égalité des droits. [...] Qu'on le veuille ou pas, notre État français, nous l'aurons : nous l'aurons jeune, fort, rayonnant et beau foyer spirituel, pôle dynamique pour toute l'Amérique française. Nous aurons aussi un pays français, un pays qui portera son âme dans son visage. Les snobs, les bonne-ententistes, les défaitistes peuvent nous crier tant qu'ils voudront : « Vous êtes la dernière génération des Canadiens français ! » Je leur réponds avec toute la jeunesse : « Nous sommes la génération des vivants. Vous êtes la dernière génération des morts ! »

La jeunesse présente au Colisée se lève, sur ces derniers mots, et ovationne Groulx pendant plusieurs minutes. Sur la scène, quelques évêques sont plutôt mal à l'aise. Le discours de Groulx fait la manchette des journaux du lendemain, d'autant plus que la Société Radio-Canada avait entièrement radiodiffusé la cérémonie du soir. Au grand banquet du 30 juin, le premier ministre Duplessis profite du «toast» à la province de Québec pour répondre à Groulx:

> En présence d'une aussi haute représentation de la race française en Amérique, si quelques-uns avaient le malheur de prêcher l'isolement, je suis certain qu'ils seraient réprouvés par leurs concitoyens. À ceux-là, également, je suis certain que la population de la province répondrait que nous sommes toujours loyaux à la Couronne et au Gouvernement qui nous gouverne. S'il y avait quelqu'un qui voulait prêcher l'isolement, je lui dirais: vous voulez rapetisser l'âme française, vous voulez restreindre une puissance trop belle et trop grande. On ne saurait, en effet, imposer de bornes au génie français en Amérique. [...] Nous vivons tous sous la même couronne; nous sommes tous frères en ce pays. Si nous voulons qu'on nous respecte, commençons par respecter les autres. [...] Permettez-moi d'assurer les autres minorités françaises du Canada que jamais nous ne poserons des actes qui soient de nature à leur créer des embarras, mais que nous pratiquerons toujours la charité qui enseigne aux autres comment on traite les minorités.

Groulx est surpris des réactions diverses à son discours. Certains y auraient vu des choses qui n'y étaient pas. Il profite de cours dispensés à des institutrices pour préciser sa «vraie» position: «Je ne suis pas séparatiste. Quand je dis État français, je parle d'un État fédératif. Je reste dans la ligne de l'histoire. Nous ne sommes pas entrés dans la Confédération pour en sortir, mais pour nous y épanouir.» Dans ses *Mémoires*, Groulx revient sur le sujet et dit que, lorsqu'il emploie l'expression «État français», il n'entend rien d'autre que «un Québec aussi souverain que possible, dans la ligne de ses institutions constitutionnelles, et gouverné pour des fins qu'il avait revendiquées en 1867».

Les mises au point de Groulx refroidissent quelque peu les ardeurs des séparatistes et l'on voit Paul Bouchard battre en retraite dans *La Nation* du 24 novembre 1938: «Selon les désirs de notre maître l'abbé Groulx, nous sommes disposés à tenter encore une fois un loyal et final essai de la Confédération. [...] Comme lui, nous voulons un État français dans le Québec et sommes prêts à l'édifier dans la Confédération si possible, hors de la Confédération si impossible.»

La menace rouge

Pour la plupart des francophones du Québec, la menace communiste est beaucoup plus importante que celle incarnée par les séparatistes. Le clergé catholique est inquiet des progrès de la doctrine communiste dans la province. À l'occasion de la fête du Christ-Roi, le dimanche 25 octobre 1936, plus de 100 000 personnes se réunissent au Champ-de-Mars et au Manège militaire, à Montréal « pour acclamer la royauté du Christ et protester contre la propagande communiste dans notre pays ». Philippe Girard, président du Conseil central de Montréal des Syndicats nationaux, lance un appel général aux ouvriers : « Debout ! Debout, ouvriers catholiques. L'heure a sonné et le moment est venu de paraître au grand jour et de répondre fièrement au communisme que nous reconnaissons le Christ pour notre Sauveur, notre Rédempteur et notre Roi, et que nous répondons à toutes ses avances par le cri vainqueur de notre foi : "Vive le Christ roi". » Georges Gauthier, archevêque coadjuteur de Montréal, affirme que « au prosélytisme de l'erreur, il faut opposer le prosélytisme de la lumière ». À Québec, 15 000 personnes écoutent le cardinal Villeneuve dénoncer les « horreurs » du communisme et la diffusion prodigieuse de cette doctrine. Lors des mêmes cérémonies, Duplessis annonce que son gouvernement « va prendre les mesures nécessaires pour empêcher le service postal de devenir un moyen de propagande communiste ». N'a-t-il pas récemment interdit l'entrée au Québec de films russes ! Tous les catholiques présents à la rencontre de Québec adoptent à l'unanimité une résolution protestant « hautement contre l'admission de communistes au Canada ».

Au cours de la deuxième session de la 20e Législature qui débute le 24 février 1937, Duplessis fait adopter une loi « protégeant la province contre la propagande communiste ». « Le bill, résume ainsi Robert Rumilly, interdit toute publication ou distribution de littérature communiste, sous peine d'emprisonnement. Il donne au gouvernement le droit de fermer — de *cadenasser* — tout établissement consacré à la propagande communiste. La nouvelle législation sera connue sous le nom de *loi du cadenas*. »

Une des premières victimes de la loi est le journal *Clarté*, un hebdomadaire montréalais dont la publication avait débuté en février 1935. L'organe du parti ouvrier-progressiste reçoit la visite des membres de la police provinciale le 9 novembre 1937. On y saisit des documents et le local est « cadenassé ». Le lendemain, sous les ordres du colonel Philippe Piuze, des agents de la police provinciale se présentent à la demeure de Jean Péron, « reconnu par ses relations avec les communistes », saisissent des documents et apposent les scellés. Le même jour, une autre descente a lieu aux locaux de l'Artistic Printing Co., rue Notre-Dame. Les réactions ne tardent pas à venir et on peut lire dans *Le Devoir* du 10 : « On a annoncé hier que la Civil Liberties Union a l'intention de contester la constitutionnalité de la loi du cadenas passée par la Législature à la dernière session et appliquée pour la première fois hier, et de demander une injonction pour forcer la police provinciale à restituer les documents saisis hier aux bureaux du journal communiste *Clarté* et à l'Artistic Printing où était imprimé le journal. »

L'avocat Robert Calder dénonce la conduite du gouvernement Duplessis et déclare à qui veut l'entendre : « Si l'on met des cadenas sur vos portes, brisez-les et venez me voir. » Par contre, l'hebdomadaire fasciste *Le Patriote* se réjouit de la mise en application de la loi. On peut lire dans l'édition du 13 novembre, sous la signature de Joseph Ménard, un long éditorial sur « la lutte au communisme ». L'auteur tente de démontrer que « la juiverie est responsable de cette propagande parce que seule elle saura en profiter quand la révolution éclatera ».

Le 13 novembre, le président général de l'ACJC fait parvenir une lettre au premier ministre Duplessis le félicitant de « la vigoureuse campagne que vous avez entreprise contre le communisme ». Le cardinal Villeneuve et l'archevêque Gauthier appuient Duplessis. Le 15 mars 1938, Gauthier publie une lettre circulaire à ce sujet.

> Dieu soit béni ! écrit l'archevêque de Montréal. Nous avons été bien lents à nous protéger mais enfin les autorités publiques de notre province et de notre ville ont eu le courage de prendre des mesures d'une pressante nécessité. [...] Des faits sur lesquels il faut revenir à tout propos illustrent de manière saisissante les procédés trompeurs du communisme, et notons les camouflages successifs dont il se recouvre : la Ligue pour la paix, les Amis de l'Union soviétique, les campagnes contre le fascisme, le salut des institutions démocratiques, la liberté de parole et de réunion, que sais-je encore. Retenons à titre d'exemple la campagne qui s'amorce de ce temps-ci dans notre province contre le fascisme. Voilà que tout le monde s'en mêle. Ne va-t-on pas jusqu'à créer l'impression que le vrai danger dont il faut nous garer n'est pas le communisme, mais le fascisme.

Des pressions s'exercent sur les autorités fédérales pour qu'elles désavouent la Loi du cadenas. Le 5 juillet 1938, Ernest Lapointe, ministre de la Justice, présente un rapport qui recommande la non-intervention. L'historien Robert Rumilly résume ainsi les raisons invoquées : « 1. La plupart des requérants résident hors de la province de Québec et ne sont pas atteints par la loi. 2. Le désaveu est un pouvoir extraordinaire, rarement exercé, et qui doit s'exercer rarement. [...] 3. Le désaveu est par certains aspects un geste politique. Il appartient aux tribunaux plutôt qu'au gouvernement fédéral, de juger le caractère constitutionnel ou inconstitutionnel de la loi du Cadenas.

Les pétitionnaires peuvent porter plaintes devant les tribunaux.» En somme, pour que le gouvernement fédéral intervienne directement en désavouant la loi de Duplessis, il aurait fallu que celle-ci empiète sur les droits fédéraux.

Au cours de la session provinciale qui débute le 18 janvier 1939, Antonio Barrette, député de Joliette, présente une motion «engageant le gouvernement fédéral, maître du service postal, à empêcher l'entrée de la littérature communiste dans la province de Québec». Après une violente discussion, la motion est adoptée, mais elle n'aura aucune influence. Par contre, le 1er mai suivant, la constitutionnalité de la Loi du cadenas est contestée devant la Cour d'appel de la province de Québec. François-Xavier Lessard et Joseph Drouin, de la vieille capitale, avaient été condamnés à l'emprisonnement pour avoir brisé les scellés apposés par les hommes de la police provinciale sur la maison du 31, rue Mazenod. Les accusés portent leur cause en appel et sont défendus par l'avocat Calder. Ce dernier demande :

> Qu'est-ce qu'un communiste? La loi ne le dit pas, le citoyen qui est accusé de communisme ne le sait pas. Aucun statut ne donne la définition judiciaire de cette théorie. Aussi se sert-on du terme communisme pour déprécier un adversaire. Et je fais allusion à l'élection de Saint-Louis où les libéraux étaient traités de communistes. Pour la Sûreté provinciale, je suis communiste si je garde un livre russe dans ma maison et, si je le prête, je suis un propagandiste. Tout ce que le citoyen moyen sait se résume à ceci : il est défendu d'être communiste. Et il doit se poser cette question : Suis-je un communiste, me prend-on pour un communiste, suis-je un communiste qui s'ignore?

Comme c'était à prévoir, la loi ne sera pas déclarée inconstitutionnelle ou *ultra vires*.

Antisémitisme et fascisme!

Quel est le nombre des fascistes au Canada et en particulier au Québec en 1937? Bien malin qui le dirait. Certains croient que les Canadiens français sont attirés par le fascisme; d'autres, au contraire, affirment que seuls quelques exaltés éprouvent de l'admiration pour Hitler, Mussolini, Franco et Salazar. Le chef de l'Allemagne suscite de l'admiration même chez le premier ministre du Canada. En effet, King rend visite à Hitler au cours de l'été de 1937 et il note, dans son journal : «Il me donna l'impression d'un homme très sincère, d'un authentique patriote.» Le 27 mars 1938, King revient sur le sujet : «Je suis convaincu qu'il est spirite — qu'il est fidèle à une vision qu'il a... sa dévotion à sa mère... je crois que le monde va connaître un très grand homme — un mystique, en Hitler... bien que je ne puisse accepter certains aspects du nazisme — la cruauté — l'oppression des Juifs... mais Hitler lui-même, le paysan — comptera un jour au même titre que Jeanne d'Arc, comme libérateur de son peuple et s'il est le moindrement prudent il peut devenir le libérateur de l'Europe...» Les événements à venir forceront King à modifier son jugement sur Hitler!

Cette même année 1938, le Congrès juif du Canada commande une étude sur la situation des Juifs au Canada anglais. Les résultats sont tels qu'ils ne seront jamais publiés. L'étude, résume l'historien Irving Abella,

> rapportait que pour les Juifs canadiens, le contingentement et les restrictions étaient monnaie courante. Elle indiquait que peu d'enseignants et aucun directeur d'école n'était juif. Les banques, les compagnies d'assurances et les grandes entreprises commerciales et industrielles refusaient également d'employer des Juifs. Aucun magasin n'embauchait de vendeurs juifs; les médecins juifs ne pouvaient pas obtenir de poste dans les hôpitaux. Il n'y avait pas de juge juif, et les avocats juifs étaient exclus de la plupart des firmes. Non seulement les universités et les écoles professionnelles contingentaient le nombre d'étudiants juifs, mais elles refusaient d'employer des professeurs juifs. Les universités canadiennes étaient à peu près totalement *judenrein* (exemptes de Juifs) — du moins en ce qui a trait au corps professoral. Il y avait peu de fonctionnaires juifs, et ceux qui l'étaient étaient rarement promus.

Stephen Clarkson et Christina McCall racontent d'ailleurs que King lui-même aurait refusé un poste au cabinet à l'Ontarien David Croll «parce qu'il était juif».

À Ottawa, au début de février 1938, la rumeur se répand que des groupes de fascistes font de l'entraînement militaire et pratiquent le maniement des armes. La *Gazette* publie des photographies montrant des hommes portant uniforme et en rangs comme des soldats. Le 4, le ministre Lapointe fait cette mise au point:

> D'après l'article 99 du Code criminel, le gouverneur en Conseil a le droit d'interdire les manœuvres, exercices et entraînements militaires qui ne sont pas légalement autorisés et en fait un acte criminel. [...] En cas d'infraction, c'est bien entendu aux autorités provinciales qu'il incombe de prendre des poursuites, car, en général, l'application des dispositions du Code criminel est laissée au soin des provinces. Toutefois, dans le cas qui nous occupe, la question des manœuvres, d'entraînement et d'exercices militaires illégaux de la part de groupe politique, peut impliquer l'ensemble du pays. Par conséquent, le gouvernement, en plus des mesures que pourra prendre toute autorité provinciale, fera faire une enquête, à la suite de quoi, si l'on considère qu'il y a eu infraction au Code criminel,

dans le sens que j'ai indiqué, de la part de fascistes, communistes ou autres, il veillera à ce que les démarches nécessaires soient intentées.

Adrien Arcand, le chef du Parti national social chrétien, proteste immédiatement. Le 5 février, il adresse une longue lettre à Lapointe « au nom des fascistes canadiens et en mon nom personnel, en leur titre de Canadiens, électeurs et participants de la vie publique canadienne ». Il réclame l'institution d'une Commission royale d'enquête ayant pour mission d'analyser la conduite des partis politiques, libéral et conservateur, lors des élections, de scruter les contrats accordés à des entrepreneurs jouissant de la protection de certains ministres, de déceler les ravages du « patronage ».

Le *Globe and Mail* de Toronto, dans son édition du 5 février, évalue à 11 000 le nombre de fascistes en Ontario. Mitchell F. Hepburn, premier ministre de cette province, proteste contre cette affirmation : « Je crois que les puissantes organisations fascistes qui existeraient en Ontario ne sont qu'un mythe. Le procureur général d'Ontario s'occupera de la chose comme de toutes les autres affaires de routine. S'il est illégal pour une association de faire des exercices militaires, la police se chargera de faire observer la loi comme dans les cas ordinaires. Mais je n'ai pas l'intention de me faire du mauvais sang à ce sujet. »

À l'assemblée législative du Québec, le 7 février, le député de Berthier, Cléophas Bastien, fait une affirmation surprenante : « À Montréal, c'est par centaines à toutes les semaines que l'on enrôle des jeunes gens et même des adolescents dans ce mouvement [fasciste] qui sera bientôt une entrave à la liberté dans notre province. Le gouvernement ne doit pas oublier que la mentalité des jeunes est très facile à déformer et c'est dans leurs rangs que le virus du fascisme fait ses plus grands ravages. »

Des journaux de langue anglaise de Toronto, de New York ou de Londres parlent de la menace fasciste que présente le Québec. Selon le *London Daily Herald*, plus de 80 000 fascistes « vivent, font l'exercice, s'arment et se prennent au sérieux au Québec ». Le *New York Post* est convaincu que des fascistes pro-Franco et pro-Mussolini pourraient « occuper la vallée du Saint-Laurent et s'y maintenir ». Ce quotidien affirme que les gouvernants fascistes d'Europe, avec la complicité de leurs partisans québécois, se sont procurés les « bases aériennes nécessaires pour bombarder New York, Chicago et Boston ». « Il serait aussi facile de bombarder le New Jersey et les écoles d'enfants de Long Island — sans parler du port de New York et de Wall Street —, en partant des aéroports de Montréal et de Québec, qu'il le fut, en partant de Majorque, de bombarder les terrains de jeux de Valence et les conciergeries de Barcelone. » Le *Magazine Digest* de Toronto y va lui aussi de son couplet : « Le nationalisme du Québec a ceci de commun avec des mouvements fascistes européens : sa virilité extrême, sa démagogie anti-trustarde, la virulence de son anticommunisme et même de son antidé-mocratisme, son antisémitisme primitif, sa copie de l'État corporatif et sa sympathie ouverte pour le fascisme européen lui-même. [...] Si cette situation nous préoccupe aujourd'hui, c'est que [le fascisme québécois] a l'appui de toute l'Église catholique. »

Justement, les autorités religieuses viennent de mettre la population en garde contre les dangers du fascisme. Le 20 mars, dans une lettre de l'arche-vêque Gauthier sur le communisme, lettre qui est lue dans toutes les églises du diocèse, un passage concerne le sujet litigieux :

> Il y a dans le programme du Parti [national social chrétien] des doctrines très mêlées auxquelles un catholique doit regarder de près avant d'y sous-crire. C'est du nazisme allemand, avec ses erreurs et ses tendances, et dont on a pris soin d'adoucir les arêtes les plus vives afin de le rendre acceptable aux catholiques de chez nous. Sans qu'il soit nécessaire d'y insister, com-ment pourrions-nous oublier la façon dont l'Allemagne hitlérienne traite nos frères dans la foi ? N'y a-t-il pas, d'autre part, dans tous les fascismes, un besoin de domination qui n'est guère favorable à la liberté de cons-cience et qui renouvelle sans cesse un conflit vieux comme le monde : celui du césarisme et du pouvoir spirituel ?

Dans la revue *L'action nationale*, André Laurendeau tente de ramener la situation à son vrai niveau :

> Parce que M. Duplessis a appliqué la loi du Cadenas contre les activités communistes, le parti libéral décide de lancer chez nous une vaste croisade antifasciste. [...] Des organisations fascistes existent dans le Québec ; leurs principaux militants ne savent pas à quels principes ils adhèrent, ils se donnent à un chef et à une mystique. On ne les prend pas au sérieux. Depuis quelques mois, on signale dans leurs rangs un redoublement d'activité et de recrues nombreuses. Pourquoi ? — Les Canadiens français croient de moins en moins au parlementarisme, les voilà disponibles. Les maladresses du parti libéral piquent leur curiosité à l'égard du fascisme. L'Église n'est ni à la tête ni à la remorque de ces organisations : on m'affirme que l'une d'entre elles a même été virtuellement condamnée par les chefs de l'Action catholique montréalaise. Il se peut que des clercs, peu nombreux, animés des meilleures intentions du monde, s'en fassent les propagandistes ; mais le jour où le fascisme acquerrait de l'importance chez nous, l'Église prendrait sans doute ses précautions contre lui, comme elle l'a fait ailleurs. Ce jour-là viendra-t-il ? Bien malin qui s'aviserait de l'affirmer. Bornons-nous à signaler l'existence, dans certains milieux, d'une mentalité *préfasciste* ; dans le monde économico-social et politique, un désordre qui risque de nous conduire aux solutions extrêmes, et la

stupidité croissante de ceux qui, à force de crier au fascisme, finiront peut-être par le mettre au monde.

Il est malgré tout impossible de nier l'existence de mouvements fascistes au Canada. Le 2 juillet 1938, à Kingston, se réunissent des représentants québécois et ontariens de ces groupements. On adopte un nouveau nom pour le parti : Parti de l'unité nationale. Adrien Arcand en devient le chef et l'Ontarien Joseph C. Farr, l'organisateur général. Le nouvel insigne est un flambeau de couleur orange. Deux jours plus tard, plus de 2500 personnes assistent à la grand convention, à Toronto. De chaque côté du Massey Hall, des fascistes portant la chemise bleue sont rangés en haies. Pendant que des communistes et des anarchistes manifestent à l'extérieur, Arcand dénonce la démocratie et les Juifs ! Le « führer canadien » est alors au sommet de sa carrière. L'évolution de la situation en Allemagne va le rendre plus prudent, d'autant plus que Radio-Canada lui interdit ses ondes et que la majorité des journaux francophones cessent de rendre compte de ses activités.

Un incident engendre une nouvelle vague de protestations. Camillien Houde, qui a été réélu maire de Montréal en décembre 1938, est invité, le 7 février 1939, à prononcer un discours au souper annuel du Young Men's Christian Association (YMCA). Il déclare que « les Canadiens français, dans la province de Québec, sont fascistes par le sang sinon de fait et que si l'Angleterre entre en guerre contre l'Italie, leurs sympathies seront du côté des Italiens ». Le tollé est quasi général. Duplessis y va de son commentaire : « Certaines déclarations récentes, prétendant faussement que la province de Québec est fasciste, et s'attaquant à la loyauté des Canadiens français ont reçu les désapprobations qu'elles méritaient. » Houde lui-même se sent obligé de battre en retraite : « Les Canadiens français et tous les Canadiens en général craignent le communisme et c'est le devoir de ceux qui dirigent une grande ville comme Montréal de les protéger également contre les assauts plus subtils et, par conséquent, plus dangereux, du fascisme qui se présente lui-même comme un mouvement d'ordre et d'unité national, alors qu'il est en réalité un fomenteur de désordre, de désunion et de lutte des classes et de races. »

L'on continue toujours à supputer les forces réelles des mouvements fascistes au Québec et au Canada.

Toujours le chômage

Au Québec, le taux de chômage continue à être le plus élevé du Canada. En 1936, il oscille entre 16,7 et 21,2 pour cent. L'année suivante, il atteint son taux le plus bas en août avec 11,1 pour cent et le plus élevé en janvier avec

22,9 pour cent. La colonisation apparaît toujours comme la solution « la plus humaine et la moins coûteuse ». Norman Rogers, ministre fédéral du Travail, met sur pied un nouveau plan pour remplacer le plan Gordon, inopérant depuis le mois de décembre 1935. Une entente intervient entre les gouvernements d'Ottawa et de Québec, le 9 décembre 1936. En vertu du plan Rogers-Auger, du nom de Henry-Lemaître Auger, ministre provincial de la Colonisation,

> tout aspirant-colon qualifié peut obtenir, pour s'établir sur une terre de la Couronne, un octroi maximum de 1000 $ dont 820 $ pour les deux pre-mières années et, si nécessaire, 100 $ additionnels pour la troisième année et 80 $ pour la quatrième. Le Dominion du Canada, la province de Québec et la municipalité où réside l'aspirant-colon paient respectivement un tiers de cet octroi. Cependant le gouvernement provincial a consenti à défrayer la part des municipalités autres que les villes où il contribue aux secours directs. Le choix des familles et le contrôle des subventions sont confiés à une commission composée de représentants des gouvernements fédéral et provincial et des deux principales compagnies de chemin de fer.

Pour bénéficier du plan Rogers-Auger, il faut être marié, nécessiteux « ou susceptible de le devenir ». Le gouvernement de la province de Québec organise donc deux services : un premier pour les colons célibataires et un second pour les fils de cultivateurs.

Comme la classe agricole a subi elle aussi les contrecoups de la crise économique et, surtout, parce qu'il l'avait inscrit dans son programme élec-toral, le gouvernement Duplessis institue, le 12 novembre 1936, le crédit agricole provincial. Un Office du crédit agricole est établi à ces fins, disposant d'un montant initial de 10 millions de dollars. Les prêts portent intérêt à 2 ½ pour cent et sont remboursables par amortissement de 1 ½ pour cent. Deux classes d'agriculteurs sont admissibles : « 1. [Les] culti-vateurs déjà établis qui désirent consolider leurs dettes à un taux d'intérêt moins élevé ou améliorer leurs bâtiments, travaux, méthodes de culture et troupeaux ; 2. [Ceux] qui veulent acquérir une ferme pour fins de premier établissement. » Nombreux sont les agriculteurs qui se prévalent des avantages du crédit agricole. Au 28 février 1939, l'Office aura prêté la somme de 22 702 765 $ à 9571 personnes.

On coupe !

À part le retour à la terre, les chômeurs peuvent compter sur certains tra-vaux publics et sur le secours direct. La majeure partie des chômeurs rési-dent dans la région de Montréal. Le 27 avril 1937, William Tremblay, ministre provincial du Travail, signe une série d'ordonnances privant de secours directs plusieurs milliers de personnes. Le 25 mai, des chômeurs vont manifester devant la maison de Tremblay, le «Château Tremblay», récemment construit en face du nouveau Jardin botanique, créé par le frère Marie-Victorin, le grand botaniste canadien-français. Comme le ministre refuse de les recevoir, les 500 manifestants vont présenter leurs griefs aux échevins de Montréal. En vertu des ordonnances, les filles-mères, les concubins, les veuves avec soutien de famille, les mères de famille dont le chef est malade ou incarcéré ne sont plus admissibles aux secours directs. Ces personnes devront se débrouiller!

Le lundi 21 juin, des centaines de femmes se réunissent au Champ-de-Mars, à Montréal. Elles réclament à manger. Le maire Adhémar Raynault commentera: «Même si l'on me braque un fusil sur la poitrine, je ne démissionnerai pas.» Comme les femmes deviennent de plus en plus vindicatives en paroles et en gestes, la police en arrête cinq. Une bagarre générale éclate et un détachement de policiers à cheval intervient à son tour. Raynault ne comprend pas la raison de la manifestation puisque, l'avant-veille, il avait donné ordre à la Commission du chômage «de payer les secours directs à toutes les personnes qui y ont droit tout comme avant les ordonnances provinciales».

De 1930 à 1940, les montants totaux versés en secours direct au Québec sont de l'ordre de 144 990 238,18 $. Le gouvernement provincial a déboursé, pour sa part, 59 605 492,90 $; le fédéral, 45 944 056,31 $ et les municipalités, 39 440 688,97 $.

Le diable est aux vaches!

Les députés de l'Union nationale ne manifestent pas tous un amour profond pour leur chef. Des dissensions apparaissent quelques mois à peine après la prise de pouvoir, faisant suite aux premiers affrontements nés de la formation du cabinet au mois d'août 1936. Philippe Hamel continue à prôner la nationalisation du secteur de l'électricité. Le 19 janvier 1937, il prononce à l'auditorium du Plateau, à Montréal, un long réquisitoire en faveur de l'étatisation de la Beauharnois Light, Heat and Power Limited. Pas une seule fois, il n'est fait mention de Duplessis.

Le ministre des Terres et Forêts, Oscar Drouin, député de Québec-Est, trouve que le temps est venu d'acculer Duplessis au pied du mur. Le 9 février, il fait parvenir au premier ministre une sorte de mise en demeure: «[...] Il ne peut y avoir de doute que l'Union nationale s'est engagée devant la province à faire une concurrence d'État immédiate au trust de l'électricité, en un mot à établir une Hydro provinciale. [...] J'en viens donc à la conclusion que je ne pourrais continuer à faire partie d'un gouvernement qui n'établirait pas immédiatement la concurrence d'État, c'est-à-dire une Hydro provinciale et cela dès la prochaine session. » Les deux hommes maintiennent leur position respective et, le 22, Drouin n'a plus qu'à démissionner. Dans une lettre, Drouin présente sa démission comme organisateur en chef de l'Union nationale. Le 23, à midi, Duplessis se rend annoncer au lieutenant-gouverneur Patenaude qu'il devient ministre des Terres et Forêts.

Quelques jours plus tard, un sixième député, Adolphe Marcoux, « lâche » l'Union nationale. Une manifestation populaire s'organise à Québec le 28 février, à laquelle assistent dix mille personnes. Ces dernières, selon *Le Devoir*, « conspuent M. Duplessis ». Drouin réclame une convention de l'Union nationale et préconise « le nationalisme économique pour les Canadiens français ». On accuse Duplessis d'avoir reçu du trust de l'électricité la somme de 150 000 $ pour faire sa dernière campagne électorale, ce qui expliquerait son manque d'ardeur à nationaliser ce secteur de l'économie québécoise.

Un nouveau parti politique voit donc le jour le 26 juin 1937. Le Parti national regroupe Philippe Hamel, Oscar Drouin, J.-Ernest Grégoire, René Chaloult, Adolphe Marcoux et Ernest Ouellet. Dans un communiqué, ces derniers justifient leur geste :

> Ce que nous voulons aujourd'hui, c'est la mise à exécution de tout le programme pour lequel, depuis quelques années, nous avons lutté dans cette province. Ces luttes, nous les avons menées durant les dernières élections avec M. Duplessis. Lui aussi il a proclamé les mêmes réformes, dénoncé les mêmes abus, affirmé les mêmes promesses que nous. Nous lui avons donné notre confiance et nous l'avons aidé à conquérir la confiance populaire. Hélas ! Nous devons l'avouer, nos espoirs sont trompés. M. Duplessis ne veut plus ces améliorations politiques, économiques et sociales, toute cette restauration, objet de nos luttes communes. Notre programme, longuement élaboré, médité, il l'a abandonné, renié, déchiré. Notre drapeau, il l'a mis sous ses pieds. Il n'a rien respecté, ni ses promesses, ni sa signature. Or, ce que nous voulions durant la lutte, nous le voulons encore ; nous voulons toutes les réformes que nous avons préconisées. Pour nous, la preuve est faite : pas de lutte contre les trusts, pas de libération ni de progrès pour notre peuple avec M. Duplessis. Avec lui, c'est le vieux régime qui continue, c'est la dictature économique plus arrogante et traînant à sa suite les violences du communisme. En conséquence, pour que cesse un état de choses de nature à exaspérer les masses, pour ne pas tromper la confiance que le peuple a mise en nous, pour que notre drapeau continue à flotter haut et respecté, nous offrons à notre province nos énergies, notre volonté de poursuivre la lutte jusqu'à la victoire finale.

Les signataires invitent ensuite leurs sympathisants à joindre les rangs du Parti national.

Au sein du cabinet de Duplessis subsistent encore des tensions. À la fin du mois de juin 1938, le premier ministre demande à François Leduc, son ministre de la Voirie, de démissionner. Celui-ci refuse. Le 7 juillet, le cabinet démissionne en bloc et, à la demande du chef de l'Union nationale, le lieutenant-gouverneur demande à Duplessis lui-même de former un nouveau cabinet. Tous les ministres, sauf Leduc, sont assermentés à nouveau. On s'explique mal les mobiles justifiant le limogeage de Leduc, d'autant plus que Duplessis avait déclaré quelques mois avant l'événement que Leduc était « le plus grand ministre de la Voirie depuis la Confédération ».

Quelques mois plus tard, deux autres députés unionistes remettent leur démission, jugeant que le chef ne leur laisse pas assez de liberté !

On se demande jusqu'à quand le premier ministre pourra diriger la province, car l'opposition à « son régime » se développe. Le 12 décembre, le candidat du gouvernement au poste de maire de Montréal est battu par Houde. Entre Montréal et le Québec, entre Houde et Duplessis, ce sera l'inimitié et ses conséquences.

Vers la guerre

La guerre civile qui éclate en Espagne en 1936 apparaît comme le signe annonciateur d'un conflit beaucoup plus vaste. La militarisation accélérée de l'Allemagne sème l'inquiétude. On parle de plus en plus de guerre. Au Canada, en janvier 1937, il est question d'un budget de défense beaucoup plus important que ceux des années précédentes. Les députés de l'Opposition dénoncent la participation anticipée à un conflit européen. Le 15 février 1937, Ian Mackenzie, ministre de la Défense, est clair : « Il n'existe pas la moindre intention d'envoyer un seul soldat canadien outre-mer dans une force expéditionnaire quelconque et pas un sou n'est prévu au budget à cet effet. [...] Le budget est destiné à la défense directe du Canada et à la défense de la neutralité canadienne. »

Bien peu sont dupes et l'on sait fort bien que si l'Angleterre entre en guerre, le Canada le sera presque automatiquement ! Le 19 février, le premier ministre King élargit un peu le cadre étroit de la défense canadienne : « J'espère que l'on ne croira pas qu'en préparant notre propre défense nous ne faisons pas en même temps une contribution quelconque à la défense de l'Empire britannique, à la défense de toutes les nations de langue anglaise, à la défense de toutes les démocraties, à la défense de toutes les nations qui peuvent s'associer un jour pour le maintien de la paix et pour la défense de leurs libertés et de leurs institutions parlementaires. »

Ministres et députés libéraux francophones commencent alors, pour la plupart, à prendre des engagements anticonscriptionnistes. Le 22 avril, à Québec, Ernest Lapointe est formel : « Quand un gouvernement canadien imposera la conscription pour que les Canadiens combattent en Europe, Ernest Lapointe ne sera pas membre de ce gouvernement. »

En juin, King et Lapointe se rendent en Angleterre participer à la Conférence impériale. Alors qu'il assiste à l'inauguration du pavillon canadien à l'exposition universelle de Paris, le chef du parti libéral fédéral déclare : « La liberté est l'essence même de notre existence dans les bornes du Commonwealth des nations britanniques. Nous aimons à administrer nos propres affaires. Nous coopérons avec les autres parties de l'Empire britannique pour discuter les questions d'intérêt commun. [...] Si cette liberté devenait en péril, par suite de n'importe quelle cause, tous, nous nous réunirions pour la sauvegarder. »

King tient à peu près les mêmes propos à Hitler qu'il va rencontrer en Allemagne. « J'ai pensé, raconte-t-il dans ses *Mémoires*, qu'il n'était que juste de lui affirmer que si jamais une partie de l'Empire sentait que la liberté dont nous jouissons tous était menacée à cause d'un acte d'agression de la part d'une nation étrangère, nous ferions bloc pour protéger cette liberté et que nous serions déterminés à ce qu'on ne la mette pas en péril. »

Le 7 juillet, Lapointe et King arrivent à Québec à bord de l'*Empress of Britain*. Questionné par les journalistes, le premier ministre du Canada se dit optimiste : « Les nations européennes que j'ai visitées ne désirent pas la guerre et comprennent qu'un tel cataclysme signifierait la fin de la civilisation occidentale. »

L'année 1938 est marquée, en Europe, par plusieurs moments de forte tension. Au Canada, on multiplie les déclarations rassurantes. Le 16 janvier, le secrétaire d'État Fernand Rinfret renouvelle les promesses libérales :

> Nous sommes contre la participation à toute guerre extérieure, nous ne dépenserons pas un sou pour une guerre étrangère. Si jamais il y avait une seule dépense consacrée non pas à la défense du Canada, mais à une guerre extérieure, M. Bonnier [candidat libéral lors des élections partielles dans Saint-Henri] et moi serions les deux premiers, avec les députés qui m'entourent, à voter contre cette mesure-là. Que ce soient des Latins, des Grecs, des Saxons, des Japonais ou des Chinois, nous, les libéraux, nous sommes contre toute participation à toute guerre extérieure, quel que soit le pays.

Pendant que les hommes politiques multiplient les déclarations, le gouvernement fédéral accorde divers contrats pour la fabrication d'armes. On annonce déjà que le budget de la défense sera d'un milliard de dollars en 1939.

Au mois d'août 1938, la situation se corse tellement en Europe occidentale que la guerre devient imminente. Arthur Neville Chamberlain, premier ministre de la Grande-Bretagne, va rencontrer Hitler pour faire baisser la pression politique. Le 30 septembre, on signe les accords de Munich par lesquels Hitler obtient à peu près tout ce qu'il désirait. Le même jour, le ministère de la Défense nationale annonce qu'il va fortifier la côte atlantique du Canada.

À partir du début de l'année 1939, à la demande de la Gendarmerie royale, les usines considérées comme stratégiques font l'objet d'une surveillance particulière. De son côté, King affirme toujours qu'il n'y aura pas de conscription. Le 30 mars, il déclare à la Chambre des Communes: « Le présent gouvernement croit que la conscription des hommes pour servir outremer ne serait pas une mesure nécessaire ou efficace. Laissez-moi dire qu'aussi longtemps que mon gouvernement sera au pouvoir, aucune mesure semblable ne sera mise en vigueur. Nous avons pleine confiance que les hommes et les femmes du Canada sont prêts à se rallier pour la défense de leur pays et de leurs libertés et à résister à l'agression de tout autre pays cherchant à dominer le monde par la force. » Le lendemain, Lapointe renouvelle sa promesse de démissionner au cas où le gouvernement voterait la conscription.

Le 26 avril, le premier ministre de la Grande-Bretagne « va imposer le service militaire obligatoire en temps de paix pour la première fois dans l'histoire moderne ». Trois semaines plus tard, le roi George VI et la reine Élisabeth effectuent une visite au Canada. Partout, les souverains anglais sont bien accueillis. Pour le colonel James Layton Ralston, qui fut ministre de la Défense de 1926 à 1930, la situation est claire: « Après ce qui s'est passé ici, la semaine dernière, qui prétendra que le Canada soit disposé à rester neutre? » L'Histoire allait lui donner raison !

La guerre

1939-1940

L A TENSION QUI EXISTE EN EUROPE OCCIDENTALE fait réapparaître le spectre de la conscription. Encore une fois, les francophones du Québec, en bonne majorité, dénoncent la menace d'une levée massive de la jeunesse. Déjà, à la fin de l'année 1938, les Jeunesses patriotes publient une brochure intitulée *Conscription*, portant en exergue cette phrase qui en résume le contenu : « La jeunesse canadienne-française préfère vivre librement dans son vieux Québec français que d'aller mourir au service d'une Confédération antifrançaise et plus britannique que canadienne. » Les auteurs affirment que si le gouvernement Duplessis ne veut pas assumer la direction réelle du Québec face à Ottawa et à Londres,

> il faut que tous les jeunes Canadiens français travaillent de toutes leurs forces à la prise du pouvoir par un mouvement qui s'engage à défendre ces points de vue dans son programme. [...] Il faut donc que notre gouvernement soit en fait le premier défenseur de notre peuple ou qu'il démissionne. Notre avenir sera assuré par Québec et non par Ottawa, ne l'oublions pas ! Il est donc vital que la jeunesse française d'Amérique ait un gouvernement capable de défendre ses aspirations les plus légitimes, un gouvernement qui n'hésite pas à rompre avec Ottawa si celui-ci menace notre liberté.

L'ouvrage, qui se vend cinq cents, se termine par ces mots : « Vive le Canada français ! Vive la nation française d'Amérique, libre et fière. »

Le 23 mars 1939, Walter O'Leary, un des dirigeants des Jeunesses patriotes, harangue une foule réunie au Champ-de-Mars, à Montréal ; tout comme l'étudiant en droit Daniel Johnson, il dénonce les dangers que présente la conscription.

Ils sont allés dire au maire [Houde], racontent Robert Lévesque et Robert Migner, qu'ils le choisissent comme le seul homme capable de sauver la jeunesse québécoise de la guerre, des obus et du feu de la mitraille, dans les pays étrangers. Flatté, croyant revivre les anciennes luttes, l'impulsif Houde prend tout de suite parti pour les étudiants et les soulève par une envolée anticonscriptionniste. Ce qui lui vaut un déluge d'éditoriaux et de lettres de lecteurs dans la presse anglophone où on lui reproche de s'être prononcé sur la conscription avant même que le gouvernement canadien ait discuté de la question.

Il n'y a pas que les jeunes qui dénoncent la conscription. Plusieurs journaux francophones du Québec y vont, eux aussi, de leurs déclarations. « Qu'aucun gouvernement de ce pays, lit-on dans *La Tribune* de Sherbrooke du 25 août 1939, ne commette jamais l'erreur d'imposer une loi si grosse de troubles et qui, dans le passé, n'a produit que du mal. »

L'attitude des francophones québécois s'explique en bonne partie par le fait qu'ils ne se sentent pas concernés par les problèmes européens. Ils ne voient pas pourquoi ils iraient défendre la Grande-Bretagne qui est leur mère patrie d'adoption bien plus de façon rationnelle qu'émotive. Quant aux anglophones, leur attitude aussi se comprend : leurs racines sont en Angleterre et quand la Grande-Bretagne est en guerre, le Canada devrait être en guerre. Par ailleurs, pour plusieurs Canadiens français, la France n'est plus ce qu'elle était. Elle a perdu son visage catholique. Selon les Jeunesses patriotes,

> la France légale d'aujourd'hui a pris officiellement position avec Londres et par le fait même elle admet officiellement aussi la politique anti-française au Canada. Il ne faut pas trouver surprenant que les Canadiens français ne veuillent aller combattre pour sauver la France qui vient de s'unir à l'Angleterre. Nous aimons profondément la France parce que nous sommes aussi français que les Français d'Europe, mais la France d'aujourd'hui poursuit une politique antifrançaise que nous n'endossons pas plus que les vrais Français.

La marche accélérée

En Europe, les événements se bousculent : le 22 août 1939, l'Allemagne et la Russie signent un pacte de non-agression. La France a alors deux millions d'hommes sous les armes. L'Angleterre interdit l'exportation des matières nécessaires pour fins de guerre. Le 24, les journaux titrent : « L'Europe est sur un pied de guerre ». Au Canada, tous les congés sont supprimés pour les militaires et les services gouvernementaux. Le 25, le ministre fédéral de la Défense nationale, Ian Mackenzie, annonce « qu'en vertu de la section 63 de la loi de Milice, une partie de la milice active non permanente est appelée sous les drapeaux pour service volontaire ». Le même jour, King adresse des télégrammes aux dirigeants de l'Italie, de la Pologne et de l'Allemagne.

> Le peuple du Canada, écrit-il à Adolf Hitler, est unanime à croire qu'il n'existe pas de problème international dont la solution ne puisse s'effectuer par voie de conférences et de négociations. [...] Au nom du peuple canadien, mais aussi dans l'intérêt de l'humanité elle-même, je m'associe à ceux des autres pays et des autres puissances qui vous ont fait appel, avec le ferme espoir que vous mettrez en œuvre le pouvoir et l'autorité considérables dont vous disposez pour prévenir une catastrophe imminente par tous les moyens pacifiques possibles en vue d'assurer la solution des importants problèmes qui caractérisent la présente période de transition et de changement dans les affaires mondiales.

Le président des États-Unis, Franklin D. Roosevelt, et le pape Pie XII lancent eux aussi des appels à la paix. Mais on se rend compte que ces interventions risquent d'être inutiles. À Montréal, l'Office des ports nationaux fait assermenter six nouveaux policiers pour le port de Montréal, en raison d'éventuelles menaces de sabotage. À Londres, le roi George VI obtient des pouvoirs presque discrétionnaires. Dans la capitale britannique, le 26, des centaines de personnes assiègent la Maison canadienne « pour se faire rapatrier le plus vite possible ».

Un vent de panique souffle sur le monde occidental. Le cargo allemand *Johannes Molkenbuhr* veut quitter le fleuve Saint-Laurent le plus rapidement possible. Dans sa fuite, il heurte, à Pointe-au-Père, un caboteur canadien. À Cornwall, le canal est gardé 24 heures par jour, car on craint les saboteurs. À Québec, le 28, à 21 heures, le cargo allemand *Kœnigsberg* réussit à quitter le port, après avoir laissé un cautionnement de 20 000 $. Trois jours auparavant, des policiers de la Gendarmerie royale du Canada avaient saisi le navire. Le 27, à Québec, Frédéric Dorion, l'organisateur du parti conservateur fédéral dans le district de Québec, se prononce contre la participation du Canada à une guerre européenne.

On est de plus en plus convaincu que le Canada est virtuellement, sinon pratiquement, sur un pied de guerre. Le 30 août, à Québec, des instructions sont données pour le recrutement de 150 vétérans. Ces anciens combattants, dont le nombre pourra être porté à 300, « seront chargés de la surveillance des ponts, édifices publics, usines, etc. Ils seront sous la surveillance de la Gendarmerie royale du Canada. » De plus, le Congrès juif canadien décide de recommander le boycottage du charbon allemand livré au Canada.

Comme on l'appréhendait depuis quelque temps, l'armée allemande envahit la Pologne le 1er septembre. La France et l'Angleterre lancent immédiatement un ultimatum à l'Allemagne, lui enjoignant de quitter le sol polonais. Le même jour, King annonce presque l'entrée en guerre du Canada :

> Il est devenu apparent que les efforts tentés en vue de sauvegarder la paix de l'Europe se révéleront probablement infructueux. En dépit de ces efforts, la paix du monde se trouve menacée par l'ouverture des hostilités entre l'Allemagne et la Pologne. Les membres du gouvernement se sont réunis à neuf heures ce matin et, en conformité de l'avis donné il y a quelques jours, ont décidé de convoquer immédiatement le Parlement. Une proclamation a été lancée convoquant les Chambres pour jeudi prochain, le 7 septembre. Au cas où le Royaume-Uni entrerait en guerre pour résister à l'agression, le gouvernement canadien a décidé à l'unanimité, aussitôt que le Parlement se réunirait, de demander les pouvoirs nécessaires pour assurer la collaboration efficace du Canada avec la Grande-Bretagne. Entre-temps, toutes les mesures nécessaires à la défense du Canada seront prises.

Comme Hitler refuse de donner à ses hommes l'ordre de quitter la Pologne, le premier ministre de la Grande-Bretagne, Neville Chamberlain, déclare le 3 septembre 1939 à 11 h 15 : « Ce pays est en guerre contre l'Allemagne. Que Dieu vous bénisse tous et qu'il défende le droit. Ce sont ces choses mauvaises que nous devons combattre : la force brutale, la mauvaise foi, l'injustice, l'oppression et la persécution. Contre elles, je suis certain que le droit prévaudra. »

Au Canada, le 3 septembre, les Règlements concernant la défense du Canada entrent en vigueur. « Tenir des propos défaitistes, nuire au recrutement et au succès des forces de Sa Majesté » sont punissables d'emprisonnement. Des policiers commencent à monter la garde autour du consulat allemand à Montréal. Le lundi 4, des ressortissants allemands résidant au Canada sont mis aux arrêts. Le consul allemand à Montréal proteste, car le Canada n'a pas encore déclaré la guerre à son pays. Le lendemain, par suite de l'arrêté ministériel n° 2512, « tout commerce avec l'ennemi est interdit » et un ennemi est ainsi défini : « Une personne domiciliée en un lieu quelconque, qui est sujet d'un État ou d'un souverain actuellement en guerre avec Sa Majesté. »

La notion d'ennemi ne comprend pas encore ceux qui s'opposent farouchement à la conscription. Dès le 4 septembre, des assemblées s'organisent pour protester contre l'entrée éventuelle du Canada en guerre et surtout contre la conscription. Au marché Maisonneuve, à Montréal, le lundi 4, René Chaloult affirme que les Canadiens français doivent utiliser tous les moyens réguliers pour combattre le service militaire obligatoire.

Le Canada en guerre

Lord Tweedsmuir, gouverneur général du Canada, ouvre la session spéciale le 7 septembre. Dans son discours du Trône, il annonce clairement la position à adopter : « Mes ministres sont convaincus que le Canada est disposé à s'unir en un effort national pour défendre de son mieux les libertés et les institutions qui constituent un patrimoine commun. » Le lendemain, le chef de l'Opposition conservatrice, Robert James Manion, lance le cri de la guerre sainte, avec une petite pointe de démagogie :

> Une partie quelconque de l'Empire étant en guerre, il ne saurait être question de neutralité pour une autre partie de l'Empire. Mais aujourd'hui, en plus de cela, nous combattons pour la chrétienté, dans toutes ses ramifications, car protestants et catholiques se sont vus persécutés par Hitler en Allemagne. [...] Nous combattons pour la religion, pour la démocratie, la liberté de l'individu, la liberté de parole et le droit d'assemblée. [...] J'ai indiqué les dangers qui existent sur le Pacifique, sur l'Atlantique, sur le Saint-Laurent et plus particulièrement dans la baie James, dont l'extrémité ne se trouve qu'à six cents milles de cette ville [Ottawa]. Toutes les villes canadiennes sises entre la ville de Québec à l'est et celle de Winnipeg à l'ouest ne sont pas un bien long trajet à parcourir pour un avion de bombardement.

Le 8, King, pensant à l'élément francophone de la population, prend un engagement relativement ferme face au service militaire obligatoire :

> Le régime actuel ne croit pas que la conscription des Canadiens pour le service d'outre-mer soit nécessaire ni qu'elle soit une mesure efficace. Une telle mesure ne sera pas proposée par le présent gouvernement. Nous avons pleinement confiance que les Canadiens, hommes et femmes, sont prêts à faire tous les efforts possibles afin de préserver et de défendre la liberté et les libres institutions et, tout particulièrement, à résister à l'agression de la part d'une puissance tyrannique qui vise à la domination du monde par la force. Le gouvernement, à titre de représentant du peuple canadien, utilisera autant qu'il est possible l'autorité et le pouvoir dont il dispose afin d'encourager l'effort de la nation organisé de la façon la plus efficace en vue d'atteindre ces buts urgents.

Le même jour, le député de Beauharnois-Laprairie, Maxime Raymond, demande au président de la Chambre la permission de déposer une pétition « portant 100 000 signatures de la province de Québec, demandant que le Canada s'abstienne de participer aux guerres extérieures ». La motion est rejetée « parce qu'il s'agit d'une déclaration signée et non d'une pétition adressée au Parlement du Canada ».

Ernest Lapointe, chef incontesté du parti libéral fédéral au Québec, participe au débat le samedi après-midi, 9 septembre. Selon lui, il est impossible que le Canada demeure neutre dans le conflit qui vient de débuter. Mais la population francophone peut retrouver sa quiétude, car les ministres fédéraux du Québec, par la bouche de Lapointe, prennent un engagement formel :

> La province de Québec, déclare le ministre de la Justice — et je parle ici avec toute ma responsabilité et la solennité que je puis donner à mes paroles — ne voudra jamais accepter le service obligatoire ou la conscription en dehors du Canada. J'irai encore plus loin. Quand je dis *toute la province de Québec*, je veux dire que telle est aussi mon opinion personnelle. Je suis autorisé par mes collègues de la province de Québec dans le cabinet — le vénérable leader du Sénat [Dandurand], mon bon ami et collègue le ministre des Travaux publics [Cardin], mon ami, concitoyen et collègue, le ministre des Pensions et de la Santé nationale [Power] — à déclarer que nous ne consentirons jamais à la conscription, que nous ne serons jamais membres d'un gouvernement qui essaiera d'appliquer la conscription et que nous n'appuierons jamais un tel gouvernement. Est-ce assez clair ?

Le 9 septembre 1939, à 22 h 25, les députés, à main levée, approuvent l'adresse en réponse au discours du Trône. King les avait avertis que ce geste serait interprété comme étant leur vœu de voir le Canada entrer en guerre contre l'Allemagne. Peu après, le Conseil privé adresse une pétition au roi lui demandant de « déclarer qu'un état de guerre avec le Reich allemand existe et a existé au Canada à compter du dixième jour de septembre 1939 ».

Afin de disposer des sommes nécessaires pour « la conduite des opérations navales, militaires et aériennes dans les limites du Canada ou au-delà », le ministre suppléant des Finances, James Lorimer Ilsley, présente une résolution en vertu de laquelle la somme de 100 millions de dollars serait affectée au budget de guerre. Une augmentation substantielle des impôts et des taxes permettra au gouvernement fédéral de recueillir cette somme chez les contribuables : ainsi l'impôt sur le revenu des sociétés par action passe de 15 à 18 pour cent ; une surtaxe de 20 pour cent frappe tous les particuliers assujettis à l'impôt sur le revenu ; de nouvelles taxes dites « de luxe » sont prélevées sur les vins, les alcools, la bière, le café, le tabac et les cigarettes manufacturés au Canada, le poisson de conserve en boîte, l'électricité employée dans les maisons d'habitation, etc.

Une économie et une industrie de guerre supposent des contrôles spéciaux. Le 12 septembre, King demande à la députation d'adopter un projet de loi instituant un ministère des Munitions et des Approvisionnements. Le nouvel organisme verra «à obtenir un approvisionnement complet des produits de toutes sortes nécessaires ou désirables dans la poursuite de la guerre, à assurer une répartition équitable de ces approvisionnements aux parties qui pourront en avoir besoin et à avoir la main haute sur l'adjudication des marchés qui résulteront de ces dépenses; afin de pourvoir à la nomination des hauts fonctionnaires, commis et serviteurs nécessaires à l'administration convenable du ministère; et pour autoriser le paiement de certaines dépenses et le versement de certaines subventions dans le cours des affaires du ministère».

Taxes et impôts seront insuffisants pour financer l'effort de guerre du Canada. Le gouvernement fédéral devra faire appel à des emprunts auprès des banques, des compagnies et du peuple. Pour ce faire, il surveille de très près les emprunts que veulent effectuer les provinces et les municipalités. L'évolution de la situation commence à causer des problèmes à Duplessis qui doit songer à emprunter à des banques pour continuer à gérer la province de Québec.

La tête sur le billot

L'état de guerre ne va pas sans censure. Walter S. Thompson, publiciste aux Chemins de fer nationaux, est chargé par le gouvernement fédéral de surveiller les journaux. Il est assisté par Claude Mélançon, journaliste et naturaliste. La radio, elle aussi, est soumise à une censure sévère et omniprésente. H. N. Novin, surintendant des relations entre la Canadian Broadcasting Corporation (la CBC) et les stations privées de radio, fait parvenir à tous les directeurs de postes radiophoniques, le 22 septembre, une lettre circulaire dans laquelle on retrouve le paragraphe suivant: «Pendant la période de guerre, la diffusion radiophonique des questions politiques doit être limitée aux studios. Aucune station n'aura le droit de diffuser aucun discours politique fait à une assemblée publique. Deux copies de toutes les allocutions de caractère politique aux studios devront être soumises à l'avance au surintendant et aucune diffusion ne sera permise jusqu'à ce que ce département en ait donné l'autorisation.»

Par un drôle de hasard, le lendemain même de cette directive, à la surprise de tous, la 20ᵉ Législature du Québec est dissoute et des élections générales sont fixées au 25 octobre 1939. La nouvelle n'est apprise que le lendemain, au moment où Georges Léveillé, chef de cabinet de Duplessis, remet aux journalistes un communiqué imprimé:

[...] Le gouvernement de la province, soucieux des droits du peuple, a décidé de soumettre à l'électorat des questions de la plus haute importance dont quelques-unes, des plus vitales, ont surgi récemment. [...]

Depuis plusieurs années, une campagne a été conduite et des tentatives directes et indirectes ont été faites en vue d'amoindrir considérablement et même d'anéantir l'autonomie provinciale dans le but de ne former qu'un seul gouvernement dirigé par Ottawa. L'Union nationale considère que l'autonomie provinciale, garantie par le pacte confédératif, est essentielle aux meilleurs intérêts de la province, conforme à ses traditions, à ses droits et à ses prérogatives indispensables. Invoquant le prétexte de la guerre, déclarée par le gouvernement fédéral, une campagne d'assimilation et de centralisation, manifeste depuis plusieurs années, s'accentue de façon intolérable. [...] L'opinion que l'électorat de Québec, dans un langage modéré, énergique et traditionnel, pourra exprimer au cours des prochaines élections, fera comprendre à tous et à chacun de ceux qui l'oublient ou l'ont oublié que Québec entend conserver sa pleine autonomie et exiger de l'autorité fédérale, quelle qu'elle soit, le respect intégral des droits qui lui sont garantis par la constitution. Nous sommes pour la coopération en autant qu'elle respecte les droits de Québec, mais nous n'approuvons pas la collaboration financière ruineuse, anticonstitutionnelle et injuste, et nous ne l'approuverons jamais.

La population comprend mal pourquoi Duplessis déclenche ainsi des élections générales alors que son mandat n'est même pas terminé. Il y a bien la question de l'autonomie provinciale et celle des restrictions de crédit dans les banques. Mais pour André Laurendeau, les vrais mobiles sont tout autres :

Duplessis appartient depuis sa jeunesse au parti conservateur ; il sait dans quel discrédit la politique de guerre du gouvernement Borden a plongé son parti dans le Québec : discrédit si total et si durable qu'il n'a pu prendre le pouvoir, au provincial, dix-huit ans plus tard, qu'en changeant de nom. Or les libéraux viennent d'être contraints de commettre la même erreur. Duplessis en conclut que le prestige des libéraux est anéanti, il trouve les circonstances excellentes pour chercher un renouvellement de mandat. [...] On dira plus tard que le chef de l'Union nationale savait qu'il risquait la défaite, mais que c'était un jeu de qui perd gagne : ainsi Duplessis laisserait-il à d'autres le soin de gouverner et de se compromettre durant des circonstances difficiles, après quoi il récolterait les fruits de sa retraite. [...] je doute qu'en septembre 1939 cette idée se soit présentée clairement à l'esprit de quiconque.

Considérant que Duplessis a attaqué le gouvernement fédéral dans la déclaration annonçant le scrutin, le ministre fédéral de la Justice, Ernest Lapointe, considère de son devoir de plonger dans la lutte provinciale. Rapidement, il éclipse Adélard Godbout, chef de l'Opposition libérale provinciale. Ce dernier, acceptant de soumettre ses textes à la censure, a accès à la radio, ce qui élargit sa tribune. Mais Duplessis refuse de faire un tel geste et ses déclarations ne se retrouvent que dans les journaux et seuls ceux qui participent à ses assemblées ou qui lisent les imprimés savent ce qu'il a déclaré. Le 27 septembre, le premier ministre du Québec attaque indirectement la censure :

> Je me rappelle qu'à plusieurs reprises Radio-Canada a permis à des communistes d'exposer leurs théories par radio. [...] Il serait illogique, pour ne pas dire plus, qu'on ne permit pas à des représentants attitrés de l'autorité de la province d'exprimer leurs opinions sur des problèmes d'importance vitale pour la province. [...] Quant à moi, comme premier ministre de la province, je ne soumettrai certainement aucun texte. Car je crois que le chef et premier ministre de la province a le droit d'exprimer ses opinions et celles de la province sans passer par les Fourches Caudines d'aucune autorité fédérale, quelle que soit sa couleur, ou d'aucune branche d'un département fédéral.

La conscription pour le service outre-mer devient vite le thème majeur de la campagne électorale. Le 30 septembre, sur les ondes de Radio-Canada, Godbout, qui a accepté de faire censurer son texte, déclare : « Je m'engage sur l'honneur, en pesant chacun de mes mots, à quitter mon parti et même à le combattre si un seul Canadien français, d'ici à la fin des hostilités, est mobilisé contre son gré sous un régime libéral, et même sous un régime provisoire auquel participeraient nos ministres actuels dans le cabinet de M. King. » Duplessis, cela va sans dire, se prononce contre la conscription. Le 4 octobre, à Trois-Rivières, le chef de l'Union nationale prend une position qui suscitera quelques défections dans le parti : « J'entends que l'on sache, à Ottawa, que nous sommes maîtres chez nous. Nous disons que la patrie passe avant les partis, que nous ne voulons pas de conscription et que nous combattrons pour la défense de nos droits constitutionnels et de nos libertés garanties par la Confédération. »

Ernest Lapointe participe activement à la campagne provinciale. Le 9 octobre, à la radio, il renouvelle sa promesse anticonscriptionniste, l'assortis-sant d'une menace grave :

> Nous avons dit à nos compatriotes de tout le pays que nous accepterions avec eux les mesures prises en vue d'aider la Grande-Bretagne et la France dans le conflit, mais que jamais nous ne consentirions à la conscription et que nous refuserions d'appuyer un gouvernement qui essaierait de la mettre en vigueur. Entre vous et la conscription, nous sommes le rempart. Nous sommes la muraille qui vous protège. Si vous maintenez M. Duplessis au pouvoir, MM. Dandurand, Cardin, Power et moi-même, démissionnerons et vous pourrez craindre le pire. Mais ne commettez pas

254   HISTOIRE POPULAIRE DU QUÉBEC

cette faute. La province de Québec ne rendra pas un verdict qui serait acclamé à Berlin et à Moscou.

Car, dit-on, l'Allemagne s'intéresse beaucoup aux élections québécoises !

L'Action libérale nationale, Paul Gouin en tête, entre à son tour dans la lutte. Le 11 octobre, Gouin déclare : « Une fois au pouvoir à Québec, si Ottawa veut dépasser, dans les mesures de guerre, les limites raisonnables de nos ressources, nous ne démissionnerons pas, nous, mais nous barrerons la route au pouvoir central. »

À Sherbrooke, le 15 octobre, Lapointe devient cinglant : « Si je suis entré dans la lutte pour défendre l'honneur de mon pays et le bien-être de ma province, laissez-moi vous dire que la défaite du premier ministre Duplessis, le 25 octobre, sera la première victoire remportée dans cette guerre pour l'unité du Canada. [...] Nous avons des censeurs ici, au Canada, non pour supprimer vos libertés, mais pour protéger vos libertés et assurer la victoire. C'est pour empêcher Hitler et Staline de venir au Canada. » De plus en plus les libéraux tentent d'établir des liens entre Duplessis, Staline et Hitler. Le 19 octobre, la police provinciale saisit un million de circulaires affichant les portraits des deux chefs européens. « En repliant ces circulaires on forme les traits du premier ministre du Québec, M. Maurice Duplessis. Comme ces circulaires portent l'effigie de Staline, ajoute le bulletin de nouvelles, elles ont été saisies en vertu de la Loi du cadenas. » Le lendemain, Lapointe ajoute son grain de sel : « Le parti de M. Duplessis devrait s'appeler l'Union nazi...onale. »

Après un certain nombre de recomptages officiels, les résultats des élections générales du 25 octobre 1939 donnent la victoire au parti libéral : avec 54,2 pour cent du suffrage, il obtient 70 sièges, soit 81,4 pour cent des 86 sièges à combler. Quant à l'Union nationale, elle recueille 39,2 pour cent des votes, mais seulement 15 sièges. Un député indépendant vient compléter la représentation. La victoire libérale s'explique en partie parce que les libéraux de Godbout s'étaient déjà préparés depuis quelque temps à une éventuelle campagne électorale, alors que les organisateurs de l'Union nationale furent pris par surprise avec le déclenchement brusqué des élections. Mais, au-delà de la valeur respective des deux organisations, la question de la conscription avait joué un rôle prédominant. Duplessis ne cache pas sa déception. Ottawa l'a vaincu et aussi la hantise de la conscription qui habitait plusieurs électeurs. À la foule massée devant sa demeure, il déclare : « Je ne suis pas un lâche : debout, j'étais et je reste debout. Or je vous prédis que ceux qui ont escamoté le vote populaire ne seront pas longs à connaître la désapprobation du peuple du Québec. » À la foule qui crie : « Hourra pour Maurice », ce dernier répond : « Vive la jeunesse, vive Trois-Rivières, à bas la conscription. »

À Ottawa, le premier ministre King se réjouit de la victoire libérale.

Si l'administration de M. Duplessis avait vaincu, affirme-t-il le soir même des élections, l'Allemagne nazie aurait invoqué ce résultat, comme déjà elle l'a fait au cours de la campagne, comme une preuve indéniable de dissentiment politique existant au sein du Dominion, à la suite de l'entrée en guerre du Canada. Avec le résultat de ce jour, aucune preuve plus forte de la solidarité canadienne dans son effort pour soutenir l'Angleterre et la France, ne pouvait être donnée que celle qui a été apportée par la formidable défaite du gouvernement Duplessis.

Les journaux londoniens partagent les réactions de King. Pour l'*Evening News*, la défaite de Duplessis est « une victoire pour les Alliés ». Selon l'*Evening Standard*, « le Canada est maintenant uni pour la guerre ». La presse américaine tient à peu près le même langage.

Le 8 novembre 1939, après avoir rendu visite au cardinal Villeneuve, Maurice Duplessis se présente chez le lieutenant-gouverneur pour lui remettre la démission de son gouvernement. Quelques heures plus tard, Adélard Godbout est assermenté, pour une deuxième fois, premier ministre de la province de Québec.

« On vous surveille »

Assez rapidement, on commence à sentir que le Canada est vraiment en guerre. Des usines subissent des transformations dans le but de modifier leur production. Des soldats ou des policiers exercent une surveillance continuelle aux endroits jugés stratégiques. La radio et les journaux sont soumis à une censure omniprésente. Le 30 septembre 1938, Claude Mélançon, censeur de la presse, précise les limites de son champ d'action. Il interdit de publier ou de faire publier :

> Toute déclaration, nouvelle ou opinion, contraire ou défavorable, de nature à nuire à la défense du Canada ou à la poursuite efficace de la guerre ; toute déclaration ou nouvelle propre à causer de la désaffection à l'endroit de Sa Majesté ou à nuire aux relations de Sa Majesté avec les puissances étrangères ; toute déclaration ou nouvelle propre à nuire au recrutement, à l'entraînement, à la discipline ou à la gouverne des forces armées ; toute information concernant le mouvement, le nombre, etc., de toute force des armées alliées ou se rapportant aux dépôts de matériel de guerre, aux fortifications, etc. ; tout pamphlet ou brochure se rapportant à la guerre ou à la conclusion de la paix qui ne porte pas le nom et l'adresse véritables de l'auteur et de l'imprimeur. Toute copie d'un journal, tract, périodique, livre, circulaire et autre matière imprimée qui viole ces règlements peut être saisie et les permis des postes de radio peuvent être

révoqués ou suspendus. Des amendes et l'emprisonnement sont aussi prévus pour toute violation de ces règlements qui intéressent non seulement les journaux et les postes de radio, mais aussi à ceux qui adressent la parole dans des réunions publiques. [...] La coopération des autorités municipales qui disposent de salles où sont tenues des réunions publiques sera particulièrement appréciée, puisqu'elle aidera beaucoup à faire respecter les règlements.

Puisqu'il est devenu malséant d'afficher ses sympathies fascistes, Arcand et son Parti de l'unité nationale cessent toute activité publique.

Les publications nationalistes font l'objet d'une attention spéciale de la part de la censure. Le numéro de septembre du mensuel *L'action nationale* paraît avec quelque retard. Son directeur, André Laurendeau, mérite

deux sommations : l'une du directeur du *Devoir*, Georges Pelletier ; l'autre du représentant de la censure officielle. *Le Devoir* imprimait *L'action nationale* et se trouvait, à ce titre, solidairement responsable de ce que nous écrivons. [...] Pelletier exigeait en conséquence que nous lui remettions nos textes avant publication. Ce régime a duré quelques mois ; nous avons peu à peu repris notre liberté, et tenté de n'en pas abuser. L'entrevue avec le censeur officiel, ajoute Laurendeau, eut un tout autre caractère. Je le connaissais, l'estimais (du reste, l'estime toujours) ; mais je ne me trouvai plus en face d'un ami. Le censeur prenait sa tâche et la cause des Alliés au tragique ; il voulait nous mobiliser tous. Il ne me laissa pas répondre, me menaça, et je sortis de là avec la certitude d'avoir subi une tentative d'intimidation. Ces manières ne convainquent pas : elles suscitent la peur ou l'obstination. J'éprouvai avec amertume que la lutte pour la liberté commençait au pays par la mort des libertés.

« Bon voyage »

Au début du mois de décembre 1939, plus de 7500 volontaires canadiens s'embarquent à destination de la Grande-Bretagne. Au moment du départ, on avait béni « le drapeau qui flottera désormais sur les quartiers généraux de l'armée canadienne outre-mer ». Création du major A. Fortesque Duguid, le nouvel emblème est blanc et porte l'Union Jack, trois feuilles d'érable et trois feuilles de lys d'or.

Depuis plusieurs semaines déjà, les officiers des Fusiliers Mont-Royal entraînent les recrues.

À l'instruction élémentaire du début, lit-on dans l'histoire officielle du régiment, s'ajoutent les périodes de tir au champ de Saint-Bruno où les compagnies se rendent, par roulement, jusqu'aux gelées de décembre. Mais, sauf pour les fusils, les armes — surtout automatiques — manquent toujours, la vieille Lewis servant toujours de mitrailleuse légère. Pas question du fusil-mitrailleur Bren, dont on est doté en principe, qu'on réserve pour l'instant à la 1re division dont le départ est annoncé. Mais les autorités municipales ont autorisé les FMR à utiliser le parc Jeanne-Mance pour l'exercice, ce qui change agréablement les hommes des éternelles marches par les rues de la ville.

Les militaires pratiquent aussi le maniement de la baïonnette au Mont-Saint-Louis. Le va-et-vient des soldats dans les rues de la métropole donne à cette dernière l'allure d'une ville placée sous contrôle militaire.

Pour faire participer plus activement la population à l'effort de guerre et surtout pour permettre au gouvernement fédéral de payer les frais occasionnés par ses commandes d'armement et la mise sur pied d'une armée active plus considérable, on lance, le 15 janvier 1940, le premier emprunt de la Victoire. La veille, le ministre Lapointe avait invité les Canadiens à souscrire 200 millions de dollars. Ce n'est là qu'un début.

Sur le même thème

La 6e session du 18e Parlement du Canada s'ouvre le 25 janvier 1940 et ne dure que quatre heures. Un record dans les annales canadiennes. Le Parlement est immédiatement dissous et des élections générales sont fixées au 26 mars. Plusieurs députés sont mécontents d'avoir à affronter une campagne électorale durant la saison hivernale. Le thème le plus important, surtout au Québec, est la conscription, alors que presque partout ailleurs au Canada, les orateurs parlent de l'effort total que le Canada devra fournir pour venir en aide à la Grande-Bretagne.

Le 18 mars, le premier ministre Godbout annonce que son gouvernement appuie officiellement le parti libéral du Canada. Ce parti, dit-il,

> est le seul apte à continuer dans la concorde et l'harmonie l'effort militaire que le Canada a entrepris, en acceptant comme directive fondamentale de conduite une connaissance parfaite de sa psychologie, des justes exigences, des vertus et des caractères des deux grandes races qui composent la nation canadienne. [...] Si, nous, de la province de Québec, allions rejeter le gouvernement King-Lapointe, ce serait extrêmement plus grave que si n'importe laquelle des autres provinces le rejetait, parce qu'aucune n'occupe la position stratégique que nous occupons, n'est la clé de voûte de la Confédération canadienne, ne représente l'idéal le plus entier d'un canadianisme bien entendu, mûri par des siècles d'enracinement au sol, de fidélité au passé, d'intelligence complète du présent et d'espoir fondé sur un avenir qui soit égal à notre plus haut destin : *a mari usque ad mare.*

Au Québec, libéraux et conservateurs multiplient les serments anti-conscriptionnistes.

Le 26 mars 1940, alors qu'au Québec le temps est froid et le ciel ensoleillé, la très grande majorité des électeurs se prononcent en faveur du parti libéral : sur 65 élus, 61 sont des libéraux, 1 est conservateur et les 3 autres, des libéraux indépendants. Pour l'ensemble du Canada, les libéraux remportent 178 sièges, les conservateurs 40, le Crédit social 10 et le CCF, 8. À Québec, des milliers de personnes acclament l'artisan de la victoire : Ernest Lapointe. Dans son hommage au député de Québec-Est, Oscar Drouin explique indirectement le choix des Québécois : « M. Lapointe, vous avez promis une politique de guerre modérée, pour assurer l'unité nationale. Je suis certain que cette promesse sera respectée. Ce soir, dans tout le pays, il y a une garantie qu'il n'y aura pas de conscription imposée par le gouvernement King-Lapointe. »

La victoire du gouvernement libéral est perçue en Angleterre comme la promesse d'une aide accrue. « Nous ne prenons pas parti dans les affaires d'un Dominion libre, lit-on dans l'*Evening News* de Londres du 27 mars, mais nous pouvons noter avec fierté que le seul problème en jeu dans cette élection était de savoir dans quelle mesure le Canada pouvait nous aider le plus efficacement dans la guerre. »

La marche triomphale

La Russie et l'Allemagne poursuivent leur guerre d'agression. En septembre, les soldats de Staline envahissent la Pologne qui est partagée entre la Russie et l'Allemagne. À la fin du mois de novembre 1939, les Russes entrent en Finlande. Le 1er janvier 1940, la mobilisation générale est décrétée en Grande-Bretagne. La guerre prend un nouveau tournant, au printemps de 1940. Le 28 mars, la France et l'Angleterre s'engagent à ne pas conclure de paix ou à signer l'armistice séparément. Quelques jours plus tard, soit le 9 avril, l'Allemagne envahit le Danemark et la Norvège. Un mois plus tard, la Belgique, la Hollande et le Luxembourg subissent le même sort. Les soldats allemands pénètrent en France en juin et l'Angleterre commence à craindre à son tour un débarquement ennemi.

Le 22 mai, Londres conscrit « les richesses et le travail ». En vertu de la nouvelle loi, « toute personne est obligée de se placer elle-même ainsi que ses services et ses biens à la disposition de Sa Majesté afin d'assurer la sûreté publique, la défense du royaume, le maintien de l'ordre, la poursuite efficace de la guerre ainsi que l'approvisionnement et les services essentiels à la vie de la communauté ».

Au Canada, tout ce qui touche de près ou de loin au communisme et au nazisme est suspect. Le 21 mai, à la Chambre des Communes, le député

Wilfrid Lacroix présente un projet de loi visant à déclarer illégaux le communisme et le nazisme. Dans l'hebdomadaire *Le Jour*, publié à Montréal par Jean-Charles Harvey, on multiplie les dénonciations des fascistes. « Il existe chez nous, lit-on dans l'édition du 25 mai, une cinquième colonne, formée d'Allemands, d'Italiens et de Canadiens renégats, tous gagnés à la cause naziste et prêts à devenir, du jour au lendemain, la première patrouille hitlérienne. » Quatre jours auparavant, l'Union pancanadienne, une association dont Harvey est le coprésident, avait annoncé à la presse « qu'il est de son devoir d'entreprendre une lutte sans merci contre une poignée d'indésirables et de traîtres qui pactisent avec l'ennemi commun et qui se servent même de nos institutions démocratiques pour mieux porter atteinte à notre idéal politique et à nos libertés ».

Le lundi 27 mai, au marché Atwater, à Montréal, se tient une assemblée publique pour « éclairer le peuple sur le danger qui le menace ». Harvey est le principal orateur.

> La Gendarmerie royale, déclare-t-il, possède toute l'information qui nous démontre l'existence de nombreux saboteurs canadiens, nazistes ou sympathisants nazistes, qui s'assemblent, discutent, font des plans, dénigrent nos alliés et cherchent à décourager notre résistance à la domination allemande. La Gendarmerie a les mains liées. Pendant que tant de Canadiens souffrent et meurent, nous voyons vivre et prospérer chez nous des hommes qui se sont rendus coupables de haute trahison et qui n'attendent qu'une occasion de planter le poignard au cœur même de la patrie. C'est contre cette tolérance coupable que nous venons protester ce soir. Au nom de l'honneur national, de la paix et de l'unité canadienne, au nom de tout ce qui nous est cher, nous demandons au pouvoir civil de sauvegarder notre liberté et nos institutions, en réduisant à l'impuissance les pires adversaires de cette liberté et de nos institutions.

Les prises de position de Harvey, sans doute inspirées par les autorités fédérales, préparent l'opinion publique aux événements qui vont suivre. Le jeudi 30 mai, de bonne heure le matin, des agents de la Gendarmerie royale arrêtent, dans sa maison de campagne située « quelque part dans les Laurentides », Adrien Arcand, ainsi que Noël Décarie et Hugues Clément. À Montréal, quelques autres membres du Parti de l'unité nationale sont incarcérés. La plupart iront rejoindre les citoyens allemands « retirés de la circulation » et parqués dans des camps de concentration dès le début de la guerre. À Washington, on affirme que la cinquième colonne canadienne serait bien armée. On fait état de la vente, au cours des sept derniers mois, de 14 500 carabines sportives alors que, pour toute l'année 1938, le total des ventes dépassait à peine 13 000.

Le 6 juin, le Parlement du Canada met au ban une série d'associations. À partir de ce jour, toute personne appartenant à l'un des organismes suivants sera coupable de délit : « Parti de l'Unité nationale, Parti communiste canadien, Union canadienne des fascistes, Ligue des Jeunes Communistes du Canada, Canadian Labour Defence League, League for Peace and Democracy, Ukrainian Labour Farmer Temple Association, Finnish Organization of Canada, Russian Workers and Farmes Club, Croatian Cultural Association, Hungarian Worker Club, Polish People's Association, Ausland Organization du National Socialistische Deutsche Arbeitsfront et Canadian Society for German Culture. »

Quelques-uns s'emploient à nourrir la psychose de la cinquième colonne. Le Service de l'Information met la population en garde contre les émissions de radio en langue française ou anglaise venant des postes de propagande allemande et destinées à la population canadienne. « Quiconque colporte ces propos se trouve à coopérer avec la cinquième colonne », affirme un communiqué du Service de l'Information. À ce service, on enregistre sur disques les bulletins de nouvelles « qui émanent des postes allemands : de cette façon, on peut plus facilement contrôler la source des rumeurs que l'on répand au pays ».

À la Chambre des Communes, le ministre de la Justice, Ernest Lapointe, sent le besoin de faire une mise au point : « Le but même d'une cinquième colonne, c'est de susciter de la crainte, de l'effroi, de la méfiance, de l'anxiété et de l'hystérie, de façon que les gens ne soient plus en état de soutenir leur effort de guerre. C'est travailler exactement dans ce sens que de se laisser emporter par l'hystérie en voyant un nazi ou un sympathisant nazi dans tous les coins, en disséminant des soupçons, en nuisant à la surveillance de la police par d'incohérents racontars. »

Dans les provinces anglophones, des campagnes s'organisent pour inciter le gouvernement fédéral à décréter la conscription des hommes, des richesses et de l'industrie. Le 8 juin, Alex Walker, président fédéral de la Canadian Legion rencontre dans ce but le premier ministre King. Deux jours plus tard, soit le 10 juin 1940, l'Italie entre en guerre aux côtés de l'Allemagne. Appuyé par le chef de l'Opposition, King présente immédiatement à la Chambre des Communes la résolution suivante :

> Attendu que l'Italie a annoncé son intention d'entrer en guerre au côté de l'Allemagne et contre les Puissances alliées ; attendu qu'un état de guerre existe présentement entre le Royaume-Uni et la France d'une part et l'Italie d'autre part ; attendu que, dès le début de la guerre, le Parlement du Canada a décidé d'appuyer le Royaume-Uni et la France dans leur effort déterminé en vue de résister à l'agression et de préserver la liberté : il y a donc lieu pour les Chambres du Parlement d'approuver l'entrée du Canada dans un état de guerre avec l'Italie et cette Chambre l'approuve.

La résolution est adoptée sans réticence et le texte transmis au roi George VI pour qu'il approuve la déclaration officielle de guerre entre le Canada et l'Italie.

Dans la communauté italienne, l'inquiétude est grande, surtout chez ceux qui ne sont pas encore naturalisés. Montréal compte alors 25 000 Italiens dont 60 pour cent sont sujets britanniques. Le 10 juin au soir, dans la salle italienne de la rue Alma, des représentants d'une vingtaine d'associations italiennes se réunissent pour réaffirmer leur loyauté au Canada. Ils somment le maire Camillien Houde de retourner au roi d'Italie, Victor-Emmanuel, sa décoration de l'Ordre de la Croix d'Italie qu'il avait reçue. Ils demandent aussi que disparaisse le portrait de Mussolini qui se trouve dans l'église italienne de Notre-Dame-de-la-Défense. De plus, ils souhaitent que la Casa d'Italia « serve à la philanthropie ».

À Montréal, des policiers bloquent tous les ponts permettant de quitter l'île. On effectue des centaines d'arrestation. On cerne la Casa d'Italia, une salle publique qui était un lieu de rencontre pour les Italiens. Les personnes mises sous arrêt sont acheminées vers les cellules des postes de police ou vers le vieux fort de l'île Sainte-Hélène. À Ottawa, le ministre de la Justice dépose un arrêté ministériel obligeant tous les Italiens naturalisés depuis le mois de septembre 1929 à s'enregistrer. Il est aussi interdit aux Italiens d'avoir des armes en leur possession. De plus, ils devront se soumettre à une nouvelle formalité : la prise des empreintes digitales.

« C'est la conscription ! »

Le 14 juin 1940, l'armée allemande occupe Paris. Le même jour, King assure le premier ministre de France, Paul Reynaud, de l'appui du Canada. « Nous ne nous retirerons jamais du conflit avant que la France soit en sécurité et qu'elle apparaisse dans toute sa splendeur ; avant que les torts aient été réparés ; avant que les pays et les peuples lésés et réduits à l'esclavage aient été libérés et avant que la civilisation ait été délivrée du cauchemar du nazisme. » Toujours le 14 juin, Clarence Decatur Howe, ministre fédéral des Transports, fait approuver en première lecture par la Chambre des Communes un projet de loi accordant au gouvernement des pouvoirs quasi discrétionnaires lui permettant de mobiliser le commerce et l'industrie du Canada pour les fins de la guerre.

Non seulement les nouvelles qui arrivent d'Europe sont mauvaises, mais le premier ministre de l'Ontario, Mitchell Hepburn, croit que des nazis américains se préparent à envahir le Canada. Lapointe répond que la nouvelle est exagérée et que, de toute façon, les frontières sont bien gardées.

En France, le 16 juin, le maréchal Philippe Pétain demande l'armistice. « Il faut la défaite de la France, en juin 1940, note l'historien Jean-Yves

Gravel, pour que les Québécois prennent conscience que le Canada est plus menacé qu'ils ne le croient.» Selon King, l'heure grave est arrivée. Le quotidien libéral *Le Canada*, dans son numéro du 18 juin, annonce presque la mesure que s'apprête à déposer le gouvernement fédéral:

> La capitulation de la France donne à la guerre une tournure d'extrême gravité, dont nous avons le devoir d'envisager toutes les répercussions. La Grande-Bretagne a proclamé sa résolution de poursuivre seule la guerre jusqu'à la victoire finale. On sait les mesures prises pour défendre les îles Britanniques contre l'invasion. La cessation des hostilités sur le sol français signifie que les attaques de l'ennemi se porteront maintenant avec une vigueur renouvelée sur le Royaume-Uni et sur les nations du Commonwealth britannique. Le Canada est directement menacé et doit prendre immédiatement les mesures de défense qui s'imposent. Il s'agit de protéger le sol canadien, d'armer notre pays, d'appeler toute la nation à la défense de la patrie. La participation du Canada à la guerre en Europe s'est faite par des moyens qui sont manifestement insuffisants pour assurer la défense militaire du territoire canadien. Le recrutement de l'armée, tel qu'il s'est pratiqué jusqu'ici, pour les troupes expéditionnaires canadiennes, ne faisait appel qu'aux volontaires, mais la défense du Canada exige la mobilisation de tous les hommes valides. Le Canada, dans les circonstances extrêmement graves que nous traversons, doit pouvoir compter sur tous les hommes qui, par la naissance ou la naturalisation, sont sujets canadiens.

Le 18 juin 1940, King annonce la déposition d'une mesure établissant le service militaire obligatoire en territoire canadien. C'est la conscription, mais limitée!

Une conscription... électorale!

Quatre jours après l'annonce de King se termine, à Québec, la première session de la 21e Législature. Parmi les projets de lois qui reçoivent la sanction royale, se trouve la «loi accordant aux femmes le droit de vote et d'éligibilité». Le 20 février précédent, le discours du Trône annonçait, parmi les mesures à être présentées au cours de la session, l'institution du suffrage féminin.

> Lors de la campagne électorale provinciale de 1939, raconte Jean-Guy Genest, Thérèse Casgrain, de la Ligue des droits des femmes, et Idola Saint-Jean, de l'Alliance canadienne pour le vote des femmes du Québec, prêtèrent leur concours aux libéraux. Godbout, qui cherchait des alliés, promit à plusieurs reprises d'accorder le droit de vote aux femmes. Après son écrasante victoire, loin de se défiler, il réitéra sa promesse en plusieurs

occasions et inscrivit cette mesure dans le discours du Trône dès la session de 1940.

La première réaction d'importance à cette annonce, pourtant bien attendue, vient de l'extérieur de l'Assemblée législative. Le 2 mars 1940, l'archevêque de Québec, Rodrigue Villeneuve, dénonce officiellement le projet dans un communiqué :

> Pour répondre à de nombreuses instances et mettre fin à diverses opinions qu'on nous prête, à propos du projet de loi accordant aux femmes le droit de vote, aux élections provinciales, nous croyons devoir dire notre sentiment.

> Nous ne sommes pas favorables au suffrage politique féminin.

> 1. Parce qu'il va à l'encontre de l'unité et de la hiérarchie familiale ;

> 2. Parce que son exercice expose la femme à toutes sortes de passions et à toutes les aventures de l'électoralisme ;

> 3. Parce que, en fait, il nous apparaît que la très grande majorité des femmes de la province ne le désire pas ;

> 4. Parce que les réformes sociales, économiques, hygiéniques, etc., que l'on avance pour préconiser le droit de suffrage chez les femmes, peuvent être aussi bien obtenues, grâce à l'alliance des organisations féminines en marge de la politique.

> Nous croyons exprimer ici le sentiment commun des évêques de la province.

Maurice Duplessis, chef de l'Union nationale et de l'Opposition officielle, dénonce lui aussi le projet de loi. Selon lui, « le bill du suffrage féminin augmente les dangers de suppositions de personnes, les dangers pour la tenue régulière des élections. Car, si les femmes ne vont pas voter, ne voit-on pas tout le parti que les entrepreneurs sans scrupules peuvent en tirer ? »

Godbout ne bronchera pas. Pour bien souligner l'importance qu'il accordait à cette mesure, il la présente lui-même. Il prononcera un discours habile qui, selon Jean-Guy Genest, mérite de passer à l'histoire.

> J'étais honnête autrefois en tenant l'attitude que j'avais, honnête dans ma conscience, et je ne pense pas avoir changé quant à cela. Ce sont les circonstances qui ont changé. Le problème se pose aujourd'hui sous un jour différent. Les conditions dans lesquelles nous vivons font de la femme l'égale de l'homme. Elle a souvent les mêmes devoirs et les mêmes obligations que l'homme, pourquoi lui refuser les mêmes droits, surtout quand bien des questions dont nous avons à décider relèvent plus de sa compétence que de la nôtre ?

On a peur que la femme soit soustraite à ses devoirs particuliers. C'est la vie moderne qui l'a sortie du foyer : 100 000 femmes québécoises gagnent actuellement leur vie et celle de leurs proches. Les femmes jouent dans notre vie économique une influence qui n'est pas loin d'être prépondérante : elles détiennent plus de 50 % des économies dans les banques et 75 % du capital investi dans les assurances. Elles ont à défendre leur foyer, leurs enfants et leurs biens comme les hommes. Au point de vue économique, pourquoi leur refuser le droit de vote.

Notre société a besoin des femmes. Dans la discussion des questions publiques, la femme mettra un patriotisme aussi généreux, une largeur de vues pour le moins égale, une vision plus lointaine de l'avenir que l'homme. Et c'est pour assurer à nos institutions ce facteur de stabilité et d'ordre que je réclame pour les femmes de ma province le droit de vote et d'éligibilité. Je ne vois pas pourquoi nous priverions plus longtemps la société de ces avantages réels.

Je souhaite le maintien de ce qui peut sauver notre société, la famille. La femme est l'ange gardien de la famille. Elle scrute toutes les questions en fonction de la famille dont elle a la charge. À ce point de vue, elle est un facteur de force et de stabilité. C'est pourquoi la Chambre devrait voter le projet de loi à l'unanimité.

Si nous comparons le niveau intellectuel de l'homme et de la femme, je pense bien que celui de la femme est plus élevé. Les femmes de notre province sont en général plus instruites que les hommes, par conséquent mieux préparées à juger nos problèmes sociaux. Je réclame donc le droit de vote pour la femme afin d'élever le niveau de nos discussions politiques, pour assurer plus d'ordre et de dignité dans nos assemblées et pour que les générations futures soient mieux préparées que nous à leurs tâches.

C'est comme hommage à nos mères canadiennes, à nos compagnes, à nos sœurs, à nos filles, surtout comme hommage à nos mères, qui ont toujours travaillé à notre avenir avec une intelligence et un dévouement admirable, c'est pour ouvrir des horizons nouveaux à tous les citoyens de la province, c'est pour donner aux femmes de nouvelles occasions de servir leur province que je réclame pour elles le droit de vote et d'éligibilité. Je veux donner le droit de vote et d'éligibilité. Je veux donner le droit de vote à celles qui travaillent de tout leur cœur à la solution de nos problèmes, je veux élargir leur champ d'action. Je veux que la génération montante puisse voter. Je veux donner le droit de vote aux jeunes filles qui, du sein de nos associations de bienfaisance et de charité, se dévouent de tout leur cœur pour nous tous. Je demande que nous enlevions toute entrave à l'influence bienfaisante de la femme dans notre société.

Le 11 avril, par un vote de 67 voix contre 9, l'Assemblée législative adopte le projet de loi en deuxième lecture. Les opposants espèrent alors que les conseillers législatifs bloqueront le projet. Le conseiller libéral François-Philippe Brais présente le projet à ses confrères en répondant à un certain nombre d'objections :

> Il en est, cependant, qui redoutent le suffrage féminin sous prétexte que ce peut être une source de désunion au sein des foyers. Les faits nous fournissent une réponse concluante. Depuis 22 ans, les femmes de notre province ont droit de vote dans l'arène fédérale, et les questions qui ont surgi dans ce domaine ont donné lieu à des luttes plus tourmentées que toutes celles que nous pourrons avoir — au moins, je l'espère — dans l'arène québécoise. Où voit-on qu'un droit si légitime accordé à la femme ait eu les résultats que l'on appréhende ? Le jour où il ne restera plus aux époux que les opinions politiques comme terrain de chicane, je crois que nous aurons atteint l'âge d'or dans les relations matrimoniales. [...] L'heure est donc venue d'accorder aux femmes de notre province un droit indiscutable, un droit que possèdent déjà les femmes dans les huit autres provinces.

Par un vote de 13 voix contre 5, le Conseil législatif ratifie la décision prise par la chambre inférieure.

Les Québécoises iront pour la première fois aux urnes lors des élections provinciales du 8 août 1944. Le nombre total d'électeurs inscrits est alors de 1 864 692, alors qu'aux élections précédentes, soit celles du 25 octobre 1939, la liste électorale ne comportait que 753 310 noms.

Le général A. G. L. McNaughton discute avec les officiers du Royal 22ᵉ Régiment à l'été de 1940.

L'EFFORT TOTAL
1940-1941

L E 18 JUIN 1940, le premier ministre du Canada, Mackenzie King, annonce que le service militaire devient maintenant obligatoire sur tout le territoire canadien. C'est la conscription tant appréhendée par les francophones. Selon le chef du parti libéral, la situation européenne impose une telle décision.

> La vérité brutale, déclare King à la Chambre des Communes, c'est que la défaite de la France a beaucoup rapproché le Canada de la guerre. Les îles Britanniques sont menacées d'une invasion; ce n'est pas une lointaine possibilité, mais un péril imminent. Il est aujourd'hui tout à fait manifeste que de nouvelles mesures, tant pour l'aide à la Grande-Bretagne que pour la défense du Canada, sont nécessaires. [...] Un projet de loi sera présenté sans délai en cette Chambre pour conférer au gouvernement des pouvoirs extraordinaires lui permettant de mobiliser toutes les ressources en hommes et en matériel pour la défense du Canada. [...] Quant à la mobilisation des effectifs en hommes, elle sera destinée uniquement et exclusivement à la défense du Canada sur son propre sol et dans ses propres eaux territoriales. Elle permettra au gouvernement d'assurer l'utilisation la plus efficace de nos ressources en hommes pour les divers besoins de la guerre mécanisée moderne.

Le service outre-mer reste encore l'apanage des volontaires. De plus, King annonce qu'il y aura une inscription nationale. «Cette inscription, précise-t-il, n'aura rien à faire avec le recrutement d'hommes pour le service outre-mer. [...] L'inscription nationale constituera une précaution addition-nelle contre les manœuvres de cinquième colonne, telles que le sabotage et l'espionnage, qui pourraient devenir plus menaçantes à mesure que le danger provenant de l'extérieur deviendra plus grave. Notre sécurité intérieure s'en trouvera ainsi accrue. L'inscription nationale assurera en outre au gouvernement un inventaire des aptitudes mécaniques et industrielles de la population canadienne. »

Comme il était à prévoir, une bonne partie de la députation québécoise à Ottawa dénonce la mesure proposée, pendant que la grande majorité des députés anglophones, quelle que soit leur appartenance politique, l'appuient. Ligori Lapointe, député libéral de Laval-Deux-Montagnes, considère que « cette nouvelle politique est en contradiction flagrante avec le programme électoral du gouvernement réélu ». Pour Wilfrid Lacroix, un autre libéral représentant la circonscription de Québec-Montmorency, « l'effort du Canada doit rester volontaire, libre et modéré ». Le député de Beauharnois-Laprairie, Maxime Raymond, le grand ami de Lionel Groulx, se demande si le gouvernement a vraiment épuisé tous les moyens mis à sa disposition avant de faire appel à la conscription. Ernest Lapointe, qui avait toujours prétendu la combattre, se porte, au contraire, à la défense de la mesure : « Si ce projet de loi est, comme j'affirme qu'il l'est, un projet de loi afin de mettre le Canada en mesure de se défendre dans une situation tragique, je dis que nous n'avons pas le droit de dire que nous devons nous défendre d'une façon modérée, libre et volontaire. »

À Québec, la réaction ne se fait pas attendre. Elle ne vient pas du premier ministre Godbout qui avait multiplié les promesses anticonscriptionnistes, mais de René Chaloult qui, avec l'appui de Camillien Houde, présente une motion ainsi libellée :

> Que l'Assemblée législative : Attendu que la province de Québec est opposée irréductiblement à la conscription ; attendu que les chefs politiques du pays se sont tous prononcés, lors des dernières élections, il n'y a que trois mois, contre tout service militaire obligatoire ; attendu qu'une grande partie de la province de Québec a accepté de participer à la guerre à la condition expresse que jamais aucune conscription ne serait imposée au Canada ; attendu qu'un compromis a alors été agréé par les divers éléments du pays en vue de maintenir l'unité canadienne ; attendu que la dernière élection fédérale a conféré au gouvernement central un mandat non équivoque de participation mitigée et libre ; attendu que la présente motion est urgente à cause des événements qui se précipitent à Ottawa ; exprime l'avis que, reflétant l'opinion de la très grande majorité de la province de Québec, cette Chambre laisse savoir au gouvernement du Canada qu'elle est opposée à toute contrainte, toute coercition dans la conduite de la guerre et elle réclame, dans l'intérêt même de l'unité canadienne, que notre participation reste libre et modérée.

À Québec, le débat s'engage rapidement sur la motion Chaloult. Le premier ministre Godbout essaie de démontrer son inopportunité et définit les limites de son engagement électoral :

> On invoque le fait que certains chefs politiques auraient fait des déclarations à l'effet qu'il n'y aurait jamais de conscription. Pour qu'aucune équivoque ne subsiste, je dirai que quand même j'aurais fait, par oubli ou par distraction, le serment de ne pas défendre ma famille contre tout agresseur, mon devoir serait là quand même. Et si, au moment où le Canada lui-même est menacé, le gouvernement canadien ne réclamait pas de chacun des fils du Canada le devoir de participer jusqu'à la dernière goutte de son sang à la défense du pays, il manquerait à son devoir.

Si une bonne partie de la population francophone du Québec trouve que la loi de mobilisation va trop loin en imposant la conscription pour le territoire canadien, nombreux sont les anglophones qui jugent le projet insuffisant. Un éditorial du *Globe and Mail* de Toronto, en date du 19 juin, y fait écho :

> Du point de vue du sujet britannique loyal qui croit fermement le Canada moralement tenu de se porter à l'aide de la mère patrie quand elle subit une agression sans provocation, la législation que présente le gouvernement canadien est défectueuse et insuffisante, pour la raison que les pouvoirs extraordinaires qu'il demande, il ne les exercera que pour la défense du territoire canadien et des eaux territoriales canadiennes. [...] Il ne nous reste donc d'autre issue que d'aller combattre volontairement aux côtés de la Grande-Bretagne. Nous ne pouvons écraser Hitler si nous restons en Amérique du Nord.

Le 19 juin, la motion Chaloult est rejetée par 56 voix contre 13, Houde, Duplessis et des unionistes ayant voté pour la motion. Le lendemain, à Ottawa, la Loi de la mobilisation est adoptée. Pendant ce temps, les autorités françaises négocient les clauses de l'armistice avec l'Allemagne et, le 22 juin, le tout est signé. La France ne s'appartient plus. Occupée par les nazis, elle devra compter sur la résistance et sur l'étranger pour redevenir un État libre.

Lapointe et King profitent des fêtes de la Saint-Jean-Baptiste pour lancer un appel en faveur de la mobilisation, invitant les Canadiens français à se porter au secours de l'ancienne mère patrie qui vient de tomber. Dans une allocution radiophonique prononcée le 23 juin, le ministre de la Justice déclare : « Mes amis, prenez garde à ceux qui font parmi vous le parachutisme des idées nazies et fascistes, et en particulier ces mauvais Canadiens qui osent discuter, qui osent prétendre que la mobilisation générale pour la défense de notre propre territoire n'est pas une mesure d'une extrême urgence. C'est à croire que ces faux patriotes en savent plus long sur les intentions de l'Allemagne et de l'Italie que sur les intérêts véritables du Canada et même des États-Unis.» Le jour même de la Saint-Jean, King adresse un message particulier aux Canadiens français:

> L'agonie de la France a porté les horreurs de la guerre jusque dans nos cœurs et presque sur nos rives. Le sort tragique de la France lègue au Canada français le devoir de porter haut les traditions de culture et de civilisation françaises, et son amour brûlant de la liberté. Cette nouvelle responsabilité, j'en suis sûr, vous l'accepterez avec fierté. [...] La mobilisation de nos forces vives est uniquement et exclusivement pour la défense du Canada sur notre propre territoire. Le recrutement pour le service outre-mer continuera sous la forme volontaire qu'il a présentement. Les engagements solennels que j'ai souventes fois pris au Parlement, je les ai publiquement répétés l'autre jour dans la même enceinte. Le gouvernement que je dirige ne présentera pas de mesure de conscription des Canadiens pour le service outre-mer.

La frontière entre la «réclame» et la réalité est parfois difficile à établir. Nombre de Québécois francophones se sentent étrangers au conflit en cours. Des faits les ont persuadés qu'ils n'auraient aucune chance d'accéder à des postes supérieurs dans les forces armées. Le ministre de la Défense nationale leur en offre une preuve dans une réponse qu'il donne à la Chambre des Communes, en juillet 1940: il n'y a qu'un seul officier canadien-français sur les 34 que compte l'état-major; quatre sur les 88 du quartier-maître général et trois sur les 43 officiers au service du directeur général de l'artillerie.

Derrière les barbelés

Le 19 juin, dans la salle d'audience de la deuxième Chambre de la Correctionnelle, à Montréal, débute le procès d'Adrien Arcand et de dix coaccusés soupçonnés d'avoir enfreint la Loi des mesures de guerre et de la défense nationale. Les avocats de la poursuite versent au dossier plusieurs lettres provenant d'Allemagne, d'Italie ou d'Angleterre tendant à prouver la nature subversive du Parti de l'unité nationale. Un des documents les plus incriminants est le rapport du Comité des légions qui avait pour président le major Maurice Scott. «Selon le projet, lit-on dans *La Presse* du 19, une légion devait comprendre 229 hommes et un total de 304 légions devait être à la disposition de l'organisme central. En tout, on songeait à réunir un effectif de 70 000 hommes. Pour sa part, la province de Québec devait fournir pas moins de six légions de 229 hommes chacune. Le costume du légionnaire n'est pas très bien défini, mais on note que le signe distinctif est une bande de feutre rouge d'un pouce par cinq devant être cousue sur l'épaulette.» Mais on n'a pas de preuve formelle que le plan ait été mis en application. Le 22, Ernest Lapointe, en tant que ministre fédéral de la Justice, ordonne la détention des onze accusés pour la durée de la guerre. On n'abandonne pas les poursuites pour autant, mais le procès est suspendu.

Par ailleurs, le gouvernement britannique demande au gouvernement canadien de prendre charge d'un certain nombre d'étrangers et de prisonniers de guerre déjà internés en Grande-Bretagne. King accepte et c'est par centaines que ces prisonniers viendront vivre dans les camps de concentration canadiens.

À la mi-août, le nombre de prisonniers et d'internés dans les camps de concentration du Canada dépasse les 8000. Quelques évasions réussies obligent le ministre de la Défense nationale à augmenter les effectifs de la police militaire. Dans l'ensemble, les prisonniers n'ont pas à se plaindre, alors que les soldats canadiens faits prisonniers à Dieppe furent enchaînés pendant quelque temps lors de leur détention en Allemagne, malgré la convention de Genève. Ainsi, au mois d'octobre 1940, sept prêtres et plusieurs religieux allemands, détenus dans un camp « de l'Est du Canada », se rendent en pèlerinage à Sainte-Anne-de-Beaupré, accompagnés de six officiers de l'Armée canadienne!

Est-ce un échange de politesse? Le 26 octobre 1941, la quarantaine de captifs canadiens au camp de Saint-Denis, près de Paris, tous des prêtres de la Fraternité sacerdotale, assisteront dans la basilique de Saint-Denis, en présence du commandant du camp, à l'ordination à la prêtrise de dix des leurs. La cérémonie sera enregistrée et radiodiffusée au Canada.

L'enregistrement national

L'adoption de la loi établissant le service militaire obligatoire sur le territoire canadien suppose l'enregistrement national de tous les hommes et femmes de 16 à 60 ans. Le 9 juillet au soir, le ministre James Garfield Gardiner envoie un télégramme au juge en chef de la Cour supérieure de chacune des neuf provinces lui demandant de désigner un juge pour présider à l'inscription qui doit se dérouler du 19 au 21 août. Tous savent que les premiers appelés sous les armes seront les célibataires et les veufs sans enfant. En vertu de la loi, seront considérés comme célibataires ceux qui se marieront après le 15 juillet 1940. Commence alors la course au mariage. Plusieurs prêtres catholiques et ministres protestants acceptent de marier les gens à des heures presque indues!

L'on se demande, en certains milieux, comment se comportera la population québécoise : se soumettra-t-elle docilement à l'obligation de s'enregistrer ou verra-t-on une désobéissance massive? Pressé d'intervenir, le cardinal Villeneuve invite tous les fidèles à respecter les ordres. « Son Éminence le cardinal, lit-on dans un communiqué de l'archevêché de Québec, invite messieurs les curés à bien vouloir faciliter dans la mesure du possible l'enregistrement national, en donnant à leur peuple les renseignements nécessaires, de façon à ce que ceux qui dépendent d'eux accomplissent avec exactitude et soumission ce qui est demandé légitimement par les pouvoirs publics. »

Camillien Houde, maire de Montréal et député à l'Assemblée législative de Québec, n'est pas d'accord avec l'obligation de s'enregistrer et il le fait savoir aux journalistes, le 2 août :

> Je me déclare péremptoirement contre l'enregistrement national qui est, sans aucune équivoque, une mesure de conscription et le gouvernement fraîchement élu, en mars dernier, a déclaré par la bouche de tous ses chefs, de M. King à M. Godbout, en passant par MM. Lapointe et Cardin, qu'il n'y aurait pas de conscription dans quelque forme que ce soit. Le Parlement, selon moi, n'ayant pas mandat pour voter la conscription, je ne me crois pas tenu de me conformer à ladite loi et je n'ai pas l'intention de m'y conformer et je demande à la population de ne pas s'y conformer, sachant ce que je fais et ce à quoi je m'expose. Si le gouvernement veut un mandat de conscription, qu'il revienne devant le peuple et sans le tromper, cette fois.

Une telle déclaration, cela va sans dire, ne peut être reproduite en vertu des règlements de la censure, mais la *Gazette*, sans doute avec la complicité d'un quelconque fonctionnaire, reproduit la déclaration de Houde en première page de son édition du 3 août et demande l'arrestation immédiate du maire de Montréal pour infraction aux règlements concernant la défense du Canada. Le lundi 5 août, vers vingt-trois heures, Houde quitte l'Hôtel de Ville et s'apprête à monter dans une voiture stationnée sur la rue Notre-Dame, lorsque des agents de la Gendarmerie royale et de la police provinciale, munis d'un mandat signé par le ministre Lapointe, l'arrêtent. Après un interrogatoire de 35 minutes, « le maire fut conduit dans un garage, au sous-sol de l'édifice. On le fit monter dans une automobile où se trouvaient déjà des officiers de la Gendarmerie royale et de la police provinciale de Québec. L'auto, précédée de motocyclettes, a pris la rue Craig, la rue Notre-Dame et est partie dans la direction du nord, vers une destination inconnue. » Le lendemain, Houde arrive au camp de concentration de Petawawa, en Ontario. Là, écrivent Robert Lévesque et Robert Migner, « seul parmi les espions, les fascistes et les ressortissants ennemis, le détenu 694, affecté à la coupe du bois pour le chauffage du camp, refoulera toutes les tentatives du gouvernement fédéral pour lui arracher une rétractation. L'histoire de Camillien Houde de 1940 à 1944 est celle d'une résistance. »

La proclamation officielle d'enregistrement prévoit des amendes et même l'emprisonnement pour ceux qui refuseront ou négligeront de s'inscrire. Sont exemptés de la formalité « les membres des forces navales, militaires et aériennes du Canada en activité de service ; les personnes renfermées dans les asiles d'aliénés ou de faibles d'esprit ou dans les pénitenciers ou prisons ». Comme on craint que circulent de faux certificats d'inscription, un règlement prévoit une peine maximale de trois ans de pénitencier pour les fraudeurs.

Du 19 au 21 août 1940, environ 8 millions de personnes remplissent les questionnaires de l'administration fédérale. Peu d'incidents marquent ces trois jours, sauf le dynamitage d'un pont à Saint-Nicéphore, près de Drummondville. La construction permettait d'atteindre une école où était situé le bureau d'enregistrement.

L'enregistrement national n'est pas le seul événement qui rappelle à la population que la guerre se poursuit et que la situation des Alliés se détériore. En juillet 1940, la visite des édifices parlementaires d'Ottawa est interdite. À Québec, les autorités municipales interdisent l'usage de sirènes pour les ambulances et les voitures du service des incendies. Ces véhicules devront à l'avenir faire usage de cloches, car on veut éviter la confusion « au cas où les sirènes spéciales installées contre les raids aériens devraient fonctionner ».

Il devient malséant d'arborer des emblèmes ou des symboles qui rappellent la France ou « les pays ennemis ». Le 9 octobre 1940, le président de la Commission des Écoles catholiques de Montréal, Charles-Édouard Gravel, présente une résolution qui est immédiatement adoptée par les commissaires : « Que, jusqu'au moment où les autorités du gouvernement fédéral en auront décidé autrement, l'Union Jack devra toujours occuper la place prépondérante [à l'occasion des manifestations officielles et scolaires]. Il est évident que les drapeaux des pays avec lesquels le Canada est présentement en guerre ne devront pas être employés pour pavoiser les écoles. »

« Une, deux, une, deux... »

Les jeunes gens âgés de 21 et 22 ans, jugés aptes au service militaire, doivent se présenter à différents bureaux pour subir un entraînement de 30 jours dans un des quatorze camps : Joliette, Saint-Jérôme, Sorel, Saint-Hyacinthe, Valleyfield, Lévis, Mégantic, Montmagny, Chicoutimi, Valcartier, Rimouski, Sherbrooke, Huntingdon et Farnham.

Selon l'historien Jean-Yves Gravel, « le but inavoué de cette mesure est d'apprivoiser la population canadienne face au service militaire ». La vie est à peu près la même dans tous les centres d'entraînement :

Le programme des six premiers jours comprend 53 cours de 23 à 45 minutes, 18 exercices (entre autres, le maniement des armes), 6 exercices de culture physique, dont l'un chaque matin au lever. Il y aura, pendant cette période, 16 exercices de tir, 4 de baïonnette et 6 de protection contre les gaz. L'on donnera aux conscrits deux conférences sur la discipline militaire et une sur l'organisation de l'infanterie. Le programme quotidien commence à 6 heures du matin. Le déjeuner est à 7 heures et la parade du matin commence à 8 heures. Le dîner est à midi 15, et les exercices d'une durée de deux heures commencent à 2 h de l'après-midi. Le souper a lieu entre 5 et 6 heures.

Dans l'ensemble, les camps sont bien équipés. Pierre Décary, registraire de la région de Montréal, précise que « le camp de Sorel compte 29 pavillons pour 500 hommes. Il y a des matelas dans les lits, des douches, eau chaude et eau froide, des salles d'exercices à l'abri, etc. »

Pendant que les conscrits s'entraînent, Camillien Houde coupe du bois au camp de Petawawa. Dans sa ville, des élections municipales doivent avoir lieu le 9 décembre. Les amis du maire décident de présenter la candidature du détenu. Le 29 octobre, une assemblée à cet effet se tient à l'école Souart. La foule acclame l'épouse du maire, mais la joie est de courte durée, car un des organisateurs de Camillien Houde, Léon Trépanier, fait transmettre à l'assistance une nouvelle imprévue :

> Il nous arrive à la dernière minute, par l'entremise du poste de Radio-Canada, l'incroyable nouvelle émanant du cabinet du premier ministre [King] qu'un ordre en conseil venait d'être passé par les membres du cabinet King-Lapointe, en vertu duquel il est défendu à M. Houde d'être candidat à la mairie dans la présente élection. [...] Nous voulons croire que cette décision du cabinet n'a pas été prise à la suite des appels démagogiques lancés récemment dans la presse anglaise de Montréal. Vous conviendrez que, dans les circonstances, il nous est impossible de tenir cette assemblée.

Le 9 décembre 1940, Adhémar Raynault est élu maire de Montréal.

Un pas vers la centralisation

Le budget de guerre est de plus en plus élevé et le gouvernement fédéral veut augmenter ses sources de revenus. La Commission Rowell-Sirois « sur les relations entre le Dominion et les provinces » était arrivée à la conclusion que le pouvoir central pouvait élargir son champ d'action. Déjà, le 10 juillet 1940, le roi avait accordé la sanction royale à une modification de la Constitution canadienne en inscrivant dans les pouvoirs du gouvernement fédéral celui d'établir l'assurance-chômage. Maintenant, King veut occuper de nouveaux secteurs.

Le rapport des commissaires recommande que le gouvernement fédéral assume en entier le coût de l'assurance-chômage et les dettes des provinces. En retour, « les provinces abandonneraient l'impôt sur le revenu, la taxe sur les corporations, les droits sur les successions et les subsides fédéraux annuels ». Le tout doit faire l'objet des discussions de la conférence fédérale-provinciale qui se tient à Ottawa les 14 et 15 janvier 1941. En raison de l'opposition de trois premiers ministres à l'extension des pouvoirs du gouvernement fédéral : Mitchell Hepburn, de l'Ontario, William Aberhart, de l'Alberta, et Thomas Dufferin Pattullo, de la Colombie-Britannique, la conférence est beaucoup plus courte que les deux semaines prévues. Quant au premier ministre de la province de Québec, Adélard Godbout, il se montre plutôt conciliant. Hepburn se fait presque le défenseur des droits du Québec. « Nous formerons un bloc solide avec la province sœur du Québec, si ses droits minoritaires sont menacés sur cette fondation saine de l'unité nationale. Nous serons aussi fermes que le rocher de Gibraltar. Jouer avec l'œuvre de toute une vie de sir Wilfrid Laurier et de sir John A. Macdonald serait un acte de vandalisme. » Il demande donc que l'étude du transfert des droits soit reportée après la guerre.

Devant l'impasse, dans la plus grande discorde, King interrompt la rencontre, le 15 janvier, vers les 18 h 30. Le premier ministre tire quand même une conclusion positive de la conférence :

> Je tiens surtout à dire ce qui me semble être le résultat le plus important de cette conférence. Elle aura fait ressortir l'unité de but qui anime les représentants des provinces et du Dominion pour ce qui est de l'effort de guerre du Canada. Si nous avons été tous d'accord sur un point, certes c'est bien dans la détermination de tous — tant des provinces que du Dominion — de faire tout ce que nous pouvons pour gagner la guerre.

La guerre sainte

Le cardinal Villeneuve multiplie ses interventions pour stimuler l'effort de guerre. Le 8 janvier 1941, il annonce que « le 9 février, le Canada français prêtera serment de ne jamais déposer les armes ni de relâcher son effort sur le front intérieur tant que le triomphe de l'idéal démocratique sur les puissances de l'Axe ne sera pas assuré ». Les services de l'Information du gouvernement canadien vont tout mettre en branle pour faire de cette journée un événement marquant. Il faut qu'à l'avenir la guerre devienne guerre sainte. Pour cela, on insistera sur les dangers que court la civilisation chrétienne et les menaces que « la barbare Allemagne » fait planer sur elle.

Un texte rédigé par les services fédéraux d'Information et publié dans presque tous les journaux donne le sens de la manifestation :

Toutes les paroisses de la province de Québec s'uniront le 9 février prochain dans les mêmes prières, avec les mêmes intentions. Comprenant qu'il faut sauver la civilisation et la chrétienté, un peuple entier se met à genoux pour demander à la Providence la victoire de nos armées, de ces soldats qui sont nos frères. Il faut la victoire sur la haine, sur les entreprises odieuses de la force sur le droit. Pour la mériter, il faut agir, mettre en jeu toutes nos ressources matérielles et tout ce qui nous est cher. Mais il faut aussi mettre en jeu nos forces spirituelles. Dans les écoles, dans les hôpitaux, dans les familles, on récitera des prières privées ; mais l'Église sait que Dieu veut les peuples entiers agenouillés dans des suppliques publiques. À cause de l'importance énorme que prendra la Journée nationale de prières, demandées par les autorités civiles, nos seigneurs les archevêques et évêques de la province de Québec ont accordé une indulgence de 50 jours à la récitation par chacun de la prière pour la victoire et pour la paix que prononcera le très honorable Ernest Lapointe, ministre de la Justice, devant l'autel de l'église Notre-Dame, lors de la messe votive.

Le dimanche 9 février 1941, à l'église Notre-Dame de Montréal, plus de 9000 personnes assistent à cette messe. Presque au même moment, dans 1500 autres églises de la province de Québec, la cérémonie, personnalités célèbres en moins, se répète. Mais c'est à Montréal que la réunion des « fidèles » est la plus importante. Dans le chœur de l'église, une vingtaine d'archevêques et d'évêques occupent les stalles du fond. Aux premiers rangs de l'assistance, le premier ministre Godbout, le ministre Lapointe, bon nombre de ministres fédéraux et provinciaux, des députés, des sénateurs et des conseillers législatifs, des magistrats, des professeurs d'universités, des haut gradés de l'armée, etc.

Le cardinal Villeneuve prononce le sermon de circonstance. Après avoir comparé Hitler à Nabuchodonosor, le célèbre prédicateur lance le grand appel : « Ah ! certes, non, nous ne sommes point pour la guerre ! Mais pouvons-nous sans émoi laisser périr la civilisation chrétienne ; pouvons-nous regarder, indifférents, le règne de la barbarie reparaître dans le monde ; mais pouvons-nous, l'œil sec, voir s'abattre et périr tant de peuples que nous aimons et auxquels nous attachent les liens de toute espèce... » Il faut donc la victoire pour ne pas voir périr la civilisation et la chrétienté. Après le sermon, Lapointe récite la prière pour la victoire et pour la paix. Toute la cérémonie est filmée par des équipes de cinéastes, ainsi que le défilé militaire qui suit. Des copies en français et en anglais du film sont expédiées à Londres et dans les grandes villes canadiennes.

Le soir même de la messe votive, à Québec, une bagarre éclate entre les forces policières et 400 soldats du Highland Light Infantry of Canada, de Brandford en Ontario. Les policiers municipaux et les policiers militaires doivent utiliser des gaz lacrymogènes pour disperser les manifestants qui, semble-t-il, protestaient contre l'arrestation, quelques jours auparavant, de deux de leurs camarades dans « une maison de désordre ». L'affaire rebondit à la Chambre des Communes. Le député Wilfrid Lacroix proteste auprès du ministre de la Défense : « Pourquoi, demande-t-il, mettre en caserne à Québec un régiment d'origine anglaise dont la préoccupation est d'insulter les nôtres ? J'étais moi-même présent et j'ai constaté cette scène dégoûtante et peu de nature à promouvoir l'unité nationale. [...] Pourquoi ne pas laisser à Québec que des régiments canadiens-français ? »

La censure

Tous les membres du clergé catholique ne déploient pas la même ardeur que Villeneuve. Deux prêtres de son diocèse, au contraire, font preuve d'une « incompréhension » grave : Édouard-Valmore Lavergne, curé de la paroisse de Notre-Dame-de-la-Grâce, à Québec, et Pierre Gravel, vicaire à Saint-Roch, dans la vieille capitale. Il y a aussi Simon Arsenault, le supérieur du Scolasticat des Frères de Saint-Vincent-de-Paul, toujours à Québec. Ce père collaborerait à la revue *La Droite*, dont le secrétariat d'État interdira la publication en avril 1941. « Le cardinal Villeneuve, écrit Robert Rumilly, ordonne à l'abbé Lavergne de se retirer au monastère de Saint-Benoît-du-Lac, jusqu'à nouvel ordre, en invoquant un prétexte auprès de ses paroissiens. Il écrit en même temps au provincial des Pères de Saint-Vincent-de-Paul une lettre très sévère et même dure pour le père Arsenault, traité comme le sont les prêtres fourvoyés dans l'indignité. Il se borne à transmettre l'avertissement à l'abbé Gravel qu'il est difficile d'éloigner à titre préventif. »

Un extra de la *Gazette du Canada*, en date du 23 juin, contient un avis annonçant l'interdiction de l'hebdomadaire montréalais *La Voix du Peuple*. Se basant sur l'article 15 des règlements concernant la défense du Canada, Pierre-F. Casgrain, secrétaire d'État, affirme que le journal « nuit à la sécurité de l'État et à la poursuite de la guerre » et qu'en conséquence sa publication est à l'avenir interdite. Plusieurs publications européennes sont aussi interdites au Canada. Ainsi, l'hebdomadaire français *Candide* subit, à la mi-septembre 1941, les foudres de la censure canadienne.

Le rationnement

En juin 1941, la guerre prend un nouveau tournant. Le 22, Hitler décide d'attaquer la Russie, son allié d'hier, qui, elle, se range dans le camp allié. On sent que le Japon ne tardera pas à entrer activement dans le conflit. Les États-Unis participent indirectement à l'effort de guerre, bien que leurs soldats ne soient pas encore sur les champs de bataille. Le 25 juillet, le président Roosevelt publie un décret dénonçant l'occupation nippone de l'Indochine française et annonçant des mesures de représailles.

> En vue de l'état d'urgence nationale illimitée déclarée par le président, celui-ci a émis, aujourd'hui, un décret en conseil gelant les biens japonais aux États-Unis de la même façon que les biens de différents pays européens ont été immobilisés le 14 juin 1941. Cette mesure, qui est immédiatement en vigueur, transfère sous le contrôle du gouvernement des États-Unis toutes les transactions financières, toutes les transactions d'importations et d'exportations dans lesquelles sont impliqués des intérêts japonais et elle impose des pénalités criminelles pour toute violation de ce décret.

Le même jour, le premier ministre King immobilise tous les biens des Japonais vivant au Canada. Un contrôle analogue est établi, à la demande du gouvernement chinois, sur les fonds chinois au Canada.

L'industrie de guerre, ainsi que l'armée, la marine et l'aviation, consomment de plus en plus d'essence. L'approvisionnement en produits importés risque d'être plus difficile. Il est vrai que les puits de pétrole de l'Alberta produisent des milliers de baril d'huile, mais le pipe-line devant relier Portland à Montréal est en voie de construction et il faudra attendre encore quelque temps pour que la métropole puisse recevoir les 55 000 barils par jour prévus.

Le 15 juillet, le contrôleur fédéral G. R. Cottrelle annonce le contrôle immédiat de la gazoline et du pétrole. « La vente, la livraison et la distribution de la gazoline et de l'huile seront interdites aux automobilistes de 7 heures du soir à 7 heures du matin tous les jours de la semaine et toute la durée de la journée du dimanche. [...] La carte de crédit est interdite: l'achat de la gazoline et de l'huile devra se faire comptant. » De plus, le coût du gallon d'essence augmente immédiatement d'un cent, se vendant désormais « 30 cents pour la qualité ordinaire et 32 cents pour la qualité supérieure ». Le gérant du Royal Automobile Club of Canada lance le mot d'ordre: « A gallon a day will keep Hitler away », épargner un gallon par jour tiendra Hitler au loin. On recommande aux automobilistes d'éviter les promenades inutiles et de ne pas dépasser la vitesse de 40 milles à l'heure.

La Commission des prix et du commerce en temps de guerre décrète qu'à partir du 11 août 1941 « la vente du pain tranché, les livraisons spéciales de pain et l'usage de feuilles doubles ou multicolores d'emballage sont défendus ». Quelques jours plus tard, une nouvelle ordonnance stipule que « l'impression sur les feuilles d'emballage doit être d'une seule couleur, d'un dessin de caractère standard et ne doit pas recouvrir plus que 25 pour cent de la surface ».

À Ottawa, on multiplie les commissions et les offices de toutes sortes. Ainsi, l'Office national de récupération, dans un communiqué publié le 7 août, demande à la population de ne plus jeter les graisses animales, car on doit diminuer l'importation des huiles végétales. On organise donc une grande campagne de récupération :

> Dans les régions urbaines, on demandera aux vidangeurs de recueillir les graisses animales que leur remettront les ménagères. On se servira de récipients spéciaux pour transporter ces rebuts. Tout ce que nous demandons aux ménagères des villes, c'est de séparer les os de cuisine et les graisses des autres rebuts. Les vidangeurs sont priés de s'occuper du reste, en guise de travail de guerre volontaire. [...] Dans les petites villes et les centres ruraux où il n'y a pas de système organisé pour recueillir les rebuts, la collecte des graisses et des os sera confiée à des Canadiennes patriotiques. L'IODE, la Croix-Rouge, les conseils féminins locaux, la Ligue catholique des femmes et d'autres groupements sont priés de s'organiser pour recueillir cet important matériel de guerre.

Le 11 août, un arrêté en conseil interdit l'usage de la soie grège pour autre chose que la production de guerre. Le fer blanc, le caoutchouc, le liège et le chlore sont aussi soumis à un contrôle gouvernemental. Le 15 octobre, c'est au tour de la glycérine de passer sous régie d'État. « La glycérine canadienne, déclare C. D. Howe, ministre des Munitions et Approvisionnements, est en demande pour la fabrication des explosifs qui font sauter l'ennemi. »

Le gouvernement King décide aussi d'imposer un contrôle sur les achats, les ventes et les salaires. Le chômage a à peu près disparu et les salaires ont augmenté ainsi que le coût de la vie. Considérant que 100 est l'indice du coût de la vie pour la période 1935-1939, le taux passe à 111,7 en 1941. Le 26 septembre 1941, la Commission des prix et du commerce oblige « toute personne, société ou compagnie vendant des produits alimentaires, moulés ou vêtements, articles de modes, chaussures, ou fourrure, ou faisant le commerce de ceux-ci » à se procurer une licence renouvelable tous les six mois. Le numéro de la licence devra apparaître sur chacune des factures. Le 14 octobre, une nouvelle ordonnance touche le crédit au consommateur. Ce dernier paiera moins cher s'il paie comptant. Quatre jours plus tard, le gouvernement fédéral va encore plus loin. King, dans un discours prononcé à la radio, annonce une réglementation du coût de la vie.

> À partir du 17 novembre 1941, déclare-t-il, personne ne pourra vendre des denrées ou fournir des services moyennant un prix ou une rémunération dépassant ce qu'il exigeait pour ces denrées ou ces services pendant les quatre semaines comprises entre le 15 septembre et le 11 octobre de la présente année. En d'autres termes, les prix devront rester au niveau déjà

atteint. Sauf dans les cas où des prix minimums sont fixés, tous les prix pourront baisser au-dessous du maximum. [...] Cette mesure [...] s'appliquera aussi à tous les loyers, et aux prix exigés pour l'électricité, le gaz, la vapeur utilisée pour le chauffage et l'eau, de même que pour les services télégraphiques, radiotélégraphiques et téléphoniques ; pour le transport des marchandises et des voyageurs et l'utilisation des docks et de l'outillage des ports ; pour l'entreposage et l'emmagasinage ; pour les entreprises de pompes funèbres et l'embaumement ; pour le blanchissage, le nettoyage et la confection de vêtements d'hommes et de femmes ; pour la coiffure et les services connexes ; pour la plomberie et l'installation d'appareils de chauffage ; pour la peinture et la décoration des bâtiments et les réparations de toutes sortes ainsi que pour les repas, les rafraîchissements et les breuvages.

Comme conséquence logique, le gouvernement fédéral impose aussi le gel des salaires.

Enfin, une commission fixera les prix des produits agricoles. « Les présentes mesures, conclut le premier ministre du Canada, aideront à gagner la guerre et ouvriront la voie au redressement et à la restauration dans les années de paix qui suivront. »

Et les grèves ?

Le 24 juillet 1941, à Arvida, les cuvistes à l'emploi de l'Aluminium Company quittent leur travail. Ils veulent une augmentation de 10 cents l'heure, affirmant que leurs confrères des autres provinces reçoivent un salaire plus élevé que le leur pour un travail similaire.

L'usine d'Arvida est d'une grande importance dans l'industrie de guerre. Presque toute sa production d'aluminium est utilisée dans la fabrication d'avions de combat. Rapidement, on dénonce ces francophones, manipulés par des agitateurs qui font le jeu de l'ennemi ! Un détachement militaire vient donc protéger l'endroit. L'arrêt de travail dure trois jours et les ouvriers acceptent de retourner au travail à la suite de négociations. On calcule que la compagnie a perdu 32 millions de livres de métal avec la grève.

Le gouvernement fédéral ordonne donc une enquête royale sur l'origine et le déroulement de la grève d'Arvida. Gérard Picard, secrétaire national de la Confédération des travailleurs catholiques du Canada, représentera les employés dans le comité d'arbitrage, alors que Bernard Devlin sera le représentant des employeurs. Le 17 octobre, le rapport des enquêteurs est rendu public. « Il n'y a pas eu de sabotage », concluent-ils.

Entre-temps, soit le 17 septembre, Norman Alexander McLarty, ministre fédéral du Travail, avait tenu une conférence de presse concernant un nouvel arrêté en conseil déclarant illégale une grève dans les industries de guerre. Selon le règlement,

> toute grève dans une industrie de guerre est illégale avant que : (1) une commission de conciliation n'ait enquêté sur le conflit et que ses conclusions n'aient été communiquées aux deux parties ; (2) les travailleurs n'aient informé le ministre du Travail qu'ils projettent une grève ; (3) subséquemment, un scrutin n'ait été tenu sous le contrôle du ministère du Travail, sujet aux dispositions et restrictions que pourrait imposer le ministère ; (4) la majorité des travailleurs concernés ne se soient prononcés en faveur de la grève [...] Dorénavant, tout travailleur qui fait la grève en contravention des nouveaux règlements ou qui encourage ou pousse d'autres à le faire, est passible d'une amende de 500 $ ou d'au plus douze mois d'emprisonnement ou les deux.

La participation volontaire

À partir de la mi-mars, les conscrits subissent un entraînement de quatre mois, au lieu d'un. Dans les camps, on fait parfois quelque pression sur les soldats pour qu'ils signent un engagement pour aller servir outre-mer car, encore sous le régime du volontariat, la conscription n'était valide que pour le territoire canadien.

Certains dénoncent le manque d'enthousiasme des francophones pour le service actif. Au tout début du mois de mai 1941, l'hebdomadaire *Life*, publié à New York, souligne « le manque de loyauté des Canadiens français ». Le 5, le premier ministre Godbout et le chef de l'Opposition, Maurice Duplessis, « fustigent » le magazine américain et vantent la loyauté des francophones qui sont loin de former « une cinquième colonne », comme l'affirme *Life*. Godbout accorde une entrevue au correspondant québécois du *New York Times*, le 17 mai, sur le même sujet. « Disons aussitôt que les Canadiens français sont les plus Canadiens de tous les Canadiens », commence par affirmer le chef provincial du parti libéral, avant d'énumérer les grands combats auxquels ont participé les Canadiens français.

Un mois à peine après cet incident, le major W. W. Goforth, professeur à l'Université McGill, publie les résultats de son enquête, effectuée à la demande de l'État-major de l'armée canadienne sur les problèmes de recrutement dans la province de Québec. « Ce rapport, écrit Jean-Yves Gravel, veut avant tout corriger l'opinion injuste du Canada anglais sur l'effort de guerre du Québec. Ce dernier a été bien meilleur qu'on ne le dit généralement dans la presse anglophone. » Goforth écrit lui-même : « Si l'on tient compte de tous les handicaps techniques et linguistiques subis par le soldat canadien-français dans l'armée canadienne — et dont certains peuvent être supprimés — on peut dire en vérité que les enrôlements des Canadiens français pour service actif ont été tout aussi satisfaisants, en nombre et en qualité, que ceux de leurs compatriotes de langue anglaise. » Le problème majeur réside dans le fait que « des 55 000 volontaires canadiens-français qui servent dans l'Armée, en mars 1942, plus de la moitié doivent le faire dans des unités anglophones. »

Si Goforth prône l'établissement d'unités francophones, son supérieur immédiat, le lieutenant-colonel L. M. Chesley, recommande que les recrues de langue française soient versées dans des unités de langue anglaise. « Presque tous les officiers supérieurs anglophones amenés à donner suite au rapport Goforth, note Gravel, se sont opposés à l'idée d'une brigade francophone sous prétexte de combattre la ségrégation, y compris le chef de l'État-major, le général H. D. G. Crerar, et le ministre de la Défense nationale, J. L. Ralston. Ce dernier recommande que la question soit étudiée davantage. Elle le sera jusqu'en 1967 ! »

Le grand effort

Le parti conservateur du Canada se donne un nouveau chef, le 12 novembre 1941. Arthur Meighen, qui avait déjà été premier ministre du Canada en 1920-1921 et en 1926, en acceptant la direction de la formation politique, se dit en faveur d'un gouvernement d'union et aussi de la conscription pour le service outre-mer.

> La crise actuelle, dit-il, s'avère plus intense ; il importe d'y faire face ou de périr. Qui osera dire que le Canada est même en vue d'une guerre totale ? L'important, en ce moment, est de faire face au péril ou c'en est fait de nous. Il nous est impossible de le faire de la façon dont les choses se passent aujourd'hui. Les ressources humaines sont essentielles et elles nous manquent. Nous avons essayé par tous les moyens de faire comprendre la chose, et nous avons lamentablement failli. Nous n'avons pas les hommes pour le champ de bataille où notre sort se décidera avec une certitude inexorable. [...] Nos méthodes actuelles sont illogiques, cruellement injustes et d'une inefficacité tragique. Par conséquent, avec toute l'énergie dont je dispose, je demanderai le service militaire obligatoire sur une base sélective pour tout théâtre de guerre.

Le théâtre de guerre est témoin d'un nouveau drame : l'attaque de Pearl Harbor par l'aviation japonaise, le 7 décembre 1941. La guerre éclate aussitôt entre les États-Unis alliés de l'Angleterre, et le Japon. Le Canada déclare alors la guerre au Japon, et le 11 décembre, l'Allemagne et l'Italie, à leur tour, annoncent que l'état de conflit existe entre elles et le peuple américain. Le 24 décembre, les Français libres prennent possession des îles Saint-Pierre et Miquelon, non loin de Terre-Neuve.

À Washington, le 1er janvier 1942, vingt-six pays adhèrent à la Charte de l'Atlantique, le gouvernement de chacun s'engageant à ne pas conclure d'armistice ou de paix séparée « avec les membres de l'Axe contre lesquels ce gouvernement est en guerre ». Leighton McCarthy signe l'entente au nom du Canada. Il faudra peut-être en venir bientôt à la conscription pour le service outre-mer, mais tant de promesses ont été faites par les dirigeants canadiens-français!

Défilé de recrues sur la rue Sherbrooke à Montréal en septembre 1939.

Des militaires canadiens faits prisonniers lors du débarquement de Dieppe.

La conscription

1942

L A TROISIÈME SESSION DU DIX-NEUVIÈME PARLEMENT s'ouvre à Ottawa le 22 janvier 1942. Le discours du Trône annonce la tenue d'un plébiscite pour savoir si les Canadiens sont prêts à relever le gouvernement King de ses promesses de ne pas établir la conscription pour le service militaire outre-mer. Députés et commentateurs politiques se demandent immédiatement si ce plébiscite constitue un vote de confiance dans le gouvernement établi et si, advenant une réponse négative, King démissionnera.

Au Québec, on cherche à savoir quelle sera l'attitude des autorités provinciales. Le 26 janvier, Adélard Godbout participe à Montréal à une assemblée qui le force presque à préciser sa position : « L'Angleterre, dit-il, n'a pas besoin de soldats. Et M. King le sait ! Ce dont l'Angleterre a besoin, ce sont des munitions, des vivres, le soutien matériel que l'industrie et l'agriculture du Canada peuvent lui fournir pour contribuer à sa défense. [...] Je suis contre la conscription pour le service outre-mer et je ne pense pas qu'elle soit nécessaire. Car je pense que la conscription serait un crime actuellement. » Cléophas Bastien, ministre sans portefeuille dans le cabinet Godbout, déclare ensuite que lorsque le premier ministre du Québec « a parlé de conscription pour service militaire outre-mer, il a parlé au nom de tous et de chacun de ses ministres. La question a été décidée depuis quelques jours et tous ses ministres sont unanimes à le suivre. »

À Montréal, l'opposition à la conscription s'organise autour de la Ligue pour la défense du Canada, mise sur pied au début de février 1942. Selon les politicologues Daniel Latouche et Diane Poliquin-Bourassa, l'organisme « est une initiative de Michel Chartrand et de Roger Varin ; désireux de poser des gestes concrets, ils vont trouver l'abbé Groulx qui leur conseille de s'unir à André Laurendeau et à Paul Gouin ». Le quotidien *Le Devoir*, dans son édition du 7 février, publie le texte du manifeste de la Ligue. Les signataires en sont Jean-Baptiste Prince, Maxime Raymond, Georges Pelletier, J.-Alfred Bernier, L.-Athanase Fréchette, Philippe Girard, Gérard Filion, Jean Drapeau, Roger Varin et André Laurendeau.

La Ligue pour la défense du Canada recommande de voter non lors du plébiscite : « Pourquoi ? Parce que nul ne demande d'être relevé d'un engagement s'il n'a déjà la tentation de le violer. » Le manifeste énumère six raisons qui justifient sa prise de position :

> Parce que, de l'avis de nos chefs politiques et militaires, le Canada est de plus en plus menacé par l'ennemi et que notre premier et suprême devoir est de défendre d'abord notre pays ; parce que, selon les statistiques données par les fonctionnaires du recrutement et par le gouvernement lui-même, le volontariat fournit encore, en février 1942, deux fois plus d'hommes que n'en peuvent absorber nos diverses armées ; parce qu'un petit pays, de onze millions d'habitants, dont l'on prétend faire le grenier et l'arsenal des démocraties ou des nations alliées, ne peut être, en même temps, un réservoir inépuisable de combattants ; parce que le Canada a déjà atteint et même dépassé la limite de son effort militaire et que, victorieux, nous ne voulons pas être dans une situation pire que les peuples défaits ; parce que, comparativement à sa population et à ses ressources financières, le Canada a déjà donné à la cause des Alliés autant, à tout le moins, qu'aucune des grandes nations belligérantes ; parce qu'aucun de ces grands peuples n'a encore pris — que nous sachions — la détermination de détruire sa structure interne et qu'en rien responsable de la présente guerre, le Canada n'a le droit ni encore moins l'obligation de se saborder.

La première grande assemblée en faveur du « non » a lieu au Marché Saint-Jacques à Montréal, le 11 février. Près de 10 000 personnes y assistent. Jean Drapeau, alors étudiant en quatrième année de droit à l'Université de Montréal, prend la parole au nom des étudiants et de la jeunesse en général. Il demande que le droit de vote au plébiscite soit accordé aux jeunes de 18 à 21 ans, puisqu'ils risquent d'être envoyés outre-mer. Gérard Filion parle au nom des jeunes cultivateurs. Selon l'orateur, si les jeunes sont prêts à défendre leur « petite patrie », ils ne sont pas prêts à défendre « l'autre patrie, celle des profiteurs internationaux, celle des marchands de caoutchouc de Singapour, celle des trafiquants d'opium de Hong Kong, celle des raffineurs de pétrole en Irak, celle des négociants en coton d'Égypte et des Indes, cette autre patrie des Deux-Cents de Toronto... Cette patrie-là, nos jeunes cultivateurs refusent d'être forcés de verser leur sang pour la défendre ». Henri Bourassa est l'orateur le plus écouté. Après un appel au calme, il prédit : « Jeunes gens, jeunes gens quel que soit le résultat du plébiscite, si la guerre dure encore deux ans, la conscription, vous l'aurez. »

La foule est trop nombreuse et plusieurs ne peuvent pénétrer à l'intérieur du marché public. Des haut-parleurs retransmettent à l'extérieur les propos des orateurs.

> On entendait peu, surtout quand les tramways passaient, raconte André Laurendeau. Des jeunes commencèrent à s'impatienter. Ils réclamaient qu'on change le parcours des tramways qui, bien entendu, continuaient de passer. Des morceaux de glace, puis des briques les accueillirent l'un après l'autre ; les vitres volèrent. Survient là-dessus un petit groupe de militaires anglophones. Ils écoutent quelques phrases des discours. Puis on les entend dire : « This is an English country. These French Canadians should speak English. » Coin Amherst et Ontario, la remarque est malheureuse. Pourtant la bagarre n'éclate pas encore. Les activistes partent alors en bande et, dans le style étudiant, s'en vont aux environs vider un bordel fameux. La police, en motocyclette, fonce sur eux.

C'est alors que la bagarre éclate. On essaie de prendre les tramways d'assaut. Sur ce, intervient la police à cheval. Le bilan : « dix-huit arrestations, huit policiers blessés et, chez les civils, un nombre impressionnant de gueules cassées ».

Les organisateurs de l'assemblée croient que la manifestation violente a été organisée par des agitateurs à la solde du gouvernement fédéral qui profiterait de l'occasion pour interdire les assemblées publiques, surtout celles dénonçant la conscription.

Le projet de loi sur le plébiscite fédéral est adopté en première lecture à la Chambre des Communes, le 23 février. La question qui sera soumise aux électeurs, le 27 avril, se formule ainsi : « Consentez-vous à libérer le gouvernement de toute obligation résultant d'engagements antérieurs restreignant les méthodes de mobilisation pour le service militaire ? » Le 5 mars, Lyman P. Duff, au nom du gouverneur général, accorde la sanction royale au projet de loi.

Des assemblées en faveur du Oui ou du Non se tiennent un peu partout. Ici et là, on fonde des sections de la Ligue de défense du Canada qui canalise l'opposition à la demande de King. À l'Assemblée législative de la province de Québec, le député René Chaloult présente une motion selon laquelle la « Législature exprime l'avis : (a) Que les électeurs de cette province doivent répondre non à toute question relative à la libération du gouvernement fédéral des promesses et engagements touchant le service militaire obligatoire hors du Canada ; (b) Que les cultivateurs et les employés de ferme doivent être exempts de tout service quel qu'il soit. » Le 9 avril, l'Assemblée législative discute la motion Chaloult et par le fait même la question du plébiscite. Le premier ministre Godbout demande alors à la population de voter Oui :

> Conscription et plébiscite ne sont pas une seule et même chose. Si le gouvernement fédéral en avait fait une seule et même chose, je n'aurais aucune hésitation à dire : répondez NON au plébiscite. Car la question étant ainsi posée, le gouvernement fédéral aurait été obligé d'imposer la conscription. Mais la question posée dans le plébiscite, c'est de savoir si l'électorat est prêt à libérer le gouvernement de ses engagements de ne pas imposer la conscription pour le service outre-mer, pour le cas où la nécessité absolue imposerait cette mesure. Car si l'électorat répond OUI, le gouvernement sera délié de ses promesses, mais il ne sera pas tenu d'imposer la conscription. Il sera absolument libre d'agir suivant les circonstances.

Il demande aux électeurs de réfléchir avant de répondre Non car, selon lui, c'est tout l'avenir du Canada qui est en jeu :

> Qui peut affirmer que demain le Canada ne sera pas la première victime de Hitler ? Qui peut dire que demain nos femmes et nos enfants ne seront pas les victimes comme l'ont été les femmes et les enfants des pays envahis ? Véritablement, ce n'est pas le temps de cacher la vérité à l'électorat. Dans une situation comme celle-là, le dernier effort doit être fait pour gagner la guerre : le dernier sou au besoin doit être dépensé. [...] Je demande au peuple de ma province d'y penser deux fois [...] avant de dire non au plébiscite contre la demande du seul grand personnage du monde anglais qui nous soit sympathique comme M. King. [...] Si, demain, M. King me commande de traverser en Europe pour être le cireur de bottes des soldats, j'irai joyeusement. Je n'ai aucun doute que, du côté de l'opposition, on obéirait avec autant d'entrain, car il ne s'agit pas de savoir si la guerre nous plaît ou ne nous plaît pas : nous sommes en face d'une guerre totale, et telle que, dans un mois, nous pouvons avoir l'ennemi ici.

La motion Chaloult est rejetée, le 10 avril, à une heure du matin, par 55 voix contre 12.

Mesures d'urgence

Alors que se discute la question du plébiscite, le premier ministre King annonce, le 24 mars, l'adoption de trois nouvelles mesures d'urgence : extension du service militaire obligatoire, accélération de la production de guerre et maintien des services essentiels de la population civile. En vertu de la première mesure, tous les hommes nés de 1912 à 1921, célibataires ou veufs sans enfants, le 15 juillet 1940, sont assujettis à l'instruction et au service militaire. « En d'autres termes, la limite d'âge pour le service obligatoire est portée de 24 à 30 ans. » Les nouvelles recrues seront choisies par tirage au sort « parmi tous ceux à qui s'applique la proclamation ». Ces nouveaux soldats, une fois leur entraînement terminé, seront libres de décider s'ils veulent aller servir outre-mer.

Pour compenser un manque de main-d'œuvre, le gouvernement fédéral veut attirer les femmes vers l'industrie par toute une série de mesures :

> 1) Des campagnes de recrutement, organisées et vulgarisées en vue d'attirer les femmes vers les occupations nécessaires ; 2) L'établissement d'organismes appropriés pour interroger, conseiller et diriger les femmes qui désirent un emploi ; 3) L'établissement de services de placement et d'orientation, spécialisés pour la main-d'œuvre féminine ; 4) L'avance des frais de transport, au besoin, afin de permettre le déplacement jusqu'à l'endroit où le travail est disponible ; 5) L'établissement d'hôtelleries ou de moyens satisfaisants de logement ; 6) L'établissement de pouponnières ou d'autres services, en vue du soin des enfants : 7) L'établissement, au besoin, de services médicaux et de moyens de divertissement ; 8) L'établissement d'un programme de formation, spécialement adapté aux femmes tant dans l'industrie que directement sous l'égide de l'État ; 9) Les appels et la pression auprès des patrons peu enclins à embaucher la main-d'œuvre féminine ; 10) La modification des restrictions visant à l'emploi des femmes et surtout des femmes mariées dans les institutions et aussi dans le service de l'État.

Pour favoriser l'enrôlement, le gouvernement décrète qu'un certain nombre d'emplois ne devront pas être occupés par des hommes âgés de 17 à 45 ans, « à moins qu'ils n'aient été jugés inaptes au service militaire actif ou autorisés spécialement à occuper un pareil emploi ». Parmi les emplois visés, il y a ceux de comptables, caissiers, sténographes, dactylos, commis, préposés des machines de bureau, messagers, vendeurs et préposés de vente, chauffeurs de taxi, etc. S'ajoutent plusieurs catégories d'emplois : tout ce qui touche le commerce de gros ou de détail, les opérations immobilières, le secteur de la récréation, de la restauration, de la fabrication d'objets d'art, de réparation de vêtements ou autres.

Un Canada divisé

Alors que dans le reste du Canada, un certain consensus se dégage en faveur du Oui au plébiscite, dans la province de Québec, les partisans des deux camps multiplient les réunions. Dans les journaux, les annonces abondent. L'une d'elles, payée par le ministre du Revenu national, Colin Gibson, établit une comparaison prévisible : « Selon moi, Hitler voterait non, Quisling ne voterait pas du tout, et tous les Canadiens voteront oui. » Lors d'une assemblée tenue à Montréal le 8 avril, Paul-Émile Robert se charge de répondre à Gibson : « Hitler, au plébiscite, voterait oui, parce qu'il a intérêt à ce que le Canada soit désuni, que l'unité nationale qui existe plus ou moins actuellement soit rompue et peut-être même que la Confédération prenne fin. Hitler voterait Oui, et les véritables Canadiens voteront NON. »

La Ligue pour la défense du Canada proteste contre le fait que la Société Radio-Canada ouvre gratuitement ses ondes aux partisans du Oui et les ferme à ceux du Non. Justement, le 10 avril, le ministre de la Justice, Louis Saint-Laurent, demande à la population de se prononcer pour le Oui : « Votre intérêt, l'intérêt de votre pays, celui de votre province, celui de vos enfants et de leurs enfants exigent que vous votiez oui. [...] Si jamais la conscription devient nécessaire, ne vous semble-t-il pas qu'un gouvernement qui ne pourrait moralement y recourir serait obligé de démissionner et de laisser à d'autres le soin de l'imposer et de l'administrer. »

Certaines assemblées se déroulent sous le signe de la turbulence. À Val d'Or, le 19 avril, une réunion en faveur du Oui se termine par une bagarre presque générale au cours de laquelle des chaises volent en éclats. Des manifestants lancent des œufs contre certains orateurs et les partisans du Non sont violemment pris à parti. À Montréal, une assemblée au marché Atwater se termine par quelques arrestations. Cette assemblée, qui se tient le 23 avril, soit trois jours avant le scrutin, est l'une des plus imposantes. Plus de 20 000 personnes y assistent et les partisans du Non sont acclamés. La veille du plébiscite, à Toronto, Samuel Bronfman, président du Congrès juif canadien, demande à tous les Juifs du Canada de voter Oui, autrement, dit-il, le ministre allemand Goebbels exploitera le résultat du plébiscite.

Le 27 avril 1942, sur une possibilité de 6 502 234 votants inscrits sur les listes, 4 638 847 se présentent aux urnes. 2 945 514 votent Oui ; 1 643 006 votent Non. Dans ce dernier groupe, 993 663 viennent du Québec. Pour l'ensemble du Canada, environ 80 pour cent répondent par l'affirmative à la question posée, alors qu'au Québec 71,2 pour cent se prononcent contre. En somme, la majorité des francophones votent Non, la majorité des anglophones, Oui ! Pour François-Albert Angers, c'est « un vote de race ». Selon la Ligue pour la défense du Canada, rien n'est réglé : « Ni le gouvernement ni le parlement actuels ne sont déliés de leurs engagements actuels. [...] Un pacte reste un pacte. » Les partisans du Non ne peuvent accepter que King, qui avait formulé des promesses formelles aux habitants du Québec, demande à tout le Canada de le relever de promesses faites à une partie seulement du Canada.

Une première conséquence

Le 8 mai, à la suite d'une réunion du Conseil des ministres, King fait inscrire au feuilleton de la Chambre des Communes, pour le 11 suivant, « une loi modifiant la loi de 1940 sur la mobilisation des ressources nationales ». La rumeur court alors que le ministre fédéral des Travaux publics, Arthur Cardin, s'apprête à remettre sa démission, car il ne serait pas d'accord avec le projet de loi qui, à toutes fins utiles, établit la conscription pour outre-mer. La mesure veut faire disparaître la clause 3 de la Loi de la mobilisation de 1940 en vertu de laquelle on ne peut requérir « des personnes de servir dans les forces militaires, navales ou aériennes en dehors du Canada et de ses eaux territoriales ».

Tel que prévu, le 11 mai, King annonce la démission de Cardin et présente son projet de loi sur la conscription. Il dégage ce qui est, selon lui, le vrai sens du récent plébiscite :

> En soumettant la question du plébiscite au Parlement et au peuple, j'ai à maintes reprises souligné l'importance de faire disparaître toute restriction ou même tout semblant de restriction aux pouvoirs du gouvernement d'effectuer un effort total en vue de la guerre totale. J'ai alors fait remarquer que l'effort de guerre du Canada était placé sous un mauvais jour en raison de l'existence de ce qui semblait une restriction à un effort total. Si l'amendement est adopté, l'effort de guerre du Canada paraîtra dorénavant sous son vrai jour, dégagé de toute restriction morale ou légale. Par son vote sur le plébiscite, le peuple a exprimé son consentement à la suppression de l'unique restriction à la liberté de décision et d'action du gouvernement. La suppression de l'article 3 de la loi de la mobilisation de nos ressources nationales est, en d'autres termes, la conséquence logique du vote plébiscitaire.

La présentation du projet de loi et les déclarations de King sèment l'inquiétude au Québec. Le 19 mai, le ministre Saint-Laurent veut rassurer ses électeurs, et il écrit au secrétaire de l'Association libérale de Québec-Est :

> Il n'est nullement question, pour le moment, d'imposer la conscription pour service outre-mer et je suis sûr que le présent gouvernement n'y consentirait qu'en présence d'une nécessité absolue pour notre propre salut. [...] Moi, je suis ici, à Ottawa, où les choses se passent et j'en suis au courant. Vous, vous êtes à Québec où vous entendez toutes sortes de rumeurs plus ou moins fondées ; pensez-vous que vous êtes mieux que moi en état de décider ce qui peut être dans notre meilleur intérêt ?

Pour les nationalistes québécois, King, Saint-Laurent et compagnie trahissent leurs promesses. Le 19 mai, au marché Saint-Jacques, les dirigeants de la Ligue pour la défense du Canada réclament que la lutte contre la conscription continue. René Chaloult tient des propos qui lui vaudront un procès.

> Il vous est arrivé sans doute dans la rue de vous faire poursuivre par un chien qui jappait après vous, dit-il à ses milliers d'auditeurs. Lorsque vous paraissiez le craindre, il accentuait son humeur, mais quand vous lui faisiez face résolument il se taisait et reculait. La situation est la même dans le Canada. Nos associés anglais dans la Confédération respectent ceux qui savent leur tenir tête, mais ils méprisent ceux qui rampent devant eux comme le font un grand nombre de nos hommes politiques à Ottawa et à Québec. Les Anglais méprisent leurs valets, mais ils respectent ceux qui peuvent se tenir et ont le courage de leurs convictions. [...] On nous dit que le gouvernement fédéral est actuellement délié de ses engagements. J'affirme qu'il est plus lié que jamais. Le gouvernement fédéral s'est engagé non pas envers la majorité anglaise, envers la majorité conscriptionniste, mais envers la minorité canadienne-française, envers les anticonscriptionnistes. Pour qu'il pût être libéré, il aurait fallu que la majorité des Canadiens français votât oui.

Partant du principe que les Alliés se battent pour défendre les minorités opprimées, Chaloult se demande pourquoi King opprime la minorité canadienne-française. « Je n'accepte pas davantage la conscription imposée par M. King et son cabinet que celle de M. Borden ou de M. Meighen. Mordu par un chien ou par une chienne, c'est la même chose. »

Les propos de Chaloult soulèvent l'indignation. Le 27 mai, le ministre canadien de la Justice, Louis Saint-Laurent, décide d'entreprendre des poursuites judiciaires contre le député de Lotbinière qui aurait tenu des « propos séditieux ». On reproche à l'orateur la phrase suivante : « Je crois qu'après cette guerre se rompra net le lien qui nous relie actuellement à l'Angleterre. » Le procès débutera le 6 juillet 1942. Chaloult sera acquitté le 3 août suivant.

La vraie menace

Ceux qui parlaient d'une menace allemande pour le Canada n'avaient pas complètement tort car, à l'époque où se discute le projet de loi sur la conscription pour outre-mer, des sous-marins allemands se baladent dans le fleuve Saint-Laurent. Ils remontent au moins jusqu'à Tadoussac. Certaines rumeurs affirment même qu'ils se sont aventurés jusqu'à Québec, ce qui n'est pas sûr. Un premier navire aurait été torpillé le lundi 11 mai 1942 dans le golfe Saint-Laurent. Selon une nouvelle de la *Canadian Press*, « deux hommes seraient morts au cours du torpillage. Ils dormaient dans leurs quartiers quand les torpilles ont frappé le navire ». Les survivants auraient regagné la rive à bord d'une chaloupe de sauvetage.

La nouvelle du torpillage survient à un moment psychologique opportun, c'est-à-dire au moment même où les Communes sont saisies d'un projet de loi sur la conscription d'hommes destinés à aller outre-mer ! Les services d'information du gouvernement fédéral révèlent, à la fin du mois de mai, que le 4 mars précédent deux torpilles ont explosé près de Saint-Jean à Terre-Neuve. Peu après, les Canadiens apprennent que le territoire de leur pays a été l'objet d'une première attaque sur la côte ouest. Dans la nuit du 21 juin, un sous-marin, vraisemblablement japonais, aurait tiré quelques coups de canon sur le poste radiotélégraphique d'Estevan Point, sur l'île de Vancouver.

Au début du mois de juin 1942, trois navires sont coulés dans la région de Gaspé. Le ministre de la Défense nationale pour le service naval, Angus Lewis Macdonald, déclare en Chambre que 4 membres des équipages ont été tués, 4 autres manquent à l'appel et 99 ont été rescapés. Le député de Gaspé, Sasseville Roy, demande que la Chambre des Communes siège à huis clos pour étudier le cas des torpillages dans le golfe Saint-Laurent. Le 18 juillet 1942, les députés fédéraux étudient les mesures à prendre pour assurer une meilleure défense des côtes de l'Est du Canada.

Les engagements navals ne cessent pas pour autant. Le 17 septembre, du rivage, des gens assistent à un combat entre un sous-marin allemand et un patrouilleur de surface de la marine canadienne. Le 8 octobre, un navire de la marine marchande canadienne jaugeant 4000 tonneaux est coulé non loin de Métis, dans la région de Matane. Le désastre le plus important à survenir dans les eaux canadiennes a lieu non loin de Sydney en Nouvelle-Écosse, durant la nuit du 14 octobre. Un sous-marin allemand torpille le traversier *Caribou* faisant la navette entre la Nouvelle-Écosse et Terre-Neuve ; 137 personnes y perdent la vie.

À la fin de la guerre, les Canadiens apprendront que les sous-marins allemands ont coulé plus d'une vingtaine de navires dans le fleuve Saint-Laurent et qu'ils sont remontés assurément aussi loin qu'à Tadoussac. Il y en a même au moins un qui a séjourné dans la baie des Chaleurs, en face de New-Carlisle. Dans l'ouvrage *Trop loin de Berlin*, d'Yves Bernard et Caroline Bergeron, on peut lire le témoignage de Rolf Schauenburg, commandant allemand du sous-marin U-536, qui, au mois de septembre 1943, se rend dans la baie des Chaleurs. Sa mission est de récupérer des officiers allemands qui devaient s'enfuir d'un camp d'internement.

> Nous avons navigué en faisant de grands arcs, raconte-t-il, jusqu'à l'île d'Anticosti. Nous avons poursuivi ensuite vers la baie des Chaleurs. Nos

ordres étaient d'entrer en contact avec les prisonniers et d'attendre leurs signaux lumineux à compter du 26 septembre. On savait que le trafic maritime devait être calme dans ce secteur, mais pas calme à ce point. En effet, on ne voyait absolument rien, aucune embarcation de pêcheur, aucun signe de vie dans la baie. Nous sommes demeurés submergés dans le milieu de la baie durant deux jours et demi, attendant, guettant. C'était une vision inhabituelle en temps de guerre. On voyait des rues éclairées, des maisons, des automobiles. Le lumière du phare de Maisonnette brillait comme en temps de paix. [...] Nous étions maintenant juste en face du point désigné comme rendez-vous. Nous nous dirigions lentement vers la côte. Là-bas, tout semblait tranquille, sans soupçons. La noirceur était maintenant complète. Vers 23 h, on a fait surface afin d'aérer le bateau et de recharger les batteries.

Un prisonnier réussit à s'enfuir. Mais, comme les autorités militaires canadiennes avaient été mises au courant du projet, des militaires s'emparèrent du fuyard. Des navires se mirent à la recherche du sous-marin qui réussit tout de même à s'échapper.

L'occasion de l'effort total

Le 17 juillet 1942, par un vote de 158 voix contre 54, la Chambre des Communes adopte, en deuxième lecture, le projet de loi n° 80 concernant la mobilisation générale. La majeure partie des députés qui se prononcent contre la mesure représentent le Québec. Le vote en troisième lecture a lieu le 23 juillet : 141 voix contre 45. King avait averti la députation que la conscription pour outre-mer serait imposée par un arrêté en conseil et non par une décision de la Chambre des Communes. Le Sénat consacre peu de temps à l'étude de la mesure. Le projet de loi n° 80 est adopté par 42 voix contre 9, 5 des voix dissidentes étant francophones. Peu de temps après, la sanction royale est accordée au projet de loi et le Parlement ajourne ses travaux.

En Europe, on trouve que le conflit piétine. Churchill se rend à Moscou où il rencontre Joseph Staline qui réclame l'ouverture d'un second front pour soulager la Russie toujours aux prises avec les Allemands. Le mercredi 19 août, un débarquement a lieu à Dieppe, en France. Immédiatement, on croit à l'ouverture de ce fameux deuxième front. Sur les 6000 hommes qui forment le contingent, 5000 sont canadiens, dont plusieurs francophones. Les Allemands connaissent le projet de débarquement, de sorte que les soldats alliés sont attendus. Dès le début de l'engagement, les pertes sont énormes. Non seulement la plage de Dieppe se prête-t-elle mal à un débarquement, mais les renseignements donnés aux membres du contingent sont parfois erronés. À 13 heures 10 minutes, le raid s'achève sur un échec. « Sur 4963 Canadiens qui ont participé, 2211 rentrent en Angleterre dont environ un millier n'ont pas été débarqués. » Les autres ont trouvé la mort lors de l'engagement ou ont été faits prisonniers par les Allemands.

Selon le brigadier général H. S. Sewell, commentateur militaire du service de renseignements britanniques, Dieppe a été plus qu'un simple raid. Il déclare à Washington, le jour même de la tentative de débarquement, que quatre raisons justifient l'expédition : « 1. Obtenir des renseignements sur les dispositions et les préparatifs de défense nazis en faisant des prisonniers ; 2. Créer une atmosphère d'incertitude et d'alerte dans l'armée allemande d'occupation. 3. Détruire des défenses et des installations. 4. Maintenir l'espoir parmi les populations des pays occupés. »

Plusieurs militaires qui ont participé au raid de Dieppe considèrent qu'ils ont été sacrifiés par des officiers supérieurs qui voulaient connaître les chances de succès d'un débarquement dans les pires conditions ! Selon les auteurs de *Cent ans d'histoire d'un régiment canadien-français. Les Fusiliers Mont-Royal 1869-1969*, Dieppe est certes un échec.

> Mais, ajoutent-ils, il comporte des enseignements dont on profitera durant les quelque 24 grands débarquements exécutés dans tous les secteurs, Europe, Sicile, Italie, Pacifique, Afrique du Nord, entre le 19 août 1942 et le 6 juin 1944. On reconnaîtra la nécessité d'un contrôle intégral de l'espace aérien au-dessus du champ de bataille, d'un appui d'artillerie navale de gros calibre (croiseurs, moniteurs, cuirassés), d'avoir des véhicules blindés sur les plages, d'un entraînement intensif des équipages de péniches, de transmissions sûres entre les parties d'un corps de débarquement, de ses états-majors et de la marine d'appui, d'un plus grand réalisme dans l'élaboration des plans.

Pour près d'un millier de Canadiens, dont plusieurs francophones, commence un long séjour dans les camps de détention. Pour eux, Dieppe demeurera une cuisante défaite et ils en porteront les stigmates longtemps !

Le soir même du raid de Dieppe, le premier ministre King lance un appel à l'effort total. Toute activité civile non essentielle doit être interrompue ou supprimée. On incitera surtout les femmes à aller travailler dans des usines de guerre. Le 20 août, madame Rex Eaton, assistante directrice du service sélectif national, déclare que les femmes devront s'enregistrer à partir de la mi-septembre.

« Mesdames... »

La conscription éventuelle des femmes déplaît à plusieurs. Déjà, une campagne a été amorcée dénonçant le travail des femmes dans les usines de guerre, surtout le travail nocturne. Dans son numéro de mars 1942, la revue *Relations*, publiée par l'École sociale populaire de Montréal, dirigée par les Jésuites, énumère les problèmes qui naissent de la nouvelle façon de vivre des femmes.

> Une des conséquences les plus tristes du capitalisme industriel a été d'attirer hors du foyer vers l'usine une proportion croissante de main-d'œuvre féminine. La femme y est allée, poussée d'abord par la nécessité d'alimenter un budget familial rachitique, puis séduite par une propagande intéressée ou aveugle qui faisait consister la dignité de la femme, non pas dans son rôle d'épouse, de mère et de reine de foyer, mais dans l'*affirmation de sa personnalité*, dans la *liberté de faire sa vie* et dans son *émancipation*. [...] C'est par dizaine de milliers déjà que les femmes canadiennes servent sur le front industriel. [...] Dans de nombreuses usines de guerre canadiennes, on ne semble pas s'être avisé de l'inconvenance de faire travailler les femmes la nuit. Les graves périls physiques et moraux auxquels le travail de nuit expose les femmes, surtout les jeunes filles, sont multiples ; ses conséquences sur la vie familiale, désastreuses.

Pour obvier aux problèmes que pose le travail des femmes, les autorités fédérales, souligne la revue, songent à établir des garderies, lesquelles abriteraient « de quarante à soixante enfants jusqu'à l'âge de six ans, sans tenir compte de la langue ou de la religion des parents ».

La Confédération des travailleurs catholiques du Canada (CTCC) effectue une enquête sur le travail nocturne des femmes au Québec. Selon les renseignements obtenus, leur nombre dépasserait les 25 000. Alfred Charpentier publie quelques résultats de l'enquête dans le numéro de mai 1942 de la revue *Relations*. Il affirme que « la femme mariée qui a de jeunes enfants ne devrait pas être admise aux usines de guerre, et encore moins dans les équipes de nuit. La tâche primordiale de nos mères est de bien élever leurs enfants. »

À l'assemblée législative du Québec, à la réunion du 6 mai, le député de Labelle, Albiny Paquette, présente une motion qui est adoptée priant « le gouvernement fédéral de ne pas intensifier le recrutement féminin au-delà de la limite permise par les nécessités familiales et surtout de ne rien faire qui soit de nature à détruire l'âme du foyer canadien ». À la mi-mai, la Fédération des Ligues du Sacré-Cœur de la province de Québec fait parvenir aux premiers ministres King et Godbout une requête faisant état de ses 340 000 membres à l'effet que « pour le travail de nuit on n'accepte les femmes que dans les cas d'extrême nécessité et jamais les mères de famille ».

Il est vrai que le travail en usine de quelques mères de famille commence à causer certaines difficultés. Les autorités policières de Montréal notent une augmentation de la criminalité juvénile. Le 20 mai 1942, le

Conseil législatif du Québec se réunit pour adopter une modification à la charte de la ville de Montréal autorisant cette dernière à établir le couvre-feu à partir de vingt et une heures pour les enfants de 14 ans et moins. Il sera de plus interdit aux enfants de se trouver à l'extérieur avant cinq heures du matin.

La Jeunesse ouvrière catholique et la Ligue ouvrière catholique font pression auprès d'Edgar Rochette, ministre provincial du Travail, pour qu'il réglemente plus sévèrement le travail des femmes dans les usines de guerre. Le 26 mai, le ministre répond à la LOC

> qu'une équipe ne travaillera pas plus de huit heures avec une heure de repos distribuée probablement comme suit : une demi-heure pour le lunch et deux pauses d'un quart d'heure après deux heures de travail. [...] Le problème du travail des femmes, ajoute-t-il, est devenu un problème angoissant. Nous connaissons toutes les répercussions sur la santé physique et morale du personnel féminin de l'inauguration du travail de nuit. Ce n'est qu'en raison de l'urgence de la production de guerre et de la rareté de la main-d'œuvre que l'on tolère ce travail.

Un groupe de femmes de Montréal obtient du gouvernement de la province de Québec la permission d'établir un Comité des garderies en temps de guerre, dont le but est de s'occuper des enfants de douze ans et moins « dont le père et/ou la mère ou la et/ou les personnes en ayant charge sont occupés à un travail ou un emploi ou à une entreprise se rapportant de près ou de loin à l'état de guerre actuel ». Le projet soulève peu d'enthousiasme dans les milieux catholiques, en raison, surtout, de la réserve du clergé.

Comme l'avait annoncé madame Rex Eaton, toutes les femmes âgées de 20 à 24 ans doivent obligatoirement s'inscrire, à partir du 14 septembre 1942. Le Service sélectif national fait paraître dans les journaux des annonces à cet effet.

> La Seconde Guerre mondiale transforma radicalement le marché du travail : dans la seule ville de Montréal, il y eut une pénurie de 19 000 ouvriers en 1943, précisent John A. Dickinson et Brian Young dans leur *Brève histoire socio-économique du Québec*. Faisant appel au patriotisme, le gouvernement fédéral procéda au recrutement de femmes mariées pour les usines de guerre. [...] On amenda la Loi de l'impôt sur le revenu (1943) de façon à ce que les maris puissent réclamer leur exemption d'hommes mariés indépendamment du salaire de leur épouse. Le nombre de femmes mariées qui gagnaient un salaire doubla pendant la guerre : en 1945, 20 % des travailleuses québécoises étaient mariées. Après le conflit, on s'attendait à ce que les femmes cèdent leur emploi aux soldats qui revenaient et

aux pères de famille ; ce qu'elles firent. Ce n'est qu'au milieu des années 1960 que la participation des femmes au marché du travail rémunéré reviendra à son niveau du temps de la guerre.

Si travailler en usine devient presque un devoir pour la femme, la main-d'œuvre dans son entier est soumise à un contrôle de plus en plus sévère. Le 31 août, Elliott M. Little, directeur du Service national sélectif, annonce une nouvelle réglementation :

1. — Nul employeur ne peut congédier un employé sans lui donner un avis écrit de sept jours. 2. — Nul employé ne peut quitter son emploi sans donner un avis écrit de sept jours à son employeur. 3. — Nul employeur ne peut retenir les services de quelqu'un ni l'employer à moins que ce dernier ne possède un permis l'autorisant à chercher un emploi. 4. — Quand l'employé quitte légitimement son emploi, l'employeur est tenu de lui remettre un certificat de départ. 5. — Sur présentation d'un certificat de départ à un bureau du service sélectif, un employé recevra un permis l'autorisant à solliciter un emploi. Il ne doit pas chercher d'emploi sans ce permis.

Quelques catégories d'employés échappent à cette réglementation, comme les fonctionnaires, les prêtres et ministres du culte, les gardes-malades diplômées, les instituteurs et professeurs, etc.

Le 16 décembre 1942, le ministre fédéral du Travail annonce que les hommes mariés de 19 à 25 ans sont désormais mobilisables. Les autorités militaires trouvent que certains médecins francophones décernent trop facilement des certificats d'exemption de service militaire à des jeunes gens. Le docteur Pierre Gauthier, député de Portneuf à Ottawa, et membre du nouveau parti politique qui vient de se former, le Bloc populaire, est traduit devant un tribunal militaire à Québec, le 25 novembre 1942. Il est accusé d'irrégularités dans l'examen des conscrits. D'autres médecins sont convoqués devant ce tribunal pour les mêmes raisons. Gauthier sera acquitté.

La conscription pour le service militaire outre-mer n'a pas encore été adoptée, mais des arrêtés en conseil du 4 et 14 septembre avaient autorisé l'envoi de conscrits canadiens à Terre-Neuve, au Groenland, en Alaska et dans le reste des États-Unis.

Au Québec, les francophones commencent à trouver que cette drôle de guerre a assez duré. L'historien Mason Wade rapporte les résultats d'un sondage effectué au mois d'août 1942 par l'Institut canadien de l'opinion publique :

Trente et un pour cent des Canadiens français accepteraient la paix si Hitler l'offrait sur la base du *statu quo* et 59 pour cent estimaient que le Canada ne serait pas en guerre s'il était complètement indépendant de l'Empire britannique. Tandis que 78 pour cent des Canadiens anglais approuvaient la conscription et 44 pour cent estimaient que le Canada faisait tout ce qu'il pouvait pour gagner la guerre, 90 pour cent des Canadiens français s'opposaient à la conscription et 89 pour cent étaient convaincus que le Canada faisait son possible.

De l'essence aux anses de tasse

Outre la mobilisation, le rationnement contribuait à rendre la guerre plus pénible. La vente de l'essence est déjà réglementée : on ne peut s'en procurer la nuit ou le dimanche. À partir du 1er avril 1942, l'essence sera rationnée et il faudra posséder des coupons pour s'en procurer. Chaque automobiliste aura droit entre 300 et 380 gallons par année, ce qui lui permettra de parcourir, pour son agrément, environ 5400 milles. En vertu des règlements rendus publics le 30 janvier 1942, « les membres du clergé de toutes les religions, les instituteurs qui peuvent prouver qu'ils ont besoin de leur auto pour l'exercice de leur profession, les membres des services d'incendies, des corps de police auxiliaires et des services de précautions contre les raids aériens auront droit à une quantité d'essence dépassant de 50 pour cent la quantité allouée à un simple particulier qui ne se sert de son auto que pour son agrément ». Les cultivateurs qui se servent de leur automobile pour transporter leurs produits aux marchés auront le même statut que les membres du clergé. Quant aux propriétaires de camions, ils « pourront se procurer toute l'essence qu'il leur faut jusqu'à la limite de leurs besoins établis ». Les facteurs ruraux, les voyageurs de commerce, les médecins, les vétérinaires, les reporters et les employés d'usines de guerre forment une classe privilégiée.

Comme il devient difficile d'utiliser sa voiture pour des voyages d'agrément, des camionneurs prêtent leur véhicule pour transporter, les dimanches ou les soirs de semaine, « des pique-niqueurs ou des groupes de joueurs », à des terrains de jeu. Le régisseur des huiles au ministère des Munitions et Approvisionnements avertit les propriétaires des véhicules concernés qu'ils risquent « de se voir enlever leur permis d'essence de la catégorie commerciale ».

À la mi-octobre 1942, le rationnement de l'essence devient encore plus rigoureux : un coupon, qui donnait droit à quatre gallons, n'en permet plus que trois. À compter du 15 novembre, « aucun autobus ne pourra transporter une personne sur une distance de plus de 50 milles sans interruption, sauf s'il n'existe aucune autre forme de transport public ». Même le système ferroviaire n'échappe pas aux restrictions. Au début du mois de décembre, le régisseur des Transports signe une ordonnance « prohibant immédiatement aux chemins de fer le fonctionnement de tout train spécial ou de parties de trains pour le transport des skieurs partout au pays ». Cette mesure a été rendue nécessaire, affirme-t-on, par suite de l'augmentation considérable dans la consommation de combustible par les usines de munitions, « les chemins de fer et les forces armées ainsi qu'à la situation précaire dans le domaine du combustible, dans tout le pays ».

L'approvisionnement en caoutchouc devient aussi difficile. Le 15 mai, on décrète le rationnement des pneus neufs et usagés, ainsi que des chambres à air. À l'avenir, les voitures neuves seront vendues sans pneu de rechange ! Condescendante, la régie précise : « Si cette voiture est un véhicule automobile privilégié et si le propriétaire de cette voiture n'a en sa possession aucun autre pneu de rechange, il pourra alors se procurer une chambre à air usagée ou un pneu usagé sans fournir un vieux pneu ou une vieille chambre à air. »

Pour que chacun se rende bien compte que la guerre, c'est la guerre, le régisseur des approvisionnements défend aux automobilistes de se prêter des pneus ou même une chambre à air : « Ce qui veut dire qu'il n'est pas permis à deux personnes de mettre leurs pneus en commun en vue de les monter sur un véhicule appartenant à l'une d'elles. Par contre, cela ne veut pas dire qu'une personne qui possède des pneus usés doit les garder. Au contraire, il est du devoir de tous et de chacun de ramasser les chambres à air et les pneus usés, ainsi que tous les autres articles en caoutchouc de rebut, et de les remettre immédiatement au plus proche dépôt du Comité national de récupération. »

La fabrication d'appareils électriques est, elle aussi, soumise à des restrictions. Après le 30 janvier 1942, on cessera de fabriquer des grille-pain électriques, des percolateurs électriques, des bouilloires à thé et des chaufferettes pour cafetières en verre. Après le 29 avril, tous ces objets ne pourront plus être offerts en vente, mais les grossistes et les détaillants obtiennent la concession de pouvoir liquider leur stock. Le 15 août, ce sont les fers à repasser et les ventilateurs électriques qui sont frappés. Quelques jours auparavant, soit le samedi 8, une autre ordonnance interdit « aux détaillants, aux grossistes et aux fabricants de vendre, sauf permis, les cuisinières électriques qu'ils ont en magasin ». Sont aussi touchées les cuisinières usagées. Déjà, le 31 janvier 1942, le ministère des Munitions avait prohibé la fabrication des appareils radios.

Dans le but d'économiser l'acier, on rationne les instruments agricoles. C'est aussi pour un motif d'économie de métal que les nouvelles pièces de cinq cents auront douze côtés, au lieu d'être rondes. Ainsi, le dodécagone ne sera plus confondu avec les pièces d'un, dix ou vingt-cinq cents.

La fabrication du papier journal et du papier magazine fait l'objet de restrictions et quelques usines sont converties en usines de fabrication de produits d'armement.

Le rationnement touche aussi le secteur alimentaire. Le 26 janvier, la Commission des prix et du commerce en temps de guerre fixe à douze onces par personne par semaine la ration de sucre pour la consommation au Canada. Il sera illégal d'acheter à la fois un approvisionnement qui durerait plus de deux semaines, mais on tolère qu'une seule personne puisse acheter la provision « pour toute la maison ». La Commission n'établit pas encore le système de coupons de rationnement pour le sucre, mais ça viendra. Le 26 mai suivant, la ration hebdomadaire de sucre est ramenée à huit onces par personne. De plus, la consommation de thé est réduite de moitié et celle du café, du quart. À partir du 1er juillet, des coupons seront nécessaires pour ceux qui veulent acheter du sucre, et à partir du 3 août, pour le thé et le café. On avertit les propriétaires de restaurants, d'hôtels et d'institutions qu'ils se « procureront leurs provisions de thé et de café au moyen d'un certificat d'achat. Comme pour le sucre d'ailleurs, les pensionnaires des hôtels et des institutions rendront leurs coupons à ces établissements ».

Le rationnement du sucre, du thé et du café s'explique en bonne partie parce que ces produits d'importation venaient souvent d'endroits où se déroulaient alors des combats. De plus, la navigation présente des dangers de torpillage. Mais même un produit de fabrication locale tombe sous la coupe du rationnement : le beurre ! On fait valoir que depuis un an « la consommation de beurre s'est maintenue à 10 % et même 15 % au-dessus de la consommation normale », ce qui a compliqué la répartition des approvisionnements. Mais on ne précise pas les quantités de beurre expédiées en Grande-Bretagne. Le 21 décembre, il faut des coupons pour se procurer du beurre et chaque personne a droit à une demi-livre par semaine.

Avec la guerre, la consommation de la bière et de l'alcool a considérablement augmenté. En 1941, il s'est consommé au Canada de 15 à 20 pour cent plus de bière que l'année précédente. David Sim, administrateur des breuvages alcooliques à la Commission des prix et du commerce, avertit les brasseurs, le 23 octobre, qu'ils auront à réduire leur production au niveau de l'année précédente. Après le 1er février 1943, il sera interdit d'annoncer la vente de boissons alcooliques. Le 16 décembre 1942, le premier ministre King avertit les Canadiens qu'ils devront diminuer de 10 pour cent la consommation de bière, de 20 pour cent celle du vin et de 30 pour cent celle des spiritueux. À Montréal, la Commission des liqueurs annonce que ses magasins ouvriront à l'avenir à dix heures du matin, plutôt qu'à neuf et que l'on ne pourra acheter qu'une seule bouteille de chaque spiritueux à la fois.

Pour économiser le papier et le carton d'emballage, on fait disparaître du marché « les petits paquets de cigarettes et les paquets de tabac à pipe de 10 cents ».

Les vêtements connaissent eux aussi des restrictions et le gouvernement fédéral invite la population à dépenser plutôt pour l'achat de bons d'épargne de la Victoire que pour celui de vêtements. On peut lire des annonces dans les journaux affirmant que « les vieux vêtements seront bientôt du dernier chic ! » Le 23 mars, J. N. Frank, l'assistant de l'administrateur du vêtement masculin à la Commission des prix et du commerce en temps de guerre, précise qu'à l'avenir

> les complets pour hommes n'auront qu'un pantalon et il n'y aura aucun veston ou gilet croisé, aucun dos avec ceinture, fronces ou plis. Le nombre de poches dans les gilets, vestons et pantalons sera réduit et les rebords aux manches des gilets de sport et à la jambe des pantalons seront interdits. Les boutons aux manches disparaîtront de tous les gilets ; les coutures, bords de ceinture seront restreints et l'ordonnance fixe également la longueur et la largeur des jambes de pantalon, l'ampleur des pardessus. Les pardessus d'hiver et de printemps n'auront plus de ceinture faisant le tour du vêtement, de poignets aux manches, de dos de fantaisie ou de poches à soufflet.

Les fonctionnaires fédéraux décrètent quelle sera la mode pour les femmes, à partir de l'automne de 1942. Il y aura moins de variété de robes.

> Toutes celles qui comportent un boléro, une jaquette, une redingote, un foulard, un capuchon ou une cape, ou tout autre accessoire ne faisant pas partie intégrante de la robe disparaîtront des étalages. [...] Sont supprimés : a) les blouses genre tunique et les corsages lorsqu'ils s'ajoutent aux robes et ne doivent pas être portées avec une jupe séparée ; b) les pyjamas d'intérieur ; c) les pyjamas deux pièces pour enfants, sauf dans le cas des dormeuses à deux morceaux pour tout-petits ; d) les fronces et les jabots aux jupons et robes de nuit, sauf s'il s'agit de dentelles ou de filets ; e) les ensembles de soutien-gorge et culotte connus sous le nom de *dance sets* ; f) les chemises-enveloppes connues sous le nom de *leddles* ; g) les robes d'intérieur pour enfants de moins de 14 ans ; h) les costumes de ski ou de jeu d'hiver en deux pièces pour tout-petits ; i) les jupons pour assortir les robes et vendus avec elles ; j) les manches bouffantes et autres de proportions exagérées quant à l'utilité ; k) les jaquettes ajoutées aux robes de nuit et formant ensemble avec elles ; l) il sera également défendu d'insérer plus d'une fermeture-éclair dans aucun vêtement.

Le 30 avril, H. G. Smith, administrateur des articles de tricot à la Commission (remarquez la spécialisation !), avertit la population que les bas et les chaussettes de fantaisie vont disparaître. Il fixe, par décret, les couleurs des bas et chaussettes qui échappent au couperet.

Comme si tout cela ne suffisait pas, la Commission décide, le 21 décembre 1942, qu'il n'y aura plus de robes longues ni d'habits de soirée. Lors des cérémonies officielles, monsieur devra porter un costume bleu marine et madame, une robe aux genoux. Dans la même foulée, on interdit la fabrication des tasses à deux anses! Quelle drôle de guerre!

Des soldats du South Saskatchewan Regiment faisant le guet.

William Lyon Mackenzie King, Franklin D. Roosevelt et Winston Churchill lors de la conférence de Québec en 1943

LE DERNIER EFFORT

1943-1945

AU 31 DÉCEMBRE 1942, selon les statistiques officielles, le Québec n'a pas fourni assez d'hommes pour les forces armées canadiennes. Seulement 16,8 pour cent de la population mâle de 19 à 45 ans s'est enrôlée pour le district de Montréal et 9,9 pour cent pour le district de Québec. Dans les autres provinces, le pourcentage oscille entre 28,6 et 39,8 pour cent pour une moyenne générale de 29,5 pour cent.

Le gouvernement fédéral, par voie d'arrêté en conseil, est autorisé, quand il le jugera nécessaire, à imposer la conscription pour le service outre-mer. Mais King, qui craint surtout une mauvaise réaction des francophones, résiste aux pressions des militaristes ou des participationnistes à outrance. Il doit tout de même trouver le moyen d'augmenter le nombre d'hommes sous les armes. Le 9 janvier 1943, conséquence d'une invitation pressante des autorités d'Ottawa, des délégués des universités canadiennes se réunissent dans la capitale « pour discuter le sort de leurs élèves et de leurs facultés en ce temps de guerre ». À l'issue de la rencontre qui se déroule à huis clos, on décide de « pratiquer une purge sévère des élèves incapables » et de ne maintenir aux études que « les sujets vraiment aptes ». Déjà, au Québec, le 28 mai 1942, le Conseil législatif avait adopté un projet de loi ramenant de cinq à quatre ans les études de médecine et ce pour la durée de la guerre.

On craint la conscription des jeunes gens. Le 13 janvier 1943, Arthur McNamara, directeur du Service sélectif, annonce que les jeunes de 18 ans ne seront pas mobilisés, encore moins ceux de 17 ans. Comme les États-Unis venaient de décréter la mobilisation de tous les hommes de 18 ans, on avait pensé que le gouvernement canadien adopterait la même mesure. Par contre, tous les hommes de 19 à 40 ans, célibataires, veufs, divorcés ou séparés de corps, sans enfants, ainsi qu'un certain nombre de jeunes gens mariés de moins de 25 ans, sont appelés sous les armes. Pour inciter, sinon forcer, l'enrôlement, le gouvernement fédéral congédie ses jeunes employés dès qu'ils atteignent l'âge de 18 ans.

Parmi ceux qui reçoivent leur appel militaire, un certain nombre sont réformés pour des raisons d'ordre physique. Le 22 janvier, le ministre fédéral du Travail, Humphrey Mitchell, rend publics de nouveaux règlements en vertu desquels «les groupes d'âge soumis à l'appel militaire pourront être obligés d'accepter un emploi, si elles [les recrues réformées] doivent demeurer dans la vie civile». Les nouvelles mesures, approuvées par le gouverneur général, stipulent aussi que «seules les personnes entre 16 et 65 ans doivent s'enregistrer pour travailler si elles ne sont pas employées contre rémunération pendant une période de sept jours consécutifs». Auparavant, tous, quel que soit l'âge, devaient s'enregistrer. Les cultivateurs ne peuvent travailler plus de 60 jours par année à autre chose qu'à la culture de leurs terres, à moins d'obtenir un permis du Service sélectif.

Depuis le début de la guerre, quelques députés francophones ne cessent d'exercer des pressions pour que les fils des cultivateurs échappent au service militaire, faisant valoir l'importance de leur travail. En 1943, la main-d'œuvre agricole et même industrielle se raréfie et, le 18 février, le député de Richelieu, Arthur Cardin, appuyé par le député de Chicoutimi, J.-E. Alfred Dubuc, présente à la Chambre des Communes un amendement à ce sujet:

> Cette Chambre est d'opinion qu'en raison de la pénurie reconnue de la main-d'œuvre agricole et de la rareté admise de main-d'œuvre pour les industries de guerre et autres activités industrielles et de transport essentielles, les conseillers de Votre Excellence auraient dû pourvoir à la suspension de l'application (ou de la mise en vigueur) de la loi de mobilisation des ressources nationales quant à ce qui regarde la levée d'hommes pour le service militaire, en tout cas jusqu'à ce qu'une enquête par un comité de la Chambre ait précisé et déterminé de quelle manière le Canada peut maintenant contribuer le plus efficacement à la victoire sans détruire la vie économique, sociale et nationale du pays.

Le débat qu'engendre l'amendement Cardin est violent. Le premier ministre King en fait un vote de confiance. Le 19, il déclare: «Si nous devons avoir une multitude de chefs dans notre pays, je veux savoir si j'ai l'appui capable de s'imposer devant le peuple de tout le Canada ou si je suis de ceux qui ne peuvent compter que sur leurs propres partisans.» Le 23, l'amendement est rejeté par 195 voix contre 15. À l'Assemblée législative de Québec, la menace de la conscription inquiète une partie de la députation. En mars, René Chaloult soumet une motion exprimant «l'avis que, reflétant l'opinion de la très grande majorité du Québec et des Canadiens français, cette Chambre regrette que le gouvernement fédéral ait passé une loi ayant pour objet de permettre l'envoi de conscrits outre-mer ». Le même jour, le député libéral de Témiscouata, J.-Alphonse Beaulieu, présente lui aussi une motion dans le même sens, mais moins négative : « Cette Chambre réitère le vœu qu'elle a exprimé l'an dernier et prie le gouvernement fédéral de n'adopter aucune mesure pour mettre en force la conscription pour outre-mer. » Cette dernière motion est adoptée à l'unanimité, le 18 mars. Lors du débat, Chaloult avait affirmé :

> À entendre ces gens [les libéraux], on dirait que dans ce pays il faille nous faire pardonner d'être catholiques et français. On proclame sans cesse que la province de Québec doit faire plus que les autres provinces, que le Canada doit faire plus que les autres pays. Cette mentalité, qui dénote un complexe d'infériorité, explique notre pauvreté économique. [...] Ce serait déjà insensé de faire autant, compte tenu de notre population, que les États-Unis et l'Angleterre. Or, de l'aveu même de MM. King et Churchill, nous faisons plus. C'est insensé, stupide, ruineux. En raison du chiffre de notre population, nous fournissons plus d'hommes que les États-Unis. Nous, le pays le plus pauvre du monde, nous avons donné un milliard à l'Angleterre, le pays le plus riche du monde. Et ce n'est pas tout. Nous avons prêté de plus à l'Angleterre 700 000 000 $ sans intérêt. Et quelques jours après, l'Angleterre prêtait à la Chine, cette fois avec intérêt. *Business as usual.*

Les faits donnent raison à Chaloult. Son attitude lui mérite cependant les réprimandes de quelques libéraux, entre autres, du procureur général, Léon Casgrain, qui lui reproche son défaitisme. À la toute fin du mois de mars 1943, Valmore Bienvenue, ministre de la Chasse dans le cabinet Godbout, dénonce, lors d'une conférence devant les membres de l'Union démocratique du Canada français, les nationalistes du genre de Chaloult.

> Avant que le mal soit irréparable, il faut que nous arrêtions les démolisseurs de la patrie dont le travail ne peut que nous éclabousser, nous qui voudrions porter aussi haut que possible le prestige des Canadiens français. Il faut que nous empêchions des démagogues de faire croire au peuple que nos ennemis se trouvent dans les autres provinces et non en Allemagne, en Italie et au Japon. [...] Une Laurentie entourée d'un mur très épais et très haut, une Laurentie qui sera une réserve française où rien n'entrera, mais d'où rien ne sortira. Une réserve fermée à tout progrès social, une espèce de musée pour les amateurs d'antiquités.

Voilà, selon Bienvenue, ce que veulent les nationalistes !

Mince marge de manœuvre

Par arrêté en conseil, en date du 12 mars 1943, les conscrits canadiens sont appelés à servir en Jamaïque, en possession britannique. À cette époque, l'industrie de guerre du Canada fonctionne à plein rendement. Chaque semaine, on produit 6 navires, 80 avions, 3500 véhicules motorisés, 336 véhicules blindés de combat, 900 canons, 525 000 obus, 12 000 armes portatives, 25 000 000 de cartouches, 10 000 tonnes de produits chimiques et explosifs et pour 3 300 000 $ d'instruments et matériel de communication. Les autorités militaires et civiles jugent la performance insuffisante. Le 4 mai, le ministre fédéral du Travail ordonne aux célibataires de 19 à 40 ans et aux hommes mariés de 19 à 25 ans travaillant dans une vingtaine de catégories d'industries jugées non essentielles d'aller s'enregistrer le 19 mai suivant en prévision d'un transfert à des industries classées essentielles.

À l'avenir, tous ceux qui ont l'âge indiqué et qui ne se présenteront pas au plus proche bureau de placement et de service sélectif pour être affectés à des travaux essentiels, comme l'agriculture, la coupe du bois, l'exploitation minière, la pêche et la fabrication des munitions, sont passibles d'internement « dans un camp de travail dans des conditions semblables à celles d'un objecteur de conscience ». Sont visés ceux qui travaillent dans une des industries suivantes :

> (1) tavernes, débits de spiritueux, de vins et de bière ; (2) vente de détail de bonbons, de confiseries, de tabac, de livres, de papeterie, de journaux ; (3) établissements de coiffeurs pour hommes et pour dames ; (4) fleuristes de gros ou de détail ; (5) postes pour le débit d'essence ; (6) vente au détail de véhicules-automobiles et accessoires ; (7) vente au détail d'articles de sport ou d'instruments de musique ; (8) garçons de table, chauffeurs de taxi, préposés d'ascenseur, chasseurs d'hôtel, domestiques ; (9) toute occupation se rapportant directement ou indirectement à des amusements, y compris, mais non exclusivement, les théâtres, les agences de films, les entreprises cinématographiques, les clubs, les allées de quilles, les salles de billard ; (10) toute occupation se rapportant directement ou indirectement à la teinturerie, au dégraissage, au repassage (buanderies non comprises) ; les bains, services de guides, cirage de chaussures ; (11) magasins de détail ou occupations connexes ; (12) la fabrication de plumes et de fleurs artificielles ; de gomme à mâcher ; de vin ; de dentelles ; de cartes de souhaits ; de bijouterie ; ou occupations connexes ; (13) la distillation de boissons alcooliques ou occupations connexes ; (14) la fabrication industrielle de statues ou d'objets d'art, ou occupations connexes ; (15) tout emploi dans les débits de crème glacée ou de rafraîchissements ; (16) desserveurs (*bus boys*) ; hommes de charge et nettoyeurs ; fourreurs ; maîtres de danse ; laveurs de vaisselle ; portiers et chefs d'ascenseur (*starters*) ; entrepreneurs

de pelouses; entrepreneurs de terrains; porteurs (autres que sur les chemins de fer); chauffeurs privés.

Même les personnes qui ne sont plus d'âge à se soumettre au service militaire ou au travail obligatoire sont incitées à faire un effort de guerre, tout comme celles qui, pour des raisons de santé, ne sont pas appelées sous les armes. L'opération « récupération » touche tout le monde. Des statistiques compilées jusqu'au 31 mars 1943 montrent que le Québec vient à l'avant-dernier rang dans ce domaine. Alors qu'au Canada, en moyenne, on a ramassé 27 848 livres par habitant entre le 1er mai 1941 et le 31 mars 1943, au Manitoba, la moyenne se situe à 45 958 livres; au Québec, à 16 007 livres et en Nouvelle-Écosse, la dernière en lice, à 10 146 livres.

Le ministère de la Défense nationale multiplie les annonces et les affiches invitant les jeunes à s'enrôler. On promet une bourse payant le coût d'une année d'études universitaires « à 1270 jeunes gens âgés de 17 à 22 ans, titulaires de diplômes permettant leur entrée à l'Université et ayant passé avec succès l'examen médical. [...] Cette année d'étude comptera pour l'obtention d'un B. A. ou B. Sc. à leur retour d'outre-mer. » Quant à ceux qui atteignent leurs 18 ans, ils peuvent s'engager dans l'armée. Sitôt signée leur formule d'engagement et passé l'examen médical, ils reçoivent la solde normale du soldat, « tandis que les personnes à votre charge reçoivent, elles, les allocations de droit. Cela signifie également que tout engagé bénéficie des soins dentaires et médicaux gratuits, mais ne veut pas dire que vous serez incorporés immédiatement dans une unité de combat, chaque engagé devant auparavant recevoir une année complète d'entraînement militaire. »

Le 16 août 1943, la veille de la fin de la campagne de Sicile à laquelle participent des soldats canadiens, le ministre du Travail, Humphrey Mitchell, annonce l'appel à l'instruction militaire « des hommes mariés âgés de 27 à 30 ans inclusivement et de tous les hommes qui atteindront, cette année, l'âge de dix-huit ans ». Quelques jours auparavant, soit le 11, un arrêté en conseil avait permis d'envoyer aux Bermudes, aux Bahamas et en Guyane britannique « les recrues appelées sous les drapeaux en vertu de la loi de mobilisation ». Un autre arrêté en conseil, rendu public le 19 août, touche les Canadiens de 16 à 40 ans :

> Le ministre [du Travail] peut, par ordre, interdire à un employeur ou à un groupe ou à une classe d'employeurs de retenir à son ou à leur service, au-delà d'une date déterminée, toute personne de sexe masculin (ou groupe ou classe de personnes de sexe masculin) qui a atteint ou qui subséquemment atteint son seizième anniversaire de naissance, mais qui n'a pas encore quarante et un ans, sauf si cette personne a présenté à l'employeur un permis, dans la forme prescrite, accordé par un agent du Service

sélectif; ou il peut ordonner à un employeur ou à un groupe ou à une classe d'employeurs de mettre fin, au temps et de la manière qu'il pourra déterminer, à l'emploi de telle personne ou de tel groupe ou d'une telle classe de personnes.

En somme, c'est la conscription du travail qui est établie! À l'avenir, les Canadiens concernés par le nouvel arrêté en conseil pourront être transférés obligatoirement dans un secteur jugé plus essentiel et ne pourront refuser sous peine de punition.

Bien plus, à partir de la fin de septembre 1943, les employés classés « a » ou « b » ne peuvent plus quitter leur emploi sans une permission écrite du directeur du Service sélectif. Les secteurs visés sont : les industries de guerre, les services civils essentiels, la livraison urbaine de combustible, les établissements de transformation alimentaire et de réfrigération de la viande. Même les journalistes sont frappés par la nouvelle mesure!

Les « zombies »

Dans l'Ouest du Canada, certains groupements religieux jouissent de privilèges au sujet du service militaire. Les autorités gouvernementales leur reconnaissent le droit à l'objection de conscience. Au Québec, ceux qui ne veulent pas se soumettre au service militaire obligatoire n'ont d'autres choix que de s'enfuir dans les bois ou de se cacher tant bien que mal. Les déserteurs font l'objet d'une chasse de plus en plus constante. D'autres acceptent de s'enrégimenter, mais refusent de s'engager volontairement pour le service outre-mer. Toutes sortes de pressions s'exercent sur eux pour les faire changer d'idée. Les conscrits récalcitrants se méritent le surnom de « zombies ».

Au début du mois de juin, à la Chambre des Communes, le député de Québec-Montmorency, Wilfrid Lacroix, dénonce à son tour les pressions exercées sur les conscrits :

> On dit aux gens : « Mais la conscription n'existe pas. » Monsieur le président, vous savez comme moi que pas un homme entre 19 et 45 ans ne peut obtenir une position s'il ne s'est pas enrôlé dans l'armée active et s'il n'a pas obtenu son licenciement. Pour obtenir ce licenciement, il est obligé de s'enrôler pour le service actif, non pas au pays, mais outre-mer. C'est en somme dire aux hommes : « Enrôlez-vous ou crevez de faim. » Aucun homme ne peut travailler dans nos usines de guerre ou obtenir une autre position s'il n'a obtenu au préalable licenciement. C'est la même chose en ce qui concerne les fils d'agriculteurs. On leur cause toutes sortes d'ennuis. Dès qu'ils sont appelés, on leur dit : « Vous êtes fils de cultivateurs. Vous êtes ici. Vous n'en sortirez plus. »

Maurice Duplessis, presque au même moment, aborde le même sujet à l'Assemblée législative de Québec: «Les cultivateurs et leurs fils, affirme-t-il, sont enrôlés et, en vertu du paradoxe de l'administration fédérale, ils sont forcément enrôlés volontairement.»

L'attitude générale des francophones soulève souvent la colère ou l'indignation des anglophones. Ainsi, le 23 juin, Mitchell révèle à la Chambre des Communes que plus de la moitié des insoumis au service militaire, soit 14 932 hommes, sont originaires des régions de Montréal et de Québec. C'est l'occasion pour le député conservateur de Lake Centre, en Saskatchewan, John G. Diefenbaker, d'accuser les juges québécois de faire preuve de mollesse.

Les tentacules du rationnement

La Commission d'information en temps de guerre publie tous les mois la revue *Le Canada en guerre*. On y trouve toutes sortes de renseignements concernant le recrutement, la production de guerre, le rationnement, etc. Dans le numéro de février 1943, le lecteur apprend:

> En 1942, le Canada a expédié 65 p.c. de sa production de fromage et 15 p.c. de celle des œufs en Grande-Bretagne. [...] La Grande-Bretagne a reçu 75 p.c. de tous les porcs inspectés abattus en 1942. Ce chiffre représente 25 p.c. des approvisionnements canadiens de viande pour l'année. Les expéditions de produits de bacon et de porc pour une seule semaine correspondent aux exportations totales d'une année, il y a 10 ans. Ces produits sont de la plus haute qualité. La prise entière de saumon et de hareng en 1942 a été expédiée en Grande-Bretagne. De fortes quantités de fruits, légumes, miel et céréales canadiennes ont été expédiées outre-mer. [...] Un porc vivant de 200 livres, poids du marché, fournit des rations de bacon pour neuf personnes, en Grande-Bretagne, durant une année entière.

Pour la seule année 1943, le Canada s'est engagé à expédier en Grande-Bretagne: «9 000 000 de tonnes fortes d'œufs en poudre sèche (l'équivalent de 65 000 000 de douzaines d'œufs), 675 000 000 de livres de bacon plus une certaine quantité de rognons, de foies et de porc en conserve. (La production totale du Canada en porc en 1943 est estimée à 1 018 302 000 livres).» À cela, il faut ajouter ce qui est nécessaire «pour l'alimentation de milliers de membres des forces armées à l'entraînement, fournitures de navires, colis de la Croix-Rouge et autres fins», soit 35 000 000 de livres de produits de porc, 70 000 000 de livres de bœuf (140 000 animaux en vie) et 9 000 000 de livres de mouton et d'agneau (196 000 animaux).

Le rationnement devient presque alors chose normale pour les Canadiens. Le 20 janvier 1943, la Commission des prix annonce que, pour les six prochaines semaines, chaque personne n'aura droit qu'à deux livres de beurre au lieu de trois. À la mi-mars, le sucre d'érable est rationné. Une ordonnance émise le 18 défend « à toute personne d'acheter une plus grande quantité de produits de l'érable pour la fabrication d'aliments ou de tout autre produit que celle employée à de telles fins au cours de l'année 1941 ».

À cause des quantités astronomiques de viandes expédiées en Grande-Bretagne, les responsables du rationnement décident qu'à partir du 4 mai 1943, il sera interdit de servir des repas de viande le mardi dans tous les endroits publics où l'on sert à manger. Selon un représentant de la Commission des prix et du commerce en temps de guerre, « le premier mardi sans viande a permis de conserver assez de viande pour approvisionner un croiseur anglais durant un séjour de cinq mois en mer ». Les mardis sans viande vont permettre aux autorités d'économiser annuellement environ 20 000 000 de livres de viande. Cela ne suffit pas et, le 27 mai, la viande est rationnée pour tout le monde. À l'avenir, il faudra présenter des coupons pour se procurer un morceau de viande. De plus, tout consommateur qui conserve de la viande dans un entrepôt doit en déclarer la quantité aux responsables du rationnement et remettre un nombre de coupons équivalents à la quantité possédée. Le 2 septembre, ce sont les miels, confitures, gelées et marmelades qui sont soumis au contrôle.

L'initiative n'est pas nécessairement récompensée lorsqu'il s'agit de rationnement. Les débrouillards ne plaisent pas aux fonctionnaires fédéraux. Le 7 septembre, on émet donc un nouveau règlement interdisant « l'échange de denrées rationnées, excepté entre les membres d'une même famille ou si la nourriture doit être prise en commun ». Mais les habitants du Canada peuvent se consoler, car tout n'est pas fixe. Ainsi, le 27 septembre, les rations de mélasse et de miel sont doublées et la valeur des coupons de sirop de maïs et d'érable permettent l'achat d'une plus grande quantité de ces produits.

Les tiers partis

Malgré la guerre et les problèmes qu'elle engendre, la vie politique continue. Des nationalistes québécois se regroupent au sein d'une nouvelle formation politique, à l'automne de 1942. Le Bloc populaire canadien, dirigé par Maxime Raymond, a de la difficulté à maintenir son unité. Une partie de ses membres veut œuvrer exclusivement au niveau fédéral, alors qu'une autre section aimerait que le Bloc ait des représentants à l'Assemblée législative de Québec.

Paul Gouin, qui reste toujours marqué par la pénible aventure de l'Alliance libérale nationale, prononce une conférence en réponse à la question : « Que devons-nous attendre du Bloc ? » Selon l'homme politique, la nouvelle formation réussira sur la scène fédérale seulement si elle réussit « à être un vrai bloc canadien-français [si elle] préconise, défend et réalise une doctrine sociale et économique complète, une politique pro-canadienne-française ». Gouin croit que, sur le plan provincial, le Bloc doit professer l'indépendance : « Cet État français nous est dû et nous l'aurons. [...] Un jour viendra où ce drapeau de Carillon que nous voyons ce soir, immobile dans sa force, immobile dans sa patience séculaire, s'envolera, claquant au vent de la victoire pour aller flotter sur Québec, capitale de notre État français. »

L'indépendance souhaitée n'est pas complète, car Gouin songe à « des provinces autonomes dans un pays libre ».

Lors des élections partielles fédérales du 9 août 1943, le candidat du Bloc populaire dans Stanstead, Armand Choquette, remporte la victoire. À la Chambre des Communes, le premier ministre King prisera peu la présence de Raymond et de Choquette.

> Le Bloc populaire, dit-il, est, que je sache, l'unique parti dont le programme et la politique soient formulés par le simple mot Non. Cette doctrine négative et destructive est de nature à compromettre très gravement l'effort de guerre du Canada, ainsi que l'avenir du pays. Le Bloc populaire cherche, de propos délibéré, à soulever le Québec contre le reste du Canada. Peu lui importe, apparemment, le tort qu'il causera à la population du Québec, s'il réussit à ranger le reste du Canada, à vrai dire le reste de l'Amérique du Nord, contre le Québec. Le but véritable de ses chefs est de capter des votes et de s'assurer de l'influence en exploitant les différences ethniques et en fomentant des querelles de races.

Lors du premier congrès plénier, tenu à Montréal du 3 au 6 février 1944, André Laurendeau est nommé chef de l'aile provinciale du Bloc. Paul Gouin, René Chaloult et Philippe Hamel, non seulement acceptent mal la nomination de Laurendeau, mais ils reprochent aussi au parti de tolérer dans ses rangs un capitaliste comme le député de la Beauce, Édouard Lacroix. La scission est inévitable et le Bloc en portera les cicatrices.

Le parti CCF, qui avait eu maille à partir pendant quelque temps avec l'Église catholique, présente un candidat aux élections partielles de Montréal-Cartier, le 9 août 1943. Alors que le candidat gagnant, Fred Rose, est élu sous l'étiquette ouvrier-progressiste, avec 5789 voix, le candidat CCF, David Lewis, en récolte 3313.

Lors de leur assemblée plénière du 13 octobre, les archevêques et évêques de l'Église catholique au Canada abordent la question du socialisme et du communisme. Dans un communiqué émis à l'issue de la rencontre, ils précisent leur prise de position :

Ils déclarent, en leur qualité de conseillers spirituels de la population catholique, que leurs fidèles ont toute liberté d'adhérer à un parti politique quelconque, pourvu que ce parti maintienne les principes fondamentaux du christianisme qui sont traditionnels au Canada, pourvu aussi qu'il favorise, dans l'ordre économique et social, les réformes nécessaires réclamées avec tant d'insistance dans les documents pontificaux. Ils renouvellent la condamnation qu'ils ont portée contre les doctrines communistes, de quelque nom que le parti se couvre pour tromper la bonne foi de la population. C'est que le communisme n'est que cette forme de socialisme révolutionnaire qui s'appuie sur une philosophie matérialiste, qui nie le droit à la propriété privée, qui concentre entre les mains de l'État tous les pouvoirs d'ordre économique aussi bien que politique, et établit un régime totalitaire qui supprime la liberté et dégrade la personnalité humaine.

Si la condamnation du communisme est explicite, l'acceptation de la doctrine du CCF est implicite. Dans une déclaration ultérieure, le cardinal Villeneuve affirmera que les évêques ne condamnent plus le parti socialiste.

Quant au parti communiste, le ministre fédéral de la Justice, Louis Saint-Laurent, rappelait, le 22 février 1943, qu'il demeure toujours interdit au Canada : « Je considère que le parti communiste est illégal, non seulement à cause des règlements de la défense du Canada, mais parce que son but est contraire au code criminel. » Pour pouvoir continuer leurs activités, les communistes canadiens forment un parti politique connu sous le nom de parti ouvrier-progressiste. Selon le programme officiel, « le parti prend carrément position en faveur de l'égalité nationale complète des Canadiens français. Il exige des gouvernements provincial et fédéral l'adoption de mesures immédiates destinées à corriger les griefs nombreux du peuple canadien-français. Il a lutté pour faire établir des garanties spécifiques, constitutionnelles, des droits linguistiques des Canadiens français. » Après ce petit coup de chapeau aux francophones, le parti précise son but ultime : la formation d'un État socialiste.

> Une telle transformation fondamentale ne peut se réaliser que par la volonté de la majorité des Canadiens. En société socialiste, la volonté du peuple souverain guidé par la classe ouvrière, la classe la plus avancée, prévaudra dans les domaines de l'économie et de la démocratie politique. Le peuple canadien sera appelé à former un gouvernement socialiste, gouvernement d'ouvriers et de fermiers, gouvernement du, par et pour le peuple. Ce gouvernement aura comme tâche primordiale la transformation des forces productives en propriété socialiste et la consolidation du socialisme.

Fred Rose convainc la majorité des électeurs de la circonscription électorale de Montréal-Cartier, principalement formée d'ouvriers, du bien-fondé de sa doctrine, puisqu'il est élu député ouvrier-progressiste, en mai 1943.

Une autre formation politique travaille d'arrache-pied à propager ses idées: la Ligue du Crédit social de la province de Québec. Le journal *Vers Demain* lui sert de porte-voix. Le 19 janvier 1944, sur les ondes de Radio-Canada, Louis Even, un des fondateurs du mouvement, tente de clarifier la doctrine du Crédit social: «C'est se faire une idée très restreinte du Crédit social que de le prendre pour une simple réforme monétaire. Sa portée est beaucoup plus vaste. C'est toute une philosophie — la philosophie même de l'association — dont le Crédit social revendique le respect intégral et réel dans la politique et l'économique.»

La philosophie proclamée par le Crédit social est celle de l'association. «Le Crédit social, ajoute Even, c'est la doctrine de la société à l'avantage de tous les citoyens. C'est pour cela que le Crédit social est, par définition, l'opposé de tout monopole: monopole économique, monopole politique, monopole du prestige, monopole de la force brutale. Le monopole ignore les droits de la multitude qu'il exploite. Le Crédit social réclame les droits pour le dernier et le plus petit des citoyens.»

Une des pierres d'assise du Crédit social est le dividende national que Louis Even définit ainsi:

> Par dividende national, nous voulons dire la distribution à tous les membres de la société, à titre égal, des surplus de la production du pays, qui ne seraient pas distribués autrement. [...] C'est, de fait, la seule mesure de sécurité sociale qui ne lie et n'humilie personne. En même temps, c'est la seule mesure économique qui assure la permanence de la production en complétant le pouvoir d'achat déficitaire des consommateurs. C'est la seule méthode supplémentaire de distribution qui se mette au pas du progrès dans les procédés de production. C'est la seule proposition économique qui reconnaisse l'existence d'un héritage social, transmis au sein de la société organisée, d'une génération à une autre; tout comme chez les familles possédantes, il y a un héritage transmis des parents à leurs enfants. [...] Que vous fassiez cette distribution par une somme d'argent ou autrement, l'important est de donner à chaque citoyen un droit à sa partie de la production qui représente réellement un surplus; et la production qui ne se distribue pas sans cela est certainement un surplus.

La doctrine créditiste s'est surtout propagée en Alberta, où le Crédit social est au pouvoir depuis 1934. Mais il existe une certaine opposition au sujet de l'orientation future de la formation politique. Elle se manifeste lors du congrès tenu à Toronto, le 4 avril 1944. «Le problème qui se pose, écrit

Marcel Huguet, est le suivant : doit-on former un parti politique à l'exemple des partis traditionnels qui présentent des candidats dans le but de prendre le pouvoir — c'est la position de l'Alberta — ou une organisation politique destinée à promouvoir la doctrine du Crédit social par des moyens de pression, comme le préconise la délégation du Québec ? Pour trancher la question, on passe au scrutin et la position de l'Alberta l'emporte par cinquante-trois voix contre quarante-sept. » Solon Low sera élu président de l'Association du Crédit social du Canada et J.-Ernest Grégoire, ancien député de l'Action libérale nationale (1935) et de l'Union nationale (1936), vice-président.

Tous ces partis attendent patiemment les prochaines élections qui devraient avoir lieu au Québec et au Canada au cours des mois à venir.

Le retour de Duplessis

À Québec, les libéraux font adopter quelques mesures dont il était question depuis parfois deux ou trois décennies. La question de la fréquentation scolaire obligatoire pour les jeunes de moins de 14 ans n'a pas que des partisans. Certains s'y opposent, faisant valoir les droits inaliénables des parents en matière d'éducation. D'autres dénoncent l'intrusion de plus en plus poussée de l'État dans ce monde où l'Église et la famille doivent être les seules à régner.

À la session de 1943, le secrétaire provincial, Hector Perrier, présente un projet de loi obligeant, sous peine d'amende, tout parent, tuteur ou gardien d'enfants de 6 à 14 ans d'envoyer ces derniers à l'école. La rétribution mensuelle que devaient verser les parents est abolie au niveau primaire et, en conséquence, l'école devient gratuite. L'Union nationale trouve que le gouvernement Godbout devrait se pencher sur des problèmes plus urgents.

Pour Godbout, la tâche du gouvernement est clairement définie : « Nous ne reculerons pas devant notre devoir qui est d'imposer aux parents qui ne le comprennent pas l'obligation de remplir leurs devoirs envers leurs enfants. » Le projet de loi est adopté en deuxième lecture, le 4 mai, par 40 voix contre 12. Le 26 du même mois, il reçoit la sanction royale.

Un autre important projet de loi est adopté au cours de la cinquième session de la 21ᵉ Législature. Depuis une dizaine d'années, des hommes politiques demandent la nationalisation d'une section du réseau hydro-électrique. Philippe Hamel est le plus persévérant du groupe. De plus, Télesphore-Damien (T.-D.) Bouchard, le redoutable député de Saint-Hyacinthe, a fait de cette question son cheval de bataille. Le 22 mars 1944, Wilfrid Hamel, ministre provincial des Terres et Forêts, fait inscrire au feuillet de la Chambre le projet de loi « établissant la Commission hydro-électrique de Québec». Aux journalistes, le premier ministre Godbout énumère les trois objets du de la loi n° 17: «1ᵉʳ Étatiser la Montreal Light, Heat & Power Company Consolidated et la Beauharnois Power Corporation: 2ᵉ Créer un système hydro-électrique provincial; 3ᵉ Instituer un vaste système d'électrification rurale.»

Le 14 avril 1944, le lieutenant-gouverneur Eugène Fiset donne force de loi au projet de loi créant Hydro-Québec. T.-D. Bouchard, après avoir d'abord refusé, accepte la présidence. Vieux routier de la politique, il tente de convaincre Godbout de lui confier la présidence sans salaire, mais de lui permettre de demeurer membre du cabinet. Évidemment, le premier ministre refuse et Bouchard doit accepter le salaire annuel de 18 000 $.

Le prix d'acquisition des compagnies étatisées sera déterminé plus tard. Déjà, on commence à craindre que le gouvernement ne paie trop cher les entreprises qui deviennent sa propriété. Dans le numéro de mai 1944 de la revue *Relations*, Ernest Robitaille s'interroge sur l'affirmation de Godbout à l'effet que la mesure vise à la libération économique du peuple:

> Le plus sûr moyen d'obtenir cette libération économique ne consisterait-il pas à ne payer aux exploiteurs que les sommes utilement employées au développement de l'entreprise, c'est-à-dire le coût réel, moins les dépréciations prises, et à ne pas leur verser une prime de 10%? Une telle procédure, croyons-nous, permettrait d'atteindre le but proposé. Nous le répétons, si l'Hydro doit payer environ 160 millions de dollars pour l'expropriation des usines et réseaux des trois compagnies en cause [la Montreal Light, Heat, la Beauharnois et la Montreal Island Power], il ne faudrait pas espérer bénéficier de tarifs aussi bas que ceux de l'Ontario, parce qu'un pareil coût d'acquisition nous placerait en situation nettement défavorable vis-à-vis de nos voisins.

Ni Bouchard ni Godbout ne participeront à la fixation du prix d'achat des compagnies, le premier, parce qu'il est destitué de son poste de président d'Hydro-Québec le 23 juin 1944, pour avoir tenu, à l'occasion de son premier discours au Sénat, dont il était membre depuis le 3 mars 1944, des propos «scandalisants» sur le nationalisme de ses compatriotes francophones.

> Rédigeant son *maiden speech* au Sénat, écrit l'historien Jean-Guy Genest dans sa biographie consacrée à Adélard Godbout, il trempa sa plume dans le vitriol. Il dénonça non seulement le mauvais enseignement de l'histoire, mais aussi les attitudes canadiennes-françaises qui le révoltaient. Il monta en épingle les tendances isolationnistes et séparatistes de certains groupes. Parmi ceux-ci, il signala spécialement l'Ordre de Jacques-Cartier, société secrète établie, signala-t-il, avec l'appui du clergé. Selon le sénateur, l'Ordre s'était donné comme but d'établir des têtes de ponts dans «le

domaine politique et de contrôler les sociétés patriotiques, les gouvernements et les administrations publiques de tout genre ».

Godbout, quant à lui, déclenche des élections générales le 28 juin. Le lendemain, la Législature est dissoute et le scrutin est fixé au 8 août.

Le parti libéral accusera l'Union nationale de porter la lutte sur le terrain fédéral en parlant de la conscription, alors que le parti de Maurice Duplessis tentera de prouver que le gouvernement Godbout est le vassal de celui de King. Il est question d'électrification rurale et de nationalisation. De part et d'autre, on s'accuse d'être manipulé par les trusts. Le Bloc populaire se prononce contre la médecine d'État et demande l'établissement d'un régime provincial d'assurance-maladie. Il « revendique la souveraineté absolue des provinces dans la législation ouvrière et sociale. L'État fédéral ne doit avoir que des pouvoirs délégués, limités, transitoires et exceptionnels. »

Des créditistes, sous l'étiquette de l'Union créditiste des électeurs, se présentent dans une dizaine de circonscriptions. Parmi eux, un garagiste, Réal Caouette, pose sa candidature dans Abitibi-Ouest.

Au début de juillet, d'après un sondage Gallup, les libéraux partent gagnants avec 37 pour cent de l'intention de vote, suivis par le Bloc populaire avec 27 pour cent. L'Union nationale, à ce moment-là, n'attire que 14 pour cent des votants. Les autres formations, soit l'Union créditiste des électeurs, le Parti ouvrier-progressiste et le CCF se partagent la différence.

Pour la première fois, les femmes auront le droit de voter lors d'une élection générale provinciale. Le nombre total d'électeurs inscrits est de 1 864 692, alors que, pour l'élection de 1939, il n'était que de 753 310. Le nombre de sièges à combler est de 91.

Le 8 août, avec 35,8 pour cent du suffrage exprimé, l'Union nationale fait élire 48 députés et reprend ainsi le pouvoir. Quant aux libéraux, malgré le fait qu'ils obtiennent 39,5 pour cent du suffrage, ils ne récoltent que 37 sièges. Le Bloc populaire détient 4 sièges et le CCF, un seul. Le 30 août 1944, Maurice Duplessis est assermenté 20e premier ministre de la province de Québec. Pour lui, commence un long règne.

Malgré les promesses

Les troupes alliées s'emparent de Rome le 4 juin 1944. La campagne d'Italie tire à sa fin. Deux jours plus tard, c'est le début de la grande offensive en Normandie. La libération de la France vient de commencer. Un quart de million d'hommes prendront pied sur le sol français. Le 25 août, Paris est libérée. De Gaulle s'installe alors dans la capitale française. On sent que la guerre tire à sa fin, mais l'Allemagne d'Hitler n'est pas encore vaincue.

Les besoins en hommes et en armements de toutes sortes sont cruciaux. Le 19 juin 1944, le ministre de la Défense nationale publie un communiqué annonçant que les garçons de 13 ans peuvent s'enrôler dans l'armée de réserve : « Tous les garçons qui se sont enrôlés dans les unités ou formations de réserve de l'armée canadienne recevront la solde réglementaire de 1,20 $ par jour lorsqu'ils atteindront l'âge de 17 ans et demi. » La mesure est rétroactive au 1er avril précédent. Les jeunes « dont l'âge varie de 14 à 18 ans peuvent s'enrôler spécialement dans la réserve comme signaleurs, tambours, clairons, trompettes, mais le consentement des parents ou des tuteurs est obligatoire dans ces cas ».

L'aviation et la marine n'ont pas de problème de recrutement, mais la situation est totalement différente pour l'armée qui fait face à une grave pénurie d'hommes. Selon l'officier Bostock, en Angleterre, l'Armée canadienne ne dispose que d'un cinquième des effectifs prévus.

> L'État-major d'outre-mer, écrit l'historien Jean-Yves Gravel, tente d'abord de trouver sur place les renforts nécessaires, en comblant les bataillons du Québec avec des fantassins anglophones. Cela briserait la ségrégation entre Canadiens français et anglais. Toutefois le général Crerar s'y oppose fermement. Plus tard, il sera même interdit de poster des anglophones bilingues dans des unités francophones. [...] Le général Crerar décide finalement de permuter les 800 fantassins francophones qui servent avec les unités anglophones. Il se heurte à deux difficultés. Celle des commandants d'unité qui n'aiment pas voir remplacer leurs soldats entraînés par des recrues ; dans bien des cas, il s'agit de soldats spécialisés dont le départ peut affecter les opérations. En outre, les francophones eux-mêmes ne veulent pas quitter leur unité anglophone.

Au Canada, on multiplie les pressions sur les *zombies* pour qu'ils signent leur formule d'engagement pour outre-mer. De plus, la police militaire, aidée de la Gendarmerie royale, cherche à mettre la main sur les déserteurs. À Montréal, la présence de la police militaire suscite quelques échanges de coups entre policiers et des jeunes gens aux larges pantalons, les *zootsuiters*. Ces derniers, des *zazous* comme on dira en France, préfèrent le jazz et la nouvelle mode à la guerre !

Faudra-t-il imposer la conscription pour outre-mer ? Certains milieux la réclament avec de plus en plus de force. La Canadian Legion fait campagne pour l'envoi obligatoire de contingents. Mais, selon le chef d'état-major au quartier général canadien en Europe du Nord-Ouest, le lieutenant-général Kenneth Stuart, les militaires canadiens en Europe sont assez nombreux pour répondre aux besoins d'une guerre qui agonise. Cette opinion, émise au mois de juin 1944, diffère totalement de celle du ministre canadien de la Défense nationale, J. L. Ralston. Celui-ci se rend en Europe rencontrer les dirigeants militaires britanniques et canadiens, au début de l'automne, et il revient convaincu que la conscription est nécessaire pour permettre l'envoi de 15 000 hommes avant la fin de l'année.

King, se basant sur l'avis de Stuart, ne juge pas nécessaire de diviser encore plus le Canada et de compromettre l'avenir de son parti à la veille d'une élection générale, avec l'adoption d'une mesure aussi impopulaire, au Québec du moins, que la conscription.

Le 1er novembre 1944, Ralston écrit au premier ministre King : « Nos divergences sur la question vitale du renforcement de nos troupes sont fondamentales et, en conséquence, ainsi que vous l'avez demandé, je donne sur-le-champ ma démission comme ministre de la Défense nationale. » Dans sa réponse, le 3, King souligne qu'il n'y a pas de divergences de vue entre les deux hommes : « Il n'y a de différence que dans la ou les méthodes de pourvoir à cette nécessité fondamentale. [...] Je suis profondément convaincu que, s'il est possible de faire autrement, il ne faut pas adopter une ligne de conduite qui, bien que n'offrant aucune garantie d'atteindre le but visé, diviserait le pays et nuirait ainsi à une grande partie de l'œuvre si magnifiquement réalisée durant plus de cinq années de guerre et cela à la veille même d'une victoire certaine. »

La veille du jour où King répond, le général A. G. L. McNaughton avait accepté d'occuper le poste de ministre de la Défense nationale. Selon King, le nouveau ministre « n'était pas persuadé de la nécessité de recourir au service obligatoire en vue de fournir un appui intégral à l'armée d'outre-mer ». McNaughton est convaincu qu'il pourra, avec l'aide des autres membres du cabinet, obtenir « par le volontariat les renforts nécessaires ».

King réaffirme, lors d'une conférence radiophonique sur les ondes de Radio-Canada, le 8 novembre, que son gouvernement s'en tiendra à l'enrôlement volontaire. « Nous allons continuer à appeler sous les armes les jeunes gens dès qu'ils atteignent l'âge militaire pour leur instruction et leur service obligatoires. Nous n'épargnerons aucun effort pour que chaque mobilisé soit personnellement informé du besoin qu'on a de ses services. Nous ne négligerons rien non plus pour que chacun d'eux soit mis au courant des avantages matériels que lui vaudront plus tard son engagement actuel et le plein accès qu'il aura alors aux occasions de se rétablir dans la vie civile. » Ralston répond à King, le 12, en rendant publiques les raisons de sa démission :

> Les prévisions sont que d'ici la fin de décembre l'on manquera considéra-
> blement de renforts d'infanterie. D'autres prévisions sont que le manque
> d'hommes augmentera de mois en mois au cours de la prochaine année
> qui commencera en janvier. Je réalise que ces vides ne peuvent être remplis

en conscrivant des hommes inexpérimentés. En temps normal, un homme inexpérimenté, pris aujourd'hui, ne serait pas prêt pour la bataille avant juin prochain. Ce dont nous avons besoin, ce sont des soldats entraînés. L'on a fait tout ce qu'il était possible pour trouver ces hommes dans les cadres de l'armée conscrite et l'on a même offert des allocations à ceux qui s'offriraient. Il me semble clair que l'on ne pourra pas rencontrer les besoins avec les volontaires qui ne sont pas en assez grand nombre.

Il n'y a donc, selon Ralston, qu'une solution : la conscription totale. John Bracken, le chef du parti conservateur, partage le même avis : « Notre armée d'outre-mer a terriblement besoin de renforts entraînés ; elle a grandement besoin de repos et de secours et tous les hommes disponibles au Canada doivent y être envoyés. »

Le général McNaughton réunit ses principaux conseillers militaires et les commandants de districts militaires à Ottawa. Une seule conclusion se dégage : il est nécessaire d'imposer la conscription totale. Une session spéciale du Parlement du Canada est convoquée pour le 22 novembre. Des pressions s'exercent sur King, faites par quelques-uns de ses ministres et par plusieurs de ses députés : on réclame la conscription !

Le 23 novembre 1944, le cabinet de King donne son accord au décret numéro PC-8891 :

> Nonobstant les stipulations de tout autre statut, loi, règlement ou décret, le ministre de la Défense nationale, par les présentes, reçoit l'autorisation et l'ordre d'envoyer aux divers territoires de service, à savoir les théâtres d'opérations au Royaume-Uni, en Europe et en Méditerranée, le personnel en nombre approuvé par le gouverneur en son conseil (le nombre approuvé présentement étant de 16 000), qui a été appelé en service, pour entraînement ou en devoir, en conformité des dispositions de la loi concernant la mobilisation des ressources nationales, 1940, selon que de temps en temps il peut être requis d'après ledit ministre, pour entraînement, service ou devoirs auxdits territoires de service, ce personnel étant tiré de telles unités, dépôts ou établissements que ledit ministre peut désigner.

Les députés francophones réagissent dès le dépôt du texte du décret. Le ministre de l'Aviation et représentant de Québec-Sud, Charles Gavan Power, présente sa démission. Jean-François Pouliot, député de Témiscouata, annonce qu'il quitte le parti libéral et Charles Parent, de Québec-Ouest et Sud, se rallie au Bloc populaire. Wilfrid Lacroix quitte lui aussi le parti libéral. C'est la crise tant appréhendée.

Au Québec, des manifestations de protestation s'organisent. Les étudiants de l'Université Laval, dans la vieille capitale, descendent dans la rue et vont casser quelques vitres au *Chronicle-Telegraph*, le seul journal de Québec à avoir fait campagne en faveur de la conscription. Des collants sont placardés sur les murs des édifices et les vitres des magasins. On y lit: « À bas la conscription ! » ou « Protégeons notre jeunesse » ou encore « Les promesses que l'on nous a faites ont été brisées ». Le brigadier Edmond Blais, commandant du district militaire numéro 5, fait parvenir un télégramme au major-général A. E. Walford, adjudant général aux quartiers généraux de la Défense nationale à Ottawa, au sujet de la manifestation: « Parade de 500 à 700 civils environ, à travers les rues de la ville, manifestation se limitant à des chants, des cris et exposition de pancartes protestant contre le service obligatoire. Aucun dommage à la propriété militaire. Aucune tentative contre les membres des forces armées. Quelques légers dommages ont été causés, tels que fenêtres brisées, mais aucun incident n'a passé le contrôle des autorités municipales. [...] La situation est toujours bien en main. »

À Rimouski, le 26 novembre, et à Chicoutimi quelques jours auparavant, des manifestants brûlent le drapeau Union Jack. Le 28, à Mont-Laurier et à Loretteville, des centaines de personnes manifestent contre le décret.

Le Québec n'est pas le seul à manifester son mécontentement. À Port-Alberni, sur l'île de Vancouver, 200 recrues paradent dans les rues portant des pancartes dans le style de « Nous serons toujours des zombies ». À Terrace, sur la côte du Pacifique, on craint que la violence n'éclate dans un camp militaire.

À Montréal, le Bloc populaire organise une grande assemblée populaire au marché Saint-Jacques, le 29 novembre. Pour André Laurendeau, « la réponse à la conscription est l'indépendance du Canada ». Jean Drapeau, l'ex-candidat des conscrits lors des élections partielles de 1942, lance un appel à la résistance: « Nous devons être résolus à ne rien lâcher. Si 16 000 des nôtres doivent partir d'ici quelques semaines, il faudrait par notre attitude vigoureuse faire que ce soient les derniers à partir. Voilà pourquoi nous nous réunissons; voilà pourquoi il y a des conscrits qui se battent actuellement pour ne pas aller outre-mer. Nous protestons parce que nous sommes des ennemis farouches de tout ce qui n'est pas canadien et je dis cela délibérément. »

À l'issue de l'assemblée, des centaines de jeunes défilent dans les rues de la ville, vont briser les carreaux de l'édifice abritant le quotidien libéral *Le Canada* et veulent réserver le même sort à la *Gazette* et au *Montreal Star*, mais des détachements de policiers les en dissuadent.

Adélard Godbout prend lui aussi position contre la décision du gouvernement King: « Pour ma part, avec regret, mais définitivement, affirme-t-il le 27 novembre, je dois déclarer que tant que le gouvernement d'Ottawa persistera dans son attitude subite, imprévue et inexplicable, il devra compter sur l'opposition des libéraux de Québec que je dirige. » Duplessis fait plus encore. Le 29, il fait adopter par le Conseil des ministres un arrêté en conseil qu'il fait signer le lendemain par le lieutenant-gouverneur. Les attendus font état des promesses formelles de King et de ses lieutenants. Le dernier est plutôt virulent :

> Attendu que la violation des engagements sacrés et des promesses solennelles est la manifestation d'une politique hitlérienne incompatible avec la mentalité canadienne et les saines traditions du Canada, en conséquence, il est ordonné [...] que le premier ministre du Canada, le Très honorable W. L. Mackenzie King, et les autorités fédérales soient en conséquence avisés : 1) Que le gouvernement de la province de Québec, reflétant l'opinion de l'immense majorité du peuple de la province, réclame le respect intégral des engagements formels contractés et des promesses sacrées faites au peuple à l'encontre de l'établissement d'un service militaire obligatoire pour service outre-mer, c'est-à-dire à l'encontre d'une conscription déguisée ou apparente pour service au-delà des mers ; 2) Que le présent arrêté ministériel soit publié dans la *Gazette officielle du Québec* afin de porter à la connaissance du public l'énergique et ferme protestation du gouvernement de la province...

Peu après une heure du matin, le 9 décembre, King obtient de la Chambre des Communes un vote de confiance : 140 voix contre 70. Treize députés francophones de la province de Québec votent avec la majorité. Les « treize » seront, par la suite, dénoncés par les éléments nationalistes comme des traîtres et des « suiveux ».

Dès le début du mois de janvier 1945, des conscrits s'embarquent pour l'Europe, en vertu du décret du 23 novembre précédent. Les désertions sont assez nombreuses chez ceux qui doivent partir, mais moins que les rumeurs ne le laissent entendre. Selon le ministre McNaughton, sur les 14 500 conscrits qui avaient reçu ordre de s'embarquer, 4082 manquent toujours à l'appel, le 5 avril. De ce nombre, 2400 sont originaires de la province de Québec. Les autres déserteurs se répartissent comme suit : 1000 venant des Prairies ; 450, de l'Ontario ; 150, de la région du Pacifique et une centaine des Maritimes.

En Europe, la situation évolue rapidement. Au printemps de 1945, les troupes alliées envahissent l'Allemagne et la capitulation allemande est acceptée le 8 mai. Le premier ministre de la Grande-Bretagne, Winston Churchill, s'empresse de faire parvenir au gouvernement du Canada un message de remerciement : « En ce jour historique où les forces de la tyrannie en Europe ont connu leur fin dernière, j'envoie au nom du peuple du Royaume-Uni à l'adresse du gouvernement et du peuple du Canada nos plus profondes félicitations au sujet de la contribution magnifique du Canada à notre victoire commune. [...] Le Canada peut être, à juste titre, fier des actes glorieux de ses fils en uniformes. »

Sur les 1 086 771 Canadiens qui s'étaient enrôlés volontairement ou non, 618 354 s'étaient rendus outre-mer. La Deuxième Guerre mondiale avait coûté, au Canada, 41 922 vies et le nombre des blessés, portés disparus ou non rapatriés s'élevait à 53 073.

Le fait que la participation des Canadiens français à la Deuxième Guerre mondiale ait été, toute proportion gardée, plus faible que celle des anglophones a soulevé divers commentaires. Pour l'historien militaire Serge Bernier, les principales raisons peuvent se résumer ainsi : « L'appartenance profonde à la terre d'Amérique ; un nationalisme anti-impérialisme-britannique puissant ; le fait que les francophones du Québec constituaient déjà une société distincte à laquelle les libéraux fédéraux avaient promis, après 1918, que, si une prochaine guerre arrivait sous leur gouverne, elle n'entraînerait pas la conscription ; et le fait qu'on ait, à toutes fins utiles, découragé les francophones de participer pleinement à la vie militaire du pays (totalement anglaise). »

Ceux qui avaient quitté le Québec au début du conflit reviendront dans un pays changé où les valeurs ne sont plus tout à fait les mêmes.

L'APRÈS-GUERRE

1945-1950

S I LA GUERRE AVEC L'ALLEMAGNE EST TERMINÉE, le conflit avec le Japon perdure. À la même époque, le Canada est en pleine campagne électorale. Le scrutin a été fixé au 11 juin 1945 et King croit que la fin du conflit favorisera sa réélection. Son parti inscrit à son programme l'adoption d'un drapeau distinctif pour le Canada et l'étude d'un projet d'assurance-hospitalisation. King, toujours bien informé, sait que le gros défi à relever dans l'après-guerre sera la conversion de l'économie de guerre en économie de paix, ce qui met en cause le maintien de l'emploi à un niveau élevé. Le *Livre Blanc sur l'emploi et le revenu* que vient de publier le gouvernement canadien, et dont la stratégie repose sur une plus grande intervention de l'État dans la vie économique et les affaires sociales, est son vrai programme. Ce livre blanc burine le nouveau visage que prendra l'État canadien et qui se fera tout à la fois prêteur, entrepreneur, providence. Les tactiques que le livre blanc met de l'avant le démontrent : crédits à la Banque d'expansion, crédits aux pays importateurs, mise sur pied d'une Société centrale d'hypothèques et de logements, etc.

Quant au parti progressiste-conservateur, son chef John Bracken trace, à Ottawa, le 15 mai, les grandes lignes de son programme. Il prône un retour à l'unité nationale : « Chacun, indépendamment de ses origines raciales, doit être considéré comme un Canadien, partageant également les droits et les devoirs de la citoyenneté canadienne. Le parti progressiste-conservateur ne lance aucun appel d'un caractère régionaliste, au point de vue géographique ou racial, religieux ou de classe, mais il demande l'appui de tous les loyaux Canadiens, comme Canadiens, qui veulent établir cette nation sur des bases solides. » Bracken promet que si son parti prend le pouvoir, il imposera immédiatement la conscription pour le Pacifique, laissant les soldats qui ont servi activement en Europe libres d'y participer.

Au Québec, le Bloc populaire, l'Union créditiste des électeurs, le CCF, le parti ouvrier-progressiste et le Front national, récemment formé par l'ancien ministre libéral Cardin présentent des candidats. Le 11 juin 1945, King est maintenu au pouvoir avec une majorité réduite. Sur un total de 245 députés, les libéraux en font élire 125 ; les progressistes-conservateurs, 67 ; le CCF, 28 ; le Crédit social, 13 ; le Bloc populaire, 2 et le parti ouvrier-progressiste, un seul. Au Québec, sur les 65 députés, 54 sont d'allégeance libérale ; 2 sont du Bloc populaire et 1 est progressiste-conservateur. Les autres sont indépendants.

Les élections de 1945 révèlent un nouveau réalignement des forces.

Tandis que le Québec, note l'historien Mason Wade, abandonnait le séparatisme aux élections d'après-guerre, le Canada anglais, de son côté, abandonnait l'effort que firent les progressistes-conservateurs, au temps de la crise de la conscription, pour rallier le reste du Canada contre le Québec, car l'Ontario fut la seule province à réélire une majorité de conservateurs, et encore, à peine quarante-huit sur un total de quatre-vingt-deux. Même dans ce fief tory, les libéraux firent bonne figure. Le CCF, seul groupe national qui, avec les libéraux, acceptât le caractère biethnique du Canada, n'eut de succès que dans les provinces de l'Ouest, depuis longtemps en rébellion contre les deux vieux partis.

Peu après les élections, le premier ministre King et le ministre canadien de la Justice Louis Saint-Laurent se rendent à San Francisco signer l'adhésion du Canada à la Charte des Nations Unies. Pendant ce temps s'organise le retour au foyer des soldats qui ont terminé leur tâche en Europe. Le premier navire de troupes à remonter le Saint-Laurent arrive à Québec le 30 juillet 1945. Il ramène 4500 aviateurs et soldats. Le Royal 22e Régiment est accueilli triomphalement par les habitants de la vieille capitale, le 1er octobre. Quant aux membres du régiment de Maisonneuve, ils arrivent à Montréal le 29 novembre.

Le ministère des Affaires des Vétérans, nouvellement créé, voit à protéger les intérêts des militaires à leur retour. Les blessés recevront une pension proportionnée à leur degré d'incapacité ; les malades sont acheminés vers des hôpitaux. Les soldats qui ont dû abandonner leurs études deviennent admissibles à des bourses spéciales. Le gouvernement fédéral accorde la priorité aux vétérans dans ses offres d'emplois. Des subventions permettent à quelques-uns de se bâtir une maison dans ce que l'on appellera «les villages des vétérans». Plusieurs se prévalent de la Loi agraire pour les anciens combattants, sanctionnée le 1er août 1942, qui accorde une aide monétaire à ceux qui veulent s'établir sur une terre. Au Québec, peu de militaires se prévalent des avantages d'un retour à la terre : 132 seulement, au 31 mars 1946, alors que le total pour le Canada est de 3108. Même chose pour l'accès à la petite propriété. Pour la même période, 5059 vétérans sont admis aux subventions dans ce programme et, de ce nombre, 403 seulement viennent du Québec.

Les règlements de la mobilisation générale demeurent en vigueur et, le 15 août 1946, le ministre fédéral du Travail, Humphrey Mitchell, annonce « la suppression de l'enregistrement national ainsi que la suppression des règlements de mobilisation du service sélectif national ». Le même jour, le ministre de la Défense nationale, Douglas C. Abbott, précise quelles mesures s'appliqueront à l'avenir aux militaires absents et aux déserteurs des forces armées toujours susceptibles d'être arrêtés :

> La nouvelle méthode s'appliquera à tous ceux qui se sont absentés le ou avant le 1er janvier 1946 et qui, le 15 août 1946, n'avaient pas été arrêtés par les autorités ou ne s'étaient pas livrés. L'arrêté ministériel autorisant la nouvelle manière de procéder stipule que ces personnes seront censées n'avoir jamais servi dans les forces armées du Canada et, par conséquent, n'auront droit à aucun des privilèges ou bénéfices normalement accordés aux membres des forces armées. Ce qui précède ne s'appliquera pas à ceux qui ont déserté ou qui se sont absentés alors qu'ils étaient en service outre-mer. [...] À l'heure actuelle, on compte environ 15 000 militaires absents sans permission ou déserteurs qui n'ont pas encore été arrêtés. De ce nombre, 8200 sont de ceux qui ont été appelés en vertu de la loi de mobilisation sur les ressources nationales et 5800 sont des militaires enrôlés pour le service général [volontaires] ; 155 font partie de la marine et 140 du corps d'aviation royale canadien.

À toutes fins utiles, la décision ministérielle accorde une amnistie — plus ou moins déguisée — aux déserteurs qui enfin ne sentiront plus le besoin de se cacher.

Des mesures à la vie dure

Les multiples contrôles établis durant la guerre par le gouvernement fédéral disparaissent un par un, mais certains ont la vie dure ! Quelques jours avant la capitulation du Japon et la cessation complète des hostilités, King annonce la levée des restrictions concernant la vente des boissons alcooliques. À partir du 5 août 1945, il est possible de se procurer vins et alcool tout comme avant le conflit. Au Québec, la Commission des liqueurs se distingue en maintenant sur la liste des produits rationnés le scotch, le rye-whisky et le cognac.

La censure des publications disparaît le 16 août. À partir de la mi-septembre, la plupart des ordonnances concernant le contrôle de la main-d'œuvre cessent d'être en vigueur. Quatre secteurs seulement sont encore soumis à une réglementation : « 1. Un homme ne peut accepter un nouvel emploi sans la permission du Service sélectif ; 2. L'employé qui veut quitter son emploi ou l'employeur qui veut renvoyer un employé doivent donner un avis de sept jours ; 3. Les employeurs devront enregistrer leurs vacances au Service sélectif et ceux qui veulent travailler devront s'enregistrer aux bureaux d'emplois ; 4. Tous ceux qui désirent travailler au Canada doivent avoir un permis de travail. »

Une des mesures de guerre qui frappent le plus la population est celle du rationnement de la viande. Abolie le 29 février 1944, cette mesure est rétablie le 6 juillet 1945. Le premier ministre King explique que les Canadiens doivent se priver pour « rencontrer les besoins urgents des populations affamées de l'Europe ». Les mardis et les vendredis deviennent des journées maigres dans les endroits publics où l'on sert à manger. Toutes les viandes, par contre, ne sont pas soumises au contrôle gouvernemental : la volaille, le gibier, le poisson et les abats de bœuf, de porc et d'agneau se vendent en commerce libre.

Les bouchers considèrent leur sort menacé. Ceux de l'Ontario, de la Colombie-Britannique et de la Nouvelle-Écosse menacent de déclencher une grève générale si le gouvernement fédéral continue à forcer la population à se priver. Le 13 septembre 1945, ce sont tous les bouchers du Canada qui brandissent la menace d'un arrêt de travail. La grève éclate le 24. Ce jour-là, presque toutes les boucheries de la ville de Montréal ferment leurs portes. Des marchands de fruits manifestent leur sympathie en cessant de travailler. Les bouchers qui continuent à ouvrir leur commerce sont menacés et les policiers interviennent. Des arrestations ont lieu. Le calme revient après quatre jours d'arrêt de travail. Le 27 mars 1947, le rationnement de la viande est levé. Mais les « mardis et vendredis maigres » dans les endroits publics où l'on sert à manger seront en vigueur jusqu'au 15 août de la même année. Quant au sucre et à la mélasse, la Commission des prix et du commerce en temps de guerre cesse d'en administrer le rationnement à partir du 3 novembre 1947.

Alors que la Régie des loyers maintient ses contrôles jusqu'en 1949, la Régie des salaires interrompt son action en novembre 1946. Tranquillement, la situation redevient normale. Fait inattendu, le gouvernement fédéral ne semble pas pressé de remettre aux provinces certains champs d'activité qu'il avait occupés à l'occasion de la guerre.

Point de recul!

Le retour à la paix devrait normalement signifier le retour aux provinces de la gestion exclusive des impôts sur le revenu, les corporations et les successions, mais précisément la guerre a changé le cours normal des choses. La dissolution des liens impériaux depuis 1931, l'émergence d'un État interventioniste et le désir d'établir des normes nationales poussent le gouvernement canadien à concentrer et à centraliser l'exercice du pouvoir, et à s'accaparer pour accomplir sa mission de la part du lion des revenus publics. Il n'entend pas redonner aux provinces le contrôle exclusif qu'elles réclament sur certaines sources de revenus. Cette position du gouvernement fédéral découle en droite ligne du fameux rapport Rowell-Sirois sur les relations entre le Dominion et les provinces, dont les provinces ont rejeté les conclusions lors de la conférence constitutionnelle de 1941.

Du 6 au 10 août 1945 se tient donc à Ottawa une conférence fédérale-provinciale réunissant les premiers ministres. La « conférence de la reconstruction » s'ouvre sous des signes de centralisation. Avant même l'ouverture des débats, le gouvernement fédéral a remis aux provinces un document expliquant la politique d'Ottawa.

> Le gouvernement est d'avis qu'il devrait être le seul à taxer les revenus personnels et corporatifs ainsi que les successions, afin que les effets restrictifs de l'imposition double et concurrentielle soient évités et afin que les revenus et les richesses amassés par la nation puissent être taxés entièrement et efficacement aux fins nationales et à l'avantage mutuel de toutes les provinces. Le gouvernement fédéral conçoit ce programme comme étant vraiment une politique nationale compatible avec un état fédératif et favorable à son plein et florissant développement. Au sein d'un état ainsi organisé, le gouvernement fédéral peut exercer ses pouvoirs constitutionnels d'une manière plus étendue et plus favorable au bien-être national. Dans un tel état, les gouvernements provinciaux peuvent aussi exercer leurs pouvoirs constitutionnels d'une façon plus ample et plus indépendante qu'ils ne pouvaient le faire d'après les arrangements qui existaient avant la guerre.

À nouveau se pose donc la question de l'autonomie des provinces. Mais cette fois de façon beaucoup plus aiguë. Le gouvernement fédéral réclame le plein usage des ressources canadiennes, la maîtrise du développement du commerce international, la surveillance de l'expansion du commerce et de l'embauchage; le maintien et la stabilisation, sous sa gouverne, des mesures sociales, comme l'assurance-chômage, les allocations familiales et les pensions de vieillesse.

Dans son intervention, le premier ministre Duplessis rappelle que la Confédération «présuppose la collaboration et la collaboration ne peut se concilier avec la centralisation extrême». Les autres premiers ministres provinciaux montrent une aussi grande réserve. Avant d'accepter les propositions fédérales, il faut les étudier avec soin et cela ne peut se faire dans le cadre de la conférence. Comme le fait remarquer T. C. Douglas, le premier ministre CCF de la Saskatchewan, «Je ne tiens pas pour l'instant à commenter les propositions du gouvernement. Celui-ci nous fait une proposition de maquignon. Je sais quelle sorte de cheval il veut nous passer. J'aimerais avoir le temps de l'examiner afin de voir s'il possède toutes ses dents et si elles sont capables de mastiquer.»

Une nouvelle conférence fédérale-provinciale se tient à Ottawa du 26 au 29 novembre 1945. Aucune entente n'intervient. Mais, le 6 janvier 1946, George Drew, premier ministre de l'Ontario, annonce que son gouvernement rejette les propositions fédérales. Selon lui, l'impôt sur les successions devrait être du ressort exclusif des provinces, alors que celui sur les revenus des particuliers et des corporations devrait appartenir aux deux niveaux de gouvernement. Le mémoire ontarien réclame aussi que «les pensions de vieillesse soient accordées sans restriction à tous les Canadiens âgés de plus de 65 ans; que le gouvernement fédéral paie 75 pour cent de l'argent donné aux Canadiens incapables de gagner leur vie; que le gouvernement fédéral paie entièrement l'argent versé aux chômeurs; que le gouvernement fédéral assume 75 pour cent du coût de toutes les mesures de bien-être social». Le 9 janvier, Duplessis se dit prêt à collaborer avec le gouvernement fédéral à la condition expresse que ce dernier mette fin à l'entente temporaire intervenue en 1942.

Une nouvelle rencontre fédérale-provinciale, à la fin du mois de janvier 1946, n'apporte presque pas de progrès. Les relations se détériorent à la suite d'une quatrième conférence qui se tient du 25 avril au 3 mai. Le gouvernement Duplessis présente un mémoire de 9000 mots rédigé en français.

> Le gouvernement de la province de Québec, y lit-on, croit que le pays a besoin de trois choses: la clarification et la délimitation précise des pouvoirs de taxation des gouvernements fédéral et provinciaux, selon l'esprit de la lettre de la constitution canadienne. Deuxièmement: la simplification de la taxe publique afin de pouvoir diminuer le coût et faciliter la collection. Troisièmement: la collaboration de tous les pouvoirs afin d'en arriver à une modération dans les taxes et d'alléger le fardeau de l'éternel oublié: celui qui paie les taxes.

En attendant qu'une entente intervienne, le gouvernement de la province de Québec est d'accord pour «prêter» à Ottawa certains droits en retour d'une «juste compensation».

Le premier ministre King et le ministre canadien des Finances, James Lorimer Ilsley, opposent une fin de non-recevoir aux revendications des provinces. Le premier brandit des menaces : « Le gouvernement fédéral devra utiliser ses pouvoirs constitutionnels dans toute la mesure nécessaire pour faire face à ses lourdes obligations et à ses engagements financiers dans le domaine national et dans le domaine international. » Quant au second, il fait valoir qu'Ottawa dépense chaque année 481 millions de dollars pour la dette nationale ; les allocations aux vétérans coûtent 620 millions, etc. Les provinces doivent donc céder ou « ce sera la faillite de la conférence ». La Nouvelle-Écosse, l'Ontario et le Québec forment un front commun. Duplessis est formel : « En acceptant les propositions fédérales sous leur forme actuelle, on sonnerait le glas de la Confédération. [...] L'argent a son importance, mais les droits d'une province et d'une nationalité l'emportent en gravité et Québec tient à ce que ses droits et ses prérogatives, garantis par le pacte de 1867, soient sauvegardés. »

Drew insiste sur l'apport de sa province et du Québec dans les revenus du gouvernement fédéral : en 1945, Ottawa a perçu 1 500 000 000 $ en taxes ; là-dessus, les Ontariens ont versé 48 pour cent ; le Québec, 29 pour cent et la Colombie-Britannique, plus de 8 pour cent. Les six autres provinces n'ont contribué que pour seulement 14 pour cent en tout. Dans son intervention du 1er mai, Duplessis revient à la charge : « Nous détestons le régime hitlérien et pourtant les enfants nés de la centralisation proposée par MM. King et Ilsley seraient les bâtards du type hitlérien. L'enjeu qui se joue maintenant, c'est la bureaucratie contre la démocratie et le régime parlementaire, et nous du Québec sommes en faveur de ces dernières institutions ; le régime parlementaire ne peut survivre si le pouvoir de légiférer et le pouvoir de taxer sont dissociés. »

La conférence se termine sans qu'un accord entre le gouvernement fédéral et ceux des provinces n'intervienne. Duplessis effectue le trajet Ottawa–Cap-de-la-Madeleine en avion. Il se rend à Trois-Rivières féliciter Maurice Roy qui vient d'être nommé évêque du diocèse de Trois-Rivières. La dernière partie du trajet s'effectue en train. Des centaines de personnes attendent le premier ministre du Québec à la gare du Palais, à Québec. Thomas Chapais, malgré ses 86 ans, accueille « son » premier ministre qui vient de si bien défendre les droits de « sa » province. Il est vingt-trois heures et Duplessis trace, de façon improvisée, le bilan de la conférence.

> L'autonomie de la province, les droits de la province, c'est l'âme du peuple, de la race, et personne ne saurait y porter atteinte. Ce sont ces droits et ces prérogatives qui nous permettent d'élever nos enfants dans la langue française et la religion catholique. Quand, à Ottawa — et je veux être bien compris, il ne s'agit pas d'une lutte de parti, mais d'une lutte pour la

patrie — on nous a demandé de céder et de vendre nos droits, pour de l'argent, j'ai répondu que la province de Québec n'était pas à vendre, que le droit de vivre et de survivre valait plus que n'importe quel contrat. Un gouvernement et un premier ministre qui se respectent ne peuvent oublier que rien ne saurait attenter à l'âme d'un peuple. Nous avons dans la Confédération une place de premier choix. Nous sommes une minorité par le nombre, mais une majorité par le droit d'aînesse. La province de Québec demande le droit de vivre et d'assurer sa survivance.

Duplessis apparaît maintenant comme le grand défenseur des droits de la province. Même les nationalistes qui ont lutté contre lui le félicitent pour son attitude. Le conseil général de la Société Saint-Jean-Baptiste de Montréal appuie « l'attitude autonomiste du premier ministre de la province de Québec ». André Laurendeau, René Chaloult et Camillien Houde manifestent publiquement leur accord avec les prises de position de Duplessis.

Le 6 mai, le chef de l'Union nationale affirme à nouveau que « la province de Québec est un actif indispensable pour la Confédération ». Il dénonce une déclaration du ministre fédéral de la Reconstruction, Clarence Decatur Howe, à l'effet que la radio est du ressort exclusif du pouvoir central. En conséquence, le Québec n'aurait pas le droit d'établir sa propre station radiophonique, comme il a été décidé. En effet, le 27 février 1945, Duplessis avait annoncé officiellement le projet d'établir un « Office de la Radio de Québec ». Selon le projet de loi,

> l'Office peut établir, posséder et exploiter un système radiophonique qui sera désigné sous le nom de Radio-Québec. [...] L'Office est spécialement chargé, sous la direction du premier ministre, de préparer les programmes et de retenir les services de ceux qui doivent prendre part à leur exécution ; de recueillir les nouvelles et de les radiodiffuser ; de conclure des ententes pour faire émettre des programmes par des postes ne faisant pas partie du réseau provincial et pour la radiodiffusion des programmes provenant d'autres postes ; de faire des ententes pour radiodiffuser, sur les postes de l'Office, moyennant rémunération, des programmes artistiques, commerciaux et autres qui lui sont confiés par des tiers. Le premier ministre est chargé de l'application de la loi.

Dès que le gouvernement fédéral apprend l'existence du projet d'une radio québécoise, il avertit le gouvernement provincial qu'il risque fort de voir sa loi désavouée. Malgré une certaine opposition de la part de conseillers législatifs, le projet de loi est adopté. Tout comme une entreprise privée, le gouvernement du Québec doit solliciter du bureau des gouverneurs de la Société Radio-Canada un permis de diffusion. Cela signifie une mise en veilleuse du projet jugé, pourtant, si important pour le secteur de l'éducation au Québec. Dans son numéro de janvier 1948, *Relations* demande À quand Radio-Québec?

> L'autonomie des provinces en matière d'éducation est directement en cause, affirme l'éditorialiste. Fidèles à l'esprit et à la lettre de l'Acte de l'Amérique britannique du Nord, nous devons prévenir que les provinces ne soient progressivement dépossédées d'une de leurs prérogatives essentielles et aviser aux moyens techniques de les sauvegarder. En face du monopole fédéral de la radio, il n'y a qu'une réponse adéquate : la création d'une radio provinciale. Pas seulement sur le papier, naturellement, mais dans les faits. Voici deux ans que le gouvernement a créé Radio-Québec. Où en est la réalisation?

Deux drapeaux

Le Canada ne possède pas encore un drapeau distinctif. Au cours des jours qui ont suivi la capitulation de l'Allemagne, on a arboré le Red Ensign. À San Francisco, lors de la conférence de juin 1945, c'est le même emblème qui fut arboré. Un arrêté ministériel du 5 septembre suivant stipule qu'aussi longtemps que le Canada n'aura pas un drapeau distinctif, c'est le Red Ensign qui sera utilisé. Ce drapeau est le pavillon maritime que le Canada utilise depuis plusieurs décennies. Sur fond rouge, il y a les armes du Canada et, au quartier supérieur de gauche, « à la place d'honneur », l'Union Jack.

Le 8 novembre 1945, la Chambre des Communes commence à étudier une résolution du premier ministre King à l'effet « qu'il importe, de l'avis de cette Chambre, que le Canada possède un drapeau national distinctif et qu'un comité mixte du Sénat et de la Chambre des Communes soit institué dans le but de faire étude et rapport sur un motif approprié pour ce drapeau ». La députation se divise en trois groupes : un premier, qui réclame que l'Union Jack soit adopté comme drapeau officiel du Canada ; un deuxième, qui est d'accord pour un drapeau particulier, mais à la condition que l'Union Jack y occupe la place d'honneur ; quant au troisième, il veut un drapeau complètement indépendant des emblèmes britanniques. Le débat autour de la question du drapeau est plus qu'animé. Plusieurs conservateurs exigent que l'Union Jack occupe la place d'honneur. Comme leurs propos engendrent du brouhaha, ils entonnent à pleins poumons le *Rule Britannia*. Des libéraux protestent en chantant en français ou en anglais l'*Ô Canada*. L'engagement sonore se continue avec, chez les conservateurs, le *Never let the old flag fall* et, chez les libéraux, le *Hail! hail! the gang's all here*. Voulant s'opposer à l'*Ô Canada*, des conservateurs entonnent *The Maple Leaf for ever*, mais l'unisson se fait, enfin, avec le *God Save the King*!

Bon nombre de députés et ministres veulent participer au débat. Le 13 novembre, Louis Saint-Laurent affirme qu'il serait surpris et désappointé « si le comité ne recommandait pas l'inclusion de l'Union Jack ». Pour John Diefenbaker, le député conservateur de Lake Centre, « l'Union Jack n'est pas un symbole de conquête, mais un symbole de liberté. Le Canada doit conserver le drapeau qui a servi sur les champs de bataille pendant la guerre qui vient de s'achever ».

Avant même que le comité de 26 membres commence à siéger, il reçoit plus de 600 projets de drapeaux. Dans les milieux francophones, on s'oppose à l'adoption de l'Union Jack ou du Red Ensign. On réclame un drapeau distinctif. Le 23 novembre, le député du comté de Québec, René Chaloult, rend publique une motion qu'il entend présenter à l'Assemblée législative du Québec lors de la prochaine session. Il y est dit « Que cette Chambre prie le Comité parlementaire fédéral de choisir un drapeau véritablement canadien, c'est-à-dire un drapeau qui exclut tout signe de servage et que peut arborer fièrement tout Canadien sans distinction d'origine ».

La Ligue du Drapeau national préconise un « drapeau tranché de rouge et de blanc, avec une feuille d'érable en cœur ». Les Jeunes Laurentiens, dont Rosaire Morin est le président, accordent leur appui à ce projet. À la mi-mai 1946, 49 députés libéraux du Québec se prononcent contre le Red Ensign, qui est le préféré de King. Le 20 mai, à Montmagny, la question du drapeau suscite un incident un peu cocasse. Le vicomte Alexander de Tunis, gouverneur général du Canada, doit présider au dévoilement d'un monument aux héros de la guerre. Un immense drapeau Union Jack recouvre l'œuvre. À la suite des protestations de plusieurs citoyens, les organisateurs décident de remplacer le drapeau britannique par une toile de parachute rapportée de France. Le curé de Montmagny, Auguste Lessard, remarque dans son allocution : « Puisque notre race est si grande et si belle, pourquoi faut-il qu'elle cache sa noblesse dans les plis d'un drapeau qui n'est pas le sien ? L'heure n'est-elle pas venue de lever très haut un étendard qui lui soit propre, un étendard qui, pour l'étranger, symbolise la force et l'endurance. »

Le 11 juillet 1946, par 21 voix contre 1, celle de Wilfrid Lacroix, le comité recommande l'adoption du Red Ensign remanié : « Que le drapeau du Canada soit le Red Ensign canadien avec une feuille d'érable aux couleurs dorées de l'automne, bordée de blanc, à la place des armoiries dans le champ, tout le modèle devant être proportionné de façon que la grandeur de la feuille d'érable par rapport à l'Union Jack dans le canton l'identifie comme symbole distinctif du Canada comme nation. »

Partisans et opposants multiplient les interventions. Devant un tel manque d'unanimité, le gouvernement King juge prudent de retarder l'adoption de la recommandation. Le Canada devra donc attendre avant d'avoir son propre drapeau. Il continuera par contre à arborer le Red Ensign ou l'Union Jack.

Au Québec, certains songent à faire des pressions auprès du gouvernement Duplessis pour qu'il adopte un drapeau provincial, comme l'a fait la Nouvelle-Écosse. Le 19 janvier 1948, la Ligue d'action nationale fait parvenir à Duplessis une lettre lui demandant d'adopter le fleurdelisé comme drapeau : «Les Canadiens français n'accepteront jamais comme signe de ralliement et comme drapeau de leur province un autre emblème que le fleurdelisé consacré par les foules, par deux générations de Canadiens français, ayant conscience d'être ici les fils authentiques des découvreurs, des colonisateurs, des évangélisateurs du Nouveau Monde. Le Québec est d'ailleurs le berceau de notre peuple, ses armoiries fleurdelisées, sa devise *Je me souviens* évoquent notre passé, consacrant son caractère propre.»

La quatrième session de la 22ᵉ Législature s'ouvre à Québec le 14 janvier 1948. Il est prévisible que le député indépendant René Chaloult va présenter une motion demandant l'adoption d'un drapeau distinctif pour le Québec. Il est prévisible aussi que le premier ministre Duplessis va chercher à tirer le plus de profit possible de la mesure et qu'il ne laissera pas à un autre le privilège «de doter sa province d'un drapeau». Le 21 janvier, le premier ministre fait approuver un arrêté en conseil à cet effet :

> Attendu qu'il n'existe pas actuellement de drapeau canadien distinctif; attendu que les autorités fédérales semblent s'opposer à l'adoption d'un drapeau exclusivement canadien et négligent, en conséquence, de donner à notre pays, le Canada, un drapeau qu'il est en droit d'avoir; attendu qu'il est juste et convenable que, sur les édifices parlementaires de la province, flotte un drapeau qui répond aux traditions, aux droits et aux prérogatives de la province; attendu qu'au cours de la session de l'an dernier la Législature de Québec, à l'unanimité, s'est prononcée en faveur d'un drapeau propre à la province de Québec et qui lui convient, il est ordonné en conséquence, sur la proposition de l'hon. ministre de l'Industrie et du Commerce [Paul Beaulieu] que le drapeau généralement connu sous le nom de drapeau *Fleur-de-Lis*, c'est-à-dire drapeau à croix blanche sur champ d'azur et avec lis, soit adopté comme drapeau officiel de la province de Québec et arboré sur la tour centrale des édifices parlementaires, à Québec, et cela avec la modification ci-après, à savoir : que les lis qui figurent sur le drapeau soient placés en position verticale.

Au tout début de la séance de l'après-midi, Duplessis prend la parole. Il est environ quinze heures et dix minutes. Il annonce qu'un arrêté en conseil a été adopté à l'unanimité le matin même et qu'il a été ensuite sanctionné par le lieutenant-gouverneur Fiset. «En vertu de cet arrêté en conseil, un drapeau officiel est donné à notre province et, au moment où je vous parle, il doit être déjà arboré sur la tour du Parlement. Ce drapeau est conforme à nos traditions et à nos aspirations. L'opinion de la province s'est clairement manifestée au sujet d'un drapeau officiel; nous nous rendons avec une grande joie au désir de la population. Ce drapeau, ce sera le fleurdelisé, avec une légère modification.»

Les députés de l'Opposition, tout comme les ministériels, ne peuvent qu'applaudir à l'annonce de la mesure. Adélard Godbout déclare: «Ce drapeau est un geste hautement autonomiste d'un gouvernement qui défend l'autonomie. [...] Désormais, lorsque nous arriverons au Parlement et que flottera sur la tour notre drapeau, nous nous sentirons plus chez nous.» Abel Vineberg, correspondant parlementaire de la *Gazette*, confiera à Gérald Martineau, trésorier de l'Union nationale: «Vous devez être content: monsieur Duplessis vient de gagner 100 000 votes tout en épargnant beaucoup d'argent au parti.»

La société secrète de l'Ordre de Jacques-Cartier (qui a survécu aux attaques de T.-D. Bouchard) considère l'adoption du fleurdelisé comme drapeau du Québec comme sa victoire. On peut lire dans le numéro de février 1948 de l'*Émérillon*, la publication officielle de l'organisme:

> Le fleurdelisé que notre Ordre a préconisé pendant vingt ans, devient l'emblème de la province de Québec. [...] Voilà, entre un grand nombre, l'une des belles victoires de notre Ordre. Combien n'en a-t-il pas à son crédit, qu'il est presque impossible de peser? Mais le drapeau québécois, voilà un cadeau de l'Ordre à la race française d'Amérique. Toutes les oppositions (elles étaient nombreuses et venaient de haut, dans bien des cas), ont été vaincues; les froids ont été réchauffés et les tièdes, enflammés: une technique intelligente et sage a été mise en œuvre et le succès a été éclatant: en un mois à peine, une situation apparemment désespérée et sans issue (pas pour les chefs de l'Ordre, bien sûr), s'est transformée en une victoire sans précédent.

L'assemblée législative de la province de Québec n'avait pas été appelée à choisir le fleurdelisé. Mais une loi sanctionnée le 9 mars 1950 permettra aux députés d'approuver démocratiquement le nouveau drapeau comme celui du Québec. Presque au même moment où l'arrêté en conseil concernant le fleurdelisé était adopté, les dirigeants de l'Armée canadienne décident qu'à l'avenir l'*Ô Canada* aura droit au salut réglementaire tout comme le *God Save the King*.

De vrais Canadiens

Comme l'expliquent John A. Dickinson et Brian Young, dans *Brève histoire socio-économique du Québec*:

Après une chute spectaculaire durant la Dépression, le taux de natalité au Québec augmenta pendant la Seconde Guerre mondiale et se maintint à un niveau élevé lors du *baby boom* de l'après-guerre durant lequel le taux de natalité s'éleva au-dessus de 30 naissances pour 1000 habitants. Il en fut ainsi jusqu'au début des années 1960, période au cours de laquelle les moyens contraceptifs devinrent facilement accessibles. À la fin des années 1950, le taux de natalité des Québécois était redescendu au niveau de la moyenne canadienne, marquant l'arrêt définitif de la « revanche des berceaux » ; par suite de l'effet combiné de la croissance naturelle et de l'immigration, la proportion des Québécois au sein de la population canadienne se maintint à 29 %.

Jusqu'en 1947, les Canadiens sont toujours considérés comme des « sujets britanniques domiciliés au Canada ». Au cours de la session de 1946, le gouvernement King, faisant valoir l'évolution politique et constitutionnelle, présente un projet de loi établissant la citoyenneté canadienne. La mesure entre en vigueur le 1er janvier 1947. Les personnes nées avant cette date ont droit à la citoyenneté si elles font partie d'une des deux catégories suivantes :

> 1. celles qui étaient nées au Canada, ou dans un navire ou dans un avion canadiens, et qui n'étaient pas étrangères le 1er janvier 1947 ; 2. celles qui, nées de pères canadiens en dehors du Canada, étaient mineures à cette date ou qui étaient déjà entrées au Canada pour fins de résidence permanente. Toute personne née à l'étranger et qui était mineure le 1er janvier 1947 perd automatiquement la citoyenneté canadienne lorsqu'elle atteint 24 ans, ou le 1er janvier 1954, suivant l'échéance la plus éloignée, à moins qu'à cette date elle n'ait son domicile au Canada ou qu'elle n'ait avant cette date et après avoir atteint 21 ans, déposé une déclaration de rétention de la citoyenneté canadienne. Tout enfant né hors du Canada après cette date, dont le parent responsable est considéré comme un citoyen canadien d'après la Loi sur la citoyenneté canadienne, est canadien si sa naissance est signalée au registraire de la citoyenneté canadienne dans les deux ans qui suivent ou avant l'expiration du délai que le ministre peut autoriser dans certains cas spéciaux. L'enfant qui devient citoyen canadien de naissance de cette façon cesse automatiquement de l'être s'il néglige de déposer une déclaration de rétention de citoyenneté, avant son 24e anniversaire de naissance, ou n'a pas son domicile au Canada à cette date.

En vertu de l'article 9 de la nouvelle loi, les seules personnes vivant au Canada, mais non Canadiens de naissance, qui peuvent obtenir la citoyenneté canadienne sont « celles qui avaient été naturalisées avant cette date, les sujets britanniques qui avaient leur domicile au Canada à la date de l'entrée en vigueur de la loi et les femmes licitement admises au Canada et mariées avant le 1ᵉʳ janvier 1947 dont le mari eût été admissible à la citoyenneté canadienne si la loi était entrée en vigueur avant la date de leur mariage». La nouvelle loi précise aussi les conditions que doivent remplir les immigrants pour obtenir la citoyenneté canadienne.

L'immigration étrangère avait décliné pendant la Dépression et la guerre, notent Dickinson et Young, mais elle reprit de plus belle après 1945. L'arrivée au Québec de plus de 420 000 immigrants entre les années 1945 et 1961 eut un impact significatif sur la composition de la population non francophone de la province. La proportion des communautés italienne, polonaise, grecque et allemande augmenta de façon impressionnante par rapport à la communauté d'origine britannique. Le pourcentage d'Italiens chez les non-francophones passa de 4,6 en 1931, à 12,4 en 1961. Comme ils étaient libres de choisir la langue d'enseignement, deux immigrants sur trois inscrivaient leurs enfants à l'école anglaise. L'anglais était synonyme de prestige et de meilleurs emplois.

En outre, l'immigration demeure toujours à dominance britannique. Entre 1946 et 1950, le Canada reçoit 430 489 immigrants. De ce nombre, 96 528 sont d'origine britannique, soit d'outre-mer, soit des États-Unis. Viennent en deuxième lieu, les Polonais avec 36 471 immigrants; les Hollandais, 31 994; les Ukrainiens, 22 710; les Juifs, 22 469; les Italiens, 21 151 et les Allemands, 19 560. Il faut tenir compte du fait qu'en 1946, arrivèrent au Canada 46 079 épouses et enfants des soldats canadiens d'outre-mer.

Les éléments francophones sont peu nombreux. Certains affirment que les autorités fédérales ne favorisent pas une immigration francophone pour mieux noyer les Canadiens français. Lionel Groulx écrira : « Trop manifeste dessein, en dépit des déclarations officielles, de contrecarrer la progression de l'élément français. » Le *MacLean's* de Toronto ne partage pas ce point de vue.

Nous regrettons, lit-on dans le numéro du 15 avril 1948, que le Québec ne fasse pas venir 5000 Français ou même 50 000, qui seraient une addition bienvenue à notre Canada si maigrement peuplé. C'est faux que les autres Canadiens ne veulent d'immigration que pour maintenir la majorité anglaise. La majorité favorise l'immigration, simplement parce que nous avons besoin de monde, et les Européens, d'espace. Aucune nation ne pourrait fournir de meilleurs immigrants que la France. Le Canada est bilingue, biculturel, et il va le rester. À tous points de vue, ce serait avantageux que les deux blocs ethniques se fortifient de sang neuf.

La situation n'est peut-être pas aussi claire, puisque, le 11 janvier 1954, Walter Edward Harris, ministre fédéral de la Citoyenneté et de l'Immigration, affirmera devant les membres de la Knox Presbyterian Church, de St. Thomas, en Ontario : « Nous avons ainsi toujours pensé que les gens d'origine britannique devraient représenter la plus grande partie de nos immigrants, et nous avons fait tout notre possible pour augmenter, pendant les quatre dernières années, le flot venant du Royaume-Uni, comprenant que le chiffre de 13 000 [en 1947] était trop bas. Aussi, celui-ci a été constamment augmenté de manière à atteindre, l'an dernier, un peu plus de 48 000. »

Le 16 septembre 1948, en vertu d'un arrêté en conseil, les immigrants français sont mis sur le même pied que ceux qui viennent de la Grande-Bretagne. Ils seront admis au Canada « s'ils sont en bonne santé et s'ils peuvent prouver aux autorités de l'immigration qu'ils ne deviendront probablement pas une charge pour l'état ». Mais comme, par ailleurs, le gouvernement français a établi de sévères restrictions sur le transfert de fonds, la mesure canadienne portera peu de fruits. Du 1er janvier 1946 au 31 décembre 1950, seulement 5573 Français immigrent au Canada et, pour la même période, 3809 Belges.

Les parents pauvres

Depuis des décennies, les francophones considèrent qu'ils n'ont droit qu'à une mince portion de ce qui leur serait dû dans la fonction publique fédérale. Régulièrement, hommes politiques québécois et associations nationalistes élèvent la voix pour protester contre le sort fait à la minorité francophone. Ainsi, durant la guerre qui vient de se terminer, aussi bien à l'armée que dans les organismes de contrôle, les Canadiens français sont à peu près absents. Le 2 janvier 1947, King annonce que les salaires de 25 hauts fonctionnaires sont augmentés. Les journaux du Québec notent que, du nombre, seulement deux sont francophones.

La chose est assez grave pour que, le 25 avril 1947, par 58 voix contre 0, l'Assemblée législative du Québec adopte une motion présentée par le député René Chaloult : « Attendu que la représentation canadienne-française dans le fonctionnarisme fédéral décroît sans cesse et qu'elle ne compte même plus un seul sous-ministre sur vingt-deux ; cette Chambre proteste auprès du gouvernement d'Ottawa contre l'injustice dont est victime la minorité canadienne-française de ce pays, contrairement à l'esprit de la Constitution. »

Les députés ne sont pas les seuls à s'intéresser à la question. Le 3 juin, la Chambre de commerce de Montréal présente un mémoire à ce sujet aux membres du Cabinet fédéral. Elle note une diminution constante du nombre de francophones dans la fonction publique fédérale. « La Chambre de commerce croit que cet état de choses résulte : a) de certains abus du système du mérite instauré par la loi de 1919 qui a créé la Commission du service civil : b) du trop petit nombre de diplômés des facultés universitaires canadiennes-françaises inscrits au service civil. Parmi les autres abus qu'elle discerne dans le système du mérite, la Chambre en souligne deux : 1. La création naturelle de groupes puissants au sein du fonctionnarisme et 2. la méconnaissance des exigences du bilinguisme. » En conclusion, l'organisme « ne réclame en aucune façon une stricte représentation proportionnelle des Canadiens de langue française dans chaque service de l'administration. La Chambre pose en principe que la compétence doit être la considération principale dans le choix des fonctionnaires. De plus, la Chambre désire reconnaître publiquement les qualités des chefs de l'administration. »

Louis Saint-Laurent, qui occupe depuis le 4 septembre 1946 le poste de secrétaire d'État aux Affaires étrangères, se charge de répondre aux membres de la délégation de la Chambre de commerce de Montréal : « En général, les nôtres n'aiment pas vivre à Ottawa. Nos diplômés d'universités ne veulent pas faire une carrière du fonctionnarisme, car ils ont l'impression qu'il n'y a pas d'avenir dans ce travail particulier. [...] S'il y a peu de Canadiens français dans le fonctionnarisme, c'est aussi parce que je n'ai pas voulu avoir dans le fonctionnarisme des Canadiens de ma langue, à moins d'être certain qu'ils fassent un peu mieux que les autres. »

Les diverses pressions produisent un certain effet car, le 26 juin, le solliciteur général Joseph Jean se voit confier la tâche de ministre intérimaire du Fonctionnarisme avec mission de trouver une solution au problème de la présence francophone au sein de la fonction publique. L'Ordre de Jacques-Cartier et les Sociétés Saint-Jean-Baptiste suivent l'affaire de près !

Où est le diable ?

Une des conséquences majeures de la guerre, selon les dirigeants de l'Église catholique, c'est non seulement une baisse de la ferveur religieuse, mais aussi le déferlement d'une vague d'impureté et d'immoralisme. S'ajoutent les menaces que constituent le communisme et la présence accrue de Témoins de Jéhovah.

La découverte d'un réseau d'espionnage au profit de la Russie, en 1945, est l'occasion de renouveler les déclarations dénonçant le communisme. C'est grâce à la défection d'Igor Gouzenko, employé du chiffre de l'ambassade soviétique, que les Canadiens apprennent l'existence du réseau d'espionnage. La commission d'enquête Kellock-Taschereau révèle la participation probable de plusieurs personnes importantes comme le député fédéral Fred Rosenberg et le chimiste de l'Université McGill, Raymond Boyer.

Pour le premier ministre Duplessis, l'affaire Igor Gouzenko justifie l'existence de la loi du cadenas, adoptée en 1937. En février 1946, le chef de l'Union nationale déclare:

> Nous considérons le communisme comme un ennemi perfide. C'est aussi un ennemi déclaré de nos traditions les plus chères, un ennemi de notre système, de vie sociale, familiale et nationale, ainsi que de la saine démocratie dans laquelle nous vivons. [...] La lutte contre la propagande communiste ne peut pas être considérée comme la lutte d'un parti politique, mais c'est le combat de tout un peuple qui désire protéger et conserver ses traditions religieuses et nationales les plus chères. Bref, les ennemis sincères des tactiques et de la propagande communiste peuvent compter sur l'entière collaboration du gouvernement auquel j'ai l'honneur de présider.

Duplessis, auquel certains reprochent d'utiliser le danger communiste pour se faire du capital politique, n'est pas le seul à craindre le communisme. La Chambre de commerce du Canada publie, en 1947, une brochure intitulée *La menace communiste au Canada*. On y insiste sur les dangers que présente le communisme pour la religion; on décrit son « infiltration dans les unions ouvrières »; on énumère les moyens de reconnaître « les crypto-communistes » et on donne la liste des dirigeants communistes canadiens.

Le 24 mai 1947, le lieutenant-gouverneur sanctionne la Loi protégeant la province contre la propagande communiste. Le paragraphe 12 de cette législation précise: « Il est illégal d'imprimer, de publier, de quelque façon que ce soit, de distribuer dans la province un journal, une revue, un pamphlet, une circulaire, document ou écrit quelconque propageant ou tendant à propager le communisme ou le bolchevisme. » Or, depuis le 24 novembre 1946, paraît, à Montréal, un hebdomadaire considéré comme l'organe du parti ouvrier-progressiste, *Le Combat*. Le 14 février 1948, Duplessis, qui en plus d'être premier ministre occupe le poste de procureur général, signe un ordre demandant à la police de « cadenasser » la maison de la rue Sainte-Catherine où se trouvent les bureaux de ce journal.

Certains chefs ouvriers, soupçonnés de sympathie envers le communisme ou s'affichant ouvertement comme adhérents du parti communiste, sont l'objet de harcèlement et même de poursuites de la part du procureur général de la province de Québec. Certains syndicats pratiqueront même des purges parmi leurs membres pour expulser les « indésirables ». Ainsi, en septembre 1950, le Congrès canadien des métiers et du travail forme un comité spécial « chargé de faire enquête sur la qualité des délégués » au congrès qui se tient à Montréal et on inscrit une vingtaine de noms « sur la liste noire ».

Jugés tout aussi dangereux, les Témoins de Jéhovah feront l'objet d'une surveillance constante. Déjà, en 1942, le gouvernement fédéral avait inscrit cette secte religieuse parmi les associations mises hors la loi. Le 15 octobre de l'année suivante, les Témoins de Jéhovah sont rayés de la liste des associations illégales. Ils recommenceront donc à parcourir villes et villages pour propager la doctrine de la secte fondée à Pittsburgh, aux États-Unis, en 1872.

À l'automne de 1946, les Témoins distribuent à travers le Canada, et en particulier au Québec, une brochure, *La haine ardente du Québec pour Dieu, pour le Christ, et pour la liberté est un sujet de honte pour tout le Canada.* Premier tirage : 1 000 000 en anglais, 500 000 en français, 75 000 en ukrainien. La brochure, qui sera considérée comme un libelle diffamatoire et séditieux, attaque le gouvernement du Québec et la police provinciale, les recorders, les prêtres catholiques, le cardinal Villeneuve « qui aurait été l'instigateur de la loi du cadenas », « les vauriens de catholiques », etc. On y lit : « Québec a une réputation désagréable pour l'isolationnisme, le fascisme et l'antisémitisme. Elle la conserve odieusement. [...] Québec, les témoins de Jéhovah racontent par tout le Canada la honte que vous avez apportée sur la nation par vos mauvaises actions. Ce feuillet publié en anglais, en français et en ukrainien, répand votre culpabilité dans la nation. Vous prétendez servir Dieu ; vous prétendez être pour la liberté... que vous écrasez par des tactiques de la Gestapo... Les yeux du Canada sont sur vous, Québec. »

La police, surtout à Montréal, multiplie les arrestations. Les Témoins, accusés de distribuer des publications diffamatoires, se retrouvent devant le juge. On exige un dépôt de 25 $ ou un cautionnement de 100 $ pour que l'accusé retrouve sa liberté provisoire avant de comparaître à nouveau. Au cours de la fin de semaine des 16 et 17 novembre 1946, la police de Montréal procède à l'arrestation de 53 Témoins de Jéhovah. Le problème est que déjà plus de 800 accusés ont fait défaut de se présenter à nouveau devant le tribunal, préférant perdre ainsi leur dépôt ou cautionnement. Très souvent, les cautionnements sont fournis par Frank Roncarelli, le propriétaire du restaurant Quaff-Café, de la rue Crescent. Le 4 décembre éclate l'affaire Roncarelli.

> Un certain M. Frank Roncarelli, déclare Duplessis lors d'une conférence de presse, s'est porté caution pour les Témoins de Jéhovah dans plusieurs centaines de cas. La sympathie que cet homme témoigne aux Témoins de Jéhovah — et cela d'une manière aussi évidente, multipliée et audacieuse — constitue une provocation à l'ordre public, à l'administration de la justice dans la province et est absolument contraire aux fins de la justice. [...] À titre de procureur général et de premier ministre, j'ai donné ordre d'annuler la licence accordée par la Commission des liqueurs, au restaurant exploité par cet homme à 1429, rue Crescent, à Montréal.

Des pétitions se signent et des assemblées s'organisent pour dénoncer le « despotisme » de Duplessis. Le 12 décembre 1946, au Monument national, à l'Association des libertés civiles de Montréal proteste contre la conduite du premier ministre. On parle de « lettres de cachet ». Alors que la police disperse à l'extérieur de l'édifice des étudiants qui manifestaient, à l'intérieur, les discours se multiplient. « Quand nos droits de personnes libres sont attaqués, affirme Constance Garneau, nous devons lutter. Ce sont des principes que nous défendons, non des personnes. » Un ancien ministre dans le cabinet King, Charles Gavan Power, est le principal orateur. À la fin, l'assemblée adopte une résolution demandant au premier ministre « de réinstaller Roncarelli dans ses droits et d'appliquer, à l'avenir, les lois de la province sans faire de distinction entre les races, les langues et les religions ».

Roncarelli poursuivra Duplessis personnellement pour les pertes subies. L'affaire ne se terminera qu'en 1959, quelques mois avant la mort du premier ministre, alors que ce dernier est condamné par la Cour suprême à payer au restaurateur une amende de 25 000 $ (plus les intérêts).

Un Québec en crise

En mars 1946, les évêques catholiques de la province de Québec publient une lettre collective dénonçant le climat moral qui règne depuis quelque temps dans le Québec. L'immoralité et l'immodestie, dit-on, se répandent de plus en plus chaque jour. « Le théâtre, le cinéma, les spectacles, les émissions radiophoniques accumulent à leur tour les périls les plus graves. » On dénonce les chansons légères « et à sous-entendus malpropres ». « Panneaux-réclames, calendriers, buvards, etc., faciles moyens de publicité, parce qu'ils en appellent aux yeux, favorisent la vente de certains produits en dégradant la femme qu'ils mettent complètement à nu ou qu'ils voilent à peine, ou encore qu'ils représentent dans des poses provocantes. [...] La moralité baisse encore par l'action de ces bandes comiques que dévorent les enfants, jeunes et vieux. » Pour les évêques, il est donc important que s'organise une croisade de pureté.

Tous ne partagent pas l'avis de l'épiscopat et quelques artistes dénoncent l'esprit qui règne au Québec. Ils se regroupent autour de deux grands peintres, Alfred Pellan et Paul-Émile Borduas. Au mois de février 1948, le premier groupe publie un court manifeste, *Prisme d'yeux*. Outre son auteur, Jacques de Tonnancour, parmi la quinzaine de signataires il y a Léon Bellefleur, Alfred Dumouchel et, bien sûr, Alfred Pellan lui-même. Six mois plus tard, soit le 9 août, à la librairie d'Henri Tranquille, c'est le lancement d'un ouvrage ronéotypé édité par Maurice Perron et comprenant neuf textes. Sur la page couverture, la reproduction d'une aquarelle de Jean-Paul Riopelle ainsi qu'un jeu de lettres de Claude Gauvreau. Un des textes connaîtra un aszez grand retentissement : *Refus global,* qui donne d'ailleurs son nom au recueil. Les signataires, Paul-Émile Borduas, Madeleine Arbour, Claude et Pierre Gauvreau, Jean-Paul Mousseau, Marcelle Ferron, Françoise Sullivan, Bruno Cormier, Fernand Leduc, Thérèse Renaud-Leduc, Maurice Perron, Jean-Paul Riopelle, Françoise Riopelle, Muriel Guilbault, Marcel Barbeau et Louise Renaud sont, disent-ils, « rejetons de modestes familles canadiennes-françaises, ouvrières ou petites bourgeoises, de l'arrivée du pays à nos jours restées françaises et catholiques par résistance au vainqueur, par attachement arbitraire au passé, par plaisir et orgueil sentimental et autres nécessités ».

> Les frontières de nos rêves ne sont plus les mêmes. Des vertiges nous prennent à la tombée des oripeaux d'horizons naguère surchargés. La honte du servage sans espoir fait place à la fierté d'une liberté possible à conquérir de haute lutte. Au diable le goupillon et la tuque ! Mille fois ils extorquèrent ce qu'ils donnèrent jadis. Par-delà le christianisme nous touchons la brûlante fraternité humaine dont il est devenu la porte fermée. Le règne de la peur multiforme est terminé. Dans le fol espoir d'en effacer le souvenir je les énumère : peur de soi — de son frère — de la pauvreté — peur de l'ordre établi — de la ridicule justice — peur des relations neuves — peur du surrationnel — peur des nécessités — peur des écluses grandes ouvertes sur la foi en l'homme — en la société future — peur de toutes les formes susceptibles de déclencher un amour transformant — peur bleue — peur rouge — peur blanche ; maillon de notre chaîne.

Refusant tout ce qui avait contribué à rabaisser l'homme, les signataires du *Refus global* opposent la responsabilité entière.

> En terme imaginable, nous entrevoyons l'homme libéré de ses chaînes inutiles, réaliser dans l'ordre imprévu, nécessaire de la spontanéité, dans l'anarchie resplendissante, la plénitude de ses dons individuels. D'ici là, sans repos ni halte, en communauté de sentiment avec les assoiffés d'un mieux-être, sans crainte des longues échéances, dans l'encouragement ou la persécution, nous poursuivrons dans la joie notre sauvage besoin de libération.

Borduas sera le premier à subir la « persécution ». Le 2 septembre 1948, le sous-ministre Gustave Poisson avertit le directeur de l'École du meuble où Borduas est professeur, que ce dernier, à partir du 4, n'est plus à l'emploi de l'institution, « parce que les écrits et les manifestes qu'il publie, ainsi que son état d'esprit ne sont pas de nature à favoriser l'enseignement que nous voulons donner à nos élèves ».

Si le monde artistique commence à bouger et à réclamer plus de liberté, que dire alors du monde ouvrier où les grèves et la violence ne sont que les signes extérieurs d'une profonde transformation.

En grève

1945-1953

AU QUÉBEC, la Deuxième Guerre mondiale favorise l'augmentation du nombre de syndicats. Il passe de 726 en 1939 à 923 en 1945. Par contre, pour la période allant de 1945 à 1950, on dénombre 203 nouveaux syndicats pour des effectifs totaux officiels de 239 800 membres.

Le mouvement syndical, écrit Charles Lipton, était sorti de la guerre fortifié et grandi, il y avait gagné des adhésions massives, il avait obtenu un relèvement du niveau de vie et une réforme des lois sociales. La question qui lui était posée était dès lors celle-ci : était-il en mesure de conserver ses gains ? Les dangers étaient nombreux. Dans plusieurs entreprises clés du secteur industriel, le mouvement n'avait pas encore arraché un premier contrat. Il y avait le problème de la politique gouvernementale, notamment celle du contrôle des prix et des salaires. Allait-on maintenir ces contrôles ? Le patronat voulait le maintien du contrôle des salaires et l'abandon de celui des prix. Le mouvement ouvrier exigeait exactement l'inverse.

La Confédération des travailleurs catholiques du Canada, qui comptera 62 960 membres en 1946, soit 24,2 pour cent des syndiqués québécois, présente un mémoire aux autorités fédérales, le 30 août 1945. Alfred Charpentier, président de la centrale, rencontre Humphrey Mitchell, ministre du Travail, et Louis Saint-Laurent, ministre de la Justice. La CTCC demande l'exemption de l'impôt pour les salariés mariés qui gagnent moins de 2000 $ par année et pour les célibataires dont le salaire ne dépasse pas les 1200 $. La centrale réclame « la fixation, après entente avec les provinces, de la semaine de 48 heures de travail comme semaine maximum de travail, sans réduction de salaire ». Elle souhaite que le gouvernement fédéral fasse campagne pour la semaine de 40 heures « comme moyen de faciliter le plein emploi des travailleurs ».

Un peu partout, on commence à craindre le chômage, car l'industrie ne peut continuer à fonctionner comme durant la guerre. Valmore Gratton, directeur de l'Office d'initiative économique, déclare, le 11 septembre 1945, à un congrès organisé par la Chambre de commerce de Montréal que : « C'est une erreur de croire que l'industrie de Montréal est en mesure d'absorber toute la main-d'œuvre actuellement disponible. »

Dans la région de Montréal, l'industrie textile connaît des arrêts de travail, en particulier la Montreal Cotton Limited de Valleyfield, que le ministre provincial du Travail, Antonio Barrette, considère comme illégaux. L'organisateur canadien de la United Textile Workers of America, Kent Rowley, est soupçonné de sympathies communistes. Le 5 juin 1946, Duplessis déclare : « Le gouvernement actuel ne tolérera jamais les procédés de la propagande communiste qui est encore plus dangereuse pour la santé publique que la tuberculose peut l'être pour la santé de l'individu. [...] Nous avons donné instructions à la police provinciale de prendre toutes les mesures nécessaires pour que les ouvriers qui désirent librement reprendre le travail, à Valleyfield, puissent le faire sans être molestés. » Le premier ministre du Québec est convaincu qu'à Valleyfield, « la prétendue grève qui vient d'être déclarée est une manœuvre communiste déguisée que désapprouve l'immense majorité des ouvriers des usines. »

D'autres grèves sévissent, au même moment, tant au Canada qu'aux États-Unis. Les marins des Grands Lacs et les ouvriers du bois et des scieries ont cessé toute activité. Le ministre fédéral du Travail prend à peu près les mêmes positions que Duplessis : « Les communistes ne veulent pas la fin des conflits ouvriers. [...] S'ils veulent la bataille, la bataille est commencée ! » Lors d'une assemblée générale tenue le 11 juillet, Kent Rowley et Madeleine Parent, les organisateurs de l'union, renouvellent les réclamations des grévistes : la semaine de travail de 40 heures et une augmentation horaire des salaires de l'ordre de 25 cents.

À l'usine d'Hochelaga de la Montreal Cotton, une entente intervient le 26 juillet. Charles Lipton résume ainsi le contenu de l'accord : « La reconnaissance du syndicat, la retenue des cotisations syndicales, une augmentation de sept à onze cents l'heure et, surtout, la journée de huit heures avec rémunération à temps et demi après quarante heures par semaine. » À Valleyfield, par contre, la situation est de plus en plus tendue. La compagnie, affirme-t-on, veut détruire le syndicat. Blair Gordon, président de la Montreal Cotton Limited, adresse le télégramme suivant à Barrette, le 6 août :

> En raison de l'attitude prise par Rowley à la réunion tenue à Valleyfield, hier soir, la compagnie est forcée de retirer toutes les offres faites au cours

des derniers jours en vue d'en arriver à un règlement avec l'aide du Comité de coordination des différents industriels de la Fédération provinciale du travail. Stop. La compagnie ne peut considérer aucun nouveau geste dans ce sens tant que R. K. Rowley, Mme Bjornson [Madeleine Parent] et les autres chefs de la grève illégale n'auront pas été éliminés complètement de toute nouvelle discussion de la situation à Valleyfield.»

Le 8 août 1946, deux officiers du local 100 de la United Textile Workers of America, Trefflé Leduc, président du syndicat à l'emploi de la compagnie depuis 48 ans, et Elphège Delaronde, sont mis aux arrêts sous l'accusation d'avoir fait des gestes illégaux. Quelques jours plus tard, soit le 13, avec l'appui des policiers provinciaux, des briseurs de grève réussissent à pénétrer dans l'usine. À la fin de la journée, les grévistes et des sympathisants se sont massés à la sortie pour les accueillir. C'est alors que la violence éclate. Le 23 août, Duplessis, en tant que procureur général du Québec, signe les mandats d'arrestation de Rowley et d'Azelus Beaucage, qualifiés de «propagandistes communistes». Tout cautionnement est refusé aux accusés. Madeleine Parent prend la relève.

Après 98 jours de grève, lors d'une assemblée tenue le 5 septembre, les ouvriers de la Montreal Cotton Limited de Valleyfield décident de retourner au travail, après avoir accepté les conditions posées par le ministre provincial du Travail: «Après la rentrée des grévistes à la filature de Valleyfield, on prendra un vote syndical secret afin de déterminer quelle union représentera les ouvriers; ensuite, une entente de travail entre la compagnie et l'union choisie sera soumise conjointement au Conseil régional du travail.» Le vote doit se prendre le 19 septembre. La veille, Duplessis annonce l'arrestation imminente de Madeleine Parent. Cette dernière serait accusée en vertu de l'article 180 du Code criminel. «Ces offenses, précise le procureur général, sont que madame Bjarnasson [sic] a tenté de suborner de jeunes témoins pour leur faire rendre de faux témoignages sous serment, lors de la récente enquête au sujet de Beaucage et de Rowley.» Les ouvriers de Valleyfield votent en faveur du local 100 et de ses chefs.

Rowley, défendu par les avocats Jacques Perrault et Bernard Mergler, sera condamné à six mois de prison, mais portera sa cause en appel. Quant à Madeleine Parent, elle recevra une sentence d'un mois d'emprisonnement et, elle aussi, ira en appel, ce qui lui sera accordé vu que le premier procès «n'a pas été conduit légalement et que l'accusée en a subi préjudice».

Haro sur le baudet

L'industrie textile est très importante dans l'économie québécoise. En 1947, elle compte 1826 établissements et emploie 44 016 hommes et 53 105 femmes. Les salaires versés pour l'année 1947 sont de l'ordre de 145 374 422 $ et la valeur nette des produits est de 267 865 018 $. Il n'y a que le secteur des bois et papiers qui soit plus important. Le salaire horaire moyen d'un fileur est de 66 cents et celui d'une fileuse de 58 cents.

Au printemps de 1947, Ludger Dionne, propriétaire d'une filature à Saint-Georges de Beauce, décide de faire venir 100 jeunes Polonaises pour travailler dans son usine. Les filles viennent de camps de réfugiés européens. Un arrêté ministériel du gouvernement fédéral a rendu la chose possible. Le contrat intervenu entre l'industriel francophone et le comité international des réfugiés stipule que les jeunes filles auront un emploi assuré d'au moins deux ans, qu'elles seront rémunérées selon l'échelle de salaires en vigueur dans la région et qu'elles n'auront pas à rembourser les frais de transport. «L'affaire Dionne» soulève un débat très animé à la Chambre des Communes, le 30 mai. Le chroniqueur parlementaire du quotidien *Le Devoir*, Pierre Vigeant, commente ainsi la situation : «Quand on leur parlera d'immigration, les Canadiens français sauront désormais à quoi s'en tenir. Ils sauront que l'immigration est une chose louable lorsqu'elle peut ajouter aux effectifs du groupe de langue anglaise, qu'elle est condamnable du moment qu'elle amène des gens susceptibles de s'incorporer au groupe français.» La réaction à l'immigration des jeunes Polonaises déborde la Chambre. L'éditorialiste de la revue *Relations* replace l'événement dans un contexte plus large dans le numéro de juillet 1947 :

> Dernièrement 4000 soldats se voyaient distribuer aux fermiers de l'Ontario et des Prairies. Mais Québec est Québec ! Importer cent catholiques en milieu tout français, les confier à un Foyer de Sœurs, en voilà assez pour stimuler une colère jaune qui servira d'heureux prétexte à ouvrir toutes grandes les portes à l'immigration. Certains brouillons de tout acabit — députés, révérends, unionistes, etc. — qui ont donné dans le panneau en criant à *l'esclavage nouveau* des Polonaises libérées, pourront changer leur tir... Il y a les 1400 bûcherons que trois officiers de compagnies de bois ontariennes sont allés chercher dans les camps des D. P., puis les 5000 Britanniques de M. Drew, puis les 100 000 autres que d'aucuns appellent de tous leurs vœux.

En 1947, l'industrie textile est à nouveau secouée par deux grèves : une première à Lachute, qui s'accompagne de violence, et une seconde à Louiseville, qui n'annonce rien de bon.

Des vacances forcées

Duplessis avait déjà affirmé qu'une grève dans les hôpitaux était aussi impensable qu'une grève d'instituteurs ! Une loi adoptée en 1946 «groupait les instituteurs et institutrices de la province en trois fédérations préalablement existantes : la fédération des institutrices rurales, celle des instituteurs ruraux et la fédération mixte des instituteurs et institutrices des cités et villes ». Selon le professeur et journaliste Albert Gervais, « chacune de ces fédérations avait, conjointement avec la corporation elle-même, juridiction territoriale et morale sur toute la province, puisque chacune comptait, ou pouvait compter, des syndicats à peu près dans toutes les régions du Québec ; de là, on le présume, un manque d'unité, de cohésion qui autorisait de regrettables empiétements d'une fédération (ou de l'un des syndicats affiliés) sur une autre ». À Montréal, l'Alliance des professeurs catholiques de langue française regroupe instituteurs et institutrices. Un autre organisme défend les intérêts des instituteurs et institutrices catholiques de langue anglaise. Les protestants ont, eux aussi, leur association.

Les salaires payés varient selon la religion, le sexe, la condition sociale et le niveau d'enseignement. Ainsi, pour l'année scolaire 1946-1947, dans les écoles catholiques urbaines, au niveau élémentaire, un instituteur laïque gagne 2124 $ pour l'année. S'il est religieux, il ne reçoit que 793 $. Le salaire d'une institutrice laïque est de 1034 $ et celui d'une religieuse de 633 $. En milieu rural, l'instituteur reçoit 1390 $ et l'institutrice, 635 $. Les membres du corps enseignant protestant sont beaucoup mieux rémunérés : en milieu urbain, un homme obtient 3624 $ et une femme, 1773 $; en milieu rural, le premier reçoit 825 $ et la seconde, 955 $.

En 1948, les instituteurs et institutrices de Montréal considèrent qu'ils ne sont pas assez payés. Ils ont recours à l'arbitrage pour fixer de nouveaux traitements. La décision est rendue le 27 août 1948 pour l'année 1947-1948. Elle n'entre en vigueur qu'au mois de novembre suivant. De plus, la Commission scolaire catholique de Montréal décide que, pour l'année 1948-1949, on paiera les salaires selon l'échelle de 1946-1947. Cela n'a pas l'heur de plaire aux instituteurs. Le lundi 17 janvier 1949, plus de 95 pour cent des 1500 instituteurs et institutrices catholiques laïques de Montréal ne se présentent pas en classe. Le Québec connaît alors sa première grève d'enseignants !

Léo Guindon, président de l'Alliance, déclare à ses confrères et consœurs, réunis dans la salle de l'Assistance publique, à l'angle des rues La Gauchetière et Berri : « On a laissé entendre dans certains milieux que les instituteurs étaient des peureux. Vous apportez par votre présence ici un démenti formel et magnifique à ces prétentions. » Les classes tenues par des laïques sont vides alors que celles sous la direction de religieux ou de religieuses continuent à fonctionner. L'Alliance avait donné ordre à ceux et celles qui enseignaient aux écoles Victor-Doré, Sainte-Justine et Children's Memorial pour les « enfants infirmes » de demeurer au travail. Par ailleurs, l'assistant-directeur de la police municipale enjoint à ses hommes « d'arrêter toute personne qui tenterait d'empêcher les enfants d'entrer à l'école ».

La grève est jugée illégale par les autorités. Maurice Duplessis affirme à Québec : « Il est clair qu'un gouvernement conscient de ses responsabilités ne peut pas et ne doit pas encourager la violation des lois, surtout lorsque cette violation provient de personnes qui, par leur mission et leur mandat, doivent enseigner le respect des lois et de l'autorité et en donner l'exemple. » Le président de la Commission scolaire de Montréal, Eugène Simard, se montre aussi peu conciliant que le premier ministre. Il considère que tous les professeurs qui ont quitté leur travail sont suspendus.

Dans les écoles, on se demande si les religieux joueront le rôle de briseurs de grève en remplaçant les instituteurs absents. Le frère François-Solano, provincial des Frères de Saint-Gabriel, avertit l'Alliance « que ses religieux n'avaient pas remplacé les instituteurs laïques qui se sont mis en grève ».

Joseph Charbonneau, archevêque de Montréal, demande aux grévistes de retourner au travail, tout en prenant un engagement formel : « Nous nous engageons tous ensemble avec la Commission scolaire et les corps publics à vous obtenir satisfaction pour cette année 1948-1949. » Il n'y a plus qu'un obstacle au retour au travail : la menace du président de sévir contre certains enseignants. Deux associations de parents, l'École des Parents du Québec et la Catholic Parents' League exercent des pressions auprès de l'Alliance et de la Commission scolaire pour qu'une entente intervienne. André Laurendeau, dans Le Devoir du 24 janvier, parle des grands oubliés dans cette grève : les parents ! « Ils sont les principaux responsables de l'éducation de leurs enfants ; et, pourtant, notre système scolaire ne leur reconnaît aucun rôle officiel. Premiers frappés par la grève, ils ne pouvaient juridiquement la régler dans le sens qui leur paraissait juste. Ce n'est d'ailleurs pas un phénomène spécifique du temps de grève. La Commission des Écoles catholiques de Montréal (comme celle de Québec) n'est pas responsable devant les parents de Montréal : la majorité de ses commissaires sont nommés par l'État. »

Le lundi 24 janvier 1949, les instituteurs et institutrices retournent en classe, non sans avoir pris l'engagement solennel suivant : « Pour le bien de notre profession, pour la protection de nos intérêts professionnels et individuels, nous proclamons notre solidarité et nous nous engageons, sans restriction pour l'avenir, à maintenir l'esprit d'entraide et d'appui mutuel et réciproque qui nous unit actuellement. Que Dieu nous soit en aide. »

Analysant cette grève, la revue Cité libre, dans son numéro de décembre 1951, en profite pour souligner la place exacte qu'occupe le laïque dans l'enseignement au Québec :

Traiter l'Alliance comme d'un simple problème syndical, c'est commettre au départ une erreur de perspective qui faussera par la suite tout jugement. Car un problème d'instituteurs laïques, au Canada français, se complique fatalement de cette donnée fondamentale : le quasi-monopole du clergé et des communautés religieuses en matière d'éducation. [...] Quand un instituteur se présente devant une commission scolaire, ce n'est pas un ouvrier de statut normal qui s'exprime ; c'est un travailleur de seconde zone, qui occupe la plupart du temps un poste mineur sous l'autorité temporelle d'un clerc ou d'un religieux. Ceci n'est pas un jugement de valeur mais une simple constatation de faits. Avec plus de la moitié des effectifs scolaires dans Montréal, les laïcs dirigent à peine le tiers des écoles. Et le bilan de la province nous montrerait les laïcs seuls à l'œuvre dans les écoles de rangs, rarement aux postes supérieurs dans les écoles de villages, pullulant dans les basses classes d'institutions dirigées par des religieux.

Guindon, à la suite de la grève, est l'objet de représailles, surtout de la part de la Commission scolaire. Le président de l'Alliance avait obtenu, en 1945, un congé sans solde pour vaquer à ses occupations syndicales. On lui enjoint donc de retourner à l'enseignement ou de démissionner. Devant le refus du syndicaliste, la Commission lui notifie son renvoi ! Mais Guindon ne cesse pas pour autant de diriger l'Alliance, loin de là !

La mort lente

En mars 1948, la revue *Relations* publie un numéro spécial sur la silicose, une maladie industrielle qui ferait des ravages en différents endroits du Québec. L'auteur de l'article, Burton Ledoux, donne les résultats d'une enquête qu'il a effectuée à Saint-Rémi-d'Amherst, village situé dans la circonscription électorale de Papineau, à plus de 140 kilomètres au nord-ouest de Montréal. La Canada China Clay and Silica Limited y exploite une mine de silice et une usine de transformation. L'auteur cite le cas de 46 ouvriers canadiens-français morts de la silicose entre 1935 et 1947. Selon lui, il existe une nette discrimination à l'égard de la main-d'œuvre francophone.

Comme il arrive dans la plupart des grandes entreprises commerciales et industrielles du Québec, les contremaîtres, à la Canada China Clay and Silica Ltd., sont canadiens-anglais, tandis que les simples ouvriers sont canadiens-français. Il est très rare qu'un Canadien français y ait été promu au rang de contremaître. La plupart du temps, les contremaîtres peuvent se tenir et se tiennent effectivement dans une section de l'usine où la poussière est moins dense ou a été en partie éliminée. [...] Mais il convient de souligner qu'il n'y a pas et qu'il n'y a jamais eu, à la Canada China Clay and Silica Ltd., une seule tâche à l'abri du danger, de telle sorte que les contremaîtres aussi sont atteints par la silicose qui s'établit et progresse plus lentement chez eux que chez les simples ouvriers parce qu'ils sont moins exposés à la poussière.

Qui sont les responsables? se demande l'enquêteur. « Toute la société canadienne est responsable de l'existence de l'abattoir humain de Saint-Rémi-d'Amherst. » Il y a la compagnie dont toutes les actions ordinaires sont détenues par la Noranda Mines Ltd. ou ses directeurs. Il y a aussi le gouvernement provincial, la profession médicale et la profession légale.

Le jésuite Jean d'Auteuil Richard, directeur de *Relations*, signe un éditorial où il déclare que la revue publie l'article de Ledoux « uniquement pour rendre témoignage à la vérité ».

Les entreprises incriminées ne tardent pas à réagir et, dans son numéro de mai 1948, *Relations* publie un article accusant Ledoux de mensonges et d'inexactitudes. La Canada China Clay and Silica Ltd. ne serait pas une filiale de la Noranda Mines. « La nationalité ou l'origine nationale n'a jamais été un facteur dans l'embauchage des hommes, ou leur avancement. » Des personnalités religieuses et politiques prennent, à leur tour, parti contre *Relations* et l'article de Ledoux. Le jésuite Adélard Dugré, supérieur de la Maison Bellarmin, éditrice de la revue *Relations*, met fin à la polémique en remplaçant le père Richard et en publiant, dans le numéro de juillet de la revue, une nouvelle rectification. Mais la menace des maladies industrielles commence à préoccuper certains travailleurs. En décembre 1948, le Syndicat national des travailleurs de l'amiante de l'Asbestos Corporation de Thetford Mines inscrit dans ses demandes l'élimination de la poussière d'amiante.

Burton Ledoux, qui ne peut plus compter sur l'hospitalité des colonnes de *Relations*, publie dans *Le Devoir* du 13 janvier 1949 un article sur l'amiantose: « Un village de trois mille âmes étouffe dans la poussière. [...] La maladie et la mort lente d'ouvriers et de familles d'ouvriers que l'imprévoyance du gouvernement et la cupidité d'une compagnie réduisent à la plus grande misère. » À East-Broughton, le village en question, on est inquiet.

« LA » grève

Au Québec, les mines d'amiante emploient, en 1948, un nombre total de 5106 employés qui extraient 716 769 tonnes de minerai, représentant une valeur de 42 231 475 $. Les principales mines sont situées à Asbestos, Thetford Mines, Lac Noir, Saint-Rémi de Tingwick et Coleraine. Les salaires et traitements représentent 35 pour cent de la valeur des ventes nettes.

Le 14 janvier 1949, les négociations en vue d'un nouveau contrat de travail sont rompues entre la Fédération de l'industrie minière, une filiale de la CTCC, et les représentants de la Canadian Johns-Manville d'Asbestos. Les ouvriers demandent une augmentation de 15 cents l'heure afin de porter leur salaire horaire à 1 $. Ils demandent aussi une prime de 5 cents l'heure pour le travail de nuit, des vacances payées de deux semaines par année, la retenue syndicale, le chômage payé des fêtes catholiques d'obligation et une contribution par la compagnie de 3 pour cent des salaires payés à un fonds de bien-être social pour les employés. La compagnie n'offre qu'une augmentation salariale de 5 pour cent.

Le dimanche soir, 13 février, les syndiqués de la Johns-Manville décident de se mettre en grève. L'entreprise compte 2000 employés. Des piquets de grève sont immédiatement dressés. Des syndiqués à l'emploi d'autres entreprises débraient à leur tour. Jugeant la grève illégale, les autorités de la Johns-Manville déclarent que rien ne se réglera tant que les employés ne retourneront pas à l'ouvrage. Le ministre provincial du Travail, Antonio Barrette, expédie à Jean Marchand, secrétaire de la CTCC, un télégramme constituant presque une mise en demeure :

> 1. Nous ne pouvons que condamner une grève générale faite en violation formelle de l'article 4, paragraphe 1, de la Loi des relations ouvrières. 2. Nous sommes disposés à former un tribunal d'arbitrage, mais ce tribunal ne sera constitué que lorsque les ouvriers seront rentrés dans la légalité, en retournant au travail. 3. Nous serons de plus dans la nécessité, si la situation se continue, d'aviser la commission des relations ouvrières de l'illégalité de cette grève en l'invitant à considérer le retrait de la certification. Nous recommandons donc d'inviter les ouvriers à se montrer respectueux des lois, dans leur propre intérêt et celui de leur cause, en cessant la grève et en confiant à un tribunal d'arbitrage le soin de rendre justice aux deux parties.

Un premier affrontement a lieu le 18 février. « Vers midi et demi, après la paye due pour les jours de travail antérieurs à la grève, raconte Gilles Beausoleil, quelques centaines d'ouvriers, précédés de tambours, se dirigèrent vers les bureaux de la Compagnie, y pénétrèrent et invitèrent les employés présents à quitter la place : une demi-douzaine de personnes laissèrent les lieux. Tout l'après-midi, le piquetage se continua à l'intérieur de l'édifice. » Les dirigeants de la compagnie demandent alors l'aide de la police provinciale. En attendant, un juge accorde à la Johns-Manville une injonction interdisant le piquetage.

Le procureur général du Québec, en fait Maurice Duplessis lui-même, ordonne à une centaine d'agents de la police provinciale, commandés par l'inspecteur général Norbert Labbé, de se rendre à Asbestos pour protéger les biens et le personnel de la compagnie. Deux jours plus tard, la Commission des relations ouvrières envoie à la Fédération nationale de l'industrie minière et aux quatre unions qui lui sont affiliées un avis officiel demandant le retour immédiat au travail, sous menace du retrait de la certification, ce qui se produit le 21 février, au cours de l'après-midi. Le même jour, le Conseil municipal d'Asbestos, en l'absence du maire, Albert Goudreau, proteste contre la présence des policiers provinciaux :

> [...] Attendu qu'à leur arrivée, un grand nombre de ces policiers étaient sous l'influence de liqueurs alcooliques ; attendu qu'un certain nombre de ces agents se sont même rendus coupables d'actes indécents dans les rues de la ville et ont causé le désordre dans les places publiques ; attendu que, dans certains cas, les agents de la police provinciale ont usé de violence contre les employés préposés à l'entretien [des usines] durant la grève et contre les constables de la Canadian Johns-Manville ; attendu que ces actes ont été commis sans avertissement et dans le but évident de provoquer des troubles ; il est résolu, à l'unanimité des membres présents, de protester auprès de M. Hilaire Beauregard, directeur de la police provinciale, contre ses hommes, et que copie de cette résolution soit adressée aux divers postes de radio ainsi qu'aux journaux pour publication.

Maurice Duplessis ne semble pas apprécier les chefs syndicaux qui dirigent la grève de l'amiante. Le 23 février, il refuse de recevoir Jean Marchand et déclare à l'Assemblée législative : « Ce ne sont pas les ouvriers qui ne sont pas satisfaits, mais certains chefs ouvriers qui mettent leur intérêt à eux avant celui des ouvriers et qui cherchent à causer du trouble. » Le ministre Barrette tente de rapprocher les deux partis, mais en vain. On recueille, parmi le public, de l'argent destiné à soutenir les grévistes. Mais la grève s'étire et les positions se durcissent. Un nouvel acte de violence se produit le 14 mars, alors que des inconnus dynamitent une partie de la voie ferrée de la Johns-Manville à Danville. La Gendarmerie royale est saisie de l'affaire et devient le troisième corps policier mêlé à la grève, après la police municipale d'Asbestos et la police provinciale du Québec. Quelques jours plus tard, une camionnette est renversée par des grévistes. Le Conseil municipal obtient des syndicats qu'il n'y ait plus de rassemblements dans les rues. De son côté, la police provinciale multiplie les arrestations.

Plusieurs membres du clergé ne cachent pas leur sympathie pour les grévistes. L.-P. Camirand, curé de la paroisse de Saint-Aimé, déclare à un journaliste de *La Presse* :

> Les mineurs d'Asbestos, que je connais bien car je suis leur aumônier syndical, ont été et sont encore patients et dociles à l'extrême. Ils ne se sont pas temporairement privés de leur gagne-pain et de celui de leurs enfants pour le plaisir de la chose, mais ils y ont été forcés par d'inqua-

lifiables tactiques provocatrices. Et si j'étais mineur, je serais moi-même en grève et, dans les circonstances, j'aurais la conscience parfaitement tranquille. [...] Je considère les grévistes comme des zouaves pontificaux. En 1870, les zouaves ont défendu le Saint-Siège qui était directement attaqué. Aujourd'hui, je me glorifie de ce que les mineurs d'Asbestos contribuent à défendre non pas le pape personnellement, mais ses enseignements sociaux.

Tous les membres du clergé catholique québécois ne partagent pas les idées de l'abbé Camirand.

La grève de l'amiante finit par déborder les limites du Québec. Le sujet est assez important pour que les députés l'abordent à la Chambre des Communes, le 4 avril. Sympathisants ou adversaires des grévistes s'en donnent à cœur joie. Sur le plan de la politique provinciale, les autorités répètent que la grève est illégale et que les ouvriers doivent retourner au travail. Quant à la compagnie, elle essaie d'augmenter le nombre des briseurs de grève qui acceptent de travailler dans des conditions relativement dangereuses, car ils sont l'objet de vexations et de menaces de la part des grévistes. Parmi ces derniers, un certain nombre vivent dans des logements appartenant à la compagnie. Ils sont menacés d'expulsion. Le 21 avril, le ministre Barrette prend position à ce sujet. Il télégraphie aux directeurs de la Johns Manville :

> Les journaux rapportent aujourd'hui que votre compagnie a donné avis à plusieurs de vos employés qui sont actuellement en grève, d'évacuer les logements appartenant à la compagnie et qu'ils occupent présentement. Si cette nouvelle est exacte, je regrette la décision que vous avez prise. Comme ministre du Travail, je vous demanderais de reconsidérer cette décision et de contremander lesdits avis. De plus, je suis autorisé à dire que le gouvernement est d'opinion que ces avis devraient être contremandés. Nous considérons que l'annulation de ces avis, dans les circonstances présentes, serait juste et appropriée.

La veille de cet incident, Lionel Groulx lançait l'idée d'une souscription nationale « pour venir en aide aux grévistes de l'amiante et une campagne de prières pour fléchir l'obstination des responsables ». Le célèbre historien ajoute :

> Ces grévistes — on ne l'a peut-être pas assez souligné — ne sont pas des grévistes comme les autres. Ils ne se battent pas seulement pour le salaire et pour le manger. Ils se battent proprement pour la défense de leur vie et celle de leurs filles et garçons ouvriers dans une industrie meurtrière. Ils se battent contre des compagnies qui jamais, autant que l'on sache, ne se sont engagées nettement, loyalement, à la correction du mal abominable

qu'elles propagent depuis longtemps. Le mal est très grave. Le temps est venu de faire appel à toute la population. Toute la province a le devoir de faire cesser cette misère imméritée.

Pour Groulx, l'amiantose constitue un crime que compagnies et gouvernement doivent combattre ; il conclut : « Il est plus que temps de faire cesser une grève qui achève de déshonorer la province de Québec. »

Dans le public, on se rend plus ou moins compte des enjeux de la grève de l'amiante : droit de propriété, respect de la vie humaine et maladies industrielles, confessionnalité des syndicats, position de l'Église catholique face aux ouvriers et aux gouvernants, relations entre l'Église et l'État, relations entre l'industrie et l'État, etc. Les autorités de la compagnie sentent leur droit de gérance menacé et elles comptent sur le gouvernement Duplessis pour ramener « l'ordre ». Par ailleurs, le premier ministre du Québec est convaincu que les ouvriers sont les grands oubliés dans toute cette affaire et que les chefs syndicaux veulent tout simplement abattre son gouvernement.

Tous en place

Le quotidien montréalais *Le Devoir* se prononce ouvertement en faveur de la cause des grévistes d'Asbestos. Le journaliste Gérard Pelletier signe plusieurs articles à ce sujet. Le 22 avril, il se rend sur les lieux du conflit. « Il passa prendre [Pierre Elliott] Trudeau — sandales, imperméable en loques, barbe blonde mal taillée —, raconte le journaliste-historien Richard Gwyn, et ils se mirent en route pour Asbestos dans la Singer cabossée de Pelletier dont le volant était installé à droite. Leur première rencontre leur parut sortir tout droit d'un film des Marx Brothers : un policier qui n'avait jamais vu de voiture avec le volant à droite les arrêta parce que Trudeau, assis sur le siège qui, dans l'esprit du policier, était celui du conducteur n'avait pas de permis. » Les visiteurs sont invités par les policiers à quitter la ville. « Devant leur refus, ajoute Gilles Beausoleil, ils furent amenés au Club Iroquois où un officier supérieur du nom de Gagné les interrogea. Quand ce dernier se rendit compte qu'il s'agissait d'un correspondant de presse et de citoyens peu intimidables, l'arrogance fit place à la politesse. »

Toujours le 22 avril, sous la signature de Lewis H. Brown, le président du Conseil d'administration, la Canadian Johns-Manville fait publier dans les journaux un placard faisant le point sur le conflit. « Il est probable, y lit-on, que si cette grève se prolonge pendant plusieurs semaines encore, grand nombre de ces usines seront obligées de fermer leurs portes. Si cette situation se présente, 100 000 employés seront sans travail, ce qui entraînera des souffrances et des privations, non seulement pour ces gens, mais aussi pour leurs familles qui comptent environ 400 000 êtres humains. » Pour la compagnie, l'attitude de certains membres du clergé s'explique mal :

Il est surprenant, et c'est là une source de désappointement, de constater que certains représentants de l'Église paraissent appuyer les chefs de la grève qui semblent avoir l'intention d'usurper les fonctions de la direction et, de cette façon, affecter injustement les droits à la propriété de milliers de propriétaires qui ont placé leurs économies dans notre mine, notre moulin et notre usine. L'impasse actuelle est d'autant plus étonnante, que les représentants de l'Église, dans le plus pur souci de dévouement, ont encouragé la formation et la croissance des syndicats, dans le but de combattre le radicalisme. Il est en effet étrange de trouver que ce mouvement antiradical des plus sincères semble maintenant s'être transformé et devenir en quelque sorte semblable au mouvement étranger qu'il avait d'abord répudié.

Pendant ce temps, l'archevêque de Québec, Maurice Roy, effectue quelques démarches « au sommet » pour que les deux parties acceptent l'arbitrage, tandis que le premier ministre Duplessis rencontre le président de la Johns-Manville Corporation. Le principal obstacle à l'établissement d'un comité d'arbitrage est le choix du président. L'accord ne se fait pas. Les journaux du 29 avril au matin titrent qu'une entente serait conclue à Québec au cours de l'après-midi. Mais c'est le contraire qui se produit et les négociations sont à nouveau rompues.

Plusieurs familles de grévistes éprouvent maintenant de la difficulté à joindre les deux bouts. Le 29 avril, la Commission sacerdotale d'études sociales, avec l'assentiment de la Commission épiscopale des questions sociales, demande à la population de venir en aide aux travailleurs de l'amiante. Rappelant l'échec des tentatives de négociation, J.-C. Leclaire, prélat domestique et président de la Commission, écrit :

> Durant ce temps la misère se fait sentir dans des milliers de foyers ; elle affecte les femmes et les enfants. Dans ces circonstances, la charité fait un devoir à tous, à quelque classe qu'ils appartiennent, d'accorder leur sympathie aux travailleurs et à leurs familles dans l'épreuve, et de leur donner, s'ils le peuvent, les secours matériels dont ils ont le plus besoin. C'est pourquoi nous lançons un appel pressant à toutes les associations et nous leur recommandons de collaborer avec les autorités religieuses à l'organisation d'une collecte en faveur des familles éprouvées.

Joseph Charbonneau, archevêque de Montréal et président de la Commission épiscopale des questions sociales, lance un cri d'alarme en faveur du monde ouvrier dans son sermon dominical du 1er mai :

> La classe ouvrière est victime d'une conspiration qui veut son écrasement et quand il y a conspiration pour écraser la classe ouvrière, c'est le devoir de l'Église d'intervenir. Nous voulons la paix sociale, mais nous ne voulons pas l'écrasement de la classe ouvrière. Nous nous attachons plus à

l'homme qu'au capital. Voilà pourquoi le clergé a décidé d'intervenir. Il veut faire respecter la justice et la charité et il désire que l'on cesse d'accorder plus d'attention aux intérêts d'argent qu'à l'élément humain.

Sans aller jusqu'à soupçonner les compagnies de vouloir faire disparaître le syndicalisme catholique, plusieurs personnalités religieuses sont presque convaincues que, si la CTCC cède devant les magnats de l'amiante, la vie de quelques syndicats sera en danger.

Les quêtes qui s'effectuent à la porte des églises de douze diocèses québécois rapportent la somme de 167 558,24 $. Le diocèse de Montréal a recueilli à lui seul 54 407,80 $ et celui de Chicoutimi, 15 000 $. Déjà, depuis le 18 mars, la CTCC avait fait parvenir aux grévistes des camions chargés de nourriture et de vêtements. Les ouvriers des salaisons qui viennent de sortir d'une grève expédient à Asbestos 1000 livres de margarine, « alors que, comme le fait remarquer Réginald Boisvert, le gouvernement de Québec venait d'interdire la vente et même la consommation de ce produit ».

La Canadian Johns-Manville fonctionne toujours — même si c'est au ralenti — grâce au travail de briseurs de grève. Le 2 mai, dans une résolution adoptée par le Conseil municipal d'Asbestos, cet organisme demande à la compagnie « d'engager ses anciens employés de préférence à toute personne venant de l'extérieur, ceci afin que la situation économique d'Asbestos soit affectée le moins possible ».

À coups de matraque

Le jeudi 5 mai 1949, grévistes et sympathisants décident d'empêcher les briseurs de grève de pénétrer dans l'usine. Ils bloquent donc toutes les routes conduisant à Asbestos. La manœuvre est l'occasion de quelques scènes de violence. Deux automobiles sont incendiées.

> Dans la ville, raconte Gilles Beausoleil, des groupes considérables de piqueteurs occupaient l'entrée des propriétés de la Compagnie. À l'entrée du moulin, au-delà des barrières, un peloton considérable d'agents de police, armés de mitraillettes, de revolvers et de lance-grenades surveillait les mouvements des grévistes. Les boyaux d'arrosage étaient prêts à fonctionner. Vers 7 heures 50, une procession s'approcha des lieux : des centaines de femmes récitant le chapelet, défilèrent devant les barrières. Environ cinq minutes plus tard, quelques grévistes s'approchèrent lentement des barrières. Au moment où ils arrivaient à une centaine de pieds de l'entrée, les policiers lancèrent des bombes lacrymogènes. Un gréviste fut frappé au front par un projectile. Les autres se replièrent tandis qu'on transportait le blessé à l'Hôtel de Ville.

Au cours de l'après-midi, des policiers en civil qui refusaient de s'identifier et que les grévistes prirent pour des briseurs de grève furent molestés. Au cours de divers engagements, une douzaine de policiers provinciaux sont blessés. On fait donc appel à des renforts qui viendront de Sherbrooke, Québec et Montréal. Le soir du 5, Hilaire Beauregard avertit les dirigeants du syndicat et le curé Camirand que l'Acte d'émeute sera lu le lendemain et qu'il est préférable que chacun retourne chez soi bien tranquillement.

Les renforts policiers arrivent tout au cours de la nuit. Le matin du 6 mai, ils sont plus de 290 à Asbestos. Peu après sept heures, sur le perron de l'église paroissiale de Saint-Aimé, le juge de paix Hartley O'Grady, de Sherbrooke, lit l'Acte d'émeute devant une centaine de policiers et une cinquantaine de personnes : « Notre Souverain Seigneur le Roi enjoint et commande à tous ceux qui sont ici présents de se disperser immédiatement et de retourner paisiblement à leurs domiciles ou à leurs occupations légitimes sous peine d'être déclarés coupables d'une infraction qui peut être punie de l'emprisonnement à perpétuité. Dieu sauve le Roi. » Tout groupe de plus de deux personnes dans un lieu public est susceptible d'arrestation.

Les policiers procèdent à au moins 125 arrestations. « Ils arrêtent à l'œil tous les ouvriers qu'ils trouvent dans les restaurants, les salles de billards et autres lieux de rassemblement, écrit le journaliste Gérard Pelletier. Malgré la présence d'une forte brigade de journalistes, les policiers ne se gênent pas pour se montrer brutaux dans la répression entreprise. Ils ne se gênent pas pour frapper les grévistes du poing ou de la matraque, même lorsqu'ils sont quatre contre un pour effectuer les arrestations. On cherche de toute évidence à intimider la population. » Et l'intimidation réussit ! L'Acte d'émeute cesse d'être en vigueur au tout début de la journée du 8 mai. Ceux qui avaient été arrêtés sont incarcérés à la prison de Sherbrooke.

Pendant que les procès se déroulent, la Canadian Johns-Manville annonce qu'elle fermera son usine définitivement si les syndicats maintiennent leurs demandes salariales. Des rencontres ont lieu entre des dirigeants syndicaux et le ministre provincial du Travail, Antonio Barrette. Maurice Roy, archevêque de Québec, intervient auprès des dirigeants de la compagnie, le 13 juin. Ce geste facilitera la fin du conflit.

La fameuse grève de l'amiante se termine le 1er juillet 1949 à une heure et trente minutes du matin. Les ouvriers obtiennent une augmentation horaire de dix cents et la compagnie s'engage à reprendre à son emploi tous les employés sans discrimination ni représailles. Ne seront pas protégés les ouvriers « qui pourraient être trouvés coupables d'actes criminels par les tribunaux ». De part et d'autre, on crie victoire. Un tribunal d'arbitrage, présidé par le juge Thomas Tremblay, fixera différents points de la convention. Gérard Picard, président de la CTCC, déclare : « Je suis confiant que les relations entre les deux parties seront meilleures et qu'un contrat collectif suivra les négociations entre la Fédération nationale de l'amiante et la Canadian Johns-Manville. »

La grève de l'amiante revêt une importance particulière par ses conséquences à court, moyen et long terme. Certains y ont vu l'acte de naissance de ce que l'on appellera plus tard « la révolution tranquille ». Le fossé entre les centrales syndicales et le gouvernement Duplessis s'est élargi à un point tel qu'on ne sait plus trop comment le combler.

> Par rapport aux luttes antérieures de la CTCC, écrit l'historien Jacques Rouillard, la grève de l'amiante présente des traits particuliers qui en font un conflit marquant dans l'histoire de la centrale. D'abord, le syndicat a voulu, du moins au début des négociations, ouvrir la voie à la participation des travailleurs à la gestion de leur entreprise. Cette réclamation qui tranchait avec les demandes syndicales habituellement formulées en Amérique du Nord rencontra l'opposition ferme de la compagnie qui insistait au terme du conflit pour que le syndicat reconnaisse le droit de propriété et consente à incorporer dans le contrat une clause dite des droits de la direction. L'idée de réforme de l'entreprise plaçait la CTCC à l'avant-garde du mouvement syndical. La grève avait aussi un caractère politique, en ce sens qu'elle visait à faire échec à l'antisyndicalisme du gouvernement Duplessis.

Et, bien sûr, elle avait un caractère religieux, comme l'a souligné l'historien Jean Hamelin : l'intervention de l'épiscopat « s'explique par la volonté manifeste depuis 1942 de ne pas laisser écraser le syndicalisme catholique, l'épine dorsale d'un état de chrétienté urbaine et le rempart élevé contre le communisme et le socialisme. »

Un rappel doctrinal

La fin de la grève coïncide avec la parution, le 14 février 1950, d'une lettre pastorale collective sur « le problème ouvrier en regard de la doctrine sociale de l'Église », signée par les vingt-cinq archevêques et évêques de la province civile de Québec. La Commission sacerdotale d'études sociales y travaille depuis décembre 1948. La commande vient de l'épiscopat, mais à la suggestion des aumôniers. Le texte qui est rendu public vers la mi-mars rappelle que la « religion n'endort pas l'ouvrier », qu'elle « n'est pas l'alliée des puissants », et qu'elle « est plus puissante que la technique et l'organisation ».

Ce texte très serein rompt avec le discours traditionnellement pluraliste de l'Église. Il reconnaît que le Québec est devenu une société urbaine et que la ville, aussi bien que la campagne, peut être un milieu bon et sanctificateur. Il est l'une des plus belles synthèses de la doctrine sociale de l'Église, tant et si bien que Rome lui reconnaît une portée universelle et que Jean XXIII le citera dans *Mater et Magistra*.

Les évêques se prononcent en faveur de la syndicalisation : « Pour remplir le rôle qui leur revient dans l'économie nationale, pour promouvoir leurs intérêts professionnels, pour faire valoir leurs légitimes revendications économiques et sociales, les travailleurs doivent s'unir dans de solides organisations professionnelles. [...] Les circonstances présentes rendent encore plus pressante et plus impérieuse l'obligation pour les ouvriers, comme pour les patrons d'ailleurs, d'exercer ce droit. [...] Il faut ajouter que cette organisation doit s'inspirer de la doctrine sociale de l'Église. »

Pour les dirigeants de l'Église catholique, la Confédération des travailleurs Catholiques du Canada est la centrale qui mérite le plus de recommandation :

> Nous revenons encore sur le sujet pour insister auprès des ouvriers afin qu'ils adhèrent en plus grand nombre à ces syndicats et pour presser tous les citoyens de leur accorder une loyale préférence et un entier appui. Sans doute, la CTCC, comme toute œuvre humaine, n'est pas parfaite. Mais avec la franche collaboration de tous, elle pourra davantage améliorer ses techniques d'organisation et de représentation, approfondir son influence salutaire sur la classe ouvrière et par son action éducative contribuer à élever le niveau moral, professionnel et culturel des travailleurs.

Au chapitre des droits et devoirs des patrons, les évêques soulignent la nécessité des associations patronales, l'obligation de verser un salaire juste et d'établir « de saines conditions de travail qui protègent la vie et la santé des ouvriers, qui respectent le caractère humain du labeur de l'homme et qui favorisent la plus haute moralité ». L'État a aussi des devoirs vis-à-vis des patrons et des ouvriers : « Le respect de l'autorité, la santé physique et morale des travailleurs, le droit d'association, la prévention des conflits par la conciliation et l'arbitrage, la saine application des lois, la lutte contre le communisme, tels sont les domaines précis sur lesquels l'État peut exercer son influence bienfaisante pour une juste promotion ouvrière et pour la sauvegarde des droits de tous les citoyens. »

Les évêques ne suggèrent pas que les syndicats se lancent en politique pour mieux faire valoir leurs droits, mais Gérard Picard, président de la CTCC, y songe. En 1951, il souligne ce qu'il considère comme deux vérités fondamentales : « La première, que, dans tous les pays où ils l'ont fait, les ouvriers ne sont passés à l'action politique directe que par suite de l'impossibilité de manifester autrement leur présence et de faire entendre leurs revendications; la seconde que le syndiqué ouvrier ne perd pas pour autant ses droits de citoyen et que rien ne peut lui interdire de déléguer au parlement des représentants qui seraient spécifiquement les répondants de ses intérêts. »

La centrale syndicale ne plongera pas immédiatement dans l'action politique directe, mais elle formera un comité d'orientation politique qui, lors des élections provinciales de 1952, se fera un devoir « d'éclairer les électeurs sur la valeur des candidats en présence ».

« Une calamité publique »

Le 10 mars 1952, les employés de l'Associated Textile Co. Ltd. de Louiseville décident de se mettre en grève. Le vote est significatif : sur 716, le nombre de votes en faveur d'un arrêt de travail est de 700. Selon l'historien Jacques Rouillard,

> la compagnie ne leur avait pas laissé le choix. Alors que le syndicat était sur le point d'accepter les offres monétaires de la compagnie transmises au médiateur, voilà que la compagnie fit afficher dans l'usine un communiqué laconique disant simplement qu'elle exigeait, avant de signer le contrat de travail, le retrait de quatre clauses de la convention collective précédente. La compagnie récusait les clauses d'atelier syndical et de sécurité syndicale; elle se donnait aussi le droit de changer les tâches et les heures de travail selon les besoins de la production et de l'efficacité.

La grève s'annonce longue et dure, d'autant plus que la compagnie, qui est une filiale d'une entreprise américaine, emploie des briseurs de grève. Une cinquantaine de policiers provinciaux interviennent le 21 juillet pour disperser les grévistes qui faisaient du piquetage devant l'usine. Quelques jours auparavant, le curé de l'endroit, Donat Baril, avait déclaré : « Restez dans le calme, mais assurez la survie de votre syndicat. »

En octobre, alors que la grève s'éternise, un « tribunal d'honneur » dont fait partie Georges-Léon Pelletier, évêque de Trois-Rivières, échoue dans une tentative de conciliation. Si les grévistes sont violents, la compagnie l'est, elle aussi, à sa façon. Le 30 octobre, nouvel affrontement entre grévistes et policiers. La compagnie juge préférable de se retirer du tribunal d'honneur, déclarant : « Les grévistes ont accentué le règne de terreur qu'ils ont établi à Louiseville depuis le début de la grève. Ils se sont livrés à des méfaits, non seulement sur la personne et les biens des ouvriers retournés au travail, mais sur la personne et les biens des citoyens les plus respectables de Louiseville. » Parlant du conflit, un homme public affirme : « Cette grève est devenue une calamité publique ! »

Un grand défilé est prévu à Louiseville pour le 10 décembre. Pour prévenir la violence, on lit l'Acte d'émeute, ce qui n'empêche pas un affrontement entre forces de l'ordre et grévistes. Le tout se termine par quelques blessures et plusieurs arrestations. À la CTCC, il est de plus en plus question d'une grève générale de sympathie. Mais on se ravise. À l'Assemblée législative, le conflit soulève un violent débat, le 14 janvier 1953. Le premier ministre Duplessis explique ainsi sa conduite:

> J'ai consenti à envoyer la police provinciale à Louiseville pour protéger les citoyens honnêtes et empêcher la destruction de la propriété. Je l'ai envoyée pour que les gens vivent en paix, pour faire respecter l'ordre pour tous. [...] Certains chefs qui ne sont pas étrangers à ces crimes ont l'audace de menacer le gouvernement d'une grève générale, comme Tim Buck le conseille. Nous ne serons pas les complices de ces gens-là, et nous attirons l'attention sur les dangers que court actuellement le mouvement ouvrier dans cette province.

Et pourtant, la grève de Louiseville est parfaitement légale. « La compagnie, lit-on dans *Le Devoir* du 28 octobre 1952, n'a jamais contesté la légitimité de cette déclaration de grève. Tout ce qu'elle a prétendu et prétend encore, c'est que la grève a été conduite de façon illégale et même criminelle. »

Jugeant inutile la poursuite de la lutte, les dirigeants syndicaux mettent fin à l'arrêt de travail le 10 février 1953. Même si la compagnie accorde une augmentation de salaire de 12 cents l'heure, elle ne s'engage pas à reprendre tous ses anciens employés. Pour plusieurs, la misère va continuer pendant des mois !

Dans le numéro de novembre-décembre 1953 de *L'Action nationale*, Fernand Dansereau se demande quelle est la signification profonde de tous les conflits ouvriers qui vont se multipliant. « Un premier indice de dépression ? se demande-t-il. Parce que les conditions économiques sont moins bonnes, les patrons prennent-ils une attitude plus conservatrice et la crainte fait-elle se cabrer les syndicats ouvriers ? Je ne veux pas être alarmiste, mais cette explication me semble logique. [...] Hélas ! Je crois bien que la lune de miel est terminée. Un peu trop abruptement au goût de bien des gens. Peut-être bien que la crise actuelle ne signifie que cela ? » Peut-être !

Des employées de D'Aoust-Lalonde en grève en 1946

GAUCHE ET AUTONOMIE

1950-1957

L E *NEW YORK TIMES* DU 22 AVRIL 1956 publie un supplément spécial sur la province de Québec. Il expose, chiffres à l'appui, les progrès énormes réalisés par « ce nouveau géant industriel », au cours des quinze dernières années. L'Union nationale, elle aussi, et en particulier son chef, Maurice Duplessis, ne cesse de chiffrer ses réalisations. La population du Québec, qui était de 3 331 882 habitants en 1941, passe à 4 628 378 habitants en 1956. L'urbanisation de la population se continue : en 1941, la population urbaine représentait 63,32 pour cent du total et, quinze ans plus tard, elle atteint 70,02 pour cent.

La population québécoise s'accroît moins rapidement que celle de l'Ontario. Cette dernière province reçoit plus d'immigrants et son taux de natalité se rapproche de plus en plus de la moyenne canadienne. Pour la période allant de 1941 à 1945, il était de 28,4 par 1000 habitants, alors que celui du Canada était de 23,6. En 1956, celui du Québec se situe à 29,4 et celui de l'ensemble du Canada, à 28. Pour la même période, le taux de natalité, en Ontario, passe de 19,9 à 26,6. La disproportion la plus forte se retrouve au chapitre de l'immigration. De 1946 à la fin de 1953, le Canada a reçu près d'un million d'immigrants. L'Ontario en accueille 52 pour cent ; le Québec, 19 ; la Colombie-Britannique, 9 ; les Prairies, 15. Quant au reste, il se distribue entre les autres provinces. Plus encore, « durant la période de 1956-1961, constatent Dickinson et Young, environ 75 % des quelque 74 000 personnes qui quittent la province de Québec s'installent en Ontario. » Cette province remplace la Nouvelle-Angleterre comme « destination principale des émigrants québécois ».

De plus en plus d'organismes et d'individus réclament l'établissement d'un service provincial d'immigration. Le journaliste Pierre Laporte écrit dans *L'action nationale* de mai-juin 1954 :

1- Il est urgent, au Canada français, de créer une Commission d'immigration qui verrait à coordonner — et peut-être à orienter — les efforts des divers organismes, à leur procurer des fonds ; 2- Il faudrait repenser le problème de l'immigration. Les efforts que nous avons dépensés à faire venir ces immigrants qui ne viennent pas pourraient servir à gagner à notre groupe ceux qui viennent ; [...] 4- Il est grand temps que nous nous mettions à l'œuvre dans le domaine de l'immigration. Les efforts louables, mais insuffisants d'un petit groupe de Canadiens français éveillés à ce problème, doivent devenir le travail de toute une nation.

Au chapitre de la santé publique, les progrès sont importants. Les dépenses pour l'assistance publique, qui étaient de l'ordre de 10 675 151 $, pour l'année fiscale 1944-1945, atteignent 84 344 157 $ pour celle de 1956-1957. En 1944, le Québec possédait 137 hôpitaux disposant de 16 803 lits et lits d'enfants. En 1956, leur nombre passe à 202 et celui des lits, à 25 889. Le 20 mai 1956, dans un discours prononcé à Trois-Rivières, Duplessis se vante que l'Union nationale « a aussi construit ou agrandi 119 nouveaux hôpitaux [depuis 1944] ». Pour la même période, son gouvernement a bâti 3352 nouvelles écoles primaires et 52 écoles spécialisées.

Le secteur industriel est peut-être celui où les progrès sont les plus éclatants. Selon Duplessis, de 1944 à 1956, « 11 000 nouvelles industries s'établissaient dans la province ». La valeur nette totale de la production du Québec fait plus que doubler. De 1 850 365 000 $, en 1944, elle atteint 4 205 071 000 $ en 1955. La mise en opération de mines de l'Ungava, de l'Abitibi et du Lac-Saint-Jean fait plus que quadrupler la valeur de la production minérale : 90 198 739 $ en 1944, et 463 680 968 $ en 1956. Les ventes au détail subissent un saut remarquable tout comme en Ontario et pour l'ensemble du Canada. En 1944, elles représentent pour le Québec, 976 000 000 $, pour l'Ontario, 1 573 700 000 $ et pour l'ensemble du Canada, 4 093 500 000 $. Par contre, en 1956, les totaux sont de 3 322 200 000 $ pour le Québec ; 5 498 600 000 $ pour l'Ontario et 14 654 300 000 $ pour le Canada.

Les Caisses populaires suivent le mouvement : en 1944, on dénombre 256 117 déposants ; en 1956, ils sont 916 317. Vingt-cinq ans plus tôt, soit en 1931, on comptait, au Québec, 168 caisses regroupant 40 201 déposants. Quel chemin parcouru depuis l'ouverture à Lévis de la première caisse populaire, alors qu'Alphonse Desjardins voulait venir en aide aux petits épargnants et les tirer des griffes des usuriers. À partir de 1906, les caisses populaires sont régies par la Loi des syndicats de Québec. Elles constituent « des réservoirs d'épargne et de crédit ouvert aux classes agricoles et industrielles ». Au milieu des années 1950, la dette publique par habitant diminue ; elle était de 87,16 $ en 1944 et n'est plus que de 52,46 $ en 1956. Par contre, la dette *per capita* pour le Canada a chuté moins rapidement : elle passe de 729,86 $ à 701,47 $ pour la même période. Sur ces points, les chantres de l'Union nationale, comme Robert Rumilly, ont quelques raisons de vanter les réalisations de la formation politique. Mais, au chapitre des relations fédérales-provinciales, la situation n'est pas la même.

Une guerre de titans

Par suite de la décision de William Lyon Mackenzie King de se retirer de la vie politique, Louis Stephen Saint-Laurent devient premier ministre du Canada le 15 novembre 1948. Ce choix du congrès libéral est ratifié par la majorité des Canadiens lors des élections générales du 27 juin 1949. Le chef libéral obtient alors une majorité de 190 sièges et, au Québec, seulement 2 candidats conservateurs réussissent à échapper à la vague de « l'oncle Louis » qui déclare, le soir de sa victoire, qu'une de ses tâches principales sera de renforcer « cet esprit d'harmonie, de bonne volonté et de coopération entre Canadiens anglophones et francophones, qui est le seul fondement sûr de notre unité en tant que nation ».

Depuis son accession au pouvoir et même avant, le premier ministre Louis Saint-Laurent est convaincu que le gouvernement fédéral peut changer seul la Constitution canadienne lorsqu'il s'agit des pouvoirs exclusifs du pouvoir central. Le 23 septembre 1949, il déclare à la Chambre des Communes : « C'est une opinion souvent exprimée, que nous ne pouvons accepter [l'obligation de consulter les provinces], car elle donne à entendre que l'Acte de l'Amérique du Nord britannique est un contrat dont chaque article a aussi l'effet d'un contrat entre le Canada, qui n'existait pas alors, et les provinces, qui n'existaient pas non plus, mais qui lie le Canada actuel, né au moment où l'Acte fut proclamé, ainsi que les provinces qui ont été constituées par cette même proclamation. » Saint-Laurent revient sur le sujet le 17 octobre :

> J'avoue tout de suite que cette façon de procéder vient du conflit avec l'effet que plusieurs tentent de prêter à la thèse d'après laquelle la Confédération serait un pacte. À les entendre, il n'y a dans l'Acte de l'Amérique du Nord britannique, pas un mot, pas une virgule qui ne soit de la nature d'un contrat passé au moins entre les quatre provinces dites primitives et que, par conséquent, on ne peut rien changer sans leur consentement préalable, sous peine de s'exposer à l'accusation de violer un contrat. [...] Cette fois, nous désirons une déclaration nous autorisant à apporter, comme par le passé et sans consulter les provinces, les seuls amendements nécessaires à l'égard de questions qui sont du seul ressort des autorités provinciales.

La prise de position de Saint-Laurent n'est pas acceptée par le premier ministre Duplessis qui lui écrit le 21 septembre : « Ne croyez-vous pas qu'il serait arbitraire, de la part du gouvernement fédéral, de décider *ex parte* et de sa seule autorité quels sont les droits du fédéral et quels sont les droits des provinces ? Il nous semble clair qu'il n'appartient pas à une des parties à un contrat multilatéral de se déclarer l'arbitre suprême de l'interprétation de ce contrat et d'assumer, de sa seule autorité, des droits qui concernent particulièrement les autres parties contractantes. » Duplessis revient à la charge le 5 octobre suivant : « Nous sommes persuadés que, si la province de Québec avait cru que l'Acte fédératif ne représentait qu'une législation, toujours susceptible d'amendements au seul gré des autorités fédérales, elle n'y aurait pas consenti. Il nous paraît clair qu'au moment de la Confédération, les hommes d'État d'alors ont pensé et voulu confirmer un pacte ou un traité. Au surplus, il y a plusieurs jugements du Conseil privé à l'effet qu'il s'agit non pas d'une loi, mais d'un pacte. »

Saint-Laurent ne démord pas de sa prise de position. Il répond au premier ministre du Québec, le 13 octobre : « Ce que nous réclamons et ce que nous voulons obtenir dans le moment, c'est le moyen pratique de faire au Canada, par le Parlement fédéral seul, non pas toutes les modifications à la Constitution, mais seulement celles qui affectent des dispositions qui concernent exclusivement les autorités fédérales. » Duplessis n'est pas lent à réagir. Le 19 octobre, il réitère son opposition à la conduite du fédéral : « Permettez-moi de dire que nous regrettons beaucoup cette attitude et que nous sommes sincèrement persuadés qu'elle est contraire à l'esprit du pacte fédératif et qu'elle n'est pas susceptible de faciliter la coopération désirable, et que nous désirons, entre les différents gouvernements du pays. »

Londres est d'accord pour que cesse le droit d'en appeler au Conseil privé de la Grande-Bretagne des décisions rendues par la cour suprême du Canada, mais elle n'est pas encore prête à accorder au Canada le droit de modifier lui-même sa propre constitution. Elle aimerait mieux que le gouvernement d'Ottawa et ceux des provinces se mettent d'accord sur les modalités à suivre pour modifier l'Acte de 1867. Le jeune avocat Paul Gérin-Lajoie, qui a étudié à Oxford, propose, en décembre 1949, une formule d'amendement, laquelle

> requerrait le concours des deux tiers (ou peut-être des trois quarts) des provinces, représentant au moins 75 % de la population totale du Canada. En vertu de la règle basée sur le nombre des provinces — une règle destinée à protéger les petites provinces — aucun amendement (affectant les prérogatives provinciales) ne pourrait être réalisé contre le gré de quatre (ou peut-être de trois) des provinces, quel que soit le chiffre de leur population, aucun amendement ne pourrait être réalisé contre le gré de toute

province ou groupe de provinces représentant plus de 25 % de la population totale du Canada. À l'heure actuelle, une telle double règle garantirait en pratique le contrôle désiré pour chacune des quatre grandes régions du Canada, puisque l'Ontario et le Québec ont plus de 25 % de la population du pays à l'intérieur de leurs frontières respectives, et que, par ailleurs, trois ou quatre des autres provinces indistinctement pourraient bloquer un amendement.

Sous le signe de la détente

Pour connaître l'opinion des provinces sur la possibilité d'un accord concernant les modalités pour amender la constitution canadienne, le premier ministre Saint-Laurent convoque à Ottawa, le 10 janvier 1950, une nouvelle conférence fédérale-provinciale. Dans son discours d'ouverture, le chef du gouvernement canadien précise le but de la rencontre : « La seule façon sûre pour nous, Canadiens, de nous éviter à nous-mêmes, en même temps qu'au Royaume-Uni, à son parlement et à son gouvernement, des situations extrêmement embarrassantes et inexcusables, c'est de nous mettre d'accord sur le moyen de modifier notre constitution ici même au Canada, de telle sorte que nous puissions nous-mêmes nous acquitter de toutes nos responsabilités. » Les participants doivent viser, selon lui, à « compléter le transfert au Canada du pouvoir de modifier notre propre constitution ; sauvegarder les droits traditionnels des minorités tels que prévus dans la constitution ; garantir suffisamment le caractère fédératif de la constitution en faisant participer les autorités fédérales et les autorités provinciales à une procédure appropriée d'amendement ».

Les représentants des provinces ne forment point un front commun. Pour Maurice Duplessis, « la province de Québec est absolument en faveur d'une constitution essentiellement canadienne, élaborée et édictée au Canada par des Canadiens et pour des Canadiens. [...] Quant à nous, la constitution canadienne forme un tout et la seule façon de la respecter, c'est de respecter son unité, c'est de respecter ses fondements d'unité ».

Deux tendances se dessinent : élaborer une nouvelle constitution ou fixer les modalités mathématiques pour modifier la constitution existante. « Je prétends, déclare le premier ministre du Nouveau-Brunswick, John B. McNair, que la constitution — et il faut selon moi qu'elle s'appuie sur des fondements canadiens — devrait reposer sur une nouvelle entente entre le Dominion et les provinces ; en outre, elle devrait désormais s'appuyer sur le caractère sacré et inviolable du contrat. » Pour Angus L. Macdonald, de la Nouvelle-Écosse, deux conditions essentielles devraient être adoptées pour modifier la constitution : « a) l'adoption par la majorité absolue de chacune des chambres du Parlement canadien de tout amendement proposé et b) la ratification dudit amendement par sept assemblées législatives provinciales. » J. R. Smallwood, premier ministre de Terre-Neuve, devenue province canadienne le 31 mars 1949, réclame pour chaque province un droit de veto : « Il importe d'enlever au Parlement du Canada le droit — qu'il n'exercerait peut-être jamais mais qu'apparemment il possède — de modifier la constitution sans le consentement des provinces à l'égard de questions qui concernent celles-ci. S'il le faut, nous demandons que la province ait le droit absolu de veto à l'égard de toute modification que pourrait projeter le Parlement du Canada. »

La majorité des provinces semblent d'accord pour que les articles concernant la langue et les écoles fassent l'objet de l'unanimité. Duplessis, quant à lui, insiste pour que les provinces aient une plus grande autonomie financière :

> En pratique, que valent ces droits, fait-il remarquer, si nous ne disposons pas des ressources financières nécessaires pour construire des écoles, pour rémunérer les instituteurs, pour acheter des livres de classes, etc.? [...] Le plein exercice des droits que tous nous concèdent exige que nous disposions de moyens et de pouvoirs d'ordre financier indispensables. Pour ma part, je préfère une voiture à cheval qui me mène où je dois aller à une Rolls-Royce dépourvue de moteur et d'essence. À mon sens, les pouvoirs fiscaux des provinces sont absolument essentiels. Pour impressionnant qu'il soit, un certificat de droit, sans le pouvoir de l'exercer, n'est guère utile.

La conférence se termine le 12 janvier 1950. On réussit à se mettre d'accord sur quelques points que Richard Arès résume ainsi :

> Toute la constitution, en conséquence, sera divisée en six sections, chacune, sauf la dernière, se rapportant aux articles à abroger, possédant son mode d'amendement. Ainsi, d'après ce plan général, pourront être modifiés : 1er par le Parlement fédéral seul, les articles qui le concernent exclusivement ; 2e par les Assemblées législatives provinciales seules, les articles qui les intéressent uniquement ; 3e par le fédéral et les Assemblées provinciales intéressées, les articles concernant le premier et une ou plusieurs Assemblées, mais pas toutes ; 4e par le fédéral et une majorité d'Assemblées provinciales — majorité encore à déterminer — les articles intéressant le premier et toutes les provinces ; 5e du consentement unanime du Parlement fédéral et des Assemblées provinciales, les articles intéressant les droits fondamentaux, comme, par exemple, mais sans restriction, l'enseignement, la langue, la célébration du mariage, l'administration de la justice, les biens provinciaux en fait de terres, mines et autres ressources naturelles.

Un travail de rapiéçage

Saint-Laurent, qui ne cache pas son esprit centralisateur, fait preuve de beau-coup de bonne volonté voire de compréhension, sinon de patience, face aux réclamations des provinces et en particulier du Québec. Le 10 mars 1950, il envoie un mémoire aux dirigeants provinciaux les invitant à céder volon-tairement à Ottawa certains pouvoirs qui leur appartiennent en exclusivité en vertu de la constitution, en échange d'avantages monétaires. Au cours du mois d'août, les procureurs provinciaux se réunissent pour tenter de classer les articles de la Constitution en cinq catégories. L'accord se fait sur 61 articles et s'avère quasi impossible sur quelques-uns comme ceux qui con-cernent le rôle de la reine, la fonction du lieutenant-gouverneur, le droit fédéral de désaveu, etc.

Du 25 au 28 septembre 1950, le Parlement de la province de Québec accueille le premier ministre du Canada et ceux des autres provinces. Lors de la séance d'ouverture de la conférence, Duplessis déclare : « Nous, de la province de Québec, aimerions obtenir une nouvelle constitution. Le travail que nous accomplirons aujourd'hui est en somme un travail de rapiéçage. Pourquoi ne pas entreprendre immédiatement la tâche plus complète qui s'impose ?... Essayons d'élaborer dès maintenant une nouvelle constitution canadienne. » L'idée fait son chemin, mais les nouveaux pères de la Confé-dération ne semblent pas prêts à se mettre immédiatement à l'ouvrage, malgré toute leur bonne volonté. Saint-Laurent fait remarquer que la nouvelle constitution serait, sans équivoque, un pacte, « car elle serait fondée sur des accords entre le gouvernement fédéral et les dix provinces cana-diennes ». Un comité est donc formé. Sa mission sera de jeter les bases d'une nouvelle entente.

Avant que le chef-d'œuvre prenne forme, il faut se pencher sur des problèmes plus urgents. L'un de ceux qui demandent une solution rapide est celui du partage de l'impôt entre le fédéral et les provinces. Le 4 décembre, les premiers ministres se retrouvent à Ottawa pour discuter de quelques propositions fédérales. « Saint-Laurent, écrit Dale C. Thomson, proposa que les accords de partage fiscal soient renouvelés pour une nouvelle période de cinq ans et que les revenus minimaux garantis aux provinces soient aug-mentés d'environ 50 pour cent pour correspondre à l'augmentation de la production et de la population de la nation depuis la Deuxième Guerre mondiale. » De plus, le gouvernement fédéral se dit prêt à établir « une pension de vieillesse de quarante dollars par mois, financée par le gouver-nement fédéral, pour toutes les personnes âgées de soixante-dix ans et davantage. De plus, Ottawa partagerait le coût des pensions d'un même montant pour les personnes indigentes âgées de soixante-cinq à soixante-dix ans». Mais pour que le plan soit mis en opération, il faut l'accord unanime des provinces!

Le champ de la santé et du bien-être social est normalement du ressort des provinces, mais Ottawa se sent une responsabilité. Saint-Laurent l'explique aux premiers ministres: «Le gouvernement fédéral a toujours reconnu et respecté la responsabilité constitutionnelle première des autorités provinciales et locales dans le domaine de la santé et nous n'avons certainement pas le désir de changer cette situation, mais nous avons reconnu l'intérêt national lorsqu'il s'est agi de promouvoir la santé du peuple canadien et nous avons essayé de coopérer d'une manière substantielle et pratique avec les autorités provinciales.»

Duplessis est d'accord en principe pour accepter le plan de pension de vieillesse. Mais, selon lui, il serait plus normal que les provinces collectent leurs propres impôts plutôt que d'attendre que le fédéral ramasse le tout et en remette une partie aux provinces. Il va même plus loin: il refuse d'accepter la nouvelle proposition fiscale d'Ottawa. Il est le seul premier ministre à faire ce geste. Quelques politiciens dénoncent celui qui, une fois encore, fait entendre une note discordante. Le 8 février 1951, Duplessis fera connaître aux députés de l'Assemblée législative la réponse qu'il avait donnée à Ottawa en décembre 1950: «J'ai répondu que la province de Québec était la première province du Canada, peuplée par les pionniers du Canada. Si vous croyez que nous avons été un obstacle au progrès, nous sommes prêts à nous retirer. La province de Québec est capable de vivre et de se suffire à elle-même.»

Un accord intervient entre les dix provinces et le gouvernement fédéral au sujet des pensions de vieillesse. Le premier ministre Saint-Laurent l'annonce à la Chambre des Communes le 4 mai 1951. Ottawa paiera la moitié de la pension versée aux indigents de 65 à 70 ans et les trois quarts de celle à laquelle auront droit tous ceux qui sont âgés de 70 ans et plus. Une adresse sera donc présentée au Parlement de la Grande-Bretagne lui demandant de modifier la Constitution canadienne à ce sujet. Duplessis demande que le texte soit présenté dans les deux langues «pour reconnaître et affirmer le caractère bilingue de notre pays». Au mois de novembre suivant, Ottawa et Québec adoptent des lois concernant les pensions de vieillesse. À l'Assemblée législative, lors du débat, René Chaloult se demande «si les empiétements sans cesse renouvelés du gouvernement fédéral ne finiront pas par entraîner la disparition pure et simple des administrations provinciales».

Une culture à définir

Quelle différence y a-t-il entre l'enseignement, qui est du ressort des provinces, et la culture? Cette question intéresse de plus en plus le gouvernement fédéral. On le voit dans le discours du Trône prononcé à Ottawa le 26 janvier 1949: on annonce la formation prochaine d'une commission royale «chargée d'explorer les possibilités d'aide fédérale aux arts, aux lettres et aux sciences». Le 8 avril suivant, des commissaires sont nommés: Vincent Massey, chancelier de l'Université de Toronto, Georges-Henri Lévesque, dominicain doyen de la Faculté des sciences sociales de l'Université Laval, Arthur Surveyer, ingénieur civil, Norman A. M. MacKenzie, président de l'Université de la Colombie-Britannique et Hilda Neatby, professeure d'histoire à l'Université de Saskatchewan.

Le mandat de la Commission royale d'enquête sur l'avancement des arts, lettres et sciences au Canada, plus connue sous l'appellation commission Massey-Lévesque, a un mandat plutôt vaste: elle doit faire des recommandations sur:

> les principes sur lesquels le programme du Canada devrait être fondé dans les domaines de la radiodiffusion et de la télévision; les organismes et les domaines d'activité du gouvernement canadien, tels que l'Office national du film, la Galerie nationale, le Musée national de guerre, les Archives publiques ainsi que le soin et la garde des archives publiques et de la Bibliothèque du Parlement; les méthodes visant à faciliter la recherche, y compris les octrois aux boursiers par l'entremise de divers organismes du gouvernement fédéral; le caractère et l'essor éventuels de la Bibliothèque nationale; l'envergure ou les activités de ces programmes, la façon de les diriger, financer et contrôler, et autres questions connexes; les méthodes à employer concernant les relations entre le Canada et l'organisation éducative, scientifique et culturelle des Nations Unies et les autres organismes analogues; les relations entre le gouvernement canadien et l'un ou l'autre de ses organismes dans les divers groupements bénévoles d'envergure nationale qui intéressent la présente enquête.

Nationalistes et autonomistes québécois flairent le piège dans l'établissement de cette commission d'enquête. Avant même que le rapport soit déposé et alors que les commissaires parcourent le Canada pour recevoir des témoignages ou étudier des mémoires, Maurice Duplessis déclare, le 26 novembre 1949: «L'enquête de la commission Massey sur les lettres, les arts et les sciences au Canada constitue un autre empiétement du gouvernement fédéral sur les droits et privilèges des provinces. [...] Le principe même de cette commission est faux. Il viole le droit exclusif des provinces en matière d'éducation. On ne peut faire une enquête de ce genre sans empiéter sur ce terrain, qui, on ne le dira jamais assez, est de juridiction uniquement provinciale. »

Plusieurs mémoires provenant d'organismes anglophones préconisent une mainmise beaucoup plus forte du pouvoir central sur l'éducation et la culture. On recommande même l'établissement d'un ministère fédéral de l'Éducation. Dans le Québec francophone, les prises de position diffèrent. Dans son éditorial de mai 1950, la revue *Relations* affirme :

> Les Anglo-Canadiens, en majorité dans neuf provinces, peuvent, à la rigueur, consentir à céder certaines prérogatives au pouvoir central ; ils risquent peu de choses, car ils savent que l'intervention du fédéral se fera dans le sens de leur propre culture. Il n'en est pas ainsi des Franco-Canadiens. Ils n'ont, pour organiser et vivre leur vie nationale, que la province de Québec, et ils ne veulent pas, par un élargissement inconsidéré des prérogatives fédérales, être réduits à l'état de minorité constitutionnelle.

Le 1er juin 1951, les commissaires déposent leur rapport. Ils font une nette distinction entre l'éducation, qui est du ressort provincial, et la culture qui est du domaine public. Or, au Canada, les principaux centres de culture sont les universités. En conséquence, les commissaires recommandent que le gouvernement vienne financièrement en aide aux universités au prorata de la population de chacune des provinces.

Pour promouvoir la culture, le rapport Massey-Lévesque recommande l'établissement d'un Conseil canadien des Arts, Lettres, Humanités et Sciences sociales. Au chapitre des communications, il demande que la Société Radio-Canada demeure « la seule autorité de contrôle de notre système national de radiodiffusion et elle doit continuer, directement par ses opérations, et indirectement par le contrôle des opérations des autres postes, à assurer un service national de radiodiffusion libre de toute attache partisane ».

Un nouveau champ de bataille entre le gouvernement de Québec et celui d'Ottawa vient de s'ouvrir !

Une querelle de millions

La journée même où les commissaires rendent publiques leurs principales recommandations, l'Association nationale des universités canadiennes tient sa réunion annuelle à Montréal. Elle se dit immédiatement d'accord avec une aide fédérale qui permettrait « pour la première fois dans l'histoire nationale, à de jeunes Canadiens talentueux d'accéder [...] à un niveau supérieur d'instruction et d'éducation qui les rendra mieux en mesure de servir leur pays en temps de paix comme en temps de guerre ».

Comme il faut battre le fer pendant qu'il est chaud, le premier ministre Saint-Laurent annonce, le 19 juin 1951, que le gouvernement fédéral versera la somme de 7 millions de dollars en subventions aux universités. La base de calcul pour la répartition sera de 50 cents par habitant. Le gouvernement Duplessis ne peut accepter un tel empiétement sur ses droits. Le premier ministre du Québec l'explique à Saint-Laurent, dans une lettre datée du 17 novembre 1951 :

> Nous ne mettons pas en doute la bonne foi du gouvernement fédéral et en particulier le désir que vous exprimez de respecter l'autonomie de la province en matières éducationnelles, mais nous sommes intimement convaincus que ce projet constitue une dangereuse usurpation de pouvoirs, par le fédéral, dans un domaine fondamental, exclusivement réservé aux provinces. À notre avis, les problèmes financiers ne peuvent se régler par des empiétements, même dorés. C'est notre intime conviction que les octrois indiqués dans votre lettre sont contraires à la constitution et n'apportent aucune sécurité à nos universités et à nos collèges classiques. Loin de là, ils seraient une source de dangers énormes à notre autonomie éducationnelle et plutôt de nature à aggraver considérablement la situation. [...] En toute franchise et amicalement, il nous semble incontestable qu'un empiétement dans le domaine de l'enseignement universitaire qui se prolonge dans le champ de l'enseignement secondaire, est un acheminement certain vers une intrusion fatale dans le domaine de l'enseignement élémentaire.

À la fin de novembre, on trouve un terrain d'entente temporaire : les chèques seront envoyés aux destinataires « au nom du comité intergouvernemental Ottawa-Québec ». Mais, avant que le temporaire ne devienne permanent, Duplessis dénonce l'entente intervenue. Il déclare, le 16 février 1953 :

> Cette année et à l'avenir, nous n'accepterons pas qu'Ottawa subventionne l'enseignement, domaine qui nous est trop cher. Le nouveau budget d'Ottawa prévoit encore des crédits pour nos universités. Nous ne les accepterons pas. Si Ottawa a trop d'argent, qu'il renonce aux champs de taxation qu'il a enlevés aux provinces. Nous avons besoin de nos sources de revenus et nous allons les réclamer sans fléchir. [...] Le fond du problème demeure toujours le même : récupérer les sources de revenus dont Ottawa s'est emparé abusivement. Si Ottawa peut mettre de côté sept millions pour l'enseignement universitaire, c'est parce qu'il a mis la main sur des sources de revenus auxquelles il n'avait pas droit.

Même si le gouvernement du Québec augmente le montant de ses propres subventions aux universités, ces dernières ne sont pas toutes satisfaites de la situation et considèrent que les sommes qu'elles recevraient du gouvernement fédéral leur seraient d'une grande utilité. L'Université McGill, jugeant insuffisants les montants qui lui sont versés, augmente le fardeau financier des étudiants !

Une autre enquête

Les problèmes constitutionnels occupent une large place dans la politique québécoise. Les relations entre les gouvernements fédéral et provincial se tendent de plus en plus. On aimerait bien savoir quels sont les vrais droits de l'un et l'autre. Déjà, au mois de novembre 1952, des représentants de la Chambre de commerce de la province de Québec et de l'Union des municipalités recommandent la formation d'une commission royale d'enquête sur les problèmes constitutionnels. Duplessis, conseillé en cela par le juge en chef Thomas Tremblay, saisit l'occasion au vol et, le 21 janvier 1953, il demande à l'Assemblée législative « de permettre la création de cette commission afin qu'à la lumière de ses constatations, nous puissions encore mieux protéger l'autonomie et alerter davantage encore l'opinion publique ainsi que de trouver les moyens d'actions possibles ». Aux yeux de Duplessis, le rapport Tremblay sera la réponse du Québec au rapport Rowell-Sirois qui avait fait l'apologie du fédéralisme centralisateur.

La loi nᵒ 37 créant la commission ne soulève pas l'enthousiasme de l'opposition libérale qui ne voit dans l'opération rien d'autre qu'une diversion. Le 22 janvier, René Hamel, député libéral de la circonscription de Saint-Maurice, formule la demande suivante au premier ministre : « Si, en dépit de toutes les pressions, Ottawa refusait de sortir des champs de taxation qu'il occupe, dit-on sans droit, le gouvernement de la province de Québec irait-il jusqu'au séparatisme pour obtenir justice ? » Duplessis répond en rappelant une de ses déclarations antérieures : « J'ai déclaré à une conférence constitutionnelle à Ottawa que, si les autres provinces étaient d'avis que le Québec était un embarras pour le reste du Canada, cette province était prête à se retirer de la Confédération. » Lorsque vient le vote sur la mesure proposée, tous l'appuient. La loi 1-2 Elizabeth II, chapitre 4, instituant « la Commission royale d'enquête sur les problèmes constitutionnels » est sanctionnée le 12 février 1953.

Le préambule de la nouvelle loi reconnaît que la confédération canadienne est un pacte d'honneur « entre les deux grandes races qui ont présidé à sa fondation et dont chacune apporte une précieuse et indispensable contribution au progrès et à la grandeur de la nation ». Plusieurs attendus insistent sur l'empiétement du gouvernement fédéral dans des secteurs réservés aux provinces de par la Constitution. Enfin, le deuxième article précise que la future commission étudiera spécialement :

a) les problèmes de la répartition des impôts entre le pouvoir central, les provinces, les municipalités et les corporations scolaires : b) les empiétements du pouvoir central dans le domaine de la taxation directe, en particulier, mais sans restreindre la portée de la présente disposition, en matière d'impôt sur le revenu, sur les corporations et sur les successions ; c) les répercussions et les conséquences de ces empiétements dans le régime législatif et administratif de la province et dans la vie collective, familiale et individuelle de sa population ; d) généralement les problèmes constitutionnels d'ordre législatif et fiscal.

Le 19 février 1953, le lieutenant-gouverneur en conseil, c'est-à-dire Duplessis lui-même, nomme les commissaires : Thomas Tremblay, juge en chef de la cour des sessions, qui agira comme président ; Esdras Minville, directeur de l'École des hautes études commerciales et doyen de la Faculté des sciences sociales, économiques et politiques de l'Université de Montréal ; Honoré Parent, avocat ; le jésuite Richard Arès, directeur-adjoint de l'Institut populaire et rédacteur à la revue *Relations* ; John P. Rowat, président du comité protestant du Conseil de l'Instruction publique et président de la commission scolaire protestante de l'agglomération de Montréal, et Paul-Henri Guimont, secrétaire de la Faculté des sciences sociales de l'Université Laval.

Le travail des commissaires dépasse peut-être les espérances du premier ministre Duplessis. « La Commission, lit-on dans le rapport des commissaires, a commencé ses séances publiques le 3 novembre 1953 et elle les a poursuivies sans interruption jusqu'au 23 juin 1954. Deux cent cinquante-trois mémoires et 39 résolutions de corporations municipales ou de comtés ont été déposés, dont quelques-uns à huis clos. »

Dans quelques mémoires, il est question de l'établissement d'un impôt provincial. Sitôt dit, sitôt fait. Le 14 janvier 1954, le ministre provincial des Finances, Onésime Gagnon, présente un projet de loi établissant un impôt « de moins de 15 pour cent de l'impôt sur le revenu fédéral ». Les attendus contiennent quelques « pointes » à l'égard du gouvernement fédéral : « Attendu que la constitution reconnaît au gouvernement provincial la priorité en matière de taxation directe ; attendu que la province désire coopérer avec l'autorité fédérale pour établir un régime fiscal juste, approprié et conforme à l'esprit et à la lettre du pacte confédératif ; attendu que, dans cet esprit de coopération, la province, depuis 1946, ne s'est pas prévalue de ses droits en matière d'impôt sur le revenu. » Le gouvernement du Québec compte recueillir ainsi annuellement la somme de 22 à 25 millions de dollars La mesure proposée est rétroactive au 1er janvier 1954.

L'annonce d'une telle mesure soulève une foule de réactions diverses. Louis Even, directeur du journal créditiste *Vers Demain*, fait parvenir un télégramme à Duplessis : « La population tout entière est indignée du projet d'un impôt provincial sur le revenu quand le pouvoir d'achat des individus est déjà insuffisant et que l'accumulation des produits jette des milliers d'ouvriers dans le chômage. C'est là une soumission abjecte à un système financier en contradiction avec le réel. C'est le temps de distribuer des dividendes et non de prélever des taxes. Établissez donc le Crédit Social qui nous débarrasserait de cet esclavage financier. » D'un autre côté, la Chambre de commerce de Montréal se dit d'accord avec le principe d'impôt provincial, mais elle attend l'annonce des modalités pour prendre une position plus précise. Les grandes centrales syndicales manifestent leur étonnement en constatant que le gouvernement Duplessis n'attend pas la déposition du rapport de la commission Tremblay pour adopter des mesures touchant les sujets à l'étude devant ladite commission.

> L'ouvrier de la province de Québec qui gagne moins que celui de la province d'Ontario, fait remarquer Roméo Mathieu, le secrétaire de la Fédération des unions industrielles du Québec, paye déjà plus de taxes que celui de la province voisine. On veut maintenant lui ajouter un nouveau fardeau. Le père de famille salarié dont les enfants sont généralement plus nombreux dans le Québec que dans l'Ontario en souffrira le plus. Et pourtant, le coût de la vie est plus élevé dans notre province que dans l'Ontario.

La Loi sur l'impôt provincial est adoptée en troisième lecture par l'Assemblée législative, le 24 février 1954. La totalité des députés de l'Union nationale ont voté pour, alors que tous les libéraux se sont prononcés contre. Les problèmes fiscaux ne sont pas réglés pour autant, vu que le gouvernement d'Ottawa ne veut pas autoriser une déduction de 15 pour cent de l'impôt que les Québécois versent au fédéral. Le ministre du Nord canadien et des ressources nationales, Jean Lesage, se prononce contre la demande québécoise, niant la théorie du droit prioritaire des provinces. Il demande pourquoi d'autres provinces ne feraient pas des demandes identiques à celle du Québec. « Conséquence ultime et franchement ridicule, conclut-il, le gouvernement fédéral n'a plus les sources de taxation que lui accorde la constitution. »

« ...comme les autres... »

La province de Québec fait de plus en plus cavalier seul et son allié de quelques combats, l'Ontario, a déjà signé une entente avec Ottawa au sujet du partage des impôts. Le premier ministre du Canada aimerait bien mettre au pas la province récalcitrante. Le 9 septembre 1954, Louis Saint-Laurent participe à un déjeuner offert par la Cunard, sur le *Saxonia*, qui vient de jeter ses amarres au port de Montréal, au terme de son voyage inaugural. Dans son discours, il se lance dans une attaque contre le gouvernement du Québec : « À mesure que le Canada se développe croît aussi l'influence du gouvernement fédéral dans les affaires mondiales et dans les affaires intérieures. Il est possible que cela produise quelque effet sur les politiciens provinciaux, mais leur aversion ne pourra pas empêcher le pays de continuer à se développer, et pas davantage cette influence de s'accroître. [...] Les politiciens de la province de Québec ne pourront arrêter ni le développement du Canada ni l'expansion de l'influence du gouvernement fédéral. » Selon Saint-Laurent, il n'y a que deux exceptions aux réjouissances générales que soulève le développement du Canada. On les trouve « l'une derrière le Rideau de fer, l'autre dans la province de Québec ».

Le chef du parti libéral du Canada revient à la charge, à Québec, le 18 septembre. « On dit que la province de Québec n'est pas une province comme les autres. Je ne partage pas cette opinion, je crois que la province de Québec peut être une province comme les autres. [...] Aussi longtemps que j'y serai, le gouvernement fédéral ne reconnaîtra pas que les provinces sont plus importantes que l'ensemble du pays. » Et il lance l'avertissement suivant : « Si la population trouve que c'est une mauvaise politique, elle votera contre nous et elle mettra d'autres hommes à notre place, mais elle saura à quoi s'en tenir. »

Les propos de Saint-Laurent déplaisent à tous ceux qui croient que justement le Québec n'est pas une province comme les autres ! Duplessis, lors de l'inauguration du pont de Valleyfield le 26 septembre 1954, relève le gant :

> Jamais un politicien anglais n'a osé affirmer que le Québec n'était pas différent du reste du Canada. Et il a fallu un compatriote pour le dire ! Les paroles de M. Saint-Laurent sont une invitation à l'assimilation. [...] Nous sommes prêts à négocier, en dépit des insultes, pour trouver une solution qui respecte les droits de la province. Mais nous n'accepterons pas les ententes fiscales actuellement proposées par le gouvernement fédéral. [...] Coopération toujours, coopération d'égal à égal, coopération dans le respect des droits de chacun, coopération qui n'est pas une rue à sens unique. Affiliation : jamais. Abdication des droits fondamentaux : jamais. Substitution de subsides fédéraux aux pouvoirs essentiels de taxation : jamais, jamais. Contrôle direct ou indirect d'Ottawa sur nos écoles : jamais. Sur nos universités : jamais. Sur notre enseignement secondaire : jamais !

La guerre entre les deux premiers ministres est bien plus dans les paroles que dans les gestes, puisque Saint-Laurent et Duplessis sont d'accord pour se rencontrer en tête-à-tête à l'hôtel Windsor, à Montréal, dans l'espoir de trouver une solution aux problèmes fiscaux. Le 5 octobre, les deux hommes se retrouvent seuls dans une des suites de l'hôtel.

Après une heure de conversation, raconte Dale C. Thomson, ils convinrent qu'il fallait maintenir l'impôt provincial sur le revenu personnel et que les contribuables québécois devaient bénéficier d'une réduction de 10 pour cent sur l'impôt fédéral. Comme il n'était pas commode, pour le public, de faire deux paiements distincts, Ottawa percevrait la totalité et, par la suite, rembourserait à la province la part qui lui revenait. En retour, Duplessis convint d'amender le texte qui affirmait le principe de la priorité provinciale en matière d'impôt direct.

Peu après le début de la troisième session de la vingt-quatrième Législature, soit le 21 novembre 1954, Duplessis propose de remplacer, dans la loi créant l'impôt provincial, les mots : « Attendu que la constitution reconnaît au gouvernement provincial la priorité en matière de taxation directe », par ceux-ci jugés plus convenables par Ottawa : « Attendu que la constitution canadienne reconnaît aux provinces des droits certains en matière de taxation directe ».

Deux conférences fédérales-provinciales sur la fiscalité se tiennent en 1955. Le Québec y participe en manifestant beaucoup de bonne volonté. Le 3 octobre, Duplessis fait une profession de foi dans le fédéralisme, puis il précise les revendications de sa province : « Seul le fédéralisme peut garantir l'harmonie nationale et faire du Canada une nation grande et forte. » Le premier ministre énumère ensuite les trois objectifs essentiels visés par son gouvernement :

> 1.— clarification et délimitation précise des pouvoirs de taxation du fédéral et des provinces, suivant l'esprit et la lettre de la constitution canadienne, c'est-à-dire en tenant compte du passé, du présent et de l'avenir ; 2.— simplification de l'impôt public de manière à en diminuer le coût et à en faciliter la perception ; 3.— collaboration de tous les pouvoirs publics pour en arriver à la modération dans le domaine de l'impôt, afin d'alléger en autant que possible le fardeau du contribuable.

Faisant preuve aussi de bonne volonté, le gouvernement fédéral, par la bouche de son premier ministre, se dit prêt à participer à la création d'un comité permanent de la conférence fédérale-provinciale. De plus, il serait d'accord, selon certaines modalités à préciser, pour remettre aux provinces l'impôt direct.

Une entente intervient enfin entre Ottawa et le Québec. Duplessis l'annonce le 24 février 1956, quelques mois avant les élections générales. La nouvelle formule de partage des revenus permettra à la province de recevoir annuellement la somme de 44 000 000 $, ce qui, selon Duplessis, ne représente « qu'une partie de notre argent ».

Où est le rapport?

La commission Tremblay a terminé l'étude des mémoires sur les problèmes constitutionnels et elle remet son rapport au premier ministre Duplessis le 15 février 1956. Les grandes lignes du rapport sont rendues publiques le 6 avril, lors d'une conférence de presse. Les commissaires recommandent un retour à un vrai fédéralisme.

> Il s'agit cette fois, écrivent-ils, d'une option sur la forme de l'État : l'État canadien serait-il désormais franchement unitaire, franchement fédéraliste ou continuera-t-il de pratiquer le fédéralisme boiteux, inconscient, comportant tous les inconvénients et aucun des avantages du fédéralisme authentique, dans lequel les pratiques constitutionnelles en cours menacent de s'enliser. Dans un pays comme le Canada, cette option est la clé du fonctionnement de l'État et de l'harmonie des relations entre les différentes parties de la population et du pays. Or, pas de fédéralisme sans autonomie des parties constituantes de l'État et pas de souveraineté des divers gouvernements sans autonomie fiscale et financière.

Au terme de leur étude, les commissaires suggèrent une nouvelle répartition de l'assiette fiscale :

> Au gouvernement fédéral (outre les impôts indirects), les impôts à incidence économique dont la pratique au palier des régions ou des localités tend à susciter des frontières à l'intérieur du pays : taxe de vente, taxe sur les divertissements et les spectacles, sur l'essence, le tabac, les transferts de valeurs mobilières, etc. Aux gouvernements provinciaux (outre la taxe foncière dévolue aux municipalités, les licences et permis, les redevances sur les ressources naturelles, les profits des entreprises étatisées), les impôts sur les revenus des particuliers et des compagnies et l'impôt sur les successions.

Face au gouvernement fédéral qui occupe de plus en plus le secteur social et qui a un projet d'assurance-santé et d'assurance-hospitalisation, les commissaires tranchent dans le vif et se prononcent nettement en faveur des provinces :

> Surtout, le texte original de la Constitution réserve aux provinces tout le domaine dit aujourd'hui de la sécurité sociale : aide aux vétérans, allocations familiales, pensions aux vieillards, assurance-chômage, etc. Du point de vue des fins supérieures du fédéralisme canadien, il est nécessaire qu'il en soit ainsi. Si les provinces disposent des ressources suffisantes — et ce serait le cas si le réaménagement fiscal proposé ici était réalisé — rien ne s'oppose à ce qu'elles assument en cette matière leur pleine responsabilité. Pour la province de Québec, étant donné son rôle propre dans la

Confédération canadienne, le plein exercice de sa juridiction en matière sociale est d'importance capitale.

Sur la question culturelle, le rapport Tremblay affirme que la culture est du ressort des provinces. «Si la culture française, disent-ils, doit survivre au Canada, la province de Québec doit se considérer comme le foyer de tous les Canadiens français et aider les minorités françaises des autres provinces.» Une telle affirmation contraste avec les prises de position de la Fédération des femmes protestantes du Canada selon laquelle «l'usage de la langue française est illégal en dehors du Québec et une violation de la Constitution». Une telle déclaration est faite le 4 octobre 1956 par Catherine E. Grace, présidente de la section d'Ottawa de la fédération. Elle fait suite au projet de la ville d'Ottawa d'installer des affiches de circulation bilingues. Heureusement, tous les anglophones du Canada ne partagent pas les idées de la Fédération des femmes protestantes du Canada!

Chemin faisant, la commission Tremblay a largement débordé son mandat et investigué tous les domaines de la vie québécoise. Elle offre une nouvelle représentation d'ensemble de la société québécoise, elle suggère de nouvelles attitudes et recommande de s'engager dans la voie de la modernisation des structures politiques — en d'autres mots, la mise sur pied d'un État qui serait un levier — pour que le Québec puisse entrer de plain-pied dans la modernité et bénéficier des bienfaits de l'État-providence. Un peu effrayé par l'ampleur des réformes que la commission Tremblay propose, Duplessis met son rapport sous le boisseau. Néanmoins, les idées qu'elle a émises circulent et deviennent la référence obligée qui va inspirer les réformateurs sociaux et politiques.

L'impact de la télévision se fait sentir dès son apparition dans les années 1950.

Le dernier terme

1956-1960

L A DÉCENNIE 1950-1960 est importante dans l'histoire sociale et culturelle des francophones du Québec. Ces derniers évoluent plus rapidement que le gouvernement qui les dirige, de sorte que la distorsion entre «les autorités» et une partie de la population s'accentue. L'historien britannique Arnold Toynbee affirme, dans le numéro de mars 1949 de la revue *The World Review*: «J'ai l'idée que le peuple de l'avenir dans les Amériques pourrait bien être les Canadiens français. [...] Si l'humanité est destinée à connaître enfin des jours heureux, alors je prédirais qu'il y a un avenir dans l'Ancien Monde pour les Chinois, et dans l'Amérique du Nord pour les Canadiens. Quoi qu'il arrive, je ne crains pas d'affirmer que ces Canadiens de langue française seront là pour vivre les dernières heures de l'humanité dans l'Amérique du Nord.»

Toynbee prophétise juste au moment où, au Québec, débute une certaine remise en question de la «civilisation canadienne-française». Une petite revue trimestrielle commence à paraître en juin 1950. L'équipe régulière de *Cité libre* comprend Maurice Blain, Réginald Boisvert, Guy Cormier, Jean-Paul Geoffroy, Pierre Juneau, Gérard Pelletier, Roger Rolland et Pierre Elliott Trudeau. Dès le deuxième numéro de la revue, dont le tirage est assez restreint, Rolland dénonce l'esprit qui règne dans les maisons d'enseignement du Québec: «Le catholicisme y est, non pas proposé, non pas enseigné, mais imposé, infligé, asséné. Dieu, cet être tout amour dont on ne saurait s'approcher que dans la liberté de son cœur, est injecté comme un sérum. *Meurs ou crois*: voilà bien où nous en sommes encore. Et celui qui devant le mystère divin hésite quelque peu, tremble, réfléchit, est déclaré coupable de connivence avec Satan.»

Rapidement, *Cité libre* devient « un cas ». Pour André Laurendeau, « ce qu'elle apporte de nouveau, c'est un commencement de libération : j'entends le passage, pour certaines idées, du monde clandestin au plein jour ». Le jésuite Marie-Joseph d'Anjou, de la revue *Relations*, oscille entre l'espoir et la crainte : « Face aux attitudes affichées par certains membres de l'équipe de *Cité libre*, les clercs [...] auraient tort de hausser négligemment les épaules comme s'il n'y avait pas là matière à réflexion, voire occasion de progrès. Au surplus, les commentaires libres une fois exprimés, il serait injuste de refuser sa sympathie et même son attention à des esprits sincères, mais aigris faute d'avoir été touchés, au moment propice, par l'influence d'une paternité (de l'esprit comme de la chair) vraiment adulte et désintéressée. »

Au-delà de la critique du système se pose la question de la participation active des moins de 40 ans à la vie politique de la nation. Claude Ryan se demande, dans *L'action nationale* de 1951 : « Ferons-nous de la politique ? » Pour lui, « en dehors et au-dessus de la politique, il importe de bâtir, en partant du peuple, un réseau d'institutions qui protégeront l'âme populaire contre l'invasion du matérialisme et les intrusions de la politique ». Il faut, en conséquence, mettre sur pied des mouvements apostoliques « qui rajeuniront notre foi et la libéreront de son complexe de défense pour en faire une foi vive et rayonnante ». Il faut développer les mouvements coopératifs, il faut intensifier l'organisation syndicale, il faut réformer le système d'enseignement.

De plus en plus de personnes observent le besoin de changements au Québec. Les solutions suggérées s'opposent souvent : d'un nouveau nationalisme à une nouvelle conception de la liberté ; de l'établissement d'une saine démocratie à un plus grand respect de l'autorité, tout y passe. Certains crient à la mort de la survivance et à la naissance d'une nation adulte. « Nous végétons dans une grise et monotone survie », écrit François Hertel, un ancien jésuite qui vit en France. En éditorial, dans son numéro d'avril 1952, *L'action nationale* répond : « Assez de *survivance*. Assez de sentimentalisme, de verbalisme impénitent. La nation n'est pas une momie mais une entité vivante. La fidélité n'est pas léthargie mais foi qui conduit à l'action. Nous avons trop longtemps dormi. À moins d'un réveil immédiat, les plus émouvantes évocations historiques ne pourront empêcher qu'un jour la nation *ait survécu*. Nous sommes comptables du destin de la nation. Et les prochaines années décideront de sa présence au monde. »

Gérard Pelletier, dans *Cité libre* de juin-juillet 1952, se demande si le Québec traverse une crise de liberté ou d'autorité :

Nous sommes, en politique, au plus critique d'une crise de liberté aiguë. Si aiguë même que l'élection prochaine, quelle qu'en soit l'issue, n'offre aucune chance de solution. L'avènement du parti libéral ne changerait que peu de choses à l'emprise du capital sur les organismes du gouvernement. M. Duplessis est un symbole bien plus qu'une force. Mais en tant que symbole d'oppression, de corruption et de mépris de la justice, ne croyez-vous pas qu'il mérite d'être dénoncé? Victime d'une crise de l'autorité, M. Duplessis, ou danger grave pour la liberté, y compris celle des hommes d'Église? [...] Nous savons que l'Église n'a que faire d'une autorité qui n'est pas la sienne et nous savons aussi que des entrepreneurs de politique lui confient volontiers, quand son prestige est haut, les questions épineuses qu'ils n'ont pas le courage de trancher eux-mêmes. Nous sommes inquiets, parce que l'Église, au Canada français, se trouve en permanence aventurée sur cette frontière dangereuse du spirituel et du temporel. Et nous sommes inquiets, non pas en premier lieu de notre fief temporel où les clercs nous disputent l'autorité, mais des dangers qu'y court notre Mère-Église par la suite de leurs empiètements.

Plutôt que de parler d'une crise d'anticléricalisme au Québec, comme le font quelques clercs et des personnes en place, d'autres préfèrent voir dans l'évolution de la situation une remise en question et surtout l'exposé d'un problème réel: celui de la place de l'Église dans la vie québécoise. «Envahissement du temporel, oppression de la liberté, inadaptation du ministère», tels sont, d'après Richard Arès, les «griefs principaux formulés contre le clergé par cette jeune équipe» (de *Cité libre*).

Plusieurs de ceux qui forment l'opposition idéologique au «système en place» se retrouvent au sein d'un nouvel organisme fondé en mai 1953, l'Institut canadien des Affaires publiques. Le groupement organise des rencontres, des sessions d'études et de conférences où se discutent les grands problèmes de l'heure. Ainsi, le 2 octobre 1954, l'Institut tient une session à Sainte-Marguerite. Pierre Elliott Trudeau, dans sa communication, se demande: «La démocratie est-elle viable au Canada français?» Sa réponse ne traduit pas l'espoir:

Ainsi condamnés par la conjoncture intellectuelle, économique et sociale, à n'être que les valets et les subalternes de l'étranger, nous aurions pu au moins aspirer à conserver précieusement une dignité d'hommes libres — et éventuellement à changer cette conjoncture — en exerçant notre autorité dans le seul domaine où, en tant que peuple, nous pouvions encore être les maîtres: la politique. Mais nous avons préféré aliéner ce qui nous restait de souveraineté dans des conceptions serviles et superstitieuses de l'ordre social; de sorte que notre peu d'ardeur à éliminer les obstacles à la démocratie au Québec fut en même temps responsable de ce que nous nous retrouvions aujourd'hui, de quelque côté qu'on y regarde, face à face avec une destinée tragiquement dépourvue de grandeur. Est-il encore possible d'abattre ces obstacles? Il faudrait pour cela retrouver l'audace des évangélisateurs, des explorateurs, des coureurs de bois, et être prêts comme eux à risquer le tout pour le tout. Car, au rythme où s'effondrent les civilisations de nos jours, le temps qui nous reste est court.

Une nouvelle crise

La démocratie québécoise sera mise à l'épreuve lors des élections générales provinciales du 20 juin 1956. Autonomie et réalisations seront les deux thèmes principaux de Duplessis et des autres candidats de l'Union nationale. Robert Rumilly, qui de plus en plus joue le rôle de chantre de l'Union nationale, publie coup sur coup, «à frais d'auteur», deux ouvrages: *Quinze ans de réalisations; les faits parlent*, où il énumère toutes les réalisations du gouvernement Duplessis, et *L'infiltration gauchiste au Canada français*, où il regroupe sous l'étiquette de gauchistes et de sympathisants communistes tous ceux qui s'opposent au «chef». Dans *Le Devoir* du 29 mai, François-Albert Angers recommande un vote pour l'Union nationale comme étant celui du moindre mal: «Changer de gouvernement dans cet état, sans des garanties formelles que les postulants au pouvoir poursuivront une politique résolument autonomiste, ou au moins aussi autonomiste que le gouvernement actuel serait à mon sens la plus inconséquente des imprudences.»

Georges-Émile Lapalme, chef du parti libéral, souhaite un regroupement de toutes les forces de l'opposition pour déloger Duplessis. Le 5 novembre 1955, il avait déclaré lors d'un banquet à Montréal: «Il faudrait que toutes les forces d'opposition — libéraux, indépendants, nationalistes, créditistes — se donnent franchement la main pour abattre l'ennemi commun: l'Union nationale.» Une entente intervient avec les créditistes. Le journaliste Marcel Huguet résume ainsi les conditions posées: «L'Union des électeurs ne présentera pas de candidats, mais les créditistes vont appuyer massivement les libéraux, à la condition que ceux-ci fassent de la doctrine du Crédit social le thème majeur de la prochaine campagne électorale prévue pour 1956 et s'engageant officiellement à en appliquer le principe une fois au pouvoir.» Pourtant, la doctrine créditiste transpire peu dans le programme électoral du parti libéral qui promet la création d'un ministère des Richesses naturelles, l'assainissement des relations avec le gouvernement fédéral, l'abolition de la double imposition, le rétablissement de la gratuité scolaire et de la gratuité des livres de classe, l'octroi du droit d'affiliation et de sécurité syndicale, l'adoption d'une politique d'octrois statutaires aux institutions scolaires, hospitalières et municipales et la publication d'un journal des débats.

Deux autres formations s'apprêtent à participer à la lutte électorale : la section du Québec du CCF, devenue à la fin du mois d'août 1955 le Parti social démocratique, dirigé par Thérèse Casgrain, et le Parti ouvrier-progressiste de Guy Caron.

La mise en candidature, le 6 juin, met en lice 278 candidats, soit 93 de l'Union nationale, 91 du Parti libéral, 33 du Parti ouvrier-progressiste, 26 du Parti socialiste-démocrate, 15 indépendants-unionistes, 8 libéraux indépendants, 2 nationalistes indépendants et 10 indépendants.

La campagne électorale est très animée. Les syndicalistes ne cachent pas leur opposition à l'Union nationale. Ils lui reprochent surtout l'adoption des « bills 19 et 20 », le premier permettant « à la Commission des relations ouvrières de refuser un certificat de reconnaissance syndicale aux unions infestées de communisme — aux unions tolérant des adhérents du parti communiste parmi leurs organisateurs ou leurs dignitaires » ; le second entraînant « la décertification des syndicats qui recourent à la grève dans les services publics ».

Avec les orateurs de l'Union nationale, le communisme et ses périls sont servis à toutes les sauces. Duplessis parle des « œufs polonais », une nouvelle menace communiste ! L'affaire est simple : une compagnie montréalaise avait importé, illégalement dit-on, 10 000 caisses d'œufs de la Pologne pour le décoquillage et l'Union nationale avait parlé d'une invasion communiste, comme si ces œufs présentaient un nouveau péril d'une pénétration d'une idéologie dangereuse !

Le 20 juin, jour de votation, est marqué en quelques endroits par des actes de violence. À Montréal, des boîtes de scrutin sont volées et de nombreuses arrestations pour personnification sont effectuées. Les sept femmes qui briguaient le suffrage perdent leur dépôt, c'est-à-dire qu'elles ne récoltent même pas le nombre de votes minimum indiqué par la loi pour que leur dépôt leur soit remis. L'Union nationale, avec 52 pour cent du suffrage exprimé, remporte 77,4 pour cent des sièges, soit 72 sur un total de 93. Les libéraux, avec 44,5 pour cent du vote, n'obtiennent que 21,5 pour cent des sièges, soit 20. Selon les historiens Jean Hamelin et André Garon, trois facteurs expliquent l'échec du parti libéral :

> 1) l'alliance avec les créditistes qui a semé la confusion parmi l'électorat et qui a donné lieu à des scènes assez loufoques où des libéraux troquaient leurs bérets phrygiens contre le béret blanc ; 2) les candidatures indépendantes de [René] Chaloult et de [Pierre] Laporte qui furent interprétées, en certains milieux, comme une expression de non-confiance à l'égard du parti libéral ; 3) l'attitude équivoque des libéraux à l'égard de la politique centralisatrice d'Ottawa qui permet à Duplessis de s'afficher une fois de plus comme le seul intermédiaire valable entre Québec et Ottawa, et de

reléguer dans l'ombre des discussions des problèmes économiques et sociaux. L'impuissance des libéraux à incarner les aspirations nationalistes du Québec avait, une fois de plus, fait le jeu de l'Union nationale : appelé à choisir entre une politique sociale et une politique nationale, le Québec avait opté pour la seconde.

À *quand le grand ménage ?*

Pour plusieurs, la campagne électorale et les élections de 1956 avaient mis à jour le « patronage » exercé et encouragé par le parti de l'Union nationale. Selon l'historien Herbert F. Quinn, le patronage opérait alors à deux niveaux différents :

> L'un au niveau de l'individu, l'autre au niveau collectif — c'est-à-dire que le parti tentait de se gagner le support non seulement d'individus, mais aussi d'ensembles communautaires, de districts scolaires, et d'organisations et institutions religieuses. Face au premier groupe, l'objectif était de s'assurer l'appui de ces individus clés dans chaque communauté dont les activités et les intérêts leur ont conféré un certain prestige et de l'influence ou dont les occupations sont telles qu'elles les mettent quotidiennement en contact avec de nombreuses personnes. Ce groupe comprenait les médecins, les avocats, les notaires, les dirigeants syndicaux, les vendeurs, les marchands, les maires et les conseillers municipaux, les commissaires d'école et les directeurs des sociétés coopératives, de syndicats agricoles et d'associations patriotiques. Ces gens comptaient beaucoup pour l'Union nationale parce que leur soutien actif pouvait entraîner l'appui de blocs de voteurs.

Deux théologiens du diocèse de Québec, l'abbé Gérard Dion, professeur à la Faculté des sciences sociales de l'Université Laval à Québec et aumônier diocésain des Associations syndicales-patronales de Québec, et l'abbé Louis O'Neill, professeur au Séminaire de Québec, rédigent à l'intention des lecteurs de la publication *Ad usum sacerdotum*, destinée à l'usage exclusif des membres du clergé catholique, un mémoire dénonçant l'immoralité politique. Le quotidien *Le Devoir* obtient copie du texte et le publie dans son édition du 7 août 1956 et en reproduit à nouveau le texte une semaine plus tard. Le Comité de moralité publique de la Ligue d'action civique de Montréal en fait tirer une centaine de milliers de copies qui sont vendues à travers le Canada.

Le texte de Dion-O'Neill fait l'objet de multiples commentaires et pour cause ! « Le déferlement de bêtise et l'immoralité dont le Québec vient d'être témoin, écrivent-ils, ne peuvent laisser indifférent aucun catholique lucide. Jamais peut-être ne s'est manifestée aussi clairement la crise religieuse qui existe chez nous. Jamais nous fut fournie une preuve aussi évidente du travail de déchristianisation qui s'opère dans les masses populaires.» Les signataires du texte dénoncent l'utilisation des mythes lors de la campagne électorale: «Le communisme tel que présenté aux masses de Québec est un mythe. La réalité communiste n'est pas ce que recouvre l'image que s'en font les gens. On a vu le thème de l'anticommunisme utilisé, et cela à peu près dans les mêmes termes, par des religieux de bon renom, des fascistes reconnus, de pitoyables cabotins et d'authentiques voyous.»

Que dire alors de l'achat des votes!

> On nous a rapporté, affirment les abbés Dion et O'Neill, plusieurs cas où non seulement les électeurs n'ont pas résisté à l'offre de vendre leur vote mais où ils ont offert eux-mêmes spontanément leur suffrage pour de l'argent ou de généreux cadeaux. C'est ainsi que l'on a payé: réparation de toitures, comptes d'hôpital, accouchements, que l'on a fait promesses de contrats généreux, etc. — Sans compter la parade des frigidaires et des appareils de télévision. [...] Le plus curieux, c'est que la plupart de ces gens vont continuer de dire le chapelet en famille, surveiller la modestie chez les enfants, dénoncer les fallacieux procédés des Témoins de Jéhovah. Ils ne s'accusent à peu près jamais de manquer à la vertu de justice.

Pour les signataires de l'article, le clergé catholique ne récolte que ce qu'il a semé: «Notre prédication morale, nos campagnes de moralité ont surtout insisté sur la luxure, l'intempérance et le blasphème», ce que certains prédicateurs ont appelé «les péchés secs, les péchés mouillés et les péchés poilus». Il devient donc plus qu'important de prêcher la moralité sociale.

Les déclarations et accusations de Dion et O'Neill sont reproduites dans les grands quotidiens anglophones, comme le *Globe and Mail* et le *Telegram* de Toronto. Le cardinal Paul-Émile Léger considère que la publication du texte des deux abbés et les réactions qu'il a suscitées présentent plus de désavantages que d'avantages. À l'avocat Anatole Vanier, qui a œuvré pendant plusieurs décennies dans les mouvements nationalistes et qui ne cache pas son inquiétude devant la tournure des événements, Léger répond, le 16 août: «Je partage vos inquiétudes concernant la campagne entreprise par l'équipe du journal *Le Devoir* et l'éditorial de samedi n'est pas plus rassurant. Ces attitudes semblent être inspirées par un orgueil subtil, et je crains que le résultat atteint ne soit au détriment de la foi.»

Beaucoup de volonté

Parmi ceux que Rumilly appelle la gauche, il y en a certains qui cherchent à mettre sur pied une formation politique dont la tâche principale serait la restauration de la démocratie au Québec. Le 8 septembre 1956, une centaine de personnes se réunissent pour mettre sur pied le Rassemblement, un organisme « d'éducation et d'actions démocratiques ». Pierre Dansereau, doyen de la Faculté des sciences de l'Université de Montréal, est élu président. Parmi les membres actifs, nous retrouvons André Laurendeau, Pierre Elliott Trudeau, Gérard Pelletier, Jacques Hébert, Jean-Paul Lefebvre, Arthur Tremblay, Amédée Daigle et Guy Hamel. Le mouvement aura peu d'influence et se contentera surtout de prises de position théoriques : « Le Rassemblement est un mouvement d'éducation et d'action démocratique dont l'intention première est de fournir au peuple du Québec le milieu et les instruments nécessaires à l'acquisition d'une solide formation politique. » Dans la déclaration de principe, il est question des systèmes économique, social, éducatif, culturel, national et international. « La fonction du fédéralisme, dit-on, est précisément de concilier la plus grande décentralisation possible avec l'unité d'action qui est nécessaire à la juste gouverne et à la prospérité de tout le pays. La loi fondamentale du fédéralisme est la collaboration des diverses unités politiques entre elles. »

Dans un de ses éditoriaux du mois de novembre 1956, la revue *Relations* considère la fondation du Rassemblement comme un « geste en soi légitime et même louable ». Et l'auteur ajoute : « Dans notre vie politique, la fondation du Rassemblement apparaît comme le signe d'une réaction démocratique normale ; si ce mouvement devait échouer dans sa campagne d'éducation et d'assainissement, l'œuvre à accomplir est tellement importante et urgente qu'il faudrait que d'autres se lèvent pour la reprendre et la mener à bon terme. »

En 1958, il est question que Jean Drapeau se lance sur la scène provinciale. Le but visé par celui qui fut maire de Montréal de 1954 à 1957 et par la Ligue d'Action civique est l'instauration d'une saine démocratie dans le Québec. Le 18 août, « sous l'égide de la Ligue d'Action civique et de son président honoraire, 47 citoyens éminents venus de toutes les régions de la province et de tous les milieux sociaux, ont décidé d'étendre à l'ensemble du Québec un effort de renouveau politique, de restauration démocratique et d'honnêteté administrative ». Dans une déclaration lue à la télévision de Radio-Canada, Jean Drapeau ajoute :

> Alarmés par la détérioration continue de l'État provincial et conscients d'un réveil significatif de l'opinion publique dans la province, ils reconnaissent l'urgence d'une entreprise de rénovation dans tous les domaines ; constatant d'autre part l'impuissance des formations politiques traditionnelles à offrir un programme à la mesure des besoins actuels, ils envisagent la possibilité de former un nouveau mouvement politique, dont l'objectif sera de doter la province de Québec d'un régime de libération sociale, de

progrès économique et d'expansion culturelle. Aussi, ils invitent tous les citoyens à se grouper dans les cadres de la Ligue d'action civique, qui étend son action à toute la province, en vue de hâter l'application démocratique d'une doctrine de salut public.

Le projet n'a pas de suites concrètes. Il y a donc place pour un nouveau mouvement d'unification des forces de l'opposition. Dans le numéro du mois d'octobre 1958 de la revue *Cité libre*, Pierre Elliott Trudeau lance un manifeste démocratique. Selon l'auteur, la province de Québec a quasi perdu la notion même de démocratie et aucune formation politique actuelle ne peut la remettre sur « le bon chemin » :

> Les premiers ministres québécois sont devenus des épiphénomènes. De même que des *draveurs* habiles s'équilibrent sur des billots flottants, mais ne modifient en rien la direction ou la force du courant, ainsi par l'astuce ou le sens de l'organisation, nos politiciens utilisent les passions et les énergies régnantes pour se maintenir personnellement au pouvoir, mais ce ne sont pas eux qui fixent le cours politique de nos existences. Depuis l'épuisement du nationalisme, et en attendant l'instauration d'une foi démocratique, il n'existe plus au sens fort d'État civil au niveau provincial. Deux forces surtout commandent à nos destinées : le capitalisme international et le cléricalisme québécois. Elles ne composent pas avec un État qui représenterait le bien commun temporel ; elles composent entre elles, et il ne reste plus à l'État qu'à sanctionner leur *modus vivendi*.

Il y a donc un vide qu'aucune formation politique et aucun groupe ne peuvent actuellement combler au Québec. L'important devient donc de regrouper les hommes qui croient réellement à la démocratie, mais malheureusement, ils sont peu nombreux :

> L'immoralisme électoral et civique des Canadiens français, leur penchant pour l'autoritarisme, les thèses antidémocratiques qu'ils apprennent au collège, les structures non adultes où ils se débattent à l'université, le peu de place qu'ils occupent comme laïcs dans l'Église québécoise, les cadres sociaux étroits où ils vivent dans les campagnes, les positions subalternes qu'ils occupent dans les structures autoritaires du capitalisme, leur crainte de recourir à l'État qui pourtant seul pourrait donner à la collectivité les moyens de sortir de son marasme, le peu de cas qu'ils font (dans l'ensemble) des atteintes à la liberté de parole, de presse et d'association, tout cela constitue autant de caractéristiques d'un peuple qui n'a pas encore appris à se gouverner lui-même, d'un peuple où la démocratie ne peut pas être prise pour acquise.

Trudeau réclame donc l'instauration d'une démocratie libérale :

Démocratie d'abord, voilà qui devrait être le cri de ralliement de toutes les forces réformistes dans la province. [...] Il faut absolument repartir de la donnée suivante : les forces politiques réformistes dans cette province sont trop pauvres pour faire les frais de deux révolutions simultanément : la libérale et la socialiste, sans compter la nationaliste. La conclusion est claire : regroupons les hommes libres autour d'un objectif commun, la démocratie. Comblons le vacuum politique par une pensée minimum, l'idéologie démocratique. Pour atteindre cet objectif et propager cette idéologie — préalables à la reconnaissance de l'État civil —, tendons vers la formation d'un mouvement nouveau : l'union démocratique.

Alors que l'appel de Trudeau pour la formation d'un comité regroupant les forces démocratiques soulève peu d'enthousiasme, le nationalisme trouve un regain de vie au Québec et, en janvier 1957, Raymond Barbeau fonde l'Alliance laurentienne et, deux ans plus tard, Raoul Roy entreprend la publication de *La Revue socialiste* qui vise à promouvoir « l'indépendance absolue et la libération prolétarienne-nationale des Canadiens français ». Pour Roy, l'établissement de structures démocratiques, telles que préconisées par Trudeau, suppose que les Canadiens français ont réglé leur question nationale. Le paragraphe 38 de son manifeste indique clairement son objectif : « Les Canadiens [français], prolétaires ou non, n'ont pas le choix : étant destinés à survivre comme groupe distinct, s'ils veulent progresser librement et dans la dignité — non seulement vivoter — ils doivent se créer progressivement un état souverain. Ils doivent viser à se gouverner, non seulement par l'autonomie, mais aussi à se rendre capables d'obtenir la souveraineté intégrale et, d'étapes en étapes, à obtenir l'indépendance absolue dans un état qui donnera satisfaction aux aspirations sociales et nationales conjuguées. » Raoul Roy, avec sa *Revue socialiste*, connaît un mince rayonnement alors que l'audience de Pierre Elliott Trudeau, avec *Cité libre*, se fait de plus en plus large, mais quand même on est loin du grand tirage que connaissent d'autres revues comme *Relations*.

Et sur la scène fédérale...

Le parti conservateur du Canada doit se choisir un nouveau chef à la suite de la démission de George Drew. Le candidat le plus sérieux est John Diefenbaker, même si bon nombre de conservateurs de la province de Québec s'y opposent. La convention se tient à Ottawa à la mi-décembre 1956. Diefenbaker fait appuyer sa candidature par deux anglophones, ce qui fait dire à Léon Balcer, président de la convention, qu'il « a insulté les Canadiens français ». Le 14 décembre, celui qui a mérité le surnom de « loup solitaire » est élu chef du parti conservateur. Le nouveau leader déclare : « Je me rends compte que j'ai de la difficulté à prononcer le français : néanmoins, je n'ai jamais trouvé de différence entre les Canadiens du Québec et ceux des autres provinces. Je veux l'appui du Québec. » Les délégués du Québec, pour un bon nombre, quittent le congrès déçus. Ils avaient demandé, écrit l'historien Marc LaTerreur, « que les Canadiens français soient mieux représentés dans le gouvernement central, que les chèques du fédéral soient bilingues, que le Canada ait un drapeau distinctif, que le parti conservateur prône l'autonomie du Canada dans les affaires internationales et s'oppose fermement à l'esprit colonial. Or, dans le programme officiel du parti, il n'y aura ni drapeau distinctif, ni ambassadeur au Vatican, ni chèques bilingues, ni prise de position sur le bilinguisme dans le fonctionnarisme. »

Le 12 avril 1957, le 23e Parlement du Canada est dissous et des élections générales sont fixées pour le 10 juin. Au moment du déclenchement des élections, les conservateurs ne comptent que quatre députés au Québec. Diefenbaker se laisse convaincre qu'il peut s'emparer du pouvoir sans l'appui du Québec. Heureusement, car la position du parti conservateur au Québec est très précaire. « Au début de 1957, écrira Pierre Sévigny, nous n'avions guère de candidats en vue ; notre programme était vague et formé de quelques vœux sans importance émis au congrès. Nous avions un trésorier, mais pas de caisse, et le parti était divisé en groupuscules éparpillés à travers la province. Le seul trait d'union semblait être une sincère aversion de John Diefenbaker. »

L'Union nationale appuie plus ou moins discrètement les conservateurs et, selon Robert Rumilly, elle verse trois quarts de million de dollars pour leur venir en aide.

Le 10 juin 1957, le gouvernement de Saint-Laurent perd le pouvoir. Les progressistes-conservateurs obtiennent 112 sièges ; les libéraux, 106 ; le CCF, 25, et les créditistes, 19. Au Québec, les libéraux, avec 61,5 pour cent des suffrages, remportent 63 des 75 sièges. Quant aux conservateurs, malgré le fait qu'ils aient obtenu 31 pour cent des votes, ils ne détiennent que 9 sièges, soit plus du double du précédent Parlement. Comme le parti conservateur obtient moins de la moitié des sièges, la question de la transmission des pouvoirs se pose. Saint-Laurent décide quand même de démissionner et le 17 juin, il se rend à cet effet chez le gouverneur général Vincent Massey.

Saint-Laurent accepte plutôt mal la défaite et, pour des raisons de santé, il démissionne de son poste de chef du parti libéral du Canada, le 5 septembre 1957. Lester B. Pearson lui succédera à la mi-janvier 1958. Le premier geste de l'ancien ministre des Affaires extérieures est de demander au premier ministre Diefenbaker de lui remettre les rênes du pouvoir et ce, sans élections !

Seul un retour du parti libéral au pouvoir, déclare-t-il à la Chambre des Communes le 20 janvier, peut permettre le renversement de la situation. Voilà pourquoi je fais présenter un amendement à la motion du premier ministre. Nous n'avons pas l'intention de déclencher une élection si notre motion est acceptée par la majorité des députés. Les temps sont trop difficiles pour que le Canada, qui subit une récession économique, subisse en plus une élection générale. Notre résolution est à l'effet que, si le gouvernement conservateur est défait, nous allons le remplacer immédiatement et, plus tard, consulter le peuple. Nous avons d'excellents motifs pour soutenir nos prétentions à ce sujet, car nous avons autant de raisons que les conservateurs de former le gouvernement.

Le sous-amendement de Pearson est rejeté par 150 voix contre 95. Mais le premier ministre Diefenbaker trouve qu'il est à peu près impossible de tenter de continuer à diriger le gouvernement. Le 1er février 1958, le gouverneur général dissout à nouveau le Parlement et fixe les élections générales au 31 mars. La campagne électorale va donc se dérouler en plein hiver. Trois thèmes principaux sont abordés: les relations fédérales-provinciales, l'unité nationale et les problèmes économiques. Au Québec, les candidats libéraux accolent le nom de Diefenbaker à la conscription et à la haine des Canadiens français. Quant aux conservateurs, ils peuvent compter sur l'appui moral, financier et physique de l'Union nationale. La « machine bleue » s'est mise en branle. Le 26 mars, à Montréal, le chef du parti progressiste-conservateur expose à nouveau sa thèse d'une seule nation et de deux cultures: « Je sais, dit-il, que l'une des deux grandes forces de notre pays est de pouvoir puiser dans les deux grandes cultures du monde moderne: la culture française et la culture anglaise, pour créer un véritable esprit canadien. Lorsque j'analyse les grands événements de notre histoire, je ne vois pas au Canada de majorité et de minorité, mais seulement des partenaires égaux qui sont engagés dans la même entreprise: celle de travailler au progrès et au bien-être de tout le pays. »

Au Québec, ce qui ne s'était pas produit depuis bien longtemps, on sent que les conservateurs ont le vent dans les voiles. Léon Balcer, un des lieutenants francophones de Diefenbaker, annonce, le 8 février, qu'un arrêté ministériel établit la traduction simultanée pour les débats à la Chambre des Communes. Mais aucune promesse touchant les chèques bilingues ou une plus grande présence des francophones dans la fonction publique fédérale.

Le 31 mars 1958, le parti progressiste-conservateur conserve le pouvoir avec une très forte majorité. Il remporte 208 des 265 sièges de la Chambre des Communes. C'est la première fois depuis 1911, sous Laurier, que les Québécois votent aussi fortement pour les conservateurs. Le parti de Diefenbaker récolte 45,8 pour cent du suffrage exprimé, mais cela lui vaut 50 sièges, alors que les libéraux, avec 49,2 pour cent du suffrage, ne décrochent que 25 sièges. L'éditorialiste du *Devoir*, Gérard Filion, parle d'un balayage complet dans l'édition du 1er avril. «Pour les Canadiens français, conclut-il, nous n'avons pas lieu de croire que le nouveau gouvernement soit pire que le précédent; mais il faudra rester sur la brèche pour réclamer certaines mesures qui nous tiennent particulièrement à cœur: le retour à la province de Québec des pouvoirs fiscaux qui lui ont été enlevés, le respect des deux cultures dans toute l'étendue du pays, l'affirmation de la souveraineté du Canada par l'adoption d'emblèmes distinctifs comme le drapeau et l'hymne national.»

Parmi les députés libéraux qui se retrouvent dans l'opposition, il y a celui de la circonscription électorale de Montmagny-L'Islet, Jean Lesage, qui avait occupé, sous Saint-Laurent, le poste de ministre du Nord canadien et des Ressources nationales. Lesage considère son avenir compromis, du moins pour quelque temps, sur la scène fédérale. Comme des jeunes libéraux demandent depuis plusieurs mois la démission du chef du parti libéral du Québec, Georges-Émile Lapalme, il songe donc à prendre la direction de l'aile québécoise du parti libéral. Le 24 mai 1958, Lapalme annonce qu'il démissionne comme chef du parti libéral du Québec et qu'il ne posera pas sa candidature lors du congrès à la direction du parti fixé à la fin du mois de mai. Il y aura trois candidats en lice: Jean Lesage, René Hamel et Paul Gérin-Lajoie. Le congrès, qui se tient à Québec les 30 et 31 mai, est dominé par la crainte de la formation d'un troisième parti qui serait dirigé par Jean Drapeau et qui rallierait les membres et les sympathisants de la Ligue d'action civique.

Le 31 mai, Lesage est élu chef du parti libéral avec une écrasante majorité. Gérard Filion, dans *Le Devoir* du 2 juin, se demande s'il sera «triomphateur ou croque-mort».

> M. Lesage, fut-il un surhomme, ne sera pas à lui seul une recette magique de succès. Il existe à l'heure présente une profonde volonté de réforme politique et de progrès social dans le Québec. Cette volonté cherche à s'exprimer de quelque façon. M. Lesage peut la canaliser ou la décevoir. Ce n'est pas tellement parce qu'il est un ancien ministre d'Ottawa, parce qu'il a une avenante personne, parce qu'il s'exprime avec une certaine chaleur, qu'il s'imposera. Ce sont là des accessoires. Ce que les Québécois veulent savoir c'est tout simple: fera-t-il ce que M. Duplessis rejette et rejettera-t-il ce que M. Duplessis fait, et réussira-t-il à imposer sa volonté au parti? Si oui, ses chances sont bonnes; sinon, qu'il se résigne tout de suite à la convocation d'un troisième congrès pour le choix d'un troisième croque-mort.

L'homme seul

Au Québec, la question des subventions fédérales aux universités commence à devenir aiguë. De crainte d'être privées des subventions provinciales, les universités refusent une à une l'argent du fédéral. Les étudiants décident de participer au débat et, le 11 février 1957, ils font parvenir au premier ministre Duplessis un mémoire où ils demandent l'établissement d'octrois statutaires et non discrétionnaires comme cela existe depuis longtemps, l'augmentation du nombre de bourses et du montant de celles-ci et une accession plus facile aux études universitaires. Le 6 mars, les étudiants des universités Laval, Montréal, McGill, Sir George Williams et Bishop déclenchent une grève d'une durée limitée pour faire valoir leurs réclamations. Seuls les étudiants de l'Université de Sherbrooke ne suivent pas le mouvement. Ils font valoir les très fortes pressions qu'exercent sur eux les autorités de l'université.

Comme le premier ministre du Québec ne donne pas suite au mémoire des étudiants, décision est prise que trois d'entre eux feront le siège du bureau de Duplessis tant qu'ils n'obtiendront pas que ce dernier se rende à leurs demandes. Le 7 mars, Francine Laurendeau (la fille d'André), Jean-Pierre Goyer et Bruno Meloche commencent à faire le pied de grue devant le bureau du premier ministre qui refuse de les recevoir en disant : « Qu'ils retournent à leurs études. » Tous les jours, les étudiants feront le même geste et essuieront le même refus. La scène se répétera pendant 37 jours, après quoi le trio quitte Québec. Il faudra attendre le 2 décembre 1958 pour que les présidents des étudiants des six universités québécoises puissent rencontrer le premier ministre Duplessis. À l'Assemblée législative, ce jour-là, se déroule un violent débat sur la gratuité de l'instruction que rejette le chef de l'Union nationale. Un seul sujet est abordé : celui de l'aide financière gouvernementale aux étudiants. Selon un journaliste, « il a été impossible aux étudiants de discuter des obstacles financiers à la fréquentation des niveaux primaire et secondaire, non plus que des octrois statutaires aux universités, M. Duplessis leur déclarant que ces questions n'étaient pas de leur ressort. Ils n'ont donc pu lui lire le mémoire qu'ils avaient préparé. »

Le gouvernement Duplessis est nettement en perte de vitesse. De plus en plus, on reproche au premier ministre de se conduire en « cheuf », de dédaigner souvent l'avis de ses ministres et de diriger seul le gouvernement. Le mouvement syndical continue à souhaiter le départ de Duplessis. *Le Devoir*, le journal *Vrai* et la revue *Cité libre* continuent à tomber à bras raccourcis sur le dos du député de Trois-Rivières.

Un nouveau scandale, grave celui-là, éclate le 13 juin 1958. Sur huit colonnes, *Le Devoir* titre : « Scandale à la Corporation de gaz naturel de Québec ». Le quotidien montréalais lance cinq accusations :

1.— La vente à la Corporation de gaz naturel par Hydro-Québec du système de distribution du gaz s'est soldée par un *coup de bourse* d'au moins 20 millions de dollars. Ce coup de bourse est proprement scandaleux. Il n'a été possible qu'en raison de la connivence des politiciens de l'Union nationale avec les promoteurs de la Corporation de gaz naturel du Québec; 2.— Les promoteurs de la Corporation de gaz naturel — ils étaient représentés par sept compagnies de placement — ont réalisé un profit capital — donc non taxable — d'au moins 9 millions de dollars; 3.— Au moins six ministres de l'Union nationale, dont quelques-uns des plus importants, et peut-être le premier ministre lui-même, sont mêlés à ce scandale en ayant été ou étant encore actionnaires de la Corporation de gaz naturel; 4.— Les promoteurs de l'affaire n'ont personnellement risqué que 50 000 $ pour pouvoir entrer en pourparlers avec Hydro-Québec et acheter un actif dont la valeur dépasse 39 millions. [...] 5.— Au moins trois hauts fonctionnaires d'Hydro-Québec ont joué sur deux tableaux, en servant — ou desservant — à la fois les intérêts d'Hydro et ceux de la Corporation de gaz naturel, laquelle les a récompensés en leur accordant de plantureuses options sur des blocs d'actions communes et en les nommant au nombre de ses directeurs et vice-présidents.

L'accusation est de taille. En somme, on accuse des ministres, des conseillers législatifs et des fonctionnaires d'avoir acheté avant le public des actions d'une nouvelle compagnie. Le 7 mars 1957, un arrêté ministériel fixait les conditions de vente de son réseau de distribution de gaz naturel à la Corporation de gaz naturel du Québec en cours d'organisation. Les actions de la nouvelle compagnie sont mises en vente officiellement le 25 avril suivant et c'est entre les deux dates que les personnes accusées se seraient procuré des actions. Après le 25 avril, le prix d'achat des actions monte rapidement, de sorte que les premiers actionnaires réalisent d'importants bénéfices. Peu après sa prise du pouvoir, le gouvernement Lesage instituera une Commission royale d'enquête « sur la vente du réseau gazier d'Hydro-Québec à la Corporation du gaz naturel ». La commission Salvas, créée le 5 octobre 1960, remettra son rapport en août 1962. On y apprendra, par exemple, que « Daniel Johnson a acheté cent cinquante actions au prix unitaire de 140 $, soit cent chez Forget et cinquante chez René-T. Leclerc, pour une somme globale de 21 000 $. Le député de Bagot a réalisé un profit de 35 $ par action, ce qui s'est traduit par un bénéfice total de 5250 $ en moins de sept semaines. » Les autres membres du cabinet qui sont mêlés à ce que l'on appelle maintenant « le scandale du gaz naturel » sont Antonio Barrette, Johnny Bourque, Paul Dozois, Arthur Leclerc, Jacques Miquelon, Yves Prévost et Antonio Talbot. Parmi les conseillers législatifs, on retrouve Gérald Martineau, Jean-Louis Baribeau, Édouard Asselin, Jean Barrette et Albert Bouchard.

Invité par les journalistes à commenter les révélations du *Devoir*, Duplessis déclare : « Je n'ai, je n'ai jamais eu et je n'aurai jamais de parts ou d'actions dans cette compagnie ou des intérêts quelconques dans cette compagnie. » Au cours des semaines qui suivent, on fera valoir que presque toutes les classes de la société québécoise se retrouvent parmi les actionnaires de la Compagnie de gaz naturel. Dans *Le Devoir* du 21 juin, Gérard Filion répond à cet argument de défense :

> Que MM. X, Y, Z, que M. le curé un tel, que les bonnes sœurs de la congrégation de saint-frusquin se soient portés acquéreurs de dix, cent, mille unités de la Corporation du gaz naturel, cela n'a rien à voir avec la question. Ils n'avaient pas, eux, la responsabilité de l'administration d'Hydro-Québec, ils ne se sont pas vendu à eux-mêmes un bien qui appartenait à la province. Car tout le fond de la question est là : M. Duplessis n'en sortira pas. Ses ministres ont trempé dans une sale affaire.

Le Scandale du gaz naturel affecte profondément Maurice Duplessis. Il vieillit plus rapidement et le diabète le mine. Le dimanche 31 mai 1959, le premier ministre prend la parole sur la Côte-Nord, à l'occasion de la bénédiction d'un nouveau pont. On y voit « le premier coup de clairon de la campagne électorale ». Mais en fait, ce sera plutôt le chant du cygne. Celui que l'on considère comme le fondateur de l'Union nationale lance un appel à l'unité et au respect des traditions, surtout dans le monde scolaire :

> C'est un coup de clairon que je sonne aujourd'hui, non pas comme chef de l'Union nationale, mais comme premier ministre de la province de Québec, ayant une expérience assez considérable et pouvant déclarer en toute franchise, sans arrière-pensée, que personne n'aime la province de Québec plus que celui qui vous parle : et c'est pour cela que je vous dis, citoyens de Hauterive, du comté du Saguenay, qu'il faut de toute nécessité s'unir ; s'unir dans la revendication de nos droits ; s'unir contre les tentatives de neutralité scolaire ; s'unir contre les accaparements. [...] L'union de toutes les bonnes volontés est nécessaire pour que nos écoles continuent à s'inspirer de la lumière éternelle, qui ne s'éteint jamais et qui ne s'éteindra jamais, et pour que la province de Québec poursuive sa marche vers un progrès constant, de plus en plus considérable, dans le respect des droits de tout le monde, mais dans la ferme décision de sauvegarder les siens et de résister à tous les assauts, peu importe la couleur de ceux qui les font. [...] Sachons franchir dans l'intérêt de la province et dans l'intérêt bien compris du pays les divergences partisanes pour s'unir afin que le drapeau de la province de Québec ne soit pas remplacé par le drapeau blanc de l'abdication.

Le lundi 7 septembre, jour de la fête du Travail, à minuit cinq minutes, Maurice Lenoblet Duplessis meurt à Schefferville où il s'était rendu le jeudi précédent pour visiter les installations minières de l'Ungava. « Il est mort comme il le souhaitait : premier ministre et en plein travail », écrit le journaliste Pierre Laporte.

Une ère nouvelle commence.

UN RETOUR
AUX SOURCES

Les journaux constituent une source importante pour cette période. On y retrouve des détails qui permettent de mieux saisir l'impact d'un événement ou ses suites. Ils permettent aussi de retrouver un certain climat que ne laissent pas transparaître les documents officiels. Nous avons consulté en particulier *La Presse*, *Le Devoir* et *Le Soleil*, occasionnellement *L'Action catholique*.

Parmi les ouvrages consultés, citons *Les Canadiens français depuis 1760*, de Mason Wade ; *Les grands débats parlementaires 1792-1992*, de Réal Bélanger, Richard Jones et Marc Vallières ; *Le manuel de parole. Manifestes québécois, tome 2 : 1900-1959*, textes commentés par Daniel Latouche et Diane Poliquin-Bourassa ; *Olivar Asselin et son temps, tome I : Le militant*, d'Hélène Pelletier-Baillargeon ; *Taschereau*, de Bernard Vigod ; *Godbout*, de Jean-Guy Genest ; *Duplessis*, de Conrad Black ; *Histoire du catholicisme québécois, Le XXe siècle, tome 1 : 1898-1940*, de Jean Hamelin et Nicole Gagnon ; *Le catholicisme québécois, Le XXe siècle, tome 2 : de 1940 à nos jours*, de Jean Hamelin ; *Histoire du syndicalisme québécois*, de Jacques Rouillard ; *Mes Mémoires*, de Lionel Groulx, tomes 1, 2 et 3 ; *Le Montréal juif d'autrefois*, d'Israël Medresh ; *Montréal, les Juifs et l'école*, d'Arlette Corcos ; *Le rendez-vous manqué : les Juifs de Montréal face au Québec de l'entre-deux-guerres*, de Pierre Anctil ; *Une histoire militaire du Canada*, de Desmond Morton ; *Brève histoire socio-économique du Québec*, de John A. Dickinson et Brian Young ; *Trop loin de Berlin. Des prisonniers allemands au Canada (1939-1946)*, de Yves Bernard et Caroline Bergeron ; *Errol Bouchette. Un intellectuel, 1862-1912*, d'Alain Lacombe ; *Nos soldats. L'histoire militaire du Canada de 1604 à nos jours*, de George F. G. Stanley.

L'auteur remercie bien sincèrement l'historien Jean Hamelin qui a « épluché » son texte et qui lui a suggéré de précieuses corrections. Il remercie aussi l'historien et éditeur Denis Vaugeois qui a contribué à bonifier ce texte, ainsi que les autres lecteurs « privilégiés » qui ont eu la tâche de revoir le tout.

Sources des illustrations

p. 70 : ANC ; **p. 124** ; ANC ; **p. 144** : ANC ; **p. 164** : ANC ; **p. 186** : Archives de la ville de Montréal ; **p. 204** : ANC ; **p. 226** : Archives provinciales de Terre-Neuve ; **p. 266** : Ministère de la Défense nationale ; **p. 283** : ANC ; **p. 284** : ANC ; **p. 303** : ANC ; **p. 304** : ANC ; **p. 364** : ANC ; **p. 382** : ANC.

INDEX

TABLE DES MATIÈRES

COMPOSÉ EN MINION CORPS 11
SELON UNE MAQUETTE RÉALISÉE PAR JOSÉE LALANCETTE
CE SIXIÈME TIRAGE A ÉTÉ ACHEVÉ D'IMPRIMER
EN JUIN 2004
SUR PAPIER OFFSET 100M
SUR LES PRESSES DE IMPRIMERIE TRANSCONTINENTAL INC.
DIVISION IMPRIMERIE GAGNÉ
POUR LE COMPTE DE DENIS VAUGEOIS
ÉDITEUR À L'ENSEIGNE DU SEPTENTRION